Früchtl — Mimesis

EPISTEMATA

WÜRZBURGER WISSENSCHAFTLICHE SCHRIFTEN

Reihe Philosophie

Band XXVIII — 1986

Josef Früchtl

Mimesis

Konstellation eines Zentralbegriffs bei Adorno

Königshausen + Neumann
1986

CIP-Kurztitelaufnahme der Deutschen Bibliothek

Früchtl, Josef:
Mimesis : Konstellation e. Zentralbegriffs
bei Adorno / Josef Früchtl. — Würzburg :
Königshausen und Neumann, 1986.
(Epistemata : Reihe Philosophie ; 28)
ISBN 3-88479-266-0

NE: Epistemata / Reihe Philosophie

Umschlag: Hummel / Homeyer
Druck und Bindung: Difo-Druck, Bamberg —
Printed in Germany
ISBN 3-88479-266-0

"Nur keine Nachlässigkeit in den kleinen Dingen"

(Samuel Beckett)

INHALTSÜBERSICHT

VORWORT

Dieses Buch wurde als Dissertation zwischen 1982 und 1985 geschrieben, zu einer Zeit also, da die Kritische Theorie als Gesellschaftstheorie nur noch Anlaß für resignative Erinnerungen bot, die "Dialektik der Aufklärung" als Schlagzeile die Feuilletons und als Menetekel den wiederauferstandenen Kulturpessimismus bestimmte, und die Denker der Postmoderne unwiderstehlich dabei waren, die Kritik der Vernunft eloquent und zwiespältig radikalisiert fortzuführen. Gut fünfzehn Jahre nach seinem Tod hat sich Adornos öffentliche Wirkung in einer diffusen Präsenz sedimentiert, akademisch zeigt sich seine Aktualität offen als ungebrochen. Die Bibliographie der Sekundärliteratur nimmt von Jahr zu Jahr zu, Symposien in Hamburg und in Münster und vor allem die Frankfurter Konferenz 1983 belegen beeindruckend das große Interesse. Nach wie vor bietet Adorno sich dabei divergierenden Positionen an. Der Froschkönig, den er als sein Urbild ausersehen hat, verwandelt sich im Boudoir der Philosophie jedesmal in einen anderen Prinzen: in einen der Avantgarde verschriebenen Ästheten und einen westlichen Marxisten, in einen spekulativen Denker und einen verweltlichten Theologen, in einen amerikanisierten Soziologen und einen psychologisch geschulten Diagnostiker, in einen Geistesaristokraten und einen Pädagogen; erlöst wird er letztlich nicht.

Danken möchte ich an dieser Stelle Frau Professor Brigitte Scheer für die Unterstützung, die sie mir während des Studiums zuteil werden ließ, und für die sorgsame Betreuung der Dissertation, Herrn Professor Jürgen Habermas besonders für die Anregung und Kritik, die sich in Seminar-Diskussionen mehr noch entwickelt haben als durch die Lektüre der Schriften.

Danken möchte ich auch der "Studienstiftung des deutschen Volkes", die die Promotion durch ein Stipendium gefördert hat.

Mein Dank gilt schließlich meinen Eltern, ohne deren vorbehaltslose und kontinuierliche Unterstützung ich diese Arbeit nicht unter den angenehmen Bedingungen hätte schreiben können, die mir gegönnt waren.

Frankfurt/M., im Juli 1986 J.F.

Einleitung

Der Begriff der Mimesis ist auf eine paradoxe Weise bedeutsam geworden. Mit seinem ersten großen Auftritt wird er bei Platon auch gleich ein für allemal diskreditiert. An den Folgen laboriert er bis heute. Unter dem Topos 'Nachahmung der Natur' zieht er sich durch die Geschichte der Ästhetik, und je weniger diese Natur - zuletzt angesichts der Kunstproduktion des 20. Jahrhunderts - natura naturata, Kunst abbildhafte oder einfache Nachahmung meint, desto mehr verlegt sich schon seit Aristoteles die Bedeutung auf natura naturans, die aber im vorkantisch-obligatorischen Rahmen einer Wahrheitsästhetik keine geringeren Probleme aufwirft. Nach Hegel bewegt sich Adorno wieder innerhalb dieses Rahmens. Seine Ästhetik stellt den Begriff der Mimesis explizit ins Zentrum und spannt - von Künstlerästhetiken wie denjenigen Klees oder Kandinskys und von Lukács' konventioneller Theorie abgesehen - den Bogen zu einer im 18. Jahrhundert abgerissenen abendländischen Tradition.

Das Interesse am Begriff der Mimesis ist also zunächst ein <u>ästhetisches</u>. Die Aktualität dieses Begriffs insgesamt besser beurteilen zu können, dazu kann die Herausarbeitung seiner Bedeutung bei Adorno in der Folge verhelfen. Aus dem massiven Auftreten des Mimesisbegriffs in der 'Ästhetischen Theorie' aber zu schließen, er habe seinen ihm eigentlich gebührenden Ort innerhalb der Ästhetik, wäre so kurzsichtig wie der Versuch systematisch abwegig, die Philosophie des Schönen von den ihr traditionell zur Seite gestellten Bereichen des Wahren und Guten abzusondern. Adorno verfolgt auch nach dem Übergang in die von Max Weber als Ausdifferenzierung von Rationalitätstypen gekennzeichnete Moderne das klassische, von Hegel am höchsten gesteckte Programm der Einheit der Vernunft. Auf seine eigene Theorie läßt sich zudem die von ihm häufig verwendete Argumentationsfigur der Rückwirkung anwenden; vom Jüngsten her fällt neues Licht auf das Alte. In dem Maße, in dem über seiner Theorie als ganzer der Titel "Ästhetische Theorie" zu stehen hat, rückt auch der Begriff der Mimesis offiziell in ihr Zentrum überhaupt. Diese offizielle Entwicklung teilt er schließlich und nicht zufällig mit dem Begriff, der ebenso spät und unverrückbar zum Zentralbegriff der Theorie schlechthin avanciert: dem Begriff des Nichtidentischen. Seine Nennungen in der "Dialektik der Aufklärung" und in den "Minima Moralia" sind beiläufig, trotzdem ist rückblickend nichts weniger umstritten, als daß Adornos Philosophie Nichtidentitäts-Philosophie sei, Adorno der philosophische Statthalter des Nichtidentischen.

Mindestens ebenso groß wie das ästhetische ist daher das erkenntnis- und implizit gesellschaftstheoretische Interesse am Mimesisbegriff. Als Widerpart zur Rationalität findet er sich heute nicht nur innerphilosophisch auf einem mitunter geradezu umkämpften Terrain wieder. Der im Zeitalter der Aufklärung kreierte Titel "Kritik der reinen Vernunft" hat seither nämlich nicht minder großangelegte Fortsetzungen provoziert. Als "Kritik der instrumentellen Vernunft" ist er im Verein mit der "Dialektik der Aufklärung" in unserer Zeit zum Schlagwort geworden, innerhalb des Paradigmas der Sprachphilosophie wird er auf neuem Niveau reformuliert, und der Poststrukturalismus versucht, mit Nietzsche und Freud federführend einen Schlußpunkt zu setzen. Im Sog des Poststrukturalismus wird auch die Kritik der instrumentellen Rationalität aus einer Endzeitperspektive heraus betrieben, die die rigorose Verklammerung von Unterdrückung der äußeren wie inneren Natur ökologisch und kulturkritisch in ungeahntem Ausmaß bestätigt sieht und Adorno im Gefolge der 'dunklen Schriftsteller' des Bürgertums den Lockungen einer amorphen, Versöhnung versprechenden Natur erliegen, Mimesis als Regression obsiegen läßt. Verstärkt durch diese Perspektive zieht der Mimesisbegriff mithin den Irrationalismusverdacht auf sich. Ihn auf das ihm zustehende Minimum reduzieren zu können, soll ein Ergebnis der vorliegenden Arbeit sein. Zwischen der Alternative von sprachphilosophisch gewendeter Kritischer Theorie und Poststrukturalismus kommt der Philosophie Adornos eine aktuelle Vermittlerrolle zu. Sie teilt mit der ersteren das Festhalten am 'Projekt der Moderne', an der 'bestimmten Negation' als Rettung der Aufklärung, mit letzterem jene Momente von Intimität, Körper, Lust und Ausdruck, wie sie unter dem Mimesisbegriff gedacht werden und die Disziplinen von Psychoanalyse und Ästhetik hervorheben. Mimesis erfüllt bei Adorno die Funktion des Korrektivs der (instrumentellen) Rationalität; das verleiht ihr erkenntnistheoretischen Rang. Ob diese Funktion und mit ihr das hedonistische und expressivistische Moment des Mimesisbegriffs von einem kommunikationstheoretisch erweiterten Rationalitätsbegriff abgedeckt ist, wird in der vorliegenden Arbeit bezweifelt. Die Doppelperspektive von Aufklärung als zugleich hedonistischem Projekt rückt den Mimesisbegriff in das rechte Licht.

Das Interesse am Mimesisbegriff wird im selben Zusammenhang spezifisch erfahrungstheoretisch motiviert. Erfahrung ist der Gegen- wie Oberbegriff Adornos zu 'verblendeter' Theorie. Er ist prädestiniert für ein Denken, dem es um die Erkenntnis des Besonderen oder um eine nicht wissenschaftlich reglementierte Erkenntnis auf der Basis kompetenter Subjektivität geht. Von seinen schulbildenden Ausdifferenzierungen ist Adorno vor allem der des (Neu-)Kantianismus und des logischen Empirismus präsent, die Gleichsetzung von Erfahrung mit empirisch-wissenschaftlicher Erkenntnis oder dem in der Wahrnehmung rein Gegebenen. Adorno setzt gegen diese Tradition auf diejenige Hegels, in der sich Kantische Elemente - Erfahrung als allgemeine und notwendige - mit Aristotelischen - der auch im alltäglichen Gebrauch des deutschen Wortes gelegenen Bedeutung von 'erworbenen Fähigkeiten' - verbinden. Seit seinen jungen Jahren aber ist ihm ein Erfahrungsbegriff vertraut, für dessen Theorie und mehr noch Praxis Benjamin einsteht. Über ihn fließt die Traditionslinie des 'Unmittelbaren' und Mimetischen verstärkt in diejenige Hegels ein.

Adorno hat den Begriff der Mimesis nicht in einer umfassenden Abhandlung expliziert. Dem Ideal eines Wissens, das sich auf die cartesianischen Methodenforderungen nach Elementaranalyse, Kontinuität und Vollständigkeit verpflichtet, widerstreitet Adornos Philosophie in ihrem essayistischen und konstellativen Formideal. Das hat für den Leser, der es genau(er) wissen will, zur Folge, den Konstellationen im einzelnen jeweils nachgehen zu müssen in einem gleichsam strukturalistischen Verfahren. Dieses Vorhaben muß natürlich den Einwand gewärtigen, ebenso unendlich zu sein wie die Konstellationen, die ein Begriff mit anderen Begriffen innerhalb eines bis heute auf neunzehn Bände angewachsenen Werkes eingeht. Abgesehen davon, daß dieser Einwand unter hermeneutischer Perspektive für die Werke aller Autoren in Anschlag gebracht werden kann, wird ihm im vorliegenden Fall, der Konstellation des Mimesisbegriffs, dadurch begegnet, zum einen nur den unmittelbar an ihn assoziierten Begriffen nachzugehen, zum anderen vor allem denjenigen, die ihn positiv bestimmen. Diese positiven Bestimmungen, nach denen die Kapitelfolge vorgenommen wird. Diese positiven Bestimmungen, nach denen die Kapitelfolge vorgenommen wird, die sich ex post in einem stark akzentuierenden Zugriff aber auch um drei Schwerpunkte zentrieren lassen, sind: (biologische) Mimikry, Todestrieb, Idiosynkrasie und Magie unter anthropologisch-phylogenetischer Bedeutung; Nachahmung und Identifikation, Phänomene der Sympathie und des Außer-sich-Seins unter anthropologisch-systematischer Bedeutung; innere Natur und Ausdruck unter zweitens triebtheoretischer (und - damit zusammenhängend - sprachphilosophischer) Bedeutung; Affinität, (Wahl-)Verwandschaft und Ähnlichkeit, Erfahrung und Differenzierungsvermögen drittens unter erkenntnistheoretischer Bedeutung. Die Grundfigur ist die eines onto- und phylogenetisch frühen Vermögens, das zugleich die primäre Funktion der Selbsterhaltung für das natur- und sozialgeschichtlich ohnmächtige Subjekt wie der Herausbildung von Humanität übernimmt in seinem intimen Verhältnis zum Nichtidentischen. Aussagekräftig wird diese Grundfigur aber erst in ihren Diversifikationen, ihrer Erläuterung an den konstellierten Elementen, das Nichtidentische dann spezifiziert als sympathetisch, nach Affinität und Ähnlichkeit betrachtete äußere Natur, als kantianisch Ungegenständliches, als Lebendiges, natura naturans, als Physisch-Somatisches und partiale Libido, als Daßheit und Objekt sowie als Individuiertes und Anderes.

Tritt die konstellative Verfahrensweise an die Stelle systematischer Theorie, dann sind auch der nachzeichnenden Rekonstruktion Grenzen der Theoretisierbarkeit gesetzt. Für keinen Begriff gilt das mehr als für den der Mimesis. Eine von Adorno zu erwartende Theorie der Mimesis als Statthalter der Vernunft, so hat zuletzt Habermas beklagt, ist nach seinen eigenen Begriffen unter dem Bann der instrumentellen Vernunft nicht möglich. Die "meisten ästhetisch zentralen" Begriffe, so Adorno selbst, sind "widerspenstig gegen die Theorie" (GS7,S.170). So sehr Adorno keinen Zweifel daran läßt, daß "Dunkelheit nicht durch Helligkeit des Sinns zu substituieren" ist (GS7,S.47), so sehr besteht er doch darauf, das "Vage als Vages deutlich" hervortreten zu lassen (GS7,S.438). Die polemische Umkehrung des berühmten Wittgenstein-Satzes aus dem 'Tractatus' liest sich dann akzentuiert so, Philosophie müsse genau sagen (angeben), was sich genau nicht mehr sagen lasse. Eine gewisse Trivialisierung ist bei dieser Rekonstruktion unvermeidlich, wenn man sich um die detaillierte Analyse der Argumentation bemüht, die bei Adorno im fein gesponnenen Gewand eines elaborierten Codes versteckt ist, der jedem Anschein eines zweireihigen Strickmusters zuvorkommen will. Die Arbeit möchte das argumentative Skelett des 'Essayisten' Adorno freilegen, ohne die Warnung zu vergessen, daß sein Bestes, die an Konstellationen aufscheinende Evidenz von Erkenntnissen, dadurch auch verloren gehen könnte. Nach der beispielhaften Vorführung durch die Dissertation von Friedemann Grenz wird dabei aus den Schriften Adornos unterschiedslos und mit Hilfe eines erarbeiteten Begriffsregisters zitiert. Am Mimesisbegriff zeigt sich erneut, daß Adornos Denken unterhalb einer Wandlung der Terminologie von Kontinuität regiert wird.

Neben den Grenzen der Theorie tritt auch das hervor, was man Adornos verschwiegenen oder geheimen Dogmatismus nennt. Im Fall des Mimesisbegriffs ist das weit weniger die Marxsche als die Freudsche Theorie. Die Psychoanalyse bildet sein tragendes argumentatives Fundament in einem Maße, daß es bisweilen den Anschein hat, Adorno wolle mit ihr die alten metaphysischen Kategorien auf einen theoriefähigeren Begriff bringen, ohne ihren eigenen methodologischen Status zu relativieren.

Vorliegende Arbeit bleibt im Rahmen einer philosophisch ausgerichteten und immanenten, philologisch verfahrenden Rekonstruktion. Sie will zur 'Auflösung von Deutungsproblemen' beitragen, konfrontiert Adorno nicht - was seinem eigenen Anspruch nach möglich wäre - mit den 'avanciertesten' einzelwissenschaftlichen, das hieße hier vor allem ethnologischen und psychoanalytischen Theorien, unternimmt schließlich aber auch eine vorsichtige Erweiterung der Grenzen der Theorie an jenen Stellen, an denen Adorno sich mit Assoziationen begnügt, und an jenen, an die sich thematisch verwandte Theorien anknüpfen lassen im Interesse der Fortsetzung des Impulses oder der Fragen Kritischer Theorie. Unter dem Aspekt des Mimesisbegriffs bietet Adorno am Ende weit mehr einen Beitrag zur Aktualität der Kantischen als der Hegelschen Ästhetik. Der Kantianer Adorno ist nicht der einer mit expurgatorischen Konsequenzen vollzogenen Vernunftkritik, sondern der einer anvisierten mimetischen Rationalität, der Reflexion des Besonderen als Besonderen. Adorno leitet von daher über zu neueren Ansätzen, die "Kritik der Urteilskraft" mit einem sprachpragmatisch differenzierten Wahrheitsbegriff und triebtheoretischen Einsichten zu verbinden. Die Kritische Theorie Adornos und Horkheimers hat das Programm einer Vereinigung von klassischer Philosophie, Gesellschaftstheorie und Psychoanalyse entworfen und vorangetrieben. Das 'Zusammenschießen' dieses Komplexes mit der von ihm ausgesparten sprachanalytischen Philosophie verspricht für die Ästhetik fruchtbar zu werden.

Adorno schreibt in der Vorrede zur 'Negativen Dialektik', er lege in dem Buch "die Karten auf den Tisch" (ND,S.7). Das unterscheidet ihn von Benjamin, der ungern - nach dem von Adorno überlieferten Ausdruck - mit offenen Karten spielte (vgl. GS11,S.576). Adorno will - allen Anfeindungen zum Trotz - kein Falschspieler sein, nicht noch eine Karte im Ärmel versteckt halten. Die folgende Arbeit richtet ihr Augenmerk auf die Mimesis-Karte, um zu sehen, inwieweit sie - wenn sie schon nicht gezinkt sein soll - doch die Rolle des Jokers übernimmt. Die Tendenz des Mimesisbegriffs zur Bedeutungsüberfrachtung und Leerstellenfunktion ist nämlich unübersehbar. Die Rekonstruktion des Mimesisbegriffs in seiner schwerpunktmäßig 'anthropologischen', psychoanalytischen und epistemologischen Bedeutung soll dieser vor allem im engeren ästhetischen Kontext sich abzeichnenden Tendenz entgegenwirken.

Auch die Offenlegung der Karten aber - darauf weist Adorno im unmittelbaren Anschluß hin - "ist keineswegs dasselbe wie das Spiel", denn das hieße auch zu wissen, wann welche Karte gespielt werden muß. Mit Kant gesprochen kommt hier die Urteilskraft ins Spiel. Ihr ist jeweils und unausweichlich die Entscheidung darüber aufgegeben, wann welche Regel auf einen spezifischen Fall anzuwenden ist. Dieses Verfahren hat Adorno unnachahmlich, oft exemplarisch geübt, aber auch - um es noch einmal zu betonen - als Theoretiker sich um die Aufstellung von Regeln, Allgemeinheitsaussagen bemüht. Unter denjenigen zur Mimesis müßte stehen, was Adorno unter eine entsprechende Aufzeichnung aus dem letzten Lebensjahr geschrieben hat: "Höchst wichtig, ausführen."[1]

I. BEGRIFFSGESCHICHTE UND PROVENIENZ IN DER KRITISCHEN THEORIE

(1) Etymologie. - Die etymologische Provenienz von 'Mimesis' ist, wie Grassi referiert, "dunkel".[1] Mit Bezug auf das Indogermanische, das Sanskrit und Alt-Indische erwägt er "zwei Hauptbedeutungen": "offenbaren - aus dem Verborgenen hervortreten lassen - und tauschen, verwandeln, also ein Zeigen von etwas, das aus Tausch hervorging, das Ursprüngliche nicht so bewahrt, wie es war: Trugbild, Täuschung, Schein."[2]

Demgegenüber gehen die Vermutungen Kollers in jene Richtung des dionysischen Kultes und damit des Tanzes und der Musik, die schon von Nietzsche in der "Geburt der Tragödie" als ein Grundprinzip griechischer Kultur und Kunst behauptet wird: "μῖμος, das ja das Grundwort sämtlicher uns interessierender Ausdrücke ist, scheint nur den Akteur bacchantischer Weihen zu bezeichnen",[3] den "Darsteller, Teilnehmer des orgiastischen Spiels".[4] Kollers Schrift "Die Mimesis in der Antike" gilt dem Nachweis, daß wir nur "im Tanz, und zwar im Tanz, der in Wort, Musik und Bewegung eine Geschichte erzählt und gleichzeitig darstellt, die natürliche Sinnfülle der Grundbedeutung von Mimesis (finden)"[5] und daher die "Grundbedeutung nichts mit Täuschung zu tun hat".[6]

Hat der Mimesisbegriff die Bedeutung von Nachahmung oder Darstellung, so steht hinter Kollers Beweisintention einer Grundbedeutung nicht weniger als hinter Grassis Erwägung zweier Hauptbedeutungen die Frage nach der semantischen Gewichtung der aufgespaltenen begrifflichen Einheit, eine Frage, die gleich an jenen beiden Orten der Begriffsgeschichte aufbricht, an denen sie zum ersten Mal in den systematischen Rahmen der Philosophie einmündet - bei Platon und Aristoteles.

(2) Philosophiegeschichte. - Mit Platon wird der Begriff der Mimesis zur Wesensbestimmung der Kunst allgemein und zu einem Topos ihrer Theorie. Kunst ist Mimesis, und als solche unterliegt sie bei Platon einer zweifachen Kritik ebenso im Hinblick auf ihren ontologischen Status wie auf ihre pädagogisch-moralische Wirkung.

(a) Platons ontologisch-systematische Kritik. - Im berühmten zehnten Buch des 'Staates' entwickelt Platon an der Malerei die ontologischen Gründe für die Verbannung der Kunst aus dem idealen Staat. Als 'Spiegelung'[7] eines beliebigen einzelnen, selbst wiederum nur Abbild der Idee seienden Gegenstandes, als bloße "Nachbildung der Erscheinung"[8] ist die Kunst dem wahren Sein am fernsten. Als 'Nachbildner' steht der Künstler an dritter Stelle in der Rangfolge von göttlichem 'Wesensbildner' und handwerklich produzierendem 'Werkbildner'.[9] Nachahmung und Darstellung, die beiden Bedeutungen von Mimesis, widersprechen sich bei Platon nicht, weil sie in dessen Ontologie an der Wahrheit bzw. Wirklichkeit als dem in Wahrheit Seienden gemessen werden und so, mit Grassi, unter der Hauptbedeutung von Täuschung stehen.[10] Mit diesem Maßstab verliert Darstellung aber, mit Koller, den Bezug zu ihrer im Tanz gelegenen und Platon selbst noch gegenwärtigen ursprünglichen Tradition. Im dritten Buch des 'Staates', "wo sich Platon zum erstenmal theoretisch mit der Mimesis befaßt, (ist) diese noch eine reine Ausdruckslehre der Musik ... und in zweiter Linie ... der Dichtung, nicht aber allgemeine Grundlage für eine Theorie der Kunst (...) Es kann als gesichert gelten, daß Platon den Mimesisbegriff aus der Musiklehre Damons übernommen hat."[11] Verbietet die "ursprüngliche Verbindung mit Tanz, und zwar in erster Linie mit Gruppentanz, von vornherein jeden Realismus",[12] so auch die Möglichkeit von Täuschung. Auf 'Darstellung' liegt das Schwergewicht der Bedeutung einer von Ontologie gelösten Mimesis.

(b) Pädagogisch-moralische Kritik. - Ist die Mimesis in diesem Sinn im dritten Buch des 'Staates' noch präsent, so steht sie gleichwohl auch als solche schon zur Kritik. Der Maßstab ist hier aber ein pädagogisch-moralischer, Mimesis kommt in ihrem Wert für Erziehung in den Blick.[13] Akut ist nicht die Möglichkeit der täuschenden Nachahmung, der falschen Darstellung dessen, wie es wirklich ist, sondern die Möglichkeit der Preisgabe von Identität durch Identifikation mit dem Falschen; akut ist mithin nicht das werkmäßige Resultat von Mimesis als vielmehr diese selber in ihrem Vollzug und ihrem Resultat für das vollziehende Subjekt. Das trifft besonders für die Nachahmung im Schauspiel zu. Die Begründung Platons dafür, nur fremde Schauspieler, nicht Bürger des utopischen Staates "Unedles noch sonst etwas Schändliches" aufführen zu lassen, übersetzt Koller erklärend: "'... damit sie nicht durch Darstellung sich mit dem Dargestellten identifizieren'".[14]

Auch Gadamer hat in einem frühen Vortrag über "Plato und die Dichter" die Gefahr der mimetischen Auflösung von Identität aufgezeigt. Er sieht die "entscheidende Kritik der Nachahmung in dem, was ihr Reiz in der menschlichen Seele bewirkt", der wiederum "sich am stärksten erfüllt, wo auch das Dargestellte Selbstvergessenheit, das ist Leidenschaft, ist."[15] Platon qualifiziert sie als das "der Vernunft Ferne in uns", das in tausendfacher und widersprüchlicher Gestalt auftritt und so das subjektive Pendant abgibt zu den alles zwischen Himmel und Erde fabrizierenden Werken der Spiegel-Künstler.[16] Mimesis vollendet sich ihrem Begriff nach in ihrem Bezug auf Leidenschaft und hat so nicht nur das Orgiastische in einem plakativen Sinn zu verantworten, sondern auch die Vielheit als logischen Gegenbegriff zur Einheit.[17] Aus diesem Grund untersteht sie der staatspolitischen Aufsicht des die eine Wahrheit suchenden Philosophen.

(c) Aristoteles' affirmative Wendung. - Ist der Mimesisbegriff bei Platon terminologisch äquivok und sowohl in seiner privilegierten, auf Nachahmung eingeengten, als auch in seiner vor allem an schauspielerischer Darstellung orientierten Bedeutung Gegenstand der Kritik, so ist für Aristoteles die Eindeutigkeit des Gebrauchs sowie die affirmative Wendung des Begriffs unbestritten. Immer steht er unter der leitenden Kategorie der Möglichkeit und legt so seine Bedeutung als Darstellung oder Nachahmung im nicht bloß kopierenden Sinn fest wie seinen veränderten Stellenwert im philosophischen System.

Das gilt unbeschadet einer definitorischen Bezugnahme auf die 'Physik' oder die 'Poetik'. Blumenberg und Baeumler nehmen die Definition der ersten Schrift zum Ausgangspunkt. Kunst qua τέχνη besteht ihr zufolge darin, einerseits/entweder zu vollenden/ins Werk zu setzen, was die Natur nicht zu vollbringen vermag andererseits/oder die/der Natur nachzuahmen. Baeumler ersetzt den Akkusativ des zweiten Satzes durch den Dativ "der Natur nachzuahmen", um die "Bedeutung des bloßen Nachahmens (Kopierens)" sprachlich deutlich abzuweisen. Denn - darauf verweisen beide sofort - "'Natur' ist für Aristoteles nicht ein Inbegriff vorhandener Dinge - mit einem späteren Wort natura naturata - sondern φύσις, schaffende Natur, natura naturans".[18]

Blumenberg notiert allerdings auch den Preis dieser Aristotelischen Lösung der Platonischen Konzeption. Ist nicht mehr der ideale Kosmos der Urbilder, sondern die Natur "Inbegriff des überhaupt Möglichen",[19] so leidet eine diese Natur nachahmende Kunst zwar nicht mehr an einem Seins-, wohl aber an einem Novitäts- und letztlich Freiheitsdefizit. Das gilt auch für Nachahmungen im engeren ästhetischen Sinn. Mit Verweis auf die 'Poetik' zieht Blumenberg das Fazit:

"Wenn Aristoteles sagt, es sei Sache des Künstlers, die Naturdinge nachzuahmen, wie sie sein sollen, so bedeutet das nicht den Hinweis auf irgendeine diesen Gegenständen transzendente Norm, sondern auf die 'Extrapolation' aus dem Werdeprozeß auf das Werdeziel, von der γενεσις auf τελος (...) Der Kern der aristotelischen Lehre von der τέχνη ist, daß dem werksetzenden Menschen keine wesentliche Funktion zugeschrieben werden kann (...) er vollbringt, was die Natur vollbringen würde, ihr - nicht sein - immanentes Sollen."20

Auch für den in der 'Physik' zugrundegelegten Mimesisbegriff gilt aber, was Grassi anhand der 'Poetik' nachweist: seine (zweite) Hauptbedeutung als Offenbaren. Kunst ahmt nicht täuschend und äußerlich Natur nach, sondern zeigt deren immanente Möglichkeit auf. In der 'Poetik' ist 'Praxis' ihr Gegenstand. Den Sinn dessen, was μίμεσις τἔς πράξεως heißt, hat Grassi betont:

"Nicht jede Handlung - und auch die Poiesis (das Hervorbringen) ist eine Handlung, aber eine unvollkommene - ist identisch mit Praxis; sämtliche Handlungen aber, welche nur Mittel zu etwas sind und nicht ihren Sinn in sich selbst haben, dürfen nicht Gegenstand jener Mimesis sein, welche die schönen Künste bestimmt, sondern nur solche Handlungen, die in sich selbst ihr Ziel haben und daher von sich aus sinnvoll sind (...) Nur Handlungen im Bereich des 'Ethos' besitzen (den 'Praxischarakter') (...) Eine solche Bewertung kann nur dem Menschen (nicht Pflanzen oder Tieren) zuteil werden."21

Nur die vom Ethos bestimmte Praxis offenbart die dem Menschen eigentümlichen Möglichkeiten. In Übereinstimmung mit Grassi schließt Koller:

"Aristoteles ist kein Kronzeuge für eine realistische Kunst. Nie ist bei ihm die Dichtung 'Nachahmung' (...) Der Mimesisbegriff der Poetik ist ganz vom alten Mimesisbegriff her orientiert, der seinerseits von der Mimesis des griechischen Tanzes ausgeht."22

Die klare Bedeutung von Nachahmung hat Mimesis nur im Kontext ihrer anthropologischen Fundierung als dem Menschen angeborener Trieb. Sie wird dadurch zu einem Wesensmerkmal des Menschen und darüber hinaus pädagogisch bedeutsam für die ersten Lebensjahre,[23] ein Gedanke, der auf dem Hintergrund der Platonischen Erziehungslehre im dritten Buch des 'Staates' über seinen bei Aristoteles an Ort und Stelle bloß deskriptiven Charakter hinausweist in seiner Verbindung mit der zentralen Lehre der Katharsis.

(3) Einführung in die Kritische Theorie. - Weder Etymologie noch die auf Platon und Aristoteles zurückdatierende philosophiegeschichtliche Provenienz werden von Adorno aber für den Mimesisbegriff explizit in Anspruch genommen. Seine begriffsgeschichtliche Tradition ist jungen Datums und durch die Namen Hubert und Mauß, Caillois und Freud angezeigt. In seiner 'Geschichte der Frankfurter Schule und des Instituts für Sozialforschung' schreibt Jay, in der "Dialektik der Aufklärung" habe die Frankfurter Schule "ihrem Vokabular einen neuen Terminus (hinzugefügt): Mimesis."[24] Buck-Morss kommentiert diesen Satz mit der Einschränkung, der Terminus 'Mimesis' möge wohl für die 'Schule' neu gewesen sein, nicht aber für Adorno.[25] Puder behauptet, ohne es zu belegen, daß der Terminus "von Benjamin, Horkheimer und Adorno 1938 im Pariser Emigrantenkreis thematisiert wurde".[26] Benjamin, auf den Buck-Morss Adorno verpflichten will, hat die Arbeiten "Lehre vom Ähnlichen" und "Über das mimetische Vermögen" bereits 1933, den thematisch damit zusammenhängenden Aufsatz "Zum Bilde Prousts" 1929 geschrieben. Letzterer wurde in der 'Literarischen Welt' publiziert, es darf daher angenommen werden, daß Adorno ihn schon früh gekannt hat. Über die Mimesis-Arbeiten hat Benjamin zwar mit Adornos Frau Gretel in den dreißiger Jahren korrespondiert,[27] daß dieser selbst aber vor 1941, dem Jahr, in dem er den Nachlaß Benjamins mit einem Typoskript jener Arbeiten erhielt, Kenntnis von ihnen hatte, ist, nach Auskunft von Rolf Tiedemann, nicht dokumentiert. Für die Schriften Adornos läßt sich feststellen, daß Mimesis qua Mimikry zum ersten Mal in den "Reflexionen zur Klassentheorie" aus dem Jahre 1942 auftritt,[28] in der Tat aber erst in der "Dialektik der Aufklärung" im Sinne einer Nominaldefinition eingeführt wird, die verbindlich bleibt bis zur 'Ästhetischen Theorie':

"... die dem Lebendigen tief einwohnende Tendenz, deren Überwindung das Kennzeichen aller Entwicklung ist: sich an die Umgebung zu verlieren anstatt sich tätig in ihr durchzusetzen, den Hang, sich gehen zu lassen, zurückzusinken in Natur. Freud hat sie den Todestrieb genannt, Caillois le mimétisme" (DA,S. 271).

"Mimesis (macht) sich der Umwelt ähnlich" (DA,S.220).

Die "mimetische Verhaltensweise" ist "das sich selbst einem Anderen Gleichmachen" (GS7,S.487).

(a) Caillois: le mimétisme. - Mit dem 1938 erschienenen Buch "Le mythe et l'homme" des französischen Kulturanthropologen Caillois dürfte die ausschlaggebende terminologische Quelle gegeben sein. Kleintiere und Insekten sind ihm Beispiele für die "assimilation au milieu", "une véritable tentation de l'espace",[29] und mit Bezug auf die "Théorie générale de la magie" der Soziologen Hubert und Mauß definiert er Mimesis als "une incantation fixée à son point culminant".[30] Die sich 'verlierende Tendenz' von Mimesis qua Mimikry wird namhaft auch am szientifischen Bewußtsein und an der Kunst,[31] wie es insgesamt die - von Adorno in einer Besprechung des ein Jahr früher erschienenen Buches "La Mante religieuse" geteilte - Intention Caillois' ist, die "gemeinhin durch wissenschaftliche Arbeitsteilung abgetrennten Gebiete der Biologie, der Mythenforschung und der Psychologie in Beziehung zu setzen".[32] Auf den diskutierenswerten Gebrauch der Freudschen Todestrieblehre bei Caillois macht auch Raymond Aron aufmerksam, der "Le mythe et l'homme" für die "Zeitschrift für Sozialforschung" rezensiert, und ebenso auf das'interessante' Kapitel "Paris, mythe moderne", das die Frage nach den Mythen in der modernen Gesellschaft stelle.[33] 'Le mimétisme' kennzeichnet bei Caillois gleichermaßen ein biologisches wie soziokulturelles Verhalten und steht als 'Wunsch der Assimilierung an den Raum', der 'Identifikation mit der Materie', dem Leblosen insgesamt, unter der Bedeutung von Mimikry.

(b) Freud: Todestrieb. - Im gleichen Sinne beschreibt Freud den Todestrieb. Er wird von ihm in der am Beginn seiner Spätphase stehenden Arbeit "Jenseits des Lustprinzips" eingeführt, indem er das an der traumatischen Neurose wie im Kinderspiel beobachtbare Phänomen des 'Wiederholungszwangs' mit Analogien aus der Biologie und hypothetischer "Spekulation" kombiniert.[34] Ausgehend von der psychoanalystisch "unbedenklich(en)" Annahme, "daß der Ablauf der seelischen Vorgänge automatisch durch das Lustprinzip reguliert, das heißt, ... daß er jedesmal durch eine unlustvolle Spannung angeregt wird und dann eine solche Richtung einschlägt, daß sein Endergebnis mit einer Herabsetzung dieser Spannung, also mit einer Vermeidung von Unlust oder Erzeugung von Lust zusammenfällt",[35] stellt sich Freud das Problem, wie damit die Wiederholung schreckhaft erlebter Situationen oder des mütterlichen Präsenzentzugs mit den vom Prinzip der Wunscherfüllung geleiteten Formen von Traum und Spiel zu vereinbaren sei und kommt zu der Einschätzung, daß der Wiederholungszwang selbst "im hohen Grad den triebhaften, und wo (er) sich im Gegensatz zum Lustprinzip (befindet), den dämonischen Charakter (zeigt)".[36] Die Beantwortung der sich damit ergebenden Fragen führt Freud zu einer neuen Charakterisierung des Triebes als solchen:

"Auf welche Art hängt aber das Triebhafte mit dem Zwang zur Wiederholung zusammen? Hier muß sich uns die Idee aufdrängen, daß wir einem allgemeinen ... Charakter der Triebe, vielleicht alles organischen Lebens überhaupt, auf die Spur gekommen sind. <u>Ein Trieb wäre also ein dem belebten Organischen innewohnender Drang zur Wiederholung eines früheren Zustandes</u> ..."[37]

Hat Freud zuerst dem Wiederholungszwang triebhaften Charakter zugesprochen, so schließt er nun umgekehrt auf den wiederholenden Charakter der Triebe allgemein; sie sind "auf Regression, Wiederherstellung von Früherem, gerichtet".[38] Unter der Voraussetzung der Gültigkeit dieser Triebdefinition liegen die Konsequenzen für die Evolution dann darin, daß das "Ziel des Lebens" nicht "ein noch nie erreichter Zustand" sein kann:

"Es muß vielmehr ein alter, ein Ausgangszustand sein, den das Lebende einmal verlassen hat und zu dem es über alle Umwege der Entwicklung zurückstrebt ... Das Ziel alles Lebens ist der Tod, und zurückgreifend: Das Leblose war früher da als das Lebende."[39]

Unter der "befremdend(en)"[40] Perspektive einer die Evolution als widernatürlichen und beschwerlichen Umweg zum Anfang, den Tod, betrachtenden Triebtheorie ist Freud nicht nur "unversehens in den Hafen der Philosophie Schopenhauers eingelaufen",[41] sondern auch genötigt, im sich einstellenden Gegensatz von Todes- und Lebenstrieb nur für ersteren den regressiven und damit den Charakter des Triebes an sich nachweisen zu können.[42] Sieht Freud zu Beginn seiner Schrift in den auf die Hypothese des Todestriebs führenden Phänomenen des Wiederholungszwangs Indizien "für die Wirksamkeit von Tendenzen jenseits des Lustprinzips, das heißt solcher, die ursprünglicher als dies und von ihm unabhängig wären",[43] so scheint mit der zum Schluß gegebenen Definition des Lustprinzips dieses "geradezu im Dienste der Todestriebe zu stehen".[44] Beide haben dann nämlich "Anteil an dem allgemeinsten Streben alles Lebenden, zur Ruhe der anorganischen Welt zurückzukehren".[45] Der Todestrieb steht so bei Freud hypothetisch für eine biologische wie psychologische Verhaltensdeterminante zur Aufhebung von Spannung durch Regression auf das Stadium des Leblosen.

(4) Der Begriff des Mimetischen bei Benjamin. - Im Abstand von mehreren Monaten schreibt Benjamin 1933 die Arbeiten "Lehre vom Ähnlichen" und "Über das mimetische Vermögen". Die spätere Fassung ist, wie die Herausgeber annehmen, "eine Umarbeitung der früheren nicht bloß unter stilistischen sondern unter gewissen inhaltlichen Aspekten: solchen des Zurücktretenlassens okkulter und sprachmystischer Motive".[46] Ohne auf die Frage nach der größeren Authentizität der beiden Fassungen eingehen zu wollen, läßt sich doch sagen, daß die spätere Fassung die Argumentationsstruktur deutlicher hervorhebt, die frühere dagegen zumindest ein wichtiges Strukturmoment akzentuiert sowie die Stichworte zur explikativen Ausfächerung offener bereitstellt.

(a) Unsinnliche Ähnlichkeit. - Das "mimetische Vermögen", so definiert Benjamin gleich zu Beginn seiner Ausführungen, ist die "Fähigkeit im Produzieren von Ähnlichkeiten".[47] Dabei ist auch bei Benjamin nicht an den durch Platon und Aristoteles philosophie- und kunstgeschichtlich wirksam gewordenen Mimesisbegriff zu denken, sondern an den diesem noch vorausliegenden musiktheoretischer Prägung, der sich, wie Koller herausgearbeitet hat, aus der Praxis dramatischer Spiele, der Feste zur Feier der Götter, der getanzten und gesungenen 'Mimoi' herschreibt. Auf die Tänze, "deren älteste Funktion" es sei, "Ähnlichkeiten hervorzubringen",[48] bezieht Benjamin sich denn auch, um zu exemplifizieren, was er unter Ähnlichkeit verstanden wissen will.

Die Ähnlichkeit, auf die Benjamin das mimetische Vermögen bezieht, sucht er durch Rekurs auf die Geschichte zu verdeutlichen. Für die Ontogenese dient das Kinderspiel zur Veranschaulichung, und dieses "ist keineswegs auf das beschränkt, was wohl ein Mensch vom andern nachmacht. Das Kind spielt nicht nur Kaufmann oder Lehrer sondern auch Windmühle und Eisenbahn".[49] Diese 'nicht beschränkte' Nachahmung, die nicht auf den Menschen zentrierte Ähnlichkeit, hebt Benjamin vor allem an der Phylogenese hervor:

"Bekanntlich war der Lebenskreis, der ehemals von dem Gesetz der Ähnlichkeit durchwaltet schien, viel größer. Es war der Mikro- und der Makrokosmos ..."[50]

Zeigen will Benjamin nun, "daß weder die mimetischen Kräfte noch die mimetischen Objekte, ihre Gegenstände, im Zeitlauf unveränderlich die gleichen blieben".[51] Nach der obigen Behauptung könnte die "Richtung" der Veränderung "nur in der wachsenden Hinfälligkeit dieses mimetischen Vermögens liegen", aber für Benjamin ist die "Frage nur die: ob es sich um ein Absterben des mimetischen Vermögens oder aber vielleicht um eine mit ihm stattgehabte Verwandlung handelt",[52] um einen "Verfall" oder um eine "Transformierung".[53]

Zur Beantwortung dieser Frage verweist Benjamin zunächst auf die Astrologie. Ihr 'mimetisches Objekt' lag "am Himmel",[54] in den "Konstellationen der Sterne",[55] ihre 'mimetische Kraft' darin, eine Ähnlichkeit herzustellen, zu produzieren "zwischen einer Sternenkonstellation und einem Menschen".[56] Nun ist 'für die Heutigen' die Möglichkeit einer solchen Ähnlichkeitswahrnehmung bzw. -produktion nicht mehr gegeben.

"Jedoch auch wir besitzen einen Kanon, nach dem das, was unsinnliche Ähnlichkeit bedeutet, sich einer Klärung näherführen läßt. Und dieser Kanon ist die Sprache."[57]

Damit hat Benjamin sowohl den Terminus als auch das 'mimetische Objekt' genannt, auf die er seine Argumentation hinführen will: 'unsinnliche Ähnlichkeit' und Sprache.

(aa) Der Augenblick als Definiens. - 'Unsinnlich' wäre bisher eine Ähnlichkeit zu nennen, die besteht etwa zwischen einer Sternkonstellation und einem Menschen oder zwischen einem Kind und einer Windmühle. Genauer gesagt, bedarf die unsinnliche Ähnlichkeit dabei einer dynamischen Komponente. Denn erst vom spielenden Kind, das etwa seine ausgebreiteten Arme kreisförmig bewegt, kann eine solche Ähnlichkeit behauptet werden. 'Unsinnlich' ist die Ähnlichkeit zu nennen, wenn und weil zwei Relata nicht statisch fixiert zueinanderstehen; 'unsinnlich' nicht, weil sie nicht mit den Sinnen, sondern nur in einer Bewegung, nur in einer bestimmten Relation zur Zeit wahrnehmbar ist. Diese Relation hat Benjamin in seinem Hinweis auf die Astrologie deutlich ausgesprochen. Daß sie in der zweiten Fassung nur stark reduziert auftritt, macht deren Argumentationsgang in Richtung auf das (zweite) Telos Sprache zwar durchsichtiger, undurchsichtiger aber in bezug auf jenes Moment, das bei Benjamin entscheidendes Definiens des Begriffs einer unsinnlichen Ähnlichkeit ist.

Stellt die Astrologie eine Ähnlichkeit her zwischen einer Sternkonstellation und einem Menschen, so wird dabei "die vollendete Anbildung an die kosmische Seinsgestalt dem Neugeborenen (beigelegt)":

"Der Augenblick der Geburt, der hier entscheiden soll, ist aber ein Nu. Das lenkt den Blick auf eine andere Eigentümlichkeit im Bereich der Ähnlichkeit. Ihre Wahrnehmung ist in jedem Fall an ein Aufblitzen gebunden. Sie huscht vorbei, ist vielleicht wiederzugewinnen, aber kann nicht eigentlich wie andere Wahrnehmungen festgehalten werden. Sie bietet sich dem Auge ebenso flüchtig, vorübergehend wie eine Gestirnkonstellation. Die Wahrnehmung von Ähnlichkeiten also scheint an ein Zeitmoment gebunden."58

Wie für die Ähnlichkeit, die 'Anbildung' zwischen Sternkonstellation und Mensch ein bestimmter Zeitpunkt, nämlich der 'Augenblick der Geburt' entscheidend sein soll, so für die (unsinnliche) Ähnlichkeit generell das 'Zeitmoment' des Augenblicks mit seiner Flüchtigkeit. Von einer 'sinnlichen' Ähnlichkeit unterscheidet sich die unsinnliche dadurch, daß sie bzw. ihre

Wahrnehmung nicht 'festgehalten' werden kann, daß sie nicht jederzeit vor Augen liegt.

(bb) Sprache als mimetisches Objekt. - Diese unsinnliche Ähnlichkeit möchte Benjamin, wie oben zitiert, auch nach dem Kanon der Sprache einer Klärung näherführen. Auch in ihr möchte er sie vom "geläufigen, sinnlichen Bereich der Ähnlichkeit"[59] abheben, und das heißt für ihn in diesem Zusammenhang, 'zurückzugreifen' auf die "onomatopoetische Erklärungsart", aber ihr doch "in dem Begriff einer unsinnlichen Ähnlichkeit" erst einen "Schlüssel" zu liefern für ihre eigene These: "'Jedes Wort ist - und die ganze Sprache ist - onomatopoetisch'."[60]

Die ersten Präzisionsversuche, die Benjamin unternimmt, beziehen sich auf Wort und Buchstabe:

"Ordnet man Wörter der verschiedenen Sprachen, die ein gleiches bedeuten, um jenes Bedeutete als ihren Mittelpunkt, so wäre zu erforschen, wie sie alle - die miteinander oft nicht die geringste Ähnlichkeit besitzen - ähnlich jenem Bedeuteten in ihrer Mitte sind."61

Die onomatopoetische These aber zu präzisieren im Hinweis auf eine so geartete unsinnliche Ähnlichkeit in Sprache und Schrift ist ein zweifelhaftes Unterfangen, "engstens verwandt", wie Benjamin in der ersten Fassung selbst konzediert, "mystischen oder theologischen Sprachtheorien".[62] Benjamin könnte auf diese Weise schwerlich die Onomatopoetologie in ihrer "rohesten" und "primitivsten" Form zu "schärferer Einsicht" entwickeln.[63] Menninghaus hat in seinem Buch "Walter Benjamins Theorie der Sprachmagie" diese Kritik geübt und die "bedeutendere und wohl auch tragfähigere Seite von Benjamins Theorie der Mimesis in Sprache und Schrift" daher nicht in dessen Rekurs auf "singuläre 'Wörter' oder 'Buchstaben'" situiert, sondern in der Intention auf die 'ganze Sprache'.[64]

Vor allem auf einen Hinweis Benjamins kann sich dabei die Kritik stützen. Um die Schrift als "Ausdruck" des mimetischen Vermögens zu belegen, beruft Benjamin sich auf die Graphologie:

"Die neueste Graphologie hat gelehrt, in den Handschriften Bilder, oder eigentlich Vexierbilder zu erkennen, die das Unbewußte des Schreibers darinnen versteckt."65

Ist die Schrift (Vexier-)Bild des Unbewußten, dann bedeutet das, daß 'Ausdruck' des mimetischen Vermögens "nicht ein einzelner Buchstabe oder ein ganzes Wort ist, sondern die Regularitäten und Irregularitäten, die Kontinuitäten und die Diskontinuitäten, kurz: die innere Form einer Schrift-(Sprach-) Gestalt als ganzer."[66] Auf die Sprache generell übertragen zieht Benjamin folgenden Schluß:

"Diese, wenn man so will, magische Seite der Sprache wie der Schrift läuft aber nicht beziehungslos neben der andern, der semiotischen einher. Alles Mimetische der Sprache ist vielmehr eine fundierte Intention, die überhaupt nur an etwas Fremden, eben dem Semiotischen, Mitteilenden der Sprache als ihrem Fundus in Erscheinung treten kann. So ist der buchstäbliche Text der Schrift der Fundus, in dem einzig und allein sich das Vexierbild formen kann. So ist der Sinnzusammenhang, der in den Lauten des Satzes steckt, der Fundus, aus dem erst blitzartig Ähnliches mit einem Nu aus einem Klang zum Vorschein kommen kann."67

Das Mimetische bzw. die unsinnliche Ähnlichkeit bedarf in der Sprache nicht anders als im Kinderspiel und der okkulten Praxis der Astrologie neben der statischen einer dynamischen Komponente. In der Sprache ist der 'Träger' oder der 'Fundus' das 'Semiotische' oder 'Mitteilende', das 'blitzartig in Erscheinung Tretende' das 'Mimetische'. Benjamin nennt es - 'wenn man so will' und die auffälligste Streichung in der zweiten Fassung - die 'magische Seite der Sprache'. Spätestens an dieser Stelle wird mit der Nennung der Magie der Bezug zu Benjamins Arbeit "Über Sprache überhaupt und über die Sprache des Menschen" unabweislich. Daß Benjamin die Fassung "Über das mimetische Vermögen", nach brieflicher Auskunft, erst nach einem 'Vergleich' mit der siebzehn Jahre zurückliegenden Arbeit vorgenommen hat,[68] ist dafür ein äußerliches Indiz.

Das Fazit wird von Benjamin aber vorsichtig formuliert, denn neben die Behauptung einer Doppelstruktur der Sprache qua 'Semiotischem' und 'Mimetischem', der Konstitution von Sinn aus der augenblicklichen Konfiguration von Wörtern und Klängen, tritt die, daß diese Struktur sich aus magischen Ursprüngen entwickelt habe:

"Dergestalt wäre die Sprache die höchste Verwendung des mimetischen Vermögens: ein Medium, in das ohne Rest die frühern Merkfähigkeiten für das Ähnliche so eingegangen seien, daß nun sie das Medium darstellt, in dem sich die Dinge nicht mehr direkt wie in dem Geist des Sehers oder Priesters sondern in ihren Essenzen, flüchtigsten und feinsten Substanzen, ja Aromen begegnen und zu einander in Beziehung treten."[69]

Die Sprache ist das 'mimetische Objekt' heute, nicht mehr die Sterne oder die Tänze. Sie ist das Objekt, das wir noch 'lesen' können in dem "merkwürdigen Doppelsinn des Wortes Lesen als seiner profanen und auch magischen Bedeutung",[70] lesen so, daß die Dinge in ihren 'Aromen' zueinander in Beziehung treten. Darin besteht heute die 'mimetische Kraft', in der Herstellung von 'flüchtigsten' Beziehungen zwischen den Dingen im 'Medium' der Sprache. Wird Ähnlichkeit traditionell als unvollständige oder wesensmäßige Gleichheit definiert, so entfernt sie sich bei Benjamin von der Bezugnahme auf die Kategorie der Quantität und erhält ihr 'Wesensmäßiges' gerade in 'Essenzen, flüchtigsten und feinsten Substanzen, ja Aromen'. Eine solche Gleichheit ist nur 'unsinnlich', über das Zeitmoment des Augenblicks wahrnehmbar.

(cc) Proust und der Traum. - Proust und der Surrealismus sind die zeitgenössischen Vorbilder für die mimetische Kraft der Aktualisierung einer solchen Ähnlichkeit; Proust, zu dem Benjamin notiert, daß dessen "unendlich feine(s) Nervensystem zu erschüttern und in ferne Zeiten zu versetzen ein Atom hinreicht";[71] und der Surrealismus, der mit dem von Benjamin an ihm herausgearbeiteten Konzept einer "profanen Erleuchtung" hinter dem 'Doppelsinn des Wortes Lesen' zu sehen ist, und der Paris von denselben aufblitzenden Analogien beherrscht sein läßt wie den Kosmos.[72]

Vor allem ist es Benjamins im gleichen Jahr mit dem Surrealismus-Aufsatz geschriebene Proust-Interpretation (1929), von der her sich ein weiterer Begriff zur Erläuterung der unsinnlichen Ähnlichkeit heranziehen läßt:

"Da ist Prousts frenetisches Studium, sein passionierter Kultus der Ähnlichkeit (...) Die Ähnlichkeit des Einen mit dem Andern, mit der wir rechnen, die im Wachen uns beschäftigt, umspielt nur die tiefere der Traumwelt, in der, was vorgeht, nie identisch, sondern ähnlich: sich selber undurchschaubar ähnlich, auftaucht."[73]

Die Ähnlichkeit, deren 'Kultus' Proust beschreibt, ist die unsinnliche Ähnlichkeit der späteren Mimesis-Arbeit. Wegen ihres nicht-statischen Charakters kann man mit ihr nicht als etwas selbstverständlich und überprüfbar Gegebenem nach mathematischem Duktus 'rechnen'. Anders als in der Mimesis-Arbeit, die sie als (Vexier-)Bild nur konstatierend dem Unbewußten zuordnet, wird sie jetzt als diejenige der 'Traumwelt' beschrieben, und das hat Konsequenzen vor allem für den Begriff der Identität: sie ist qua Ich-Identität eine "Attrappe"[74].

(b) Die Magie der Sprache. - Wird Ähnlichkeit produziert aufgrund des Bedeutung verleihenden Subjekts, so reicht die Bindung der Wahrnehmung qua Aktualisierung der unsinnlichen Ähnlichkeit an das Zeitmoment des Augenblicks nicht hin. Benjamin hat die Gefahr des Subjektivismus in einer Notiz im Auge:

"Die Ähnlichkeiten zwischen zwei Objekten sind stets vermittelt durch die Ähnlichkeit, welche der Mensch mit beiden in sich findet oder die er als mit beiden annimmt. Ganz gewiß schließt das nicht aus, daß die Anweisungen zu solchem Verhalten objektiv vorhanden sind. Das objektive Vorhandensein von solchen Anweisungen definiert sogar den wahren Sinn von Ähnlichkeit."75

Diesen 'objektiv vorhandenen Anweisungen' versucht Benjamin im Begriff des mimetischen Vermögens gerecht zu werden, indem er es produktiv wie rezeptiv gleichermaßen bezeichnet. Es ist die 'Fähigkeit im Produzieren von Ähnlichkeiten' und "Auffassungsgabe". Die im Kosmos waltenden "natürlichen Korrespondenzen" sind "Stimulantien und Erwecker jenes mimetischen Vermögens, welches im Menschen ihnen Antwort gibt."[76] Deutlich wird diese Doppelseitigkeit auch im Rückbezug auf jene 1916 geschriebene Arbeit Benjamins, von der aus er die "Lehre vom Ähnlichen" und "Über das mimetische Vermögen" als neue Sprachtheorie einordnen konnte: "Über Sprache überhaupt und über die Sprache des Menschen". Diese Arbeit extrem - so Adorno - "esoterischen Charakters" (GS10,S.238), soll kurz referiert werden, um von der in ihrem Zentrum stehenden Spekulation über die Magie der Sprache auf deren mimetische Qualität schließen und den für das mimetische Vermögen relevanten Begriff der 'Übersetzung' in einen hinlänglich geklärten Kontext stellen zu können.

Benjamin beginnt die Abhandlung mit der Konstatierung, daß nicht nur "jede Äußerung menschlichen Geisteslebens als eine Art der Sprache aufgefaßt werden (kann)", so daß man "von einer Sprache der Musik und der Plastik reden (kann), von einer Sprache der Justiz, ... von einer Sprache der Technik", sondern daß sich die Sprache "auf schlechthin alles (erstreckt)", auf jedes "Geschehen oder Ding", und er definiert:

"Sprache bedeutet in solchem Zusammenhang das auf Mitteilung geistiger Inhalte gerichtete Prinzip in den betreffenden Gegenständen."77

Die so verstandene Sprache teilt also 'geistige Inhalte' aus ihrem 'Prinzip' bzw. ein "geistiges Wesen"[78] mit, und dabei ist es "fundamental zu wissen, daß dieses geistige Wesen sich in der Sprache mitteilt und nicht durch die Sprache."[79] Dieses 'in' betont die Unmittelbarkeit der Mitteilung. 'Durch' die Sprache qua Mittel ist etwas mitteilbar, aber es teilt sich auch etwas un-mittelbar 'in' ihr mit:

"Das Mediale, das ist die Unmittelbarkeit aller geistigen Mitteilung, ist das Grundproblem der Sprachtheorie, und wenn man diese Unmittelbarkeit magisch nennen will, so ist das Grundproblem der Sprache ihre Magie."80

Mit dieser These hat Benjamin die erste Etappe seiner Abhandlung erreicht. Menninghaus kritisiert Benjamins Ausgangspunkt, jedem Seienden eigne ein 'geistiges Wesen', das in der Sprache nur unmittelbar mitteilbar sei, als auf "metaphysischen Annahmen" beruhend,[81] und in der Tat steht hinter Benjamins Sprachspekulation die Unterscheidung der philosophischen Metaphysik, wie sie sich bei ihrem Namensgeber Aristoteles präsentiert, und die Figal auch als Ausgangsproblem von Adornos Philosophie statuiert hat: "Es geht um die Unterscheidung von Seiendem, sofern es innerhalb der Subjekt-Objekt-Relation denkbar ist, ... und - in der Formulierung des Aristoteles - 'Seiendem, insofern es seiend ist'".[82] Dieses kann demnach auch nicht 'Gegenstand' sein oder werden. Man kann aber Benjamins Ausgangspunkt auch als heuristische Annahme verstehen, als erkenntnistheoretisch motivierte Schlußfolgerung aus den Prämissen, daß sich erstens Erkenntnis im Medium der Sprache vollzieht, zweitens absolut Fremdes unerkennbar, "völlige Abwesenheit der Sprache" unvorstellbar ist,[83] und die Dinge in dem Maße, in dem wir sie erkennen, daher auch sprachlich sein müssen. Da Benjamin aber auch kantkritisch davon ausgeht, daß sich das 'geistige Wesen' der Dinge nicht innerhalb der Subjekt-Objekt-Relation 'durch' die Sprache als Mittel mitteilt, muß er diese Mitteilung, da sie gleichwohl sprachlich sein soll, als unmittelbare fordern.

Die Sprache als unmittelbare Mitteilung eines 'Nicht-Gegenständlichen' hat Benjamin als 'magisch' gefaßt. Für das Nicht-Gegenständliche bietet sich an zu sagen: das Unsagbare. In der Tat kommt Benjamin im folgenden darauf zu sprechen im Begriff der Offenbarung. Benjamin bestreitet das "Verhältnis der umgekehrten Proportionalität" zwischen "geistigem Wesen" qua "Unaussprechlichem" und Sprache.[84] Da der göttlichen Offenbarung "das Ausgesprochenste zugleich das reine Geistige ist", spricht sich im Schweigen nicht das Unaussprechliche aus, und das Sprechen ist nicht das Nichtsein des Unausgesprochenen. Da Benjamin desweiteren davon ausgeht, daß die Unterschiede der Sprache "solche von Medien (sind), die sich gleichsam nach ihrer Dichte, also graduell unterscheiden",[85] ist Offenbarung in der menschlichen Sprache das Aussprechen des Unaussprechlichen unmittelbar in der Sprache, nicht durch sie als prädikative Aussage; das Dritte zwischen völliger Abwesenheit oder Anwesenheit des nicht zu vergegenständlichenden 'geistigen Wesens'. Vor dem Hintergrund der Sprachphilosophie Hamanns, den Benjamin im Kontext der Offenbarung zitiert, kann man daher sagen, daß Offenbarung, die Epiphanie des Geistigen, bei Benjamin "nicht länger exklusives Zeugnis des Göttlichen, sondern eine Ausdrucksqualität allen Sprechens (ist)."[86] Trotzdem sucht der frühe Benjamin die Autorität von Theologie und sprachphilosophischer Spekulation zur Begründung jener Magie und Unmittelbarkeit der Sprache, für die er später das mimetische Vermögen in Anspruch nimmt.

(c) 'Übersetzung'. - Benjamin geht in der Folge über zur Interpretation der Schöpfungsgeschichte der Bibel. Nach ihr ist die

Sprache in Gott "schöpferisch" und "erkennend", "Wort" und "Name", beide sind aber nur analytisch zu trennen, im (Schöpfungs-)Akt immer eines und daher in ihrer Funktion gewissermaßen austauschbar, der "Name schöpferisch" und das "Wort erkennend".[87] Dagegen ist alle "menschliche Sprache nur Reflex des Wortes im Namen. Der Name erreicht so wenig das Wort wie die Erkenntnis die Schaffung".[88] Gott konnte die Dinge (im Namen) erkennen, weil er sie selbst (im Wort) geschaffen hatte. Im Namen, "den der Mensch der Sache gibt", ist "das Wort Gottes nicht schaffend geblieben, es ist an einem Teil empfangend ... geworden".[89] In der Sprache des Menschen ist die Erkenntnis im Namen also nur noch insofern identisch mit dem Wort, als dieses 'an einem Teil empfangend geworden', an einem anderen Teil 'schaffend geblieben' ist. War die Sprache in Gott Erkenntnis (Name) via Schöpfung (Wort) und umgekehrt, so ist sie für den Menschen Erkenntnis via Schöpfung <u>und</u> Empfängnis. "Für Empfängnis und Spontaneität zugleich" führt Benjamin an dieser Stelle den Begriff der "Übersetzung" ein: "Es ist die Übersetzung der Sprache der Dinge in die des Menschen."[90]

Mit der Statuierung der Sprache als eines rezeptiv-produktiven Mediums im Begriff der Übersetzung, kann Benjamin dann sowohl und noch einmal die "bürgerliche Ansicht der Sprache" zurückweisen, die die Meinung vertritt, "daß das Wort zur Sache sich zufällig verhalte, daß es ein durch irgendwelche Konvention gesetzes Zeichen" sei, als auch die - von Benjamin hier so genannte - "mystische Sprachtheorie", nach der "das Wort schlechthin das Wesen der Sache" sei.[91] Aufgrund ihrer nur noch partiellen Spontaneität kann die menschliche Sprache nicht mehr absolute Erkenntnis reklamieren, aufgrund ihrer partiellen, auf die 'Sprache der Dinge' gerichteten Rezeptivität ist sie aber auch nicht arbiträres Zeichen. Qua 'Übersetzung' steht sie zwischen 'schlechthinniger' Objektivität und 'bloßer' Subjektivität. Für das mimetische Vermögen ist von hier ausdieselbe rezeptiv-produktive Struktur zu fordern. Wie die Übersetzung nicht bloßer Subjektivismus ist, so muß es das 'objektive Vorhandensein' von 'Anweisungen' zur Ähnlichkeitsproduktion empfangen.

Die Rede von der übersetzenden Sprache des Menschen im Singular hat bisher nicht sichtbar werden lassen, was Benjamin dann mit dem Ausgang von der biblischen Sündenfallgeschichte zum Thema macht:

"Die Sprache der Dinge kann in die Sprache der Erkenntnis und des Namens nur in der Übersetzung eingehen - soviel Übersetzungen, soviel Sprachen, sobald nämlich der Mensch einmal aus dem paradiesischen Zustand, der nur eine Sprache kannte, gefallen ist."92

Die Vielheit der Sprachen ist die "Folge" des Sündenfalls, in dem die "Sprache zum Mittel ..., damit auch an einem Teile jedenfalls zum bloßen Zeichen" geworden ist.[93] Bezüglich dieses 'Teils' kann von einer Sprache nicht mehr erwartet werden, daß Übersetzung im rezeptiv-produktiven Sinn statt hat. Nach dem Sündenfall ist die "Objektivität" einer Sprache nicht mehr "in Gott verbürgt" dadurch, daß dieser die "Dinge geschaffen, das schaffende Wort in ihnen" aber "der Keim des erkennenden Namens" ist.[94] Ist sie aber nicht mehr in Gott verbürgt, bleibt nur das menschliche Subjekt selbst als Instanz von Authentizität zurück; für sie wären Bedingungen der 'Produktion' von Objektivität anzugeben.

(d) Proust und die Mimikry. - Nachdem die Geschichte der Zerstörung von Objektivität - Objektivität im Sinne des paradiesischen 'Empfangens' und 'Übertragens' - wesentlich die Geschichte von "Urteil" und "Abstraktion",[95] von Wissenschaft ist, liegt es bei Benjamin nahe, in der Kunst das Reservat dieser Objektivität, im künstlerischen Subjekt die Bedingungen ihrer Realisierung ausgebildet zu finden. Benjamins Ausführungen dazu sind - zumindest im Rahmen der hier diskutierten Arbeiten - allerdings gering und vage. So spricht er zwar vom mimetischen Vermögen als der "Gabe, Ähnlichkeit zu sehen"[96] und scheint damit das Problem der Objektivität an die "Begabung"[97] und/oder das "Genie"[98] zu delegieren. Aber beides verbleibt bei ihm im laxen Sprachgebrauch. So geht es ihm in seinem Aufsatz über das "Genie"[99] Proust um die Beschreibung einer bestimmten künstlerischen Verfahrensweise, nicht um ihre Erklärung. Die traditionelle Beziehung des künstlerischen Subjekts zur Natur, zu ihrem "Herzschlag"[100] als natura naturans bleibt erhalten, aber als Mimikry hat sie nur den Status einer Analogie:

"Diesem Lebenskreis entstammt, als Verfahren des Dichters, die Mimikry. Seine genauesten, evidentesten Erkenntnisse sitzen auf ihren Gegenständen wie auf Blättern, Blüten und Ästen Insekten, die nichts von ihrem Dasein verraten, bis ein Sprung, ein Flügelschlag, ein Satz dem erschreckten Betrachter zeigen, daß hier ein unberechenbares eigenes Leben unscheinbar sich in eine fremde Welt geschlichen hatte."[101]

Heißt es zu Beginn der Arbeit "Über das mimetische Vermögen", die "höchste Fähigkeit im Produzieren von Ähnlichkeiten" habe der Mensch,[102] so könnte man jetzt hinzufügen: und unter den Menschen Proust. Er restituiert die Mimikry der niedersten animalischen Natur auf der höchsten Stufe der Sprache und schiebt diese so zwischen Gegenstand und Betrachter, daß sie 'nichts von ihrem Dasein verrät', mit den Worten der frühen Sprachphilosophie: "im reinsten Sinne das 'Medium' der Mitteilung",[103] das Un-mittel-bare und trotzdem nicht die Sache selbst ist, denn der 'Sprung' kann nicht verdeckt werden.

II. ANTHROPOLOGIE (PHYLOGENESE)

1. URGESCHICHTE DES SUBJEKTS

(1) Biologische Urgeschichte. - Wird der Mimesisbegriff in die mit Caillois und Freud namhaft gemachte Tradition gestellt, so tritt seine sich von Platon herschreibende ästhetisch-restringierte Bedeutung zurück zugunsten einer biologisch-anthropologisch und psychoanalytisch fundamentaleren Bedeutung. Sie tritt zunächst allein unter der phylogenetischen Perspektive, unter der geschichtsphilosophischen Signatur 'Konstellation des Schreckens' hervor.

In den Schriften Adornos stellt der große, fünfte Abschnitt der "Elemente des Antisemitismus" aus der "Dialektik der Aufklärung" die umfassendste zusammenhängende Ausführung zum Mimesisbegriff dar. Sie zielt auf die Begründung des Antisemitismus unter psychologischer Perspektive, die Möglichkeit der Funktionalisierung der Mimesis bzw. der Idiosynkrasie für das Rassenvorurteil und den Faschismus, wahrt aber deutlich den Zusammenhang mit einer "objektiv gerichteten, kritischen Theorie der Gesellschaft" (GS10,S.722). Die Einleitung des Abschnitts mit einem Zitat aus dem 'Ring der Nibelungen' weist auf Adornos theoretische Auseinandersetzung mit dem Problem des Antisemitismus in den 'Fragmenten über Wagner' (vgl.GS13,S.19ff.) zurück:

"'Ich kann dich ja nicht leiden - vergiß das nicht so leicht', sagt Siegfried zu Mime, der um seine Liebe wirbt. Die alte Antwort aller Antisemiten ist die Berufung auf Idiosynkrasie" (DA,S.212).

Hinter der antisemitischen Idiosynkrasie aber steckt die gegen eine "Natur, die sich nicht durch die Kanäle der begrifflichen Ordnung zum Zweckvollen geläutert hat", gegen all das, was "nicht ganz mitgekommen ist oder die Verbote verletzt, in denen der Fortschritt der Jahrhunderte sich sedimentiert" (DA,S.212).

Die antisemitische Idiosynkrasie zu begreifen, erfordert den Rekurs auf die Geschichte der Zivilisation als einer Geschichte von 'Verboten' gegen eine 'unbegriffliche', als unbewußt verdrängte Natur, ein psychoanalytisch inspirierter Rekurs, der aber in dem Maße die 'biologische Urgeschichte' miteinbegreift, als er auf die uranfängliche, "unterirdisch" (DA,S.276) - oder in diesem Zusammenhang wörtlich - subkutan weiterhin bestimmende, bis in das Physiologische hinabreichende Herausbildung des Menschen in der Verwandtschaft mit den tierischen Lebewesen zurückgeht:

"Die Motive, auf die Idiosynkrasie anspricht, erinnern an die Herkunft. Sie stellen Augenblicke der biologischen Urgeschichte her; Zeichen der Gefahr, bei deren Laut das Haar sich sträubte und das Herz stillstand. In der Idiosynkrasie entziehen sich einzelne Organe wieder der Herrschaft des Subjekts; selbständig gehorchen sie biologisch fundamentalen Reizen. Das Ich, das in solchen Reaktionen, wie der Erstarrung von Haut, Muskel, Glied sich erfährt, ist ihrer doch nicht ganz mächtig. Für Augenblicke vollziehen sie die Angleichung an die umgebende unbewegte Natur. Indem aber das Bewegte dem Unbewegten, das entfaltetere Leben bloßer Natur sich nähert, entfremdet es sich ihr zugleich, denn unbewegte Natur, zu der, wie Daphne, Lebendiges in höchster Erregung zu werden trachtet, ist einzig der äußerlichsten, der räumlichen Beziehung fähig. Der Raum ist die absolute Entfremdung. Wo Menschliches werden will wie Natur, verhärtet es sich zugleich gegen sie. Schutz als Schrecken ist eine Form der Mimikry. Jene Erstarrungsreaktionen am Menschen sind archaische Schemata der Selbsterhaltung: das Leben zahlt den Zoll für seinen Fortbestand durch Angleichung ans Tote" (DA,S.212f.).

Am 'mutmaßlichen Anfang des Menschengeschlechts' (Kant) war der Schrecken, und der Schrecken war bei der gefahrvollen Natur. Mimesis erfüllt vor dieser Natur nicht anders als in den Erstarrungsreaktionen von Kleintieren und Insekten qua 'Mimikry' zunächst einzig die Funktion von Selbsterhaltung. In der Position des "physisch Schwächeren" (DA,S.73) hat der Mensch im archaisch-mimetischen Stadium kein anderes Mittel, um zu überleben. Die Schwächeren - Frauen, Kinder, Unterschichten - bleiben auch in späteren Stadien auf Mimesis angewiesen,[1] sie steht auf der Seite der "wehrlosen Opfer" (GS10,S.285). "Angemessen" sind erst "Arbeit" und "Leistung", sie und nicht Mimesis vermögen "dem Leiden Abbruch zu tun", Mimesis vermag ihm nur "Ausdruck" zu verleihen (DA,S.215). Uranfänglich äußert sich dieser Ausdruck in der körperlichen Reaktion. Gleichwohl ist er, so minimal "wie Brüllen den unerträglichen Schmerz abschwächt" (GS7,S.179), der erste Schritt auf dem Weg jener zunehmenden Distanzierung, mit der das "Subjekt der realen Übermacht der Objektivität (ausweicht)", die in der "wissenschaftliche(n) Objektivation" endet und ohne welche die "Selbstbehauptung der Gattung Mensch vielleicht nicht möglich gewesen (wäre)" (GS8,S.302).

(a) Der Raum als absolute Entfremdung. - Die minimale Distanzierungsleistung des archaisch-mimetischen Verhaltens ist angezeigt in seiner Beschreibung als 'Angleichung ans Tote', 'Erstarrung', 'Verhärtung', 'Entfremdung', begründet wird sie mit der Kategorie des Raums. Caillois, der 'le mimétisme' als Assimilation an den Raum definiert, weist auch auf den psychologischen Aspekt der Entfremdung hin. Was Mimikry bei gewissen Tierarten morphologisch realisiert, tritt beim Menschen nämlich als psychische Erkrankung auf: "la dépersonalisation par assimilation à l'espace".[2] Der Raum ist die absolute Entfremdung für das depersonalisierte, der Einheit des Bewußtseins verlustig gegangene Subjekt. - Das leitet auf den Aspekt von Entfremdung über, der bei Kant und Hegel in scheinbar unverfänglicher erkenntnistheoretischer Terminologie abgehandelt wird. Die Einheit, deren Verlust sich für das Subjekt in klinischen Folgen ausweist, ist nämlich, wie Adorno mit Kant sagt, die Zeit als "Einheit des inneren Sinns" (GS10,S.279). "Kant (nennt) eine der entscheidenden Formen, man könnte fast sagen, die entscheidende Form auf Grund derer es so etwas wie einheitliches Bewußtsein überhaupt gibt, Reproduktion in der Einbildungskraft", "Erinnerung" (PT2,S.60). Zusammen mit dem augenblicklichen Erleben und dem Wiedererkennen stiftet sie die Einheit des 'ich denke', "das eigentliche Prinzip der Identität" (PT2,S.119). Der Raum ist die absolute Entfremdung als das nicht Synthesierte, das Unverbundene, die aufgespaltene Kontinuität der Zeit. Das in der Einheit des inneren Sinns gestiftete Nacheinander wird zerteilt in ein - mit Hegelischer Betonung - 'äußerliches' Nebeneinander. Indem das 'entfaltetere Leben', das 'Bewegte' sich der 'unbewegten Natur' angleicht, wird es Teil der in ihr waltenden äußerlichen Beziehung, verliert es die Zeitstruktur des Sukzessiven und 'entfremdet' sich gerade von dem, dem es sich 'nähert'. "Was sich gleichmacht, (wird) nicht gleich" (GS7,S.169), weil es kein 'Sich' mehr gibt. Statt des Raumes kann Adorno daher auch den Tod als Inbegriff absoluter Entfremdung, 'radikaler Selbstentfremdung' benennen (GS5,S.70). - Er stellt eine zusätzliche Konnexion her im Exkurs über Odysseus. Bei ihm ist die "innerliche Organisationsform von Individualität, Zeit, so schwach", daß die "Erzählung des Lebens" in die äußerlich-räumliche "Abfolge von Abenteuern (abgleitet)" und "mühselig" sich erst "historische Zeit (ablöst) aus dem Raum, dem unwiderruflichen Schema aller mythischen Zeit" (DA,S.63f.). Der Raum ist das 'Schema aller mythischen Zeit', weil er im "genauen Sinn" als "zeitfremde Wiederholung" und "Geschichtslosigkeit" (GS16,S.516) zu verstehen ist, eine Gleichzeitigkeit, die dem 'Diffusen' und 'Amorphen' der Natur entspricht, in der jedes zugleich ein anderes sein kann, der Baum das Mana (vgl.DA,S.26), der Zauberer später die vielen Geister (vgl.DA,S.20). Das Bürgertum nimmt im Trauerspiel,[3] bei Wagner (vgl.GS13,S.84f.), Strawinsky (vgl.GS12,S.173), Husserl (vgl.GS5,S.223) mit der Zeit die Utopie in den Raum zurück. Der Raum ist die absolute Entfremdung, weil er die drei Dimensionen der Zeit auf die eine der Gegenwart, die Zeit auf einen Zeit-Raum reduziert, in dem alles gleichzeitig vorhanden ist; weder Vergangenheit, Erinnerung noch Zukunft, Utopie ist möglich.

Schon das archaisch-mimetische Verhalten entfremdet also von der Natur. Die Angleichung an das jeweilige Objekt wird damit bezahlt, daß das Subjekt selber Objekt wird und keine 'innerliche', durch die Einheit seines Lebens und Bewußtseins konstituierte Beziehung mehr herstellen kann. Es wird depersonalisiert, schrumpft zusammen auf ein punktuelles Bewußtsein, jene bloß numerische Identität, in einem Augenblick enthaltene "absolute Einheit", die Kant der Ebene der "Apprehension in der Anschauung" zuordnet.[4] Und wie bei Kant die Anschauung eine Synthesis und damit die "Rekognition im Begriff" zur notwendigen Bedingung hat, läßt sich ganz analog für Adorno feststellen: Mimesis bedarf der Rationalität transzendental als eines Korrektivs und ist auf archaischer Stufe selber schon Rationalität, allerdings allein in der Form, in der diese sich historisch-empirisch dann ausbildet.

(b) Rationalität als transzendentales Korrektiv. - Mimesis bedarf der Rationalität als eines systematische Einheit, Synthesis, Kontinuität und auch Erinnerung stiftenden Vermögens:

"Die Welt des Tieres ist begrifflos (...) Im Fluß findet sich nichts, das als bleibend bestimmt wäre, und doch bleibt alles eins und dasselbe, weil es kein festes Wissen ums Vergangene und keinen hellen Vorblick in die Zukunft gibt (...) Damit Glück substantiell werde, dem Dasein den Ton verleihe, bedarf es identifizierender Erinnerung, beschwichtigender Erkenntnis, der religiösen oder philosophischen Idee, kurz des Begriffs" (DA,S.296).

Die begriffs- und erinnerungslose Welt der Mimikry ist nicht auf das Tier und den psychisch Erkrankten beschränkt. Auch die moderne "Erfahrungswelt" wird "tendenziell wieder der der Lurche (angeähnelt)" (DA,S.50), und die "Krankheit der Gesunden" läßt sich beschreiben als "Mimikry mit dem Anorganischen", die den "Reflexbewegungen von Wesen (gleicht), denen das Herz stillstand" (MM,S.70).

"Das Leben des einzelnen ... hat jede Einstimmigkeit, jede Kontinuität der bewußten Erinnerung und des unwillkürlichen Gedächtnisses - den Sinn verloren. Die Individuen reduzieren sich auf die bloße Abfolge punkthafter Gegenwarten ..." (DA, S.254).

Die 'bloße Abfolge punkthafter Gegenwarten' ist vor dem Hintergrund der beiden Weltkriege und der mit Poe und Baudelaire beginnenden Moderne eine "zeitlose Folge von Schocks" (MM, S.63) und das "pathische Ansprechen auf die Situation ... durch den Reiz eines Neuen, das als Reiz schon keiner mehr ist", das "Überlassen ans immer andere Immergleiche" (MM,S.320). In dieser "falschen Mimesis" vollzieht sich die "Dekomposition des Subjekts" (MM,S.320). Falsch ist die Mimesis als - im Hegelschen Sprachgebrauch - verabsolutierte, als 'blindes sich Gleichmachen', als bewußtlose Anpassung an die Abfolge punktueller Gegenwarten, die "Kraft des Ichs" ist dagegen "die des Bewußtseins, der Rationalität", durch die der "Einzelne die Objektivität in sich hineinnimmt und in gewissem Sinn, nämlich bewußt, ihr sich anpaßt" (GS10,S.644). Rationalität ist oder genauer: wäre wie richtige Mimesis bewußte Anpassung. Diese im Werk Adornos außergewöhnlich positive Bewertung[5] meint eine Rationalität, bei der "Passivität im Kern des Aktiven (steckt), ein sich Anbilden des Ichs ans Nicht-Ich" (GS10,S.601), eine Rationalität, die als "bewußt gehandhabte Anpassung" nicht per se "in den Dienst der Herrschaft" tritt (DA,S.73f.), sondern "Widerstand" ausbildet (GS10,S.644). Adorno widersteht zudem hier seiner eingestandenen Neigung, "den Begriff der Anpassung, des adjustment, bloß als Negativum, als Auslöschung der Spontaneität, der Autonomie des einzelnen Menschen anzusehen", und bringt ihn in die Nähe der Hegelschen 'Entäußerung' (GS10, S.735). 'Bewußte Anpassung' heißt für die Mimesis, daß sie eine durch das Korrektiv der Rationalität stabilisierte jeweilige Anpassung und in diesem Sinn 'richtige' Mimesis sein muß. Sie hat dann nicht die Dekomposition des Subjekts zum Resultat, sondern wird eingebunden in die systematische, lebensgeschichtliche Einheit des Bewußtseins.

(c) Empirische Rationalität als Fortsetzung der Mimesis: Verdinglichung. - In der Moderne aber verfügt das Ich, so Adornos Diagnose, nicht über die Rationalität und Mimesis wechselseitig korrigierende Kraft, die Kraft mimetischer Rationalität. Rationalität ist als Vermögen der Konstitution systematischer Einheit zwar eine Bedingung der Möglichkeit von Erfahrung, aber in ihrer empirischen Ausformung erfüllt sie nicht diese transzendentale Forderung:

"Der Raum, der uns von anderen trennt, bedeutete für die Erkenntnis dasselbe wie die Zeit zwischen uns und dem Leiden unserer eigenen Vergangenheit; die unüberwindbare Schranke. Die perennierende Herrschaft über die Natur aber ... wäre durch Vergessen erst möglich gemacht. Verlust der Erinnerung als transzendentale Bedingung der Wissenschaft. Alle Verdinglichung ist ein Vergessen" (DA,S.274).

Der trennende Raum ist wie die erinnerungslose Zeit 'transzendentale Bedingung der Wissenschaft'. In der Kategorie der Kausalität "vollzieht Denken Mimikry an den Bann der Dinge" (ND, S.265). Die Auslieferung des Einzelnen an den selbsterhaltenden Betrieb 'mit Haut und Haaren'[6] setzt sich fort in der Zivilisation. Ist diese der "Sieg der Gesellschaft über Natur, der alles in bloße Natur verwandelt" (DA,S.219), so beginnt dieser Siegeszug, die Geschichte der Herrschaft, schon mit der archaischen, an "bloße Natur" sich angleichenden Mimesis (DA, S.212). Insofern Adorno mit Marx die Arbeitsteilung als "Grund von Verdinglichung" konstatiert (ND,S.190) und ihren Ursprung - gegen Lukács, durch den die Kategorie der Verdinglichung Popularität erlangt[7] - hinter den modernen Kapitalismus zurückverlegt auf das Ende des Nomadentums (vgl.DA,S.24f.,33), kann er für die archaisch-biologische Phase strengen Sinnes von Verdinglichung nicht reden. Ihre an Hegels Begriff der zweiten

Natur und der Marxschen Kategorie des Warenfetischismus orientierte Definition über das Vergessen[8] läßt sie aber auch schon für diese Phase als Tendenz präsent erscheinen. "Verdinglichung des einst Lebendigen trüge", wie Adorno selbst erwägt, "schon in Frühzeiten sich zu" (GS7,S.417). Die Angleichung an die Natur steht unter einem Raum-Apriori von Entfremdung und Verhärtung, als minimale Distanzierungsleistung gehört die archaisch-biologische Mimesis zur "Urgeschichte der Verdinglichung des Bewußtseins" (GS8,S.302).

Als distanzierendes, verdinglichendes Vermögen ist Rationalität schon auf der Stufe der archaisch-biologischen Mimesis präsent. Umgekehrt ist sie deren geradlinige Fortsetzung. Rationalität formt sich empirisch als systematische, Kontinuität verbürgende Einheit aus, indem sie auf der höheren Stufe des Bewußtseins die absolute Einheit in der Abfolge punktueller Gegenwarten restituiert, selber 'falsche Mimesis' wird und so nicht die transzendental geforderte Funktion des Korrektivs erfüllen kann. Wie ein Chamäleon erhält sich das Subjekt, hält es sich als gleiches durch in der Zeit, indem es sich der augenblicklichen Situation anpaßt.

(d) Empirische Rationalität als einseitige Ausdifferenzierung: Doppelcharakter der Mimesis. - Rationalität ist aber nicht nur geradlinige Fortsetzung der Mimesis, sondern auch deren einseitige Ausdifferenzierung. Neben der unter dem leitenden Begriff der Selbsterhaltung und dem Raum-Apriori von Entfremdung beschriebenen Seite hat Mimesis nämlich noch eine andere, positive Seite. Ihr 'Doppelcharakter'[9] zeigt sich im Hinblick auf ihr Verhältnis zur Herrschaft über innere wie äußere Natur. Sie depersonalisiert zwar das Subjekt, verunmöglicht die systematische Einheit des Bewußtseins, aber sie entzieht sich auch der "Herrschaft des Subjekts" (DA,S.212), etwas "nicht ganz Domestiziertes", 'Ungebändigtes' steckt in ihr (GS12,S.170), auf sie reduziert sich, "was am armen Leben trotz allem sich nicht ganz beherrschen läßt"; der "mimetische Impuls", die somatisch sedimentierte Mimesis ist ein letztes, unspezifisches Reservat gegen Verdinglichung, das noch "in den konvulsivischen Gesten von Gemarterten", "am äußersten Gegenpol der Freiheit" durchscheint (DA,S.216). "Das Subjekt, hinter seiner Verdinglichung hertappend, schränkt diese durch das mimetische Rudiment ein, Statthalter unbeschädigten Lebens mitten im beschädigten" (GS7,S.179). Mimesis ist dieser Statthalter in der 'Mitte' ihrer selbst als zum Teil beschädigter, als in der instrumentellen Rationalität einseitig ausdifferenzierter. Mit dieser Bewertung steht Mimesis in Analogie zu der des Nichtidentischen, denn auch dieses macht die Subjekte "unfrei", zur "diffuse(n) Natur", "und doch als solche frei, weil sie in den Regungen, die sie überwältigen ..., auch des Zwangscharakters von Identität ledig werden" (ND,S.292). Ambivalent ist die Bewertung der Mimesis nicht anders als die der Natur und der (Ich-)Identität. Mimesis ermöglicht zum zweiten als erinnerungslose die Herrschaft über Natur (vgl.DA,S.274), tritt als Angleichung ans Tote "in den Dienst der Herrschaft" (DA, S.74), und doch ist die "Einheit der Natur", das "Substrat von Herrschaft" bei ihr nicht vorausgesetzt, wendet sie sich nicht an "Stoffe oder Exemplare", sondern an die "Fülle der Qualitäten" (DA,S.20), impliziert sie ein Verhältnis von Versöhnung, wie es später in der Kunst seine "Zuflucht" (GS7,S.86) findet: Kafka, bei dem man "ganz unscheinbar, klein, zum wehrlosen Opfer sich machen (soll)", "wünscht die Versöhnung des Mythos durch eine Art von Mimikry" (GS10,S.285). Einseitig ist die Ausdifferenzierung von Mimesis durch die wissenschaftliche Rationalität, weil "von der Angleichung an die Natur allein die Verhärtung gegen diese (übrigbleibt)" (DA,S.214).

Aufgrund des Doppelcharakters läßt sich auch terminologisch nicht scharf zwischen 'Mimikry' und 'Mimesis' unterscheiden. Beide Begriffe werden wechselweise im selben Zusammenhang gebraucht. Odysseus betreibt "Mimikry ans Amorphe" (DA,S.85) und "Mimesis ans Tote" (DA,S.73); die Mathematik ist die "sublimierteste Betätigung von Mimikry" (DA,S.214) und "Mimesis, in der das Denken der Welt sich gleichmacht" (DA,S.38); 'Kunst ist Zuflucht des mimetischen Verhaltens' und wünscht, wie bei Kafka, die Versöhnung ' durch eine Art Mimikry'. Es wäre Begriffsspalterei, 'Mimikry' allein auf die Seite von Entfremdung und Verdinglichung, Mimesis auf die Seite von Versöhnung zu stellen oder ihr allein den Doppelcharakter vorzubehalten.[10] "Solange die Vorgeschichte andauert, ist Mimesis identisch mit Mimikry".[11] Wohl aber läßt sich sagen, daß der Begriff der Mimikry tendenziell und seit den fünfziger Jahren zunehmend negativ gebraucht wird. Diese Entwicklung kulminiert in der 'Ästhetischen Theorie'. Er betont den bis in das biologische Fundament hinabreichenden Aspekt von blinder Selbsterhaltung unter einer schreckhaften (ersten wie zweiten) Natur.

(2) Todestrieb. - Die Ambivalenz in der Bewertung der Mimesis geht über auf den Todestrieb, durch den sie mit Freud schon bei Caillois definiert ist. Der Rückgriff auf die beiden genannten Autoren zur Einführung des Mimesisbegriffs in der "Dialektik der Aufklärung" findet in diesem Zusammenhang nicht zufällig unter der Überschrift "Aus einer Theorie des Verbrechers" statt. "Die Weichheit gegen die Dinge, ohne die Kunst nicht existiert, ist der verkrampften Gewalt des Verbrechers nicht so fern", einer "Negation, die den Widerstand nicht in sich hat", einem "Verfließen", das "zerstört" (DA,S.271). Kunst und Verbrechen unterliegen gleichermaßen dem Todestrieb, das Verbrechen allerdings in der destruktiven Ausprägung. Adorno sieht im Todestrieb nicht eine ontologische Quelle der Aggression, auch nicht eine biologische Universalie, sondern, wie Horkheimer, den Ausdruck für die destruktiven Triebe des modernen Menschen.[12] Herrschaft und Grausamkeit, in dieser Freudschen Lehre "psychologisch interpretiert" (DA,S.277), werden von der

Kritischen Theorie historisch-urgeschichtlich relativiert. Der von Freud so genannte Wiederholungszwang "kennzeichnet ein geschichtliches Stadium, in dem die archaischen Züge der Zivilisation wieder hervortreten" (GS8,S.37). Eine mögliche Erklärung des Nationalsozialismus ist daher, daß er "vielleicht den Todestrieb seiner Anhänger ausnutzen (konnte)" (GS8,S.58).

Der Todestrieb, wie Freud ihn einführt, ist auf Regression, Wiederherstellung von Früherem gerichtet. Er steht für all das, "was dem unentwegten Fortschritt zuwiderläuft" (DA,S.271), damit aber auch für die "durch Zivilisation verdrängten und entstellten menschlichen Instinkte und Leidenschaften" (DA,S.276). Ambivalent erscheint der Todestrieb schon in Benjamins Wahlverwandtschaften-Essay. Wie die wahrhafte Liebe dem versöhnten seligen Leben, nicht seinem schönen Schein gilt, und trotzdem die kontemplative Liebe zur Schönheit gerechtfertigt ist,[13] so wird die Naturverfallenheit, das Mythische als 'ewige Wiederkehr des Gleichen' in Goethes Roman gerade von der Figur der Ottilie repräsentiert. "In ihrem Todestriebe spricht die Sehnsucht nach Ruhe",[14] auch Benjamin zieht zum Vergleich die mythologische Daphne-Figur heran.[15] Die 'Verschwisterung' von Tod, Destruktion und Glück formuliert die "Dialektik der Aufklärung" als Gesetz der Zivilisation:

"Die Angst, das Selbst zu verlieren, ... die Scheu vor Tod und Destruktion, ist einem Glücksversprechen verschwistert, von dem in jedem Augenblick die Zivilisation bedroht war" (DA,S.47).

Die "Angst vor der Entmenschlichung" wird dementsprechend bei Strawinsky umgedeutet in die "Lust des gleichen Todestriebes, dessen Symbolik der verhaßte Tristan bereitete" (GS12, S.156f.). "Wohl überantwortet" bei Wagner "Subjektivität ihr Glück dem Tod; aber eben damit geht ihr die Ahnung davon auf, daß sie nicht vollends sich selber gehört" (GS13,S.143).

"Solange die Welt ist, wie sie ist, ähneln alle Bilder von Versöhnung, Frieden und Ruhe dem des Todes" (ND,S.372).

Die 'Ähnlichkeit', die 'Verschwisterung' von Destruktion und Versöhnung im Todestrieb bringt Adorno in weit größere Nähe zu der in "Triebstruktur und Gesellschaft" vorgestellten Position Herbert Marcuses, als es dessen utopistische Revision des späten, metapsychologischen Freud erwarten läßt. Adorno versucht nicht so forciert wie Marcuse, jene Elemente der Psychoanalyse aufzudecken, die das Realitätsprinzip transzendieren, aber in der ambivalenten Bewertung des Todestriebes stimmen sie grundsätzlich überein.[16] Der vom Wiederholungszwang abgeleitete Todestrieb steht, wie Freud selbst bemerkt, in der Tradition der Philosophie Schopenhauers, die den Willen, die natura naturans, als "Selbstzerfleischung" und das "echte Symbol der Natur" als "Kreis" beschreibt, "weil er das Schema der Wiederkehr ist".[17] Aber mit Schopenhauer läßt sich auch 'erahnen', daß jede Wirklichkeit "gleichsam ein Anderes, Mögliches um die eigene Wirklichkeit bringt", "daß es keine Versöhnung des Lebendigen gibt als Ergebung: nicht Resignation", daß das "Bessere allein (wäre), die Klammer der Identität zu lockern" (GS11,S.343).

(3) Magische und historische Phase. - In der "Dialektik der Aufklärung" wird die Geschichte der Mimesis in drei Phasen eingeteilt:

"Zivilisation hat an Stelle der organischen Anschmiegung ans andere, an Stelle des eigentlich mimetischen Verhaltens, zunächst in der magischen Phase, die organisierte Handhabung der Mimesis und schließlich, in der historischen, die rationale Praxis, die Arbeit, gesetzt" (DA,S.213).

Der archaisch-biologischen Reaktionsweise sowohl wie der Magie wird Mimesis im Sinne der körperlichen Nachahmung der äußeren Natur zugeschrieben. Die menschliche Erstarrungsreaktion 'von

Haut, Muskel und Glied' findet ihre Entsprechung beim "nomadische(n) Wilden", der "sich selbst ins Wild verkleidete, um es zu beschleichen" (DA,S.33), wie beim Zauberer, der "sich Dämonen ähnlich (macht); um sie zu erschrecken oder zu besänftigen, gebärdet er sich schreckhaft oder sanft" (DA,S.20). Die Definition 'organische Anschmiegung ans andere' gibt in diesem Kontext das 'organisch' nicht als Metapher für weiches und lückenloses Sicheinfügen, sondern im konkreten Sinn der Biologie zu verstehen; das 'eigentlich mimetische Verhalten' ist körperliches, ja "physiologische(s)" (GS7,S.172) Verhalten.

Die Magie hat diese organische Anschmiegung aber auch bereits 'organisiert'. Das Wortspiel führt auf das Werkzeug, die zweite Bedeutung des Begriffs 'Organ' über und somit auf 'Bewußtsein' und 'Zweck'. Der Stamm unterscheidet sich als "naturwüchsige Gruppe" von der Organisation als "bewußt geschaffene(m) und gesteuerte(m) Zweckverband" (GS8,S.441). Gleichwohl ist die Zauberei "auf Zwecke aus" (DA,S.21), und vor allem auf der postnomadischen Stufe des "organisierten Stamme(s)" errichten Priester und Zauberer die "Macht über den Einzelnen"; "der Verkehr mit Geistern und die Unterwerfung (ist) auf verschiedene Klassen der Menschheit verteilt" (DA,S.33), deren herrschende die irdischen Vertreter der überirdischen Mächte sind, "berufene Organe" - 'Institutionen' als dritte Bedeutung - "der Gesellschaft" (DA,S.32). Die zweckvolle Handhabung der Mimesis bezeichnet eine Entwicklungsstufe der Menschheit, auf der sie nicht mehr nur defensiv auf die Übermacht der Natur reagiert, sondern diese aktiv zu beeinflussen sucht. Zu diesem Zweck bedient sich die Mimesis neuer Mittel. Der nomadische Wilde verkleidet sich selbst ins Wild, und der Zauberer gebärdet sich je nach Dämon. Aber diese mimetischen Praktiken unterstehen zugleich den strengen Vorschriften von Riten und sind in Raum und Zeit fixiert, sie lösen sich vom Körper in der objektivierten Form von Kultmasken und der symbolischen Sprache.[18]

Diese Tendenz auf Verobjektivierung, auf Ablösung vom Körperlichen vollendet sich in der 'historischen' Phase. Sie ersetzt das auch in der magischen Phase noch geübte 'eigentlich mimetische Verhalten', "verfemt" die "unbeherrschte", "reflektorische", "im Auf und Nieder der umgebenden Natur" aufgehende Mimesis, 'schmiedet' das Ich im "Übergang" der zweiten zur dritten geschichtlichen Phase (DA,S.213). Dieser Übergang liegt im Werk Homers, dem "Grundtext der europäischen Zivilisation" (DA,S.61), als literarisches Dokument vor, personifiziert ist er in der Gestalt des Odysseus, der als Subjekt noch "nicht in sich fest, identisch gefügt" ist (DA,S.62), eine "lose ephemere Fügung" (DA,S.63). Opfer und Sprache unterliegen in diesem Übergang einer Ausdifferenzierung im Sinne der Verabsolutierung von Momenten. Bezeichnet schon die magische "Substitution beim Opfer einen Schritt zur diskursiven Logik hin" (DA,S.20), erscheint das Opfer "selber schon wie das magische Schema rationalen Tauschs" (DA,S.65), so wird durch Odysseus "das Moment des Betrugs am Opfer" nur noch "zum Selbstbewußtsein erhoben" (DA,S.66). War in der magischen Formel-Sprache bereits "der Gegensatz zwischen dem Wort und dem, woran es sich anglich, beschlossen", so wird er auf der "homerischen Stufe bestimmend" (DA,S.77).

(4) Herrschaft - Knechtschaft. - Hegels Kritik der Aufklärung in der "Phänomenologie des Geistes" dient implizit[19] und explizit[20] als Vorlage für die Neuformulierung durch Horkheimer und Adorno. In Schellings Programm der allegorischen Auslegung der Odyssee als Geschichte des menschlichen Geistes wird der Topos 'Herrschaft-Knechtschaft' aus dem Selbstbewußtseins-Kapitel der 'Phänomenologie' dabei zunächst soziologisch eingebunden: Bei der Vorbeifahrt an den Sirenen sitzt Odysseus als Herr mit seinen Knechten im selben Boot; diese arbeiten, jener genießt, wenn auch nur noch den Schein (vgl.DA,S.48). Aber auch anthropologisch dient das Hegelsche Begriffspaar wie das Selbstbewußtseins-Kapitel überhaupt als kategoriales Gerüst. Odysseus ist dann Repräsentant des menschlichen Geistes überhaupt. Daß schon dieser zweifache Aspekt es verbietet, der "Dialektik der Aufklärung" eine vollständige Interpretation der 'Phänomenologie' oder eine Parallelisierung der leitenden Begriffe und 'Stufen' en détail zu unterstellen, braucht nicht weiter betont zu werden.

Von 'Anthropologie' kann in Verbindung mit dem Marxismus und der Kritischen Theorie nur im uneigentlichen Sinn die Rede sein, von "marxistischer 'Anthropologie'" (GS8,S.389) spricht Adorno nur in Anführungszeichen. Er verfolgt "Erwägungen zur materialistischen Anthropologie"[22] im historischen Sinn. Anthropologie ist für ihn die Lehre von der "Beschaffenheit der Menschen, wie sie in unserer Gesellschaft tatsächlich sind" (GS10,S.687), im bildhaften, von Benjamin inspirierten[23] Vergleich ein "schwarze(r) sternlose(r) Himmel" (GS11,S.281), auf dem der Stern 'Mensch' erst erscheinen muß.

In der "Philosophie der neuen Musik", einem "ausgeführte(n) Exkurs zur 'Dialektik der Aufklärung'" (GS12,S.11), appliziert Adorno Hegels Dialektik von Herr und Knecht auf das Verhältnis von Geist und Natur:

"Hegels Dialektik von Herr und Knecht greift am Ende auf den Oberherrn, den naturbeherrschenden Geist über" (GS12,S.28).

Das 'Ende' markiert den Fortschritt einer Aufklärung, die "seit je ... das Ziel verfolgt (hat), von den Menschen die Furcht zu nehmen und sie als Herren einzusetzen" (DA,S.13). Am 'Ende' ist der Geist Herrscher über die Natur und wird doch "zum Teil von dem, was er zu beherrschen meint, unterliegt gleich dem Hegelschen Herrn" (ND,S.179). Der Weg dorthin aber ist der Lernprozeß, unter der Macht der Natur und "unter den Mächtigen sich zu ducken und ihrem Bedürfnis sich anzuschmiegen, bis (man, J.

F.) ihnen die Macht entwinden kann: die Dialektik von Herrschaft und Knechtschaft aus der Phänomenologie plaudert das aus" (GS5,S.287). Am Anfang findet sich der Mensch vor der natur, mit Hegel, im knechtischen Stand. Die "Anerkennung der Macht" (DA,S.19) wird dem Menschen von einer Natur auferlegt, deren Aufzehrungs-Mysterien Hegel der sinnlichen Gewißheit in der "unterste(n) Schule der Weisheit" zu lernen empfiehlt.[24] Unter dem Begriff der Begierde taucht die Natur und das Tierische in der 'Phänomenologie' wieder auf, dieses Mal aber auf der Seite des Selbstbewußtseins, das im Zuge des Erfahrungsprozesses die Konsequenz aus der vorhergehenden Stufe des Verstandes zieht und sich der Welt der Erscheinung gegenüber verabsolutiert, indem es sie als nichtig, "mit dem Charakter des Negativen bezeichnet".[25] Die aus der folgenden Erfahrung aber der Bedingtheit durch das zu Vernichtende resultierende Forderung an das Selbstbewußtsein, seine Selbständigkeit nur angesichts eines ebenfalls Selbständigen beweisen zu können, in der Konfrontation mit einem anderen begehrenden Selbstbewußtsein zu zeigen, "an kein bestimmtes Dasein geknüpft, ... nicht an das Leben geknüpft zu sein",[26] führt zu einem "Kampf auf Leben und Tod",[27] der in einem "einseitige(n) und ungleiche(n) Anerkennen"[28] desjenigen Selbstbewußtseins, das im "Daransetzen des Lebens"[29] weiter ging, durch dasjenige, das an das Leben geknüpft blieb, zu einem vorläufigen Ende gelangt; "jenes ist der Herr, dies der Knecht".[30]

Der auf das Verhältnis von Natur und Geist applizierte Kampf auf Leben und Tod erhält in der "Dialektik der Aufklärung" in Odysseus seinen Repräsentanten auf der Seite des Geistes. Er personifiziert den Übergang von der körperlich-reaktiv und magisch-organisiert gehandhabten Mimesis zu Arbeit und Wissenschaft.

"Die Konstellation aber, unter der Gleichheit sich herstellt, die unmittelbare der Mimesis wie die vermittelte der Synthesis, die Angleichung ans Ding im blinden Vollzug des Lebens wie die

Vergleichung des Verdinglichten in der wissenschaftlichen Begriffsbildung, bleibt die des Schreckens" (DA,S.213).

Unter dem Aspekt einer historisch-materialistischen Anthropologie ist Odysseus derjenige, "welcher der Todesdrohung am verwegensten sich überläßt" (DA,S.62). Das qualifiziert ihn auch mit Hegel zum Herrn. Andererseits - ein weiterer Hinweis auf die Grenzen der Applikation - macht er nicht anders als Hegels Knecht das "Überleben ... vom Zugeständnis der eigenen Niederlage, virtuell vom Tode abhängig" (DA,S.74), Angst ist auch für ihn ein entscheidendes Konstituens von Selbstbewußtsein.

(a) Angst. - Hegel findet für die Todesfurcht des knechtischen Bewußtseins eindringliche Worte:

"Dies Bewußtsein hat ... nicht um dieses oder jenes, noch für diesen oder jenen Augenblick Angst gehabt, sondern um sein ganzes Wesen; denn es hat die Furcht des Todes, des absoluten Herrn, empfunden. Es ist darin innerlich aufgelöst worden, hat durchaus in sich selbst erzittert, und alles Fixe hat in ihm gebebt."[31]

'Angst' und 'Furcht' werden von Adorno nicht, im Gegensatz zu Heidegger, Freud, auch Hegel, terminologisch voneinander geschieden,[32] als Konstituens von Selbstbewußtsein auch nicht zum 'Existential' erklärt:

"Die Angst, die man so emsig von der innerweltlichen, empirischen Furcht abgrenzt, braucht noch lange kein Existential zu sein" (JE,S.32).

Unter 'Existential' versteht Adorno eine die menschliche "Existenz überhaupt" betreffende Kategorie, die das "Wesen des Menschen und des menschlichen Daseins" aussagt, sie ist ihm eine "historische Hypostase", die eine "Erfahrung oder eine Situation, die an ganz bestimmte historische Bedingungen gebunden ist", so behandelt, "als ob sie die condition humaine, als ob sie eine Art von Grundverfassung des Menschen selber wäre" (PT2,S.233). Statt von Existentialien spricht Adorno vom "Feste(n) und Beharrende(n)", "Identische(n)"; im einzelnen sind es "Herrschaft, Unfreiheit, Leiden, die Allgegenwart der Katastrophe" (GS8,S.234). Dieses 'Identische' ist wie jegliche "Invarianz" lediglich "Memento dessen, wie wenig in der Geschichte an der Gewalt des Allgemeinen sich änderte, wie sehr sie stets noch Vorgeschichte ist" (ND,S.301). Die Angst ist invariant als "Mal kruden Naturstandes" (JE,S.128), als 'Existential' korrespondiert sie lediglich der 'Vorgeschichte'. Angst zwingt den Dichter der Moderne daher nicht anders als den Primitiven, "die feindlichen Lebensmächte anzubeten" (GS10,S.234). So "ängstigend, wie einmal Mana war", ist in der "verwalteten Welt" die "Totalität" als "fratzenhafte Nachfolge von Mana" (GS7,S.130). Gleichwohl spezifiziert sich das "Grauen" in das "neue" der "Trennung" und das "alte" des "Chaos", der "Ungeschiedenheit", konkreter noch in die "Angst vor der gähnenden Sinnlosigkeit" und in die "vor den rachsüchtigen Göttern" (GS10,S.743).[33] Als rationale, an der Anstrengung zur Selbsterhaltung gemessene, war jene alte Angst "nicht geringer" als die neue (GS10,S.743), aber diese erhält durch die aus der Psychoanalyse in die Geschichtsphilosophie implantierte Verdrängungs- und Neurosenlehre eine neue Qualität: sie wird "radikal" (DA,S.27). Der psychoanalytischen Lehre zufolge, die Adorno als maßgebend übernimmt,[34] ist Angst als "verdrängte Libido" aufzufassen (GS17,S,106) und insofern als Produkt des durch die Ich-Instanz (vgl.ND,S.220) bzw. durch die Gesellschaft (vgl.ND,S.267) unterdrückten Sexualtriebs, des primären Objekts der Verdrängung. Das Verdrängte kehrt auch in der Gattungsgeschichte wieder in der Irrationalität der Angst, denn sie kann nun auch dann nicht nachlassen, "wenn ein Zustand relativer Sicherheit erreicht ist (...) Todesangst wird irrational".[35] Die "bloße Vorstellung des Draußen" ist als Resultat von Verdrängung "die eigentliche Quelle der Angst" (DA,S.27). Die irrationale Angst führt am Ende dazu, daß sie sich mit dem

Individuum, das es zu erhalten galt, in der 'totalen Immanenz' der Gesellschaft, die kein 'Draußen' mehr duldet, selber abschafft:

"Furcht war ans principium individuationis der Selbsterhaltung gebunden, das, aus seiner Konsequenz heraus, sich abschafft" (ND,S.353).

Ist der "Stand der Freiheit" der "ohne Angst" (GS10,S.778), der "bessere Zustand" der, "in dem man ohne Angst verschieden sein kann" (MM,S.131), so ist die irrational realisierte Variante der Angstlosigkeit Kennzeichen einer "falsche(n) Versöhnung" (GS8,S.66), in der das Subjekt die "Angst vor der Entmenschlichung" umdeutet "in die Freude, diese zu enthüllen" (GS12,S.156f.), und behauptet, "daß der Angstlaut selber der libidinöse sei" (GS17,S.106). Unter diesen Umständen ist "nichts Leben am Subjekt, als daß es erschauert", "Bewußtsein ohne Schauer ist das verdinglichte" (GS7,S.489f.), das "ästhetische Verhalten" demgegenüber "zu definieren als die Fähigkeit, irgend zu erschauern, so als wäre die Gänsehaut das erste ästhetische Bild" (GS7,S.489). "Ausdruck" haben die Kunstwerke, "wo sie von der Urgeschichte der Subjektivität ... erzittern" (GS7,S.172). Das ästhetische Verhalten ist die nicht einseitig ausdifferenzierte Fortsetzung der archaisch-biologischen Mimesis, es ist so wenig "Verdrängung der Mimesis" wie ihres Auslösers, der Angst, sondern deren "Verwandlung" (GS7,S.489).

(b) Arbeit. - Die Furcht ist bei Hegel nur der "Anfang der Weisheit", als zweites Moment muß zu ihr die Arbeit hinzutreten: Die Arbeit ist "gehemmte Begierde, aufgehaltenes Verschwinden, oder sie bildet".[36] Adorno akzentuiert den Begriff der Arbeit positiv in der Nachfolge der Hegelschen Formel von der 'Arbeit und Anstrengung des Begriffs' und im Rahmen seiner historisch-materialistischen Erklärung der Vermittlung von Kunst und Gesellschaft.[37] Im Kontrast zum Begriff der Mimesis aber wird er nicht in dem Sinn von Bildung begriffen, wie ihn die Epoche der Aufklärung programmatisch vorgestellt hat, sondern die 'gehemmte Begierde' wird mit Freud als Verdrängung gelesen.

Die sprachliche Genese des Wortes 'Arbeit' verweist auf den "prähistorischen Übergang von der Sammler- und Jägerkultur zu der ... Agrarkultur ('Arbeit' abgeleitet von lateinisch 'arvum', 'Ackerland')", [38] und auch für die "Dialektik der Aufklärung" wird Arbeit erst in der post-nomadischen Periode zu einem entscheidenden sozialen Faktum. In dieser Periode wird die geschlechtsspezifische "einfache Ordnung" der Arbeitsteilung in die klassenspezifische transformiert, der "Rhythmus der Arbeit" verläuft "nach dem Takt von Keule und Prügelstock" (DA,S.33). In der Magie ist weder "Einheit der Natur" noch "Einheit des Subjekts" und damit allumfassende "Herrschaft" gegeben (DA,S.20). Erst wenn, wie in der Platonischen Philosophie, der jüdischen Religion und schon in den Mythen, "wie sie die Tragiker vorfanden" (DA,S.18), Zauberei prinzipiell "in Acht und Bann getan" wird, setzt sich das Prinzip der Arbeit: Herrschaft durch: "Natur soll nicht mehr durch Angleichung beeinflußt, sondern durch Arbeit beherrscht werden" (DA,S.30). Das aber bedeutet für die innere Natur, daß die Arbeitenden den "Trieb, der zur Ablenkung drängt, ... verbissen in zusätzliche Anstrengung sublimieren" (DA,S.48) und Mimesis verdrängen müssen, denn "alles Abgelenktwerden ... hat einen Zug von Mimikry" (DA,S. 213).

(5) Idiosynkrasie. - Der fünfte große Abschnitt des Antisemtismus-Kapitels in der "Dialektik der Aufklärung" rückt einleitend Mimesis und Idiosynkrasie in eine enge Beziehung. Idiosynkrasien verweisen zurück auf die biologische Urgeschichte, auf die archaischen, auch tierischen körperlichen Erstarrungsreaktionen vor einer schreckhaften Natur und firmieren zivilisationsgeschichtlich aktuell als symptomatischer Ausdruck der verdrängten, weil nicht 'begrifflich geläuterten' Natur. Für den idiosynkratischen Haß des Antisemiten gilt "Benjamins Definition des Ekels als der Angst, vom ekelhaften Objekt als dessengleichen erkannt zu werden" (GS13,S.22).[39] "Was als Fremdes abstößt", so Adorno auch mit Freud, "ist nur allzu vertraut" (DA,S.214). Das Subjekt reagiert im Triebleben so heftig gegen das ekel- und haßerregende Fremde, "weil in ihm selber Schichten sind, die es dorthin lockt" (MM,S.26).

Nun läßt sich die Idiosynkrasie nicht nur herrschaftlich funktionalisieren, werden die "tabuierten Regungen" nicht nur, wie im Faschismus, "in konformierende Idiosynkrasien umgesetzt" (DA,S.218). Weitaus größeren Raum nimmt der Begriff der Idiosynkrasie bei Adorno im Kontext der inaugurierten, nicht konformierenden Erkenntnis ein. Idiosynkratisch reagiert der Gelehrte gegen die "Departementalisierung des Geistes" (MM,S.15), das Wort 'Synthese' (ND,S.157), er zeichnet sich aus durch "idiosynkratische Genauigkeit in der Wahl der Worte" und vermag nur dann "dem gesellschaftlichen Verhältnis die eigene Melodie vorzuspielen", immanente Kritik zu üben, wenn er ihm "idiosynkratisch verfallen" ist (GS11,S.210). Idiosynkratisch reagiert ebenso der Künstler, "der Maler und Komponist, der diese und jene Farbzusammenstellung oder Akkordverbindung als kitschig sich untersagt, der Schriftsteller, dem sprachliche Konfigurationen als banal oder pedantisch auf die Nerven gehen" (MM,S.26); Künstler lassen sich von den "ästhetisch avancierten Nerven" leiten (MM,S.191), Idiosynkrasien schlagen sich in einem "Kanon der Verbote" nieder (GS7,S.60); "Empfindlichkeit", "Allergie" herrscht auch "gegen die Konfektion des Gedankens" (GS11,S.205).

Daß eine Idiosynkrasie wie die gegen die wissenschaftliche Arbeitsteilung oder das Wort 'Synthese' von Adorno zustimmend angeführt wird, legt als Bewertungsmaßstab generell die Gesellschaftstheorie nahe. Adorno spricht das einmal selber aus. Die "Kräfte", die man gerade aus der "Teilhabe" am idiosynkratisch Abgewehrten zieht, fassen sich im "intellektuelle(n) Gewissen" zusammen, und dieses "bildet sich an einer Vorstellung von der richtigen Gesellschaft und deren Bürgern" (MM,S.27). Adorno nimmt diesen Maßstab aber insofern wieder zurück, als er zumindest für den Künstler ein Vorwissen um die richtige Gesellschaft nicht fordert. Innerhalb der Debatte um Engagement und l'art pour l'art hat Adorno gerade für letzteres Partei ergriffen und so die ästhetische Diskussion folgenreich beeinflußt. Geschichtliche Veränderungen einer Kunstform setzen sich danach um in "idiosynkratische Empfindlichkeiten" der Künstler, nicht in deren "bewußte Erwägung" (GS11,S.43f.). Zum "Kritiker der Gesellschaft" wird der Künstler "gegen seinen Willen, und darum um so authentischer" (GS11,S.205).

Die Frage ist dann, wie ästhetische Idiosynkrasien Allgemeinheit beanspruchen können und wie sich die Idiosynkrasie des einen Künstlers der eines anderen vorziehen läßt. Letzteres hat Adorno am Beispiel der Alternative Strawinsky-Schönberg am ausführlichsten zu beantworten versucht. Schönberg erhält den Vorzug, weil er nicht die "hypostasierte sensuelle Empfindlichkeit, die Idiosynkrasien als Regel", mit anderen Worten das "Diktat des Geschmacks" vertritt (GS12,S.142). Auch die Kategorie des Geschmacks zerfällt in zwei Seiten. "Geschmack ist der treueste Seismograph der historischen Erfahrung" (MM,S.191), er "fällt weithin zusammen mit der Fähigkeit zum Verzicht auf lockende Kunstmittel", untersteht stets zugleich aber auch, mit Hegel, der "Zufälligkeit" (GS12,S.142). Auf das notwendige Korrektiv verweist Adorno auch im Zusammenhang der generellen Rechtfertigung des Allgemeinheitsanspruchs der Idiosynkrasie. Sie ist "objektiv verpflichtend" als "Sediment kollektiver Reaktionsweisen" (GS7,S.60). Behauptet Adorno dies speziell für eine künstlerische Idiosynkrasie, so ist die Begründung auf die historisch-materialistische Theorie der Vermittlung von Kunst und Gesellschaft angewiesen. Wagners kompositorische Technik ist dann ebenso wie die (von ihm in seinen Texten verkündete) antisemitische Idiosynkrasie Resultat des "gesellschaftlichen Prozesses", der "dem Geächteten die Male aufgeprägt (hat), vor denen der Ekel sich abwendet" (GS13,S.23).[40] Für den Künstler aber wie für den Gesellschaftstheoretiker bleibt das Problem des Korrektivs bestehen:

"Davon ob der Inhalt der Idiosynkrasie zum Begriff erhoben, das Sinnlose seiner selbst innewird, hängt die Emanzipation der Gesellschaft vom Antisemitismus ab" (DA,S.212).

"Jede Idiosynkrasie lebt, vermöge ihres mimetisch-vorindividuellen Moments, von ihrer selbst unbewußten kollektiven Kräften. Daß diese nicht zur Regression treiben, darüber wacht die kritische Reflexion des wie immer auch isolierten Subjekts" (GS7,S.69).

Kunst muß "ihrer Idiosynkrasien sich bewußt werde(n), sie artikuliere(n)" (GS7,S.60), sie ist "die zum Bewußtsein ihrer selbst getriebenen Mimesis" (GS7,S.384). Für die gegensätzliche Einheit von Idiosynkrasie und Reflexion könnte - parallel zu der von Gefühl und Verstand - begrifflich die "Urteilskraft", die "moralische Intelligenz" einstehen, die sich gegen die "Triebregung" abdichtet, "indem sie (sie) zugleich ausdrückt" (MM,S.263). Der Satz, "in der Ära des Positivismus und der Kulturindustrie" habe "Vernunft vollends, und fensterlos, in die Idiosynkrasien sich geflüchtet" (MM,S.85), ist dann nur halb so ausschließlich, wie er sich vorträgt.

2. DAS ERBE DER MAGIE

(1) Die Gesetze der Magie (Hubert/Mauß). - Benjamin nimmt in seinen Arbeiten über das mimetische Vermögen die magischen Korrespondenzen der Primitiven als phylogenetischen Ausgangspunkt. In der "Dialektik der Aufklärung" rekurrieren Adorno und Horkheimer aber vor allem auf die vergleichende Ethnologie, wie sie sich um die Jahrhundertwende durch Tylor, Westermarck und Frazer entwickelt hat, auf die Kulturanthropologie, auf Durkheim und seine Schule und auf Freud, der sich in "Totem und Tabu" selbst auf alle genannten Autoren bezieht. Relevant speziell für den Mimesisbegriff sind die der Durkheim-Schule zugerechneten Soziologen Hubert und Mauß und - wie schon eingangs angeführt - der Kulturanthropologe Caillois. In einer Fußnote zum Verhältnis von Sprache und Mana als dem frühesten bekannten religiösen Prinzip zitieren Adorno und Horkheimer aus der "Théorie génénerale de la Magie":

"So beschreiben Hubert und Mauß den Vorstellungsgehalt der 'Sympathie', der Mimesis: 'L'un est le tout, tout est dans l'un, la nature triomphe de la nature" (DA,S.26,Anm.1).

In dem zitierten Satz fassen Hubert und Mauß die drei von ihnen als dominant herausgestellten Gesetze der Magie bzw. Sympathie zusammen:

"Ce sont les lois de contiguité, de similarité, de contrast."1

Das Gesetz der Kontiguität (Angrenzung) formuliert die Identifikation des Teiles mit dem Ganzen, die Horkheimer und Adorno als "spezifische Vertretbarkeit" zitieren:

"Was dem Speer des Feindes, seinem Haar, seinem Namen geschieht, werde zugleich der Person angetan ..." (DA,S.20).2

Dem Gesetz der Similarität (Gleichartigkeit) wird von Hubert und Mauß vor allem das 'Mimetische' reserviert unter dem Begriff der Ähnlichkeit ("le semblable produit le semblable"). Das Gesetz des Kontrastes (Gegensatzes): "le contraire agit sur le contraire", verdeutlicht schließlich, warum der Begriff der Sympathie den der Antipathie mitumfaßt.[3] Natur ist nach diesen Gesetzen "allgemeine Macht" (DA,S.29) als Triumph der universalen Beziehung, die in den "schwachen Seelen der Wilden" (DA, S.26) die Gestalt einer Angst einflößenden, gefräßigen "Verschlungenheit" (DA,S.26) annimmt.

(2) Das Einheitsprinzip in Magie und Wissenschaft. - Horkheimer und Adorno nennen, was bei Hubert und Mauß Sympathie heißt, generell Mimesis. Sie ist damit Korrelat einer Natur, für deren Struktur universaler Beziehung sich auch 'objektive Kommunikation' und 'Affinität' einsetzen lassen.[4] Diese Natur untersteht einem Prinzip von Einheit, Identität oder Gleichheit,[5] für das die Ethnologie den Begriff des Mana setzt, in dem der Ausschluß oder die Unterdrückung des ihm Konträren zwar "schon angelegt" ist (DA,S.26), aber sich noch nicht "überschlägt" wie in der "modernen positiven Wissenschaft" (DA,S.27), die als "Einheitswissenschaft" strukturell schon von Parmenides her datiert wird (DA,S.18). Die Form der "universalen Vermittlung", des "Beziehen(s) jeglichen Seienden auf jegliches" (DA,S.23), erhält mit dem Übergang zum "Logos" in der "Macht" das "Prinzip aller Beziehungen", das nun seinerseits alles "verschlingt" (DA,S.19). Der "Triumph der repressiven Egalität" (DA,S.24) setzt sich an die Stelle des alten Triumphes der Natur, Gleichheit nimmt die Bedeutung von "Nivellierung" und "Standardisierung" an (DA,S.282). Als Kategorie der Wissenschaft ist Einheit eine Radikalisierung ihres magischen Status zugunsten von Subjekt und Herrschaft. Im Erkenntnisakt der Bestimmung wird jegliche Wechselwirkung, jegliche Bestimmung durch das Objekt ausgeschlossen:

"In der Verwandlung enthüllt sich das Wesen der Dinge immer als je schon dasselbe, als Substrat von Herrschaft. Diese Identität konstituiert die Einheit der Natur. Sie so wenig wie die Einheit des Subjekts war von der magischen Beschwörung vorausgesetzt. Die Riten des Schamanen wandten sich an den Wind, den Regen, die Schlange draußen oder den Dämon im Kranken, nicht an Stoffe oder Exemplare. Es war nicht der eine und identische Geist, der Magie betrieb; er wechselte gleich den Kultmasken, die den vielen Geistern ähnlich sein sollten" (DA,S.20).

Die Einheit der Natur wird durch das Überlebens- und schließlich Herrschaftsinteresse konstituiert. Dagegen kennt die in der Einheit der Magie realisierte 'universale Vermittlung' - im Vergleich zur Wissenschaft - noch und - im Vergleich zu Hegel - schon gewissermaßen die 'konkrete Einheit'; gewissermaßen, denn als 'Verschlungenheit des Natürlichen' heißt sie in der Welt der Magie und erst recht in der des Präanimismus eigentlich das "Ungeschiedene", noch "diesseits der Dichotomie, in welcher Einheit, als polares Moment, einzig Sinn hat" (GS7,S.484). Die mimetische Verhaltensweise ist eine "Stellung zur Realität diesseits der fixen Gegenübersetzung von Subjekt und Objekt" (GS7,S.169), Hegel aber steht jenseits der Dichotomie.

Die phylogenetischen Stufen von Präanimismus und Magie, für die Ethnologie nach Lévi-Strauss ohnehin kaum zu retten, stehen insofern in einer vagen Analogie zu der in der Psychologie als 'Adualismus', 'Symbiose' oder 'primärer Narzißmus' diskutierten infantilen Phase des Individuums. In "Totem und Tabu" weist Freud ihr eine chronologische Stelle zwischen Autoerotismus und Objektliebe zu und bringt sie mit der animistisch-magischen Stufe der Menschheitsgeschichte, die libidinöse Besetzung des eigenen Ichs mit der vom Menschen sich selbst zugeschriebenen 'Allmacht der Gedanken' in Beziehung. Er leitet von daher auch die "unerschütterliche Zuversicht auf die Möglichkeit der Weltbeherrschung" schon für die Primitiven ab,[6] der die Autoren der "Dialektik der Aufklärung" dann widersprechen: Gedanke und Realität sind für den Primitiven, vor allem für den der <u>prä</u>animistischen Stufe, "nicht radikal geschieden" (DA,S.21f.), diese

Scheidung vollzieht erst das "realitätsgerechte Ich" (DA,S.22). Dieser Zuordnung entspricht eine zeitliche Lokalisierung des primären Narzißmus bei Freud, wie er sie später vorgenommen hat als einem "vor der Bildung eines Ich gelegenen ersten Zustand des Lebens, dessen Urbild das intrauterine Leben sei".[7] Mit dem primären Narzißmus ist so allgemein "ein streng 'objektloser' oder mindestens 'undifferenzierter' Zustand bezeichnet, ohne Spaltung zwischen einem Subjekt und einer Außenwelt",[8] eine Bezeichnung, die aber analytischen Einwänden ausgesetzt bleibt. Während die Wissenschaft die Einheit als polare gegenüber dem Vielen radikalisiert, setzt die Magie sie als allseitige Beziehung zwischen den unselbständigen Einzelnen, die auch die des 'Subjekts' zum jeweiligen 'Objekt' determiniert. Der je spezifischen "Angleichung an Natur" steht die wissenschaftliche "Befassung des Verschiedenen unter Gleiches" gegenüber, die "unmittelbare" Gleichheit der "vermittelte(n)" (DA,S.213), die egalitäre der imponierten, denn das virtuelle Subjekt ist ihr "wie alle anderen Kreaturen unterworfen" (DA,S.28) und reagiert flexibel unter diesem Gesetz, statt es selbst über alle anderen Kreaturen aufzurichten. Die nach den magischen Gesetzen der Sympathie oder Mimesis vorgestellte Natur wird insofern schon im Sinne "dialektischen Denkens" (DA,S.27) beschrieben als universale Vermittlung, in der "etwas es selber und zugleich etwas anderes als es selber (ist), identisch und nicht identisch" (DA,S.26).

(3) Die Unwahrheit der Magie. - Diese Privilegierung des Einheitsprinzips der Magie gegenüber dem der Wissenschaft verführt Horkheimer und Adorno aber nicht zur Verabsolutierung. Es gehört zur Argumentationsstrategie der "Dialektik der Aufklärung", gegen die 'Verhimmelung' (DA,S.69), die Apotheose des Mythischen durch "neumodische Irrationalisten" (DA,S.66), namentlich durch Klages (vgl.DA,S.65,Anm.1), das virtuell Rationale in seinem zwiespältigen Sinn ins Feld zu führen. Die

Privilegierung der Magie bezüglich des Einheitsprinzips und des ihm korrespondierenden erkenntnistheoretischen Prinzips der Sympathie oder der Mimesis unterschlägt nicht den Herrschafts- und Gewaltcharakter gegenüber Natur und Individuum.[9] Die flexible Reaktion der Kreatur muß selbst als bloße Re-aktion auf die Natur, auf die Abhängigkeit von ihr eingestuft werden. Es ist bezüglich der erkenntnistheoretischen Relevanz auch nicht die Behauptung der materialen Wahrheit der Magie impliziert. Im Gegenteil: Magie ist die "Lüge, Wahrheit zu sein" (MM,S.298), Lüge, wenn sie behauptet, "wirklich zu sein" (GS7,S.93); "Meer und Erde (werden) wahrhaft nicht von Dämonen bewohnt" (DA, S.62). Ihrer formalen Seite nach ist Magie "bewußt gehandhabte Regression" (DA,S.214) nicht erst im 'spätkapitalistisch' praktizierten Okkultismus der Astrologie, der die sukzessiv "gewonnene Erkenntnis" über den "blinden Naturzusammenhang" von sich wirft (MM,S.322), sondern schon in der Funktionalisierung des "Opfer(s) des Selbst" für die Herstellung eines "fluktuierenden Zusammenhangs mit der Natur", den eben die "Konstitution des Selbst durchschneidet" (DA,S.67). Sie ist insofern "blutige Unwahrheit" (DA,S.20), in einem "Zustand archaischen Mangels" (DA,S.68) bestenfalls "blutige Rationalität" (DA,S.67), angemessener "Niederschlag des Erkenntnisstandes" der Epoche (MM, S.322) und "der wie immer unbeholfene Versuch, mit Fragen fertig zu werden, die damals anders und vernünftiger nicht sich hätten lösen lassen" (GS8,S.149).

(4) Mimesis als verurteiltes archaisches Verhalten. - Die Unwahrheit der Magie hat ein negatives Urteil über die Mimesis zur Folge:

"Zugleich vollstreckt sich im künstlerischen Ausdruck das geschichtliche Urteil über Mimesis als ein archaisches Verhalten: daß diese, unmittelbar praktiziert, keine Erkenntnis ist; daß, was sich gleichmacht, nicht gleich wird; daß der Eingriff durch Mimesis mißlang ..." (GS7,S.169).

Der 'Eingriff', die Einwirkung auf Natur nach dem Gesetz der Sympathie erweist sich auf der Stufe der Magie zunehmend als "Trug" und "Betrug" (DA,S.66). Mit Huizinga und Nietzsche kann er sogar als "Humor" gedeutet werden, als Wille zum Betrug (GS7,S.472). 'Was sich gleichmacht, wird nicht gleich'; es 'verhärtet', 'entfremdet' sich schon in den Erstarrungsreaktionen archaischer Mimikry als dem Zustand, in dem es kein 'Sich' mehr gibt,[10] und wird mit dem allmählichen Verlassen des diffusen Zugleichseins von Baum und Mana, Zauberer und vielen Geistern, nomadischem Wilden und beschlichenem Wild gerade ein Verschiedenes, das Verschiedene schlechthin, wenn das 'Sich', das einmal konstituierte Selbst umgekehrt den fluktuierenden Zusammenhang mit der Natur durchschnitten hat. 'Unmittelbar praktiziert', als je spezifische körperliche, nicht durch wissenschaftliche Rationalität 'vermittelte' Angleichung an Natur ist Mimesis keine Erkenntnis, denn diese erfordert jene Trennung von Subjekt und Objekt, von eigentlicher Einheit und Vielheit, die im Präanimismus erst in nuce vorhanden ist:

"Denken wir denn auch illusionär, wann immer es die trennende Funktion, Distanzierung und Vergegenständlichung, verleugnen will" (DA,S.54).

Erkenntnis, ihrem materialen Gehalt nach 'Freiheit des Bewußtseins vom blinden Naturzusammenhang', verschafft gerade die Naturwissenschaft (vgl.GS8,S.149), das magische Denken zeigt daran gemessen ein "wahnhafte(s) Benommensein vorm Unerklärten" (MM,S.322), die universale Vermittlung einen "Beziehungswahn" (GS8,S.175).

(5) Mimesis als notwendige Bedingung von Erkenntnis. - Magie hat zu ihrem Prinzip allein Mimesis als ein archaisches Verhalten. Die Angleichung an Natur ist ihr hinreichende Bedingung von Erkenntnis und praktischer Wirkung. Das ist ihre Unwahrheit. Gleichwohl kommt ihr Wahrheit zu, mißt man sie an dem Prinzip, das dasjenige der Mimesis seinerseits als allein gültiges ablöst: "dinghafte Rationalität" (GS7,S.87), "positivistische Entzauberung" (GS12,S.95). Vor diesem Maßstab nimmt sich wie eine Provokation der Satz aus:

"Es (das Selbst, J.F.) hat mit dem mimetischen Zauber die Erkenntnis tabuiert, die den Gegenstand wirklich trifft" (DA, S.25).

Aber der Satz verfolgt die Intention einer Korrektur. Der mimetische Zauber ist als archaisches Verhalten keine Erkenntnis, aber mit ihm sind Bedingungen formuliert, die für Erkenntnis, 'die den Gegenstand wirklich trifft', konstitutiv bleiben. Mimesis wird zur notwendigen Bedingung von Erkenntnis.

"Die Zauberei ist wie die Wissenschaft auf Zwecke aus, aber sie verfolgt sie durch Mimesis, nicht in fortschreitender Distanz zum Objekt" (DA,S.21).

Als distanzlose ist Mimesis keine Erkenntnis, gegen die 'fortschreitende Distanz' wissenschaftlicher Erkenntnis aber hat sie das Recht der Nähe auf ihrer Seite, das Adorno auch in Benjamins "Tuchfühlung mit dem stofflich Nahen, der Affinität zu dem was ist " (GS10,S.247) und in Blochs "Affinität zum Gegenständlichen, vorab zu sinnverlassenen Stoffschichten" (GS11,S.235) bewundernswert ausgeprägt sieht. Adorno benennt die Approximationstendenz der Mimesis noch mit anderen Begriffen: "Affinität" in ihrem doppelten Bezug "zwischen Seiendem" (DA,S.21) und "Erkennendem und Erkanntem" (ND,S.53); "Ähnlichkeit" und "Name" (DA,S.21); "Verwandtschaft" (DA,S.21) bzw. "Wahlverwandtschaft" (ND,S.53); "Nachahmung" (DA,S.30) oder 'Imitation' (GS7,S.485); "Identifizierung mit anderem" (DA,S.20) und 'Desintegration des Selbst' (DA,S.87). Die Distanz der magischen Mimesis zum Objekt ist noch nicht so groß, um die eine Bedingung von Erkenntnis, aber noch so klein, um die andere zu erfüllen. Das kennzeichnet den reziprok-defizitären Charakter von Mimesis und Rationalität generell.

(6) Kunst als Erbin der biologischen und magischen Mimesis. - Auf die geschichtsphilosophische Erklärung der reziproken Defizienz und ihre mögliche Egalisierung kommt Adorno auch in den "Theorien über den Ursprung der Kunst" zu sprechen.

"Hat die ästhetische Verhaltensweise, früher als alle Objektivation, sich aber sei's noch so unbestimmt von den magischen Praktiken einmal gesondert, so eignet ihr seitdem etwas vom Überrest, wie wenn die in die biologische Schicht zurückreichende, funktionslos gewordene Mimesis als eingeschliffene festgehalten würde, Präludium des Satzes, der Überbau wälze langsamer sich um als der Unterbau. In den Zügen eines von der Gesamtentwicklung Überholten trägt alle Kunst an einer verdächtigen Hypothek des nicht ganz Mitgekommenen, Regressiven. Aber die ästhetische Verhaltensweise ist nicht durchaus rudimentär. In ihr ... versammelt sich, was seit undenklichen Zeiten von Zivilisation gewalttätig weggeschnitten, unterdrückt wurde samt dem Leiden der Menschen unter dem ihnen Abgezwungenen, das wohl schon in den primären Gestalten von Mimesis sich äußert. Jenes Moment ist nicht als irrational abzutun (...) Die Hartnäckigkeit des ästhetischen Verhaltens ... bezeugt eher, daß keine Rationalität bis heute die volle war, keine, die ungeschmälert den Menschen, ihrem Potential, gar der 'humanisierten Natur' zugute käme. Was nach den Kriterien herrschender Rationalität am ästhetischen Verhalten für irrational gilt, denunziert das partikulare Wesen jener Ratio, die auf Mittel geht anstatt auf Zwecke" (GS7,S. 487f.).

Den Ursprung der Kunst in der Magie verfolgt Adorno über mehrere Gemeinsamkeiten,[11] von denen eine im mimetischen Verhalten vorliegt. Von ihm behauptet Adorno, daß es auch nach der 'Sonderung' der Kunst von der Magie in jener 'festgehalten' wird und sucht das durch einen Vergleich mit dem Basis-Überbau-Schema zu verdeutlichen. Marx hat im berühmten Vorwort zur 'Kritik der Politischen Ökonomie' andeutungsweise ausgesprochen, was sich in der modernen Soziologie unter dem Terminus des 'cultural lag' eingebürgert hat, daß sich nämlich mit der ökonomischen Grundlage der Überbau "langsamer oder rascher" verändere,[12] eine Veränderung, die im scheinbar stagnierenden Überbauphänomen der Kunst die bekannte extreme Beweisprobe des Historischen Materialismus darstellt. Adorno überträgt diese ökonomisch-soziologische Terminologie auf das Verhältnis von Kunst und 'magischer Praxis' bzw. auf das vorhergehende von ästhetisch-mimetischer und biologisch-mimetischer Verhaltensweise. In der 'biologischen Schicht' hat Mimesis ihre ursprüngliche lebenssichernde Funktion, die in der Magie schon zunehmend kultisch praktiziert wird und nach der nicht näher datier- und begründbaren 'Sonderung' der ästhetischen Verhaltensweise und später der künstlerischen Objektivationsform als 'Überbau' auch von dieser Sphäre 'festgehalten' wird, obwohl ihr die 'Basis' archaischer Selbstbehauptung entzogen ist, dies aber im Überbau nur zeitlich retardiert zur Geltung kommt.

Adornos Argumentation bleibt hier zitativ. Besser expliziert ist sie im Übergang zur Psychoanalyse. In deren Terminologie fällt der biologische und magische 'Überrest' des ästhetischen Verhaltens und der Kunst unter das 'Regressive'. Das macht sie auf der einen Seite, gemessen an 'Zivilisation' und 'Rationalität', 'verdächtig', auf der anderen Seite aber zum Reservoir von Kritik. Denn ist die Geschichte von Zivilisation die Geschichte von 'Gewalt' und 'Unterdrückung', so verschaffen sich deren Opfer, das 'Leiden' generell, in allen Formen der Regression als - um im Wortlaut zu bleiben - unverdächtige Zeugen Gehör. Das entspricht einer kulturkritisch akzentuierten psychoanalytischen Theorie, die von der Unvergänglichkeit der infantilen Vergangenheit des Individuums wie der Menschheit überzeugt ist, für die sich aber im obigen Zusammenhang auch Marx aktivieren ließe.[13] Adorno faßt Mimesis hier als 'Äußerung' des Leidens. Die sukzessive Substituierung ihrer lebenssichernden Funktion durch die zivilisatorische Rationalität ist auch ein gewalttätiger Prozeß, der sie in dem Maße in das Überbauphänomen der Kunst abdrängt, als diese dem Regressiven ein Reservat bietet, als sie - nach dem vorhergehenden Kapitel

- die archaische Mimesis nicht einseitig ausdifferenziert. Das materialistische Theorem der Ungleichzeitigkeit tritt dabei psychoanalytisch umgekehrt für den 'Unterbau' des Infantilen auf. Mimesis wird in der ästhetischen Verhaltensweise festgehalten aufgrund der stagnierenden Umwälzung der infantilen Basis von Individuum und Gattung. Sie wird hier von Adorno als biologisch sedimentiertes und unbewußtes Leidensgedächtnis beschrieben. Durch sie tradiert der Mensch das schon ursprüngliche Leiden des Sich-gleichmachen-Müssens.

"Erinnerungsspur" ist der von Freud übernommene Terminus dafür, jedes Kunstwerk sucht die "Erinnerungsspur der Mimesis" (GS7, S.198). Die Erinnerungsspur wird, so Freud in seinem ersten topischen Modell, von den Eindrücken, die an uns herankommen, zurückgelassen, "und zwar sind gerade die Eindrücke, die am stärksten auf uns gewirkt hatten, die unserer ersten Jugend, solche, die fast nie bewußt werden."[14] In Übereinstimmung damit müssen auch bei Adorno die Erinnerungsspuren, wie die Gesten, als "Spuren der Erfahrung" (GS10,S.259), als affektiv besetzte und ins Unbewußte abgedrängte Erfahrungen aufgefaßt werden, die sich in unwillkürlichen Reaktionen wie Gesten Ausdruck verschaffen können.[15] Sie werden zudem, wie die "undisziplinierte Mimik" der Juden und mittels der Mimik, "kraft eines unbewußten Nachahmungsprozesses durch jede frühe Kindheit hindurch auf Generationen vererbt" (DA,S.215). So sehr Adorno in diesem Zusammenhang den "Versuch" Caillois', "psychologische Tendenzen nicht auf das Bewußtseinsleben des autonomen Individuums, sondern auf reale somatische Tatbestände zurückzuführen", als "echt materialistisch" würdigt, so wenig folgt er ihm in seiner Kritik an Freud, die an die Stelle der "individuellen Ätiologie" die "biologische Vorgeschichte der Gattung" setzen möchte und etwa jene die menschliche Vorstellungswelt beherrschende "dämonische weibliche Gestalt, die den Mann verzehrt, den sie verführt hat", durch die biologische Urerfahrung erklärt, wie sie in der Gottesanbeterin repräsentiert ist, einer Insektenart, deren Weibchen die Männchen während oder unmittelbar nach der Begattung verschlingen. Eine solche Erklärung steht für Adorno in zu engem Zusammenhang mit dem "Jungschen kollektiven Unbewußten".[16]

(7) 'Volle' Rationalität. - Auf der Folie der psychoanalytischen Argumentation kann Adorno seinen Kontrastbegriff von Rationalität abheben. Die 'herrschende' Rationalität kennzeichnet er als 'partikular', 'auf Mittel gehend', die nach ihren Kriterien beurteile Irrationalität und Mimesis demgemäß als ihren bloß anderen, auf die 'Zwecke' gehenden Teil. Maßstab der 'vollen' Rationalität, als welchen Adorno auch das 'Potential' der Menschen und mit dem jungen Marx die 'humanisierte Natur' anlegt,[17] ist die Einheit der dualistisch nach der Mittel-Zweck-Relation konstruierten Relation von Rationalität und Irrationalität bzw. Mimesis.[18] Innerhalb dieser Konstruktion, die Rationalität als Inbegriff der Mittel definiert, bleibt der Platz des Zwecks der Mimesis folgerecht reserviert und sie als Konstitutivum von Erkenntnis gesichert.

"Kunst ist Zuflucht des mimetischen Verhaltens. In ihr stellt das Subjekt, auf wechselnden Stufen seiner Autonomie, sich zu seinem Anderen, davon getrennt und doch nicht durchaus getrennt (...) Gleichwohl erinnert noch die Phrase vom Zauber der Kunst an ein Wahres. Fortlebende Mimesis, die nichtbegriffliche Affinität des subjektiv Hervorgebrachten zu seinem Anderen, nicht Gesetzten, bestimmt Kunst als eine Gestalt der Erkenntnis, und insofern ihrerseits als 'rational'. Denn worauf das mimetische Verhalten anspricht, ist das Telos der Erkenntnis, das sie durch ihre eigenen Kategorien zugleich blockiert" (GS7,S.86f.).

Der Passus steht unter der Überschrift "Mimesis und Rationalität", die spezifische 'Stellung' der Kunst zu ihrem Anderen wird als dem mimetischen Verhalten geschuldet beschrieben. Als 'Zuflucht des mimetischen Verhaltens' kann Kunst eine Stellung zum Anderen einnehmen, die sie 'davon trennt und doch nicht durchaus trennt'. Diese gegensätzlich strukturierte Stellung der Kunst qua Mimesis kann im Hegelschen Sprachgebrauch als 'abstrakte Verhältnisbestimmung' bezeichnet werden, in der - wie auch für die Magie beschrieben - das Moment der Rationalität zwar angelegt, aber noch nicht in der Weise entwickelt ist, daß sich eine Seite des Verhältnisses als dominant setzt.[19] Schon auf den untersten Stufen der Autonomie des Subjekts hat sich in der magisch-mimetischen Stellung zur Natur als dem Anderen - allerdings unter Zwang und ohne Erkenntnisanspruch - realisiert, was nach der einseitigen Dominierung des Verhältnisses durch die entwickelte Rationalität nur noch in der Kunst eine Zuflucht erhält, nun allerdings unter Voraussetzung eben dieser Rationalität und insofern mit ganzem Erkenntnisanspruch.

Die 'Phrase vom Zauber der Kunst' erinnert an den magischen Ursprung der Kunst und daran, daß in ihr als Überbau der Basis biologisch-archaischer Selbsterhaltung und als Reservoir des infantilen Unterbaus der Zivilisationsgeschichte Mimesis 'fortlebt'. Adorno definiert sie beinahe pleonastisch als 'nichtbegriffliche Affinität zum Anderen', um so zu verdeutlichen, daß sie sich nicht dem Begriff als Instrument dominanter Rationalität verdankt und nicht auf subjektiv 'Gesetztes', sondern das "nicht-begriffliche Element" (GS7,S.227) bezieht, so wie er es bei Benjamin als 'Tuchfühlung mit dem stofflich Nahen, der Affinität zu dem was ist' beschreibt.

Kunst ist rational - Adorno setzt es in Anführungszeichen -, insofern sie dem Rationalitätstypus dominanter Verhältnisbestimmung entgegensteht; sie ist Erkenntnis, insofern gerade Mimesis in ihr fortlebt, denn worauf diese 'anspricht' ist das 'Telos von Erkenntnis', das Andere, nicht schon Gesetzte, das Erkenntnis nach dem genannten Rationalitätstypus 'zugleich blockiert'. Unter dem Stichwort 'Block' hat Adorno diesen Rationalitätstypus an der Kantischen "Theorie von den Grenzen möglicher positiver Erkenntnis" (ND,S.376) kritisiert. Die "Ästhetische Theorie" stellt mit dem Teleologiebegriff der

"Kritik der Urteilskraft" eine Alternative zu dieser Kritik mit Kant selber in Aussicht (vgl.GS7,S.191), deren Einlösung noch nachgegangen werden muß.[20] Der Teleologiebegriff ist aber modifiziert auch für einen mimetischen Rationalitätstypus nichtdominanter bis herrschaftsfreier Verhältnisbestimmung bedeutsam, wird der Erkenntnisakt der 'Bestimmung' nach seinem 'determinatorischen' wie 'teleologischen' Doppelsinn interpretiert.[21] Adorno ergänzt den Dualismus von Rationalität und Irrationalität nach der Mittel-Zweck-Relation noch mit anderen Begriffspaaren,[22] das von Determination und Teleologie wäre ihnen hinzuzufügen. Die 'volle' Rationalität bildet dann die Einheit dieser doppelten Bestimmung, Mimesis den Teil in ihr, der das 'Telos der Erkenntnis' über das Telos des Objekts realisiert.

Adorno hat den mimetisch-teleologischen und den in der gegebenen historischen Defensivposition naheliegenden 'vollen' Rationalitätstypus bevorzugt an der Kunst demonstriert. Vor allem das psychoanalytische Regressions-Theorem ist Garant dafür, daß in ihr Magie im mimetischen Verhalten gelungen transformiert wird. Sie steht so zwischen Magie bzw. unmittelbar praktizierter archaischer Mimesis und dem durch die Wissenschaft repräsentierten instrumentellen Rationalitätstypus. Man kann sie kurz als "Magie ohne Praxis", als Annäherung an das Andere ohne Herrschaftsinteresse definieren.[23] In der Mittelstellung zwischen (archaischer) Mimesis und (instrumenteller) Rationalität kann sie deren jeweilige Defizienz egalisieren. Die Oper, die die Magie noch im Titel führt, Mozarts 'Zauberflöte', ist Adorno 'evidentester' Beleg für die Teilhabe der Musik resp. der Kunst am Mythos wie der Aufklärung (GS16,S.31). Indem Kunst ihren magischen Ursprung transformiert, antizipiert sie eine gesellschaftliche Utopie. Die Liquidation der Abhängigkeit von der Gewalt der Natur erstreckt sich in ihr nicht zugleich auf die Liquidation des mimetischen Vermögens.[24] Diese Position weist Adorno aber auch der Philosophie zu. Darauf deuten in diesem Zusammenhang Charakterisierungen wie die Benjamins als jemandem, dem der "magische Effekt ... nicht fremd war" (GS10, S.239), den man "sich gut als Magier mit hohem spitzen Hut (hätte) vorstellen können" (GS11,S.568), oder diejenige der Blochschen Philosophie, die sich "dem Kühnsten der gleichzeitigen Kunst (gesellte)" (GS11,S.557), "hart an der Sympathie fürs Okkulte" (GS11,S.564), "auf der schmalen Grenzscheide von magischer Formel und Theorem" (GS11,S.557). Selbst Adornos eigene Einschätzung als im amerikanischen Exil lebender "Medizinmann" (GS10,S.714) aus der Hinterwelt der deutschen spekulativen Philosophie erhält in diesem Kontext mehr als nur ironische Bedeutung.

III. ANTHROPOLOGISCH- SYSTEMATISCHE BEDEUTUNG

1. ALTERZENTRISCHE ANGLEICHUNG UND ÄSTHETISCHE BEDEUTUNG

(1) Nachahmung. - Innerhalb der im Kontext von Magie geforderten Erkenntnisbedingungen 'Nachahmung', 'Identifikation' und 'Desintegration' als Korrektive zur abstrakten Subjektidentität kommt ersterer der größte Explikationsraum zu.

(a) Ethnologie. - Im Zusammenhang mit dem Mimeisbegriff wird an dieser Stelle die unplatonische Provenienz bezüglich der Wertung deutlich:

"Nachahmung ist bei ihm (Platon, J.F.) wie bei den Juden verfehmt. Von Vernunft und Religion wird das Prinzip der Zauberei in Acht und Bann getan" (DA,S.30).

Ontologisch dekretierte Drittklassigkeit künstlerischer Nachahmung und pädagogisch motivierte "Ächtung von Schauspielern" sollen wie das "religiöse Bilderverbot" von "mimetischen Daseinsweisen" abschneiden (DA,S.213). Von "imitative(r) Magie" spricht auch Freud mit dem Ethnologen Frazer in "Totem und Tabu",[1] in ihre psychoanalytisch kurrente Erklärung als bereits auf Weltbeherrschung berechnete Wunscherfüllung bringt die "Dialektik der Aufklärung" allerdings, wie oben dargelegt, eine geschichtsphilosophisch zugunsten der magischen Stufe relativierte Perspektive ein. Auch Benjamin bemerkt zum mimetischen Verhalten, es sei "nichts als ein Rudiment des ehemals gewaltigen Zwanges, ähnlich zu werden und sich zu verhalten."[2]

(b) Sozialisationstheorie. - Der Begriff der Nachahmung erlangt bei Adorno seinen Stellenwert nicht im Rekurs auf die Platonische Philosophie, sondern in dem auf die Ethnologie. Ein zweiter, von Adorno aber nicht so sehr hervorgehobener Bezugspunkt ist die Sozialisationstheorie. Auch in ihrem Rahmen wird schon bei Platon die Nachahmung diskutiert. Adorno fürchtet aber weder ihre für das Selbst desintegrative Wirkung, noch erklärt er sie - wie dann Aristoteles und in seiner Nachfolge die empirische Psychologie des 18. Jahrhunderts, auch Kant[3] - aus einer Naturanlage des Menschen. Freuds spezielle Überlegungen im Kontext des Wiederholungszwangs, die Koppelung des Begriffs der Nachahmung an den der Identifizierung,[4] sowie die generelle Fundierung einer verherrlichten "ewige(n) Naturanlage des Spieltriebes" (GS7,S.487) in einem gattungsgeschichtlichen Verdrängungsakt stehen da wieder näher.

"Das Humane haftet an der Nachahmung: ein Mensch wird zum Menschen überhaupt erst, indem er andere Menschen imitiert" (MM,S.204).

"Die undisziplinierte Mimik aber ist das Brandzeichen der alten Herrschaft, in die lebende Substanz der Beherrschten eingeprägt und kraft eines unbewußten Nachahmungsprozesses durch jede frühe Kindheit hindurch auf Generationen vererbt ..." (DA,S. 215).

Das letzte Zitat stammt aus dem Erklärungszusammenhang des Antisemitismus. Das demselben Projekt gewidmete Exposé aus dem Jahre 1941 macht ebenfalls auf die Bedeutung von Nachahmung in der Kindheit aufmerksam:

"But it can be shown that the greatest impression on the infant is made not by the meaning of the words but by the expression, the voice, the movements of the parents. The soul of learning is imitation."[5]

Weil das Expressive den größten Eindruck auf das Kleinkind macht, kann die Mimik der Juden auf Generationen 'vererbt' werden. Die sozialisationstheoretische Bedeutung von Nachahmung wird bei Adorno nicht weiter herausgearbeitet, Piagets genetische Erkenntnistheorie könnte dazu heute in Dienst genommen werden. Mit ihr läßt sich hinreichend unterstützen, was bei Adorno als Hypothese einzustufen ist, daß nämlich der "Gedanke" als "Verwandlung" oder "Sublimierung der mimetischen Verhaltensweise" (GS7,S.489) explizit im Sinn von Nachahmung zu gelten habe.[6]

(c) Schauspiel. - Eine soziologische Variante des sozialisationstheoretischen Nachahmungs- und Identifikationsbegriffs hat Parsons im Begriff der Rolle entwickelt. Adorno greift ihn und damit den Gedanken einer im mimetischen Akt der Rollenübernahme wurzelnden Vernunft in diesem Zusammenhang aber nicht auf, es sei denn versteckt in seiner Erinnerung an Theater und Schauspiel, damit noch einmal auf die antiplatonische Bedeutung verweisend:

"Gerade die unbeirrte Selbstbesinnung ... ergibt immer wieder, ... daß die Regungen, auf die man reflektiert nicht ganz 'echt' sind. Stets enthalten sie etwas von Nachahmung, Spiel, Anderssseinwollen" (MM,S.203).

"... alle Kunst, und Musik vorab, ist dem Schauspiel verwandt ..." (MM,S.204).

"Der Trieb zur Verkleidung ... ist der des Schauspielers" (GS10,S.210).

"... jene Aura der Verstellung, des Mimens, wie sie das Kind ins Theater zieht, ... weil es die Lust am Dissimulieren bestätigt finden möchte" (GS16,S.24).

Adorno eröffnet hier den Zugang zu einem Bereich der Kultur- und Gesellschaftstheorie, den er sich selbst verboten hat. Das Verhältnis von 'Echtheit' - ein Terminus auch des von Adorno kritisierten Existentialismus (vgl.GS5,S.293) - oder Authentizität und Spiel wird nämlich traditionell auch unter dem Topos des 'theatrum mundi' und der soziologischen Kategorie der Öffentlichkeit thematisiert. Für die Scheidung des Verhältnisses im konträren Sinn steht namentlich Rousseau, der mit seiner Kultur- und speziell Theaterkritik, die eine Schwächung des Selbstseins der Zuschauer ähnlich wie Platon beklagt, die Idee der Authentizität praktisch folgenreich bis zur "Tyrannei der

Intimität" etabliert.[7] Kant bindet das Verhältnis von Authentizität und Spiel als konstitutiv für Zivilisation zusammen. Er beschreibt das Subjekt als Schauspieler, der seine anthropologische Basis in der Nachahmung, im "unwillkürliche(n) Nachtun", und sowohl sich selbst als auch andere als Zuschauer hat.[8] Gesellschaft ist die Universalität von Spielern, die mit ihren verschiedensten Rollen so (spielend) vertraut wie (zuschauend) distanziert sind. Die "ideale Gesellschaft", die "Geselligkeit" ist jene, in der "ein Geschäft (was einen Zweck hat)", "der eigene Nutzen nicht ins Spiel kommt". Die Freiheit des Spiels von einem bestimmten Zweck oder die Freiheit des Spielers von der distanzlosen Identifikation mit einer bestimmten Rolle macht das Spiel als Mittelglied zwischen der Authentizität, mit Kant: Moralität des Ichs und der Gesellschaft verständlich. Sind die Urteile des gesellschaftlichen Spiels Geschmacksurteile und diese "eine Art von 'sensus communis'", so tritt der soziale Bezug in den Vordergrund, der von Adorno als common sense meist kompromittiert[9] und von der kommunikativ gewendeten Kritischen Theorie kaum wahrgenommen wird.[10] Das Ästhetische wäre dann nicht nur als Kunst in seinem Werkcharakter "Modell", sondern auch als Gegenstand von Urteilen mediales Forum "möglicher Praxis, in der etwas wie ein Gesamtsubjekt sich konstituiert" (GS7,S.359).

"Utopie wäre über der Identität und dem Widerspruch, ein Miteinander des Verschiedenen" (ND,S.151).

Produktionsästhetisch hat Adorno diese Utopie eingeholt, das Werk ist Modell gesellschaftlicher Utopie, 'mimetischer Interaktion'.[11] Rezeptionstheoretisch kann die mimetische Interaktion in ihrem mimischen Moment durchaus wörtlich genommen werden. Der sensus communis pendelt sich ein in einem Spiel, das alle Beteiligten in einen intersubjektiven Wechsel von Identifikation und Distanzierung versetzt. Von den urteilenden Subjekten wird eine nicht fixierte Ichidentität verlangt.

(2) Zentralbegriff der bürgerlichen Anthropologie. - Alle drei Traditionslinien des Nachahmungsbegriffs aus Magie, Sozialisation und (Schau-)Spiel verknüpfen sich bei Adorno gemäß der fundamentalen Argumentation einer Analogisierung von Onto- und Phylogenese in der Geschichtsphilosophie. Nachahmung wird zum zentralen Begriff der in die Prähistorie prolongierten Anthropologie der bürgerlichen Gesellschaft: Die Geschichte der Gattung ist Nachahmung der Natur unter dem Signum von Herrschaft und Schrecken, insofern eine Parallele zur Darwinschen Evolutionstheorie. Funktion der Nachahmung unter diesen Umständen ist Selbsterhaltung, Überlebenssicherung und Beschwichtigung von Furcht, von den der äußeren Natur geltenden archaischen Kultmasken bis zu den der 'zweiten', gesellschaftlich produzierten Natur angepaßten Verhaltensweisen des Konformismus und seinen künstlerischen Sublimationen.[12] Die Vernunft wurzelt auch phylogenetisch in einem mimetischen Akt, in dem das Subjekt die ihm von der Natur auferlegten 'Rollen' übernimmt. Die das Modell sozialer Interaktion auf Naturzusammenhänge ausdehnende Idee einer ästhetisch-mimetischen Beziehung ist diesbezüglich Postulat aus dem ursprünglich mimetischen Umgang mit Natur.[13] 'Geist entsprang in Mimesis' (GS11,S.292), Mimesis ist das 'Vorgeistige' (GS7,S.180), die "gleichsam physiologische Vorform des Geistes" (GS7,S.172). Die "Dialektik der Aufklärung" hat die Geschichte dieser anthropologisch funktionalisierten Nachahmung[14] beschrieben und ihre entscheidende Übergangsphase an Odysseus exemplifiziert:

"Nur die bewußt gehandhabte Anpassung an die Natur bringt diese unter die Gewalt des physisch Schwächeren. Die Ratio, welche die Mimesis verdrängt, ist nicht bloß deren Gegenteil. Sie ist selber Mimesis: die ans Tote. Der subjektive Geist, der die Beseelung von Natur auflöst, bewältigt die entseelte nur, indem er ihre Starrheit imitiert und als animistisch sich selber auflöst. Nachahmung tritt in den Dienst der Herrschaft ..." (DA,S.73f.).

Die Nachahmung der Natur wird auf der Stufe des homerischen Odysseus schon 'bewußt gehandhabt', im Bewußtsein des Betrugs in Magie als Werkzeug benutzt, nicht mehr in einem Reflex-Automatismus. Bei Odysseus zeigt sich der Intellekt zuerst in jener Kraft der Verstellung, die Nietzsche bösartig akzentuiert:

"Der Intellekt als Mittel zur Erhaltung des Individuums entfaltet seine Hauptkräfte in der Verstellung; denn diese ist das Mittel, durch das die schwächeren, weniger robusten Individuen sich erhalten, als welchen einen Kampf um die Existenz mit Hörnern oder scharfem Raubtier-Gebiß zu führen versagt ist."15

Odysseus handhabt die Mimesis schon aus der Warte des geistig Stärkeren, des "Kulturträger(s)" (DA,S.85) heraus, die "reale Ohnmacht" initiiert die "geistige Allmacht", "das Feste, Beharrende, Undurchdringliche des Ichs" (ND,S.179). Die Korrelation Geist-Festes/Beharrendes/Identisches und Körper-Weiches/Wechselndes/Nichtidentisches stellt sich ein. Natur ist nicht mehr als animistisch beseelte und wechselhafte "Modell" (DA,S.220) der Nachahmung, sondern als 'entseelte', 'starre', 'tote'. Sie ist als solche nichts anderes als die "falsche Projektion" (DA,S.220) der Ratio selber, der einseitig ausdifferenzierten Mimesis. Die Mimesis ans Tote ist auf der Odysseischen Stufe des sich bildenden Ichs Projektion des Toten, der subjektiven "abstrakte(n) Identität" (DA,S.20) ins vordem Lebendige, sie ist das "Widerspiel zur echten Mimesis" (DA,S.220). 'Echte Mimesis' ist somit Korrelat der nach außen projizierten inneren, nichtidentischen Natur. Ratio ist Mimesis als Angleichung ans Tote, die 'verdrängte', 'echte' Mimesis ist Angleichung ans Lebendige, Mannigfaltige, "Viele" (DA,S.73). Ist die echte und ursprüngliche Mimesis, wie Magie insgesamt, "eine rudimentäre Gestalt jenes Kausaldenkens, das dann Magie liquidiert" (GS7,S.429), so die Ratio eine nur noch rudimentäre Gestalt echter Mimesis, Angleichung an das Angleichende selber, mit einem späteren Terminus: zentripetale Identifikation.

Nicht nur als "ästhetische Kategorie" sondern generell ist Nachahmung für Adorno "so wenig einfach zu eliminieren wie zu akzeptieren" (GS7,S.424); nicht einfach zu eliminieren, wegen ihrer positiven Implikationen für Humanität; nicht einfach zu akzeptieren, wegen ihrer Kehrseite einer bis zur Schizophrenie getriebenen Dissoziation (vgl.GS12,S.156) und der mit Odysseus absehbaren herrschaftlichen Konsequenz ihrer anthropologischen Funktionalisierung. Adornos Intention richtet sich gegen eine einseitige Ausdifferenzierung des Bedeutungsgehalts. Vernunft bildet sich durch Nachahmung, als ganzheitliche muß sie deren beide Seiten bewahren.

Bewertungskriterium ist zunächst, auf welches 'Modell' Nachahmung sich bezieht, in wessen 'Dienst' sie tritt: den der 'Herrschaft' oder der "Utopie" (MM,S.204). Geschichtsphilosophisch aber wird noch die herrschaftlich in Dienst genommene Nachahmung akzeptabel. Odysseus steht "stellvertretend für eine Gesellschaft, die ... der Herrschaft nicht mehr bedarf" (DA,S.72), und wiederum nicht allein für die Kunstgeschichte sondern gleichermaßen für die Sozialisationstheorie und die Geschichtsphilosophie gilt der Satz:

"Erst in seiner Selbstentfremdung durch Nachahmung kräftigt das Subjekt sich so, daß es den Bann der Nachahmung abschüttelt" (GS7,S.424).

Nachahmung im Dienst der Herrschaft als alleiniges Gesetz der Geschichte kann erst von einem Subjekt 'abgeschüttelt' werden, das sich durch eben diese Nachahmung 'gekräftigt' hat.

Neben der gesellschaftstheoretischen Bewertung nimmt Adorno eine kritische Unterscheidung der Nachahmung in bezug auf einen Terminus der Kantischen Erkenntnistheorie vor und gibt zugleich damit das Kriterium für die Bedeutungsgleichheit mit Mimesis an. Es ist dies der Terminus 'Gegenstand'. Als dasjenige, "was dawider ist", spricht die Transzendentalphilosophie von ihm als dem 'Korrespondierenden' der Erkenntnis, was genau genommen aber heißt: das "dem Mannigfaltigen unserer Vorstellungen" als "formale Einheit des Bewußtseins" Korrespondierende; der erkannte Gegenstand ist der einheitlich synthesierte,[16] ideologiekritisch gewendet: der 'verdinglichte' (DA,S.213). In bezug auf ihn wird Nachahmung bei Adorno immer negativ gewertet und so das Verdikt über Synthesis qua mittelbar-begrifflicher Nachahmung blinder Natur generalisiert. Das Synonym solcher 'Vergegenständlichung' lautet in der Regel auf 'Imitation'.[17] Der 'Bann der Nachahmung', der 'abgeschüttelt' werden muß, ist in erkenntnistheoretischer Terminologie der Bann als allein gültiges Gesetz gegenständlicher Nachahmung.

Dagegen hebt Adorno Nachahmung in ihrer Korrelation zum Nicht-Gegenständlichen hervor, zum 'nicht Dingfesten', 'Unbestimmten', 'Bewegten', und in dieser Bedeutung setzt er sie der 'echten' Mimesis, der Angleichung ans Mannigfaltig-Lebendige gleich.[18] Die Nähe zu dem von Koller herausgearbeiteten Mimesisbegriff des dionysischen Kultes wird an dieser Stelle deutlich, auch die wiederum zu Benjamin, zur statisch nicht fixierbaren und über die Zeitdimension des Augenblicks definierten 'unsinnlichen Ähnlichkeit' sowie dem auch bei ihm über das Ungegenständliche definierten Namensbegriff. Und wie Benjamin sich auf die magisch durchwaltete Welt der Primitiven bezieht, so ist für Adorno in der "Dialektik der Aufklärung" festzustellen, daß Mimesis als Nachahmung des Ungegenständlichen auch das urgeschichtliche Verhalten bestimmt. Das religiös verehrte Mana wird als jene "Verdoppelung" beschrieben, "durch die das Ding als Geistiges" erscheint (DA,S.31), der Baum z.B. "als Sitz des Mana" (DA,S.26). Von dieser schon urgeschichtlichen Verdoppelung her kann Adorno dann sagen, daß auch im Geist "etwas vom mimetischen Impuls (überlebt), das säkularisierte Mana, das, was anrührt" (GS7,S.411). Das Mana ist 'aus dem Schauder geboren' (DA,S.32), der "vermeintliche Name" für die Natur (DA, S.54), den "Schrecken" (DA,S.55), und wird als das 'Unidentische', 'Zerfließende' in der magischen Phase "gewaltsam materialisiert" (DA,S.32). Als auf eine unter der Kategorie des Raumes gefaßte Natur bezogen[19] und als Überlebensstrategie ist Nachahmung vergegenständlichend, sie bleibt aber auch auf das bezogen, "was an den Dingen mehr ist als ihr vorweg bekanntes Dasein" (DA,S.26), das Ungegenständliche an den Gegenständen oder Nichtidentische an den Dingen.[20]

(3) Nachahmung der Natur in der Kunst. - Die Bedeutungsgleichheit von ungegenständlicher Nachahmung und 'echter' Mimesis erhält in der Erkenntnis, die Kunst darstellt, einen besonderen Stellenwert. Die Nachahmung der Natur, die die "Dialektik der Aufklärung" unter anthropologischer Perspektive beschreibt, ist der Ästhetik nämlich traditionell als Topos vertraut. Unter dem Aspekt des Ungegenständlichen der nachzuahmenden Natur ist Aristoteles als sein erster Theoretiker anzuführen. Platon könnte allenfalls mit dem auf 'Darstellung' akzentuierten Mimesisbegriff des dritten Buches der 'Politeia' und im gemeinsamen Bezug auf die Musiktheorie Damons als Vorläufer gelten, nicht aber in der bekannten ontologischen Diskreditierung; Nachahmung der Natur als bloßer Erscheinung der Idee fällt in Adornos Kategorien unter 'Imitation'. Dagegen bietet die an Aristoteles anschließende Unterscheidung von natura naturans und natura naturata eine auffallende Anknüpfungsmöglichkeit für Adorno, wiewohl er sie nirgends explizit vollzieht.[21] Dieselbe Unterscheidung greift der Begründer der philosophischen Ästhetik, Baumgarten, in der Mitte des 18. Jahrhunderts im Gesamtzug einer Suche nach einer 'individuellen Logik' auf,[22] an dessen Ende Kant ihr terminologisch abgewandelt einen fundamentalen Platz sowohl in der Erkenntnis- wie in der Kunst- und Genietheorie zuweist,[23] den die frühromantische Poetologie offensiv behauptet,[24] während Hegels Ästhetik ihn gar nicht zu kennen scheint.[25]

(a) Unbestimmbares. - Will man für Adornos Theorie künstlerischer Nachahmung der Natur einen Gewährsmann anführen, so ist das Valéry. Ihm läßt sich aber Adornos erkenntnistheoretisches Dreigestirn Kant, Hegel und Benjamin wiederum sekundierend zur Seite stellen. Nachahmung der Natur heißt in der 'Ästhetischen Theorie' Nachahmung des Naturschönen. Schönheit ist das ästhetische Prädikat für das erkenntnistheoretische des Ungegenständlichen; schön ist Natur, insofern sie ungegenständlich oder - mit Valéry - unbestimmbar ist:

"Als Unbestimmtes, antithetisch zu den Bestimmungen, ist das Naturschöne unbestimmbar, darin der Musik verwandt (...) Wie in Musik blitzt, was schön ist, an der Natur auf, um sogleich zu verschwinden vor dem Versuch, es dingfest zu machen. Kunst ahmt nicht Natur nach, auch nicht einzelnes Naturschönes, doch das Naturschöne an sich (...) 'Das Schöne erfordert vielleicht die sklavische Nachahmung dessen, was in den Dingen unbestimmbar ist'" (GS7,S.113).

Das Schlußzitat stammt aus Valérys Prosaband "Windstriche". Unter dem 'Unbestimmbaren' zählt er dort auf: "'Schreie, Tränen, Liebkosungen, Küsse, Seufzer ... und was die Dinge scheinbar ausdrücken wollen ...'" (GS11,S.198). Man kann es wohl als Indiz für den Stellenwert Valérys innerhalb der Ästhetik Adornos ansehen, daß dieser ihm mehrere und dazu umfangreiche Aufsätze widmet. Die Theorie künstlerischer Nachahmung findet sich im ausführlichsten Zusammenhang dargestellt in dem Aufsatz "Valérys Abweichungen", der auch das Zitat aus den 'Windstrichen' als deren "schönste(n) Satz" herausstellt (GS11,S.200). Gleichwohl lassen sich unschwer die sekundierenden Bezüge freilegen.

Die Nachahmung des Naturschönen qua Unbestimmbaren heißt mit

Benjamins "Lehre vom Ähnlichen" Nachahmung des 'Aufblitzenden' an der Natur, dessen Theorie als die des Augenblicks angedeutet wird. "Ungegenständliche Ähnlichkeit" (GS11,S.200) lautet die Umformulierung Adornos dafür. Kunst ist "Nachahmung; nicht eines Gegenständlichen, sondern mimetisches Verhalten" und in diesem Sinn "daran gebunden, daß das Gebilde der Ähnlichkeit mit jenen (den Dingen, J. F.) sich entschlägt" (GS11,S.198). In einer Anmerkung seiner 1940 in der "Zeitschrift für Sozialforschung" abgedruckten Arbeit "Über einige Motive bei Baudelaire" kommt Benjamin sogar explizit auf das "Schöne in seinem Verhältnis zur Natur" zu sprechen, und auch er zitiert im Kontext von 'correspondance' und 'Ähnlichkeit', in eigener Übersetzung, Valéry:

"'Das Schöne fordert vielleicht die servile Nachahmung dessen, was in den Dingen undefinierbar ist'".26

Auf einen mit dem Bewegten und Lebendigen schon angedeuteten positiven Begriff für das Nichtgegenständliche und Unbestimmbare legt Habermas an dieser Stelle den Akzent. Die Wahrnehmung von Ähnlichkeit vollzieht nämlich die "Verwandlung des Gegenstandes in ein Gegenüber", wodurch uns die "Dinge in den Strukturen verletzbarer Intersubjektivität begegnen", [27] die Verwandlung des Objekts in ein Subjekt. Innerhalb des magischen Weltbildes steht dafür das Mana, die Erscheinung des Dings als Geistiges (vgl.DA,S.31). In Umkehrung Kants läßt sich sagen: Mimesis ist das Vermögen der Konstitution von Inter-Subjektivität, die Herstellung von Ähnlichkeit Projektion der inneren, mit der Einheit des Ich-denke nicht identischen Natur nach außen.[28]

(b) Ausdruck. - Schönheit ist als ästhetisches Prädikat der Natur nicht nur synonym mit dem erkenntnistheoretischen des Unbestimmbaren, sondern auch mit dem sprachtheoretischen des

Ausdrucks und der Allegorie. Natur ist schön, insofern sie sprachlich ist; als ungegenständliche ist diese Sprache die des Ausdrucks und der Allegorie:

"Ein qualitativ Unterscheidendes am Schönen der Natur ist, wenn irgendwo, zu suchen in dem Grad, in dem ein nicht von Menschen Gemachtes spricht, ihrem Ausdruck. Schön ist an der Natur, was als mehr erscheint, denn was es buchstäblich an Ort und Stelle ist (...) Wahrgenommen wird es ebenso als zwingend Verbindliches wie als Unverständliches (...) Weniges vom Naturschönen hat auf die Kunstwerke so vollkommen sich übertragen wie dieser Doppelcharakter. Unter seinem Aspekt ist Kunst, anstatt Nachahmung der Natur, Nachahmung des Naturschönen. Es wächst an mit der allegorischen Intention, ... mit Bedeutungen, die nicht ... sich vergegenständlichen. Sie dürften durchweg geschichtlichen Wesens sein ..." (GS7,S.111).

Zweifach ist in diesen Passus Benjamin eingearbeitet: mit seiner von der biblischen Schöpfungsgeschichte inspirierten frühen Philosophie, die Natur generell als Sprache und "geheime Losung" denkt,[29] und der im Trauerspiel-Buch hergestellten Einheit von Natur und Geschichte unter dem Begriff der Allegorie. Das spezifisch Ästhetische der als Sprache verstandenen Natur wird in der Tradition - und zumal in der von Benjamins eigener - durch die Romantik verbürgt. Für den von Novalis so genannten 'magischen Idealismus', der die Dinge bei ihrem verborgenen Namen ruft, sind die Hieroglyphen Exempel einer Sprache der Natur, die als natura naturata nur Erscheinung der verborgen wirkenden natura naturans ist.[30] Auch der frühe Schelling erhebt die Natur zu einem "Gedicht, das in geheimer wunderbarer Schrift verschlossen liegt".[31] Über die allegorische "Bedeutungsferne" der Sprache Eichendorffs schreibt Adorno:

"Sie ahmt Rauschen und einsame Natur nach (...) Die erkalteten Dinge werden durch die Ähnlichkeit ihres Namens mit ihnen selber heimgeholt, und der Zug der Sprache erweckt jene Ähnlichkeit" (GS11,S.83f.).

"... und wo auch nur Pflanzen rauschen, klingt immer eine Klage mit", beschließt Benjamin seine Metaphysik der Natur und die

Philosophie des Namens als Benennung des ungegenständlichen 'geistigen Wesens' der Dinge.[32] Der Vers Borchardts "Ich habe nichts als Rauschen" steht als Motto auch über dem dritten Aufsatz aus den 'Studien zu Hegel' (GS5,S.326). Die durch Ähnlichkeit strukturierte Sprache ist kein Privileg der Kunst: "Hegels Philosophie rauscht" (GS5,S.294).

Die Metaphorik der Natur als Sprache oder - für Adorno so "verschlissen" wie "schön" (GS7,S.105) - als Buch mit der korrelativen des Lesens ist aber auch in die Philosophie Kants eingegangen. Selbst ihre markanteste Ausprägung in den 'Prolegomena' läßt sich in dem obigen Zitat aus der 'Ästhetischen Theorie' assoziieren. Dienen die Kategorien "gleichsam nur, Erscheinungen zu buchstabiren, um sie als Erfahrung lesen zu können",[33] so heißt ästhetische Erfahrung der Natur bei Adorno, sie als das 'Mehr' des 'buchstäblich' Seienden, mit Benjamin: 'magisch-mimetisch' zu lesen als 'aufblitzende' Erscheinung. In der "Kritik der Urteilskraft" beschreibt Kant die Entsprechung zu dieser ästhetischen Erscheinung der Natur: es ist eine "Chiffreschrift", "wodurch die Natur in ihren schönen Formen figürlich zu uns spricht."[34] Das strukturelle Kennzeichen der Lektüre dieser Schrift übernimmt Adorno dagegen explizit von Kant. Er hat das 'Zwingend Verbindliche wie Unverständliche' als viertes Moment des Geschmacksurteils der Kategorie der Notwendigkeit nach analysiert. Will man der Rede vom Sprachcharakter der Natur jenseits von Benjaminscher und romantischer Metaphysik und Metaphorik Gehalt abgewinnen, bleiben nur diese Urteilstheorie und eine expressivistische Theorie der menschlichen Sprache. Das gilt auch für das Unbestimmbare der Natur. Valérys 'Schreie, Tränen, Küsse' usw. bilden das Reservoir für alles, was als Expression unterhalb der Schwelle begrifflicher Bestimmung bzw. allgemeiner Kommunikation liegt.

(c) natura naturans. - Das Ungegenständliche und Sprachliche der Natur, auf das sich künstlerische Nachahmung bezieht, wird von Adorno noch unter einem dritten Aspekt betrachtet:

"Kunst ist Nachahmung nicht von Geschaffenem sondern des Aktes der Schöpfung selber" (GS11,S.198).

"Als Nachahmung eines Schöpfungsaktes anstatt der geronnenen Gegenstände gerät Kunst in Gegensatz zur Natur (...) So kommen Baudelaires paradis artificiels nach Hause, Mimesis dessen, was aller Dinglichkeit vorausgeht, durch die künstlerische Freiheit, die dem Bann der Dinge entrückt ist" (GS11,S.199).

Kunst steht im Gegensatz zur Natur qua 'Gegenständlichkeit' und 'Dinglichkeit', sie ist nicht Nachahmung der natura naturata. Nachahmung der natura naturans aber ist sie bei Adorno erst auf eine - im wörtlichen Sinn - reflektierte Weise.

(aa) Selbstbezügliche Ähnlichkeit. - Die ungegenständlich-mimetische Nachahmung gründet bei Valéry in der "Metaphysik" von einem 'wirkenden Weltschöpfer' (GS11,S.198). Adorno bezieht diese "Spekulation" zunächst auf den "künstlerische(n) Produktionsprozeß", das "Werden" des Werks als dem "wahre(n) Gegenstand der Kunst" (GS11,S.198f.), also nicht unmittelbar auf die natura naturans, und verbindet diese Spekulation mit Valérys Ideal - auch dafür wiederholt zitierter Gewährsmann[35] - des l'art pour l'art:

"Diese Theorie der Nachahmung verbindet vollends mit dem Ideal des l'art pour l'art, daß die Ähnlichkeit des Kunstwerks - nicht länger eine mit etwas - zur Funktion seiner immanenten Form gemacht wird (...) Kunstwerke wären um so ähnlicher, je vollkommener sie durchgebildet sind bei sich selber: 'Für sie gab es eben richtigerweise die Ähnlichkeit nur in ihrer Bezogenheit auf das allgemeine Prinzip der Kunst und deren eigentlichen Gegenstand.' Es wird nicht genannt und ist zugehängt, aber sein Gleichnis ist der Schöpfungsakt, und das Kunstwerk rangiert um so höher, je mehr es diesem gleicht; je ähnlicher, ließe pleonastisch sich sagen, es sich selber ist. Denn in der Ähnlichkeit mit sich selbst wird es zum Gleichnis des Absoluten ..."(GS11,S.199f.)

Das Absolute ist das Nichtbedingte, "Unbestimmbare", gegenständlich "Unnachahmliche" (GS11,S.200), das Nachahmen selbst, Schöpfung als Akt. Die Ähnlichkeit des Kunstwerks definiert sich so nicht mehr über ein Etwas außerhalb seiner, sondern mit dem Anschein einer Tautologie als Formimmanenz, als formales Prinzip vollkommener Durchbildung. Als dergestalt absolutes wird das Kunstwerk zum 'Gleichnis', für die Vertreter 'engagierter' Kunst ein spitzfindig begründetes Ärgernis.

Als systematischer Hintergrund des Gedankens einer selbstbezüglichen Ähnlichkeit ist schon terminologisch die Philosophie Hegels auszumachen. Ihre Ambivalenz prägt sich bei Adorno auch in diesem Zusammenhang aus. "Zwischen der tiefsten Einsicht und ihrem Verderben schillert Hegels Satz", der die Wahrheit als 'negatives Verhalten des Wissens' und 'Gleichheit mit sich' qualifiziert (ND,S.160). Gegen die Definition des Aristoteles und der neueren Logik, auch gegen die eigene differenzierte Einsicht[36] redet Adorno hier unterschiedslos von Ähnlichkeit, Gleichheit und auch Identität. "Die Mimesis der Kunstwerke ist Ähnlichkeit mit sich selbst" (GS7,S.159), und gleich darauf wird der "mimetische Impuls als eine(r) zur sich selbst Gleichheit" genannt (GS7,S.160). Die griechische epistemologische Kontroverse, die Adorno wiederholt zitiert und einmal in einer Anmerkung knapp referiert, übersetzt er abwechselnd mit 'Ähnlichkeit' und 'Gleichheit'.[37] Er tut das einmal in dem umgangssprachlichen oder weiten Sinn von Ähnlichkeit bzw. Gleichheit als partialer oder wesensmäßiger Übereinstimmung; zum anderen, indem er die Begriffe von ihrer 'guten' Seite her betrachtet. "Was sich selbst gleichbleibt, die reine Identität, ist das Schlechte" (ND,S.126), unter seinem Aspekt kann Adorno die Begriffe nicht gleichberechtigt verwenden. Es ist dies der Aspekt des Idealismus, wie er sich von den Eleaten und Platons Ideenreich über Kants reine Apperzeption und Hegels Identitätsphilosophie bis hin zu Heideggers Ontologie erstreckt. Das

Sichselbstgleiche ist dort das Invariante, die Tautologie des A=A, der Mythos, endogam strukturiert.[38]

Nur mit Verweis auf dieses mögliche "idealistische Mißverständnis" (GS7,S.159) stellt Adorno das ästhetische Gesetz der selbstbezüglichen Ähnlichkeit auf. Hegels Satz in diesem Kontext 'schillert', und "nur ein Schritt ist von der Utopie des sich selbst Gleichseins der Kunstwerke" (GS7,S.347) zur ideologischen Apotheose. Utopie sind die Kunstwerke als die "vom Identitätszwang befreite Sichselbstgleichheit" (GS7,S.190), als die vom 'schlechten' Identitätszwang befreite Identität. "Dadurch daß Kunst ihrer eigenen Identität mit sich folgt," der 'guten' Identität, "macht sie dem Nichtidentischen sich gleich: das ist die gegenwärtige Stufe ihres mimetischen Wesens" (GS7,S.202).

Deutlich ist hier die andere, 'vom Identitätszwang befreite' Seite der Hegelschen Argumentationsfigur. In der "Wissenschaft der Logik" führt Hegel die Identität als erste Reflexionsbestimmung ein. Als Tautologie tritt sie in der Form des Satzes der Identität "A=A" auf. An ihr selbst ist diese "absolute Identität" aber auch "absolute Nichtidentität", die an sich in der Form des Satzes enthalten, aber nicht ausgedrückt ist. Die Identität "erhält ihre wahrhafte Bedeutung, der absolute Gegenstoß ihrer in sich selbst zu sein", daher erst, indem sie sich als in der Form eines Satzes auftretende Bestimmung selbst zerstört.[39] Auf diese am Modell des Identitätssatzes dargelegte gedankliche Struktur der Selbstzerstörung bezieht Adorno sich affirmativ in Verbindung mit der berühmten Stelle aus der Vorrede der 'Phänomenologie' vom Wahren als einem 'bacchantischen Taumel' (vgl.GS5,S.363f.). Um die selbstnegatorische Bewegung des Begriffs am Ende aber nicht doch zu fixieren, die Totalität nicht doch unter die Vorherrschaft der abstrakten Identität zu stellen, fordert Adorno von Hegel ein ästhetizistisches Schuld- und Einbekenntnis. Überträgt die "Auffassung der Totalität ... ein künstlerisches Formgesetz aufs philosophische" (GS5,S.367), "will Philosophie als solche vollbringen, was in der Kunst, als einem Schein, nicht vollbracht sei, so wird eben dadurch die philosophische Totalität ästhetisch, Schauplatz des Scheins absoluter Identität" (GS5,S.367). Mit der Kategorie der Totalität übernimmt die Philosophie auch die Kategorie des Scheins von der Kunst als der ersten Gestalt des absoluten Geistes. Der Schuld einer Leugnung des Scheins (absoluter Identität) kann die Philosophie nur entgehen, wenn sie sich nach dem Vorbild der Kunst als Schein einbekennt. "Dazu bieten sich", wie Grenz herausgearbeitet hat, "zwei Wege an, ein positiver und ein negativer",[40] die von Hegels Philosophie selbst entwickelte bestimmte Negation eines jeglichen sich absolut Setzenden, die nichts hervorbringt als die Falschheit des Gesetzten, und die Darstellung der Philosophie nach dem künstlerischen Vorbild von Parataxis und Konstellation, die das Positive in mimetisch getragenen Evidenzerfahrungen augenblickshaft aufscheinen lassen. Nur wenn Hegel beide Wege nicht abbricht, ist der sichselbstgleiche Begriff Modell der Utopie, der konkreten Identität.

Das <u>ästhetische</u> Modell ist mit der 'gegenwärtigen Stufe' der Mimesis angedeutet. Die künstlerische Moderne, das Ideal des l'art pour l'art, wie es von Valéry und vorher schon von Hölderlin und der Romantik formuliert,[41] in der neuen Musik Schönbergs und der hermetischen Literatur realisiert wird,[42] ist für Adorno Demonstrationsobjekt einer auf sich selbst wie darin auf das Andere bezogenen Verhaltensweise, die in diesem doppelten Bezug innerhalb der Ästhetik Mimesis heißt.[43] Erinnert man sich aber ihrer Herleitung aus der Theorie der ästhetischen Nachahmung der Natur, so bleibt der Doppelbezug doch ein einheitlicher. Als 'innere' wie 'äußere' ist Mimesis Korrelat des Ungegenständlichen an Natur, zu dem auch ihre Sprache und der Schöpfungsakt gehören. Die Ähnlichkeit des Kunstwerks mit sich ist von der Ähnlichkeit mit Natur nur analytisch zu trennen.

(bb) Teleologie unter der Kategorie des Scheins und Subjektivismusverdacht. - Valérys Theorem von der künstlerischen Nachahmung der Natur als ihres göttlichen Schöpfungsaktes kann Adorno nur restringiert übernehmen. Die metaphysisch-theologische Hypothek, die darauf lastet, wird innerästhetisch besonders auf den Begriff der Schöpfung überschrieben.[44] Die Restriktion ist aber nicht nur eine ästhetische im Prinzip des l'art pour l'art mit seinen vorbildlichen Realisierungen in Hegels Philosophie des Begriffs und der künstlerischen Moderne, sondern eine ästhetische auch im transzendentalphilosophischen Sinn.

Wird das Absolute, Unbedingte, dessen 'Gleichnis' die hermetische Kunst ausbildet, als das "Unbeherrschte und Unverschandelte" (GS7,S.429) beschrieben, so rückt dadurch auch die nachzuahmende Natur unter der Perspektive des Utopischen in den Blickpunkt:

"Das Ansichsein, dem die Kunstwerke nachhängen, ist nicht Imitation eines Wirklichen sondern Vorwegnahme eines Ansichseins, das noch gar nicht ist ..." (GS7,S.121).

Die traditionelle Kategorie, unter die eine noch nicht seiende Natur gebracht wird, ist die der Teleologie:

"Ästhetische Objektivität, Widerschein des Ansichseins der Natur, setzt das subjektiv teleologische Einheitsmoment rein durch; dadurch allein werden die Werke der Natur ähnlich" (GS7,S.120).

In ihrer objektiven Teleologie werden die Kunstwerke der Natur ähnlich in derem utopischen Ansichsein, ihrer Freiheit von Herrschaft oder in dem - wie Adorno in der spekulativ-mystischen Rede von einem Subjekt und einer Resurrektion der Natur sagt -, 'wohin sie von sich aus will'.[45] Adorno hegelianisiert einen Kantischen Gedanken:

"Kant unterstellt die Kunstwerke der Idee eines an sich und in sich Zweckvollen, anstatt ihre Einheit einzig der subjektiven Synthesis durch den Erkennenden zu überantworten (...) Hegels Methode ... macht auf die Kantische These die Probe: objektive Teleologie wird zum Kanon ästhetischer Erfahrung" (GS7,S.166).

Kant handelt Ästhetik und Teleologie unter dem einheitlichen Titel der "Kritik der Urteilskraft" ab, definiert im § 45 Kunst und Natur wechselseitig unter den Kategorien des Zwecks und des Scheins und analysiert das Geschmacksurteil in seinem dritten Moment nach der Zweckrelation. Die darin, nach Adorno, bei Kant angelegte 'Idee' einer objektiven Teleologie forciert er im Verein mit Hegel gegen Kants eigene, dem Maßstab der dritten 'Kritik' nach subjektivistische Erkenntniskonzeption. Objektive Teleologie wird zum 'Kanon' der Erkenntnis. Aus der forcierten Interpretation resultiert ein 'verkehrter' Kant, dem buchstäblichen Sinn nach falsch und umgedreht mit Hilfe der dritten 'Kritik':

"Kunstwerke sind ... weniger subjektiv als die diskursive Erkenntnis. Mit untrüglichem Kompaß hat Kant sie jenem Teleologiebegriff unterstellt, dessen positiven Gebrauch er dem Verstand nicht konzedierte" (GS7,S.191).

Es geht Adorno nicht um einen Kant, wie er im Buche steht, das heißt in dem einer konventionellen Philosophiegeschichte, den Kant des Baedeker (GS11,S.336), der gymnasialen Oberlehrer um die Jahrhundertwende (PT1,S.112), sondern um die Richtung, in die er als 'Kompaß' weist. Einen 'positiven Gebrauch' des Teleologiebegriffs kann auch Adorno selbst dabei weder für die Kunst noch für die Natur konzedieren:

"Die Kantische Konzeption von der Teleologie der Kunst wie der Organismen wurzelte in der Einheit der Vernunft, schließlich doch der göttlichen, die in den Dingen an sich walte. Sie mußte hinab" (GS7,S.210).

Der Kritik der Metaphysik als dem positiven Gebrauch der Kategorien, hier des Teleologiebegriffs samt der verborgenen theologischen Fundierung, verfällt auch der Begriff einer natura naturans, den Adorno unter der Rubrik des Genies einmal im uneigentlichen Sinn erwähnt und mit dem "Organischen und Unbewußten" assoziiert (GS7,S.255). Die Kritik richtet sich gegen seine Verabsolutierung gegenüber dem "Moment des endlichen Machens, der τέχνη" (GS7,S.255) oder der natura naturata. Über die Sprache Borchardts nämlich schreibt Adorno:

"Sie ist sowohl die natura naturans wie die natura naturata seiner Dichtung" (GS11,S.549).

Die natura naturans wird hier mit dem 'Chaotischen' assoziiert, sprachtheoretisch mit dem "Wortstrom", den "Valeurs und Klängen" (GS11,S.548). Sie deutet hier auf ihre psychologische Beschreibung als innere Natur und die Verbindung mit einer expressivistischen Sprachtheorie.[46] Unter metapysischem oder metaphorischem Aspekt aber ist die Hieroglyphen- oder Chiffreschrift der Natur nur ein anderes Wort für ihre Einheit als natura naturans wie natura naturata.

In der Aporie zwischen klassischer Metaphysik und neuzeitlichem Subjektivismus wählt Adorno den Ausweg der Transzendentalphilosophie Kants unter der zugespitzten Bedingung eines Verfalls des Gedankens göttlicher Vernunft. Mit der "Kritik der Urteilskraft"[47] redet er von einer Teleologie der Natur allein unter der Kategorie des Scheins, die ohne einen geheimen metaphysischen Rahmen weniger noch als bei Kant ein Ansichsein der Natur verbürgt:

"... keine Kritik der Naturteleologie kann fortschaffen, daß südliche Länder wolkenlose Tage kennen, die sind, als ob sie darauf warteten, wahrgenommen zu werden" (GS7,S.114).

Die Kritik an der Kritik der Naturteleologie geschieht unter der Restriktion des 'Als ob'. "Ging das Verblassen des Naturschönen zusammen mit dem Verfall der Naturphilosophie" (GS7,S.112), so bedeutet die Erneuerung des Naturschönen in der 'Ästhetischen Theorie' eine Wiederaufnahme der Naturphilosophie unter ästhetisch-diminuativem Vorzeichen.[48] Adorno zitiert das Gedicht "Tagelied" von Borchardt. Für "'Gott, den Ungeborenen'", der dort als "'schwache(r) Schein / Unterm Rand des ersten Blaus'" angezeigt ist (GS7,S.115), läßt Adorno Natur einstehen. Der aristotelisch oder pantheistisch anmutende Einstand von Gott und Natur ist aber ein utopischer und erst scheinhaft angekündigter. Dem Pantheismus wirft Adorno gerade vor, "nichts als affirmatives Deckbild von endlosem Verhängnis" zu sein (GS7,S.115). Natur wird zur "Chiffre des noch nicht Seienden, Möglichen", des "Versöhnten" (GS7,S.115).[49] Schön ist Natur als scheinbare natura naturans, als scheinbare Vollendung ihres eigenen Telos.

Mit der Unterstellung der ansichseienden Natur unter die Kategorie des Scheins anerkennt Adorno den Kantischen Kritizismus, muß sich aber nun aufgrund des fehlenden, in Gott vorgegebenen metaphysischen Rahmens zunehmend des Verdachts des Subjektivismus erwehren:

"Daß Natur so rede, davon läßt sich nicht urteilen, es sei verbürgt, denn ihre Rede ist kein Urteil; ebensowenig jedoch bloß der trügerische Zuspruch, den Sehnsucht sich zurückspiegelt" (GS7,S.115).

Die von Borchardt in menschliche Sprache übersetzte Sprache der Natur ist weder metaphysisch noch nach der Maßgabe des 'Urteils' verbürgt, denn Urteil heißt für Adorno "Aussage" (GS7,S.187), "letzte(s) Wort" (GS7,S.188), "Entscheidung" (GS7, S.364). Gleichwohl soll die Rede der Natur keine bloße 'Zurückspiegelung' menschlicher 'Sehnsucht', keine bloße Projektion, "bloße Beteuerung", "animistisches Residuum" (GS7,S.395), "bloße Behauptung" (GS7,S.530) sein.

Adorno gibt dafür eine zweifache Begründung. Der Einwand bloßer Projektion gegen die scheinhafte Wahrnehmung der ansichseienden Natur untersteht zunächst dem Ideologieverdacht und macht zumindest "mißtrauisch" (PT1,S.84), insofern er "klappernd automatisiert" vorgetragen wird (GS7,S.530) und aus dem "Arsenal vulgär subjektiver Vernunft" stammt (GS7,S.422). Daß dieser Verdacht als Antwort nicht befriedigen kann, wird von Adorno konzediert (vgl.PT1,S.84). Entscheidender ist die zweite Begründung. Das Naturschöne wird wahrgenommen "ebenso als zwingend Verbindliches wie als Unverständliches" (GS7,S.111). Adorno beruft sich damit auf Kants Analytik des ästhetischen Urteils, speziell seines zweiten und vierten 'Moments', welche das Schöne in seinem "Doppelcharakter" (GS7,S.111) qua 'subjektive Allgemeinheit' und 'subjektive Notwendigkeit' zu erweisen suchen. Der Gebrauch des Prädikats 'schön' - so die These Kants - ist Urteilen vorbehalten, die gerade keinen nur subjektiven, 'sinnlich-angenehmen'Bestimmungsgrund aufweisen. Als oberste Bedingung hierfür fordert Kant Interesselosigkeit. Wenn die Frage ist, ob etwas schön sei, will man wissen, wie man es in der bloßen "Betrachtung" oder "Kontemplation" beurteilt.[50] Das ästhetische Verhalten ist "von unmittelbarem Begehren frei" (GS7,S.23), es nimmt Natur nicht als "Aktionsobjekt" zum Zweck der "Selbsterhaltung" wahr (GS7,S.103). Kant veranschlagt es nur als Idee, der der Urteilende so weit wie möglich folgen soll, weil er nie sicher sein kann, daß er den jeweiligen Fall unter einen allgemeinen, nicht bloß privaten Bestimmungsgrund subsumiert.[51] Adorno knüpft diese Idee an historische Bedingungen. "Die Schwermut des Abends ist nicht die Stimmung dessen, der sie fühlt", wenn er "so sehr sich differenziert hat", daß er "Subjekt" wurde, das "starke und entfaltete Subjekt" als "Produkt aller Naturbeherrschung und ihres Unrechts" (GS7,S.397). Interesselosigkeit heißt Selbstlosigkeit, "Selbstnegation" (GS7,S.396) und hat das historisch sich herausbildende starke Subjekt zur Bedingung. Erst dieses beläßt dann auch der Mimesis ihr altes Recht als Gegeninstanz zur (falschen) Projektion, als zentrifugale Identifikation, als in der Liebe - auch einer Perspektive des Scheins - aufbewahrte aggressionslose Projektion, als Projektion des Nicht-Identischen, der nicht unterdrückten inneren Natur nach außen.[52]

(cc) Historisch-materialistische Konkretisierung von Hegels Selbst- und Fremdbeziehung. - Hegels Konzeption der Wahrheit als Gleichheit mit sich wird von Adorno unter der Kategorie des Scheins relativiert. Fortgesetzte bestimmte Negation und konstellative Darstellung verhindern das Ganze als das Wahre. Scheinbar unbekümmert um die spekulative Erblast aber stützt Adorno sich auf Hegels Konzeption unter dem Aspekt, daß die Ähnlichkeit oder Gleichheit mit sich zugleich die mit dem anderen sei. Von herausragender Bedeutung ist daher sein Versuch, die Doppelung von Selbst- und Fremdbeziehung, ästhetisch die von hermetischer und engagierter, abstrakter und realistischer Kunst, mit dem Instrumentarium des Historischen Materialismus zu konkretisieren.

In dem Kapitel "Vermittlung" aus der "Einleitung in die Musiksoziologie" widmet Adorno dem Begriff der gesellschaftlichen Arbeit eine knappe Passage:

"Ihre (der Individuen, J.F.) Arbeit, selbst die dem eigenen Bewußtsein nach individuellste des Künstlers, ist stets 'gesellschaftliche Arbeit'; das Subjekt, das sie bestimmt, ist weit mehr gesellschaftliches Gesamtsubjekt, als dem individualistischen Wahn und Hochmut der durch geistige Arbeit Privilegierten lieb ist. In diesem kollektiven Moment, dem jeweils objektiv vorgezeichneten Verhältnis von Verfahrensweisen und Materialien kommunizieren trotz allem der künstlerische und materielle Stand der Epoche" (GS14,S.403).

Die 'gesellschaftliche Arbeit', das 'gesellschaftliche Gesamtsubjekt' "erweist sich dem Materialismus als die Wahrheit des idealistischen Begriffs von Subjektivität."[53] Adorno lokalisiert die Vermittlung, die 'Kommunikation' zwischen Kunst und Gesellschaft, und damit das, was 'gesellschaftliche Arbeit' heißen kann, im 'jeweils objektiv vorgezeichneten Verhältnis von Verfahrensweisen und Materialien'. Selbst wenn man ein solches Verhältnis für die Kunst aber zugestünde - eine These, die an diejenige vom Fortschritt der Materialbeherrschung in der Kunst gebunden ist[54] -, reicht das nicht hin, um den externen Bezug der Kunst zu begründen. Genau besehen muß er nämlich nicht nur in dem 'jeweils', sondern in dem in beiden Bereichen gleichermaßen 'objektiv vorgezeichneten Verhältnis' bestehen, mithin in der prinzipiellen, durch Ungleichzeitigkeiten nur verschiebbaren Parallelität von gesellschaftlicher und innerkünstlerischer Entwicklung. Adorno zieht zur Exemplifizierung Bach und Beethoven heran:

"Die Zerlegung der Arbeitsprozesse seit der Manufakturperiode und die motivisch-thematische Arbeit seit Bach ... stimmt zuinnerst überein; erst recht bei Beethoven ist die Rede von gesellschaftlicher Arbeit legitim. Die Dynamisierung der Gesellschaft durchs bürgerliche Prinzip und die Dynamisierung der Musik sind einen Sinnes" (GS14,S.427).

Der Konstatierung einer gleichzeitigen Dynamisierung kann eine gewisse Plausibilität nicht abgeschlagen werden. Die 'Erklärung' an Ort und Stelle für diese "Parallelität" hat aber einen Zirkelschluß zur Konsequenz. Innerkünstlerische und gesellschaftliche Entwicklung laufen nämlich parallel aufgrund der durch die Produktivkräfte gesetzten "Einheit des Geistes der Epoche". Ist künstlerische Arbeit nur dann gesellschaftliche Arbeit, wenn prinzipielle Parallelität des jeweiligen Verhältnisses von Verfahrensweisen und Materialien gegeben ist, so hat diese Parallelität wiederum die Einheit der Produktivkräfte zum Grund. Die Begründung dafür also, daß künstlerische Arbeit gesellschaftlich sei, hängt an der These von der formalen Wiederkehr gesellschaftlicher Produktivkräfte und Produktionsverhältnisse in der Kunst, die umgekehrt gerade durch die Kennzeichnung künstlerischer Arbeit als gesellschaftlicher begründet wird. In der 'Ästhetischen Theorie' schreibt Adorno:

"Gesellschaftliche Produktivkräfte sowohl wie Produktionsverhältnisse kehren der bloßen Form nach ... in den Kunstwerken wieder, weil künstlerische Arbeit gesellschaftliche Arbeit ist" (GS7,S.350f.).

Mit der 'Musiksoziologie' aber gilt umgekehrt: Künstlerische Arbeit ist gesellschaftliche Arbeit, weil gesellschaftliche Produktivkräfte sowohl wie Produktionsverhältnisse der bloßen Form nach in den Kunstwerken wiederkehren. Der Nachweis der Gesellschaftlichkeit von Kunst über den Begriff der gesellschaftlichen Arbeit ist zirkulär, weil dieser Begriff die prinzipielle Parallelität der durch das Material qua sedimentierter Produktivkräfte gestellten Aufgaben voraussetzt statt sie zu begründen.

Wenn der Nachweis der formalen Wiederkehr gesellschaftlicher Produktivkräfte und Produktionsverhältnisse in der Kunst über den 'Stand des Materials' mißlingt, bleibt Adorno gemäß der Marxschen Bestimmung von Produktivkraft als Einheit von Gegenständlichem (Produktionsmittel) und Ungegenständlichem (Arbeitsfertigkeiten)[55] noch die Produktivkraft künstlerisches Subjekt. Die "Einleitung in die Musiksoziologie", die sich am genauesten um die Begriffe Produktivkraft und Produktionsverhältnis bemüht und sie in ihrem inner- wie außerästhetischen Kontext festlegt, präzisiert, daß "strengen Sinnes" in der Musik/Kunst Produktivkraft allein die "Spontaneität" sei (GS14,S.425). Mit diesem Begriff bezieht Adorno sich aber vor allem auf die Kantische Tradition:

"'Spontaneität' heißt einerseits, und zunächst, die Fähigkeit zum Tun, Hervorbringen, Erzeugen; andererseits aber, daß diese Fähigkeit unwillkürlich, nicht mit dem bewußten Willen des je Einzelnen identisch sei" (GS11,S.230).

Der Begriff der Spontaneität, "Innerstes" des Idealismus (ND,S.181), hat die Kehrseite des 'Unwillkürlichen', 'Unbewußten', der "Unmittelbarkeit" (ND,S.181) und des mimetischen, vor-ichlichen Impulses an sich (ND,S.219). Er "durchbricht" insofern selbst den Idealismus, der nichts außerhalb des Bewußtseins dulden will (ND,S.181), kann bei Adorno als Oberbegriff für Mimesis und Rationalität eingesetzt werden und fällt schließlich auch mit dem Begriff des Genies zusammen, mit dem das "Moment des Ichfremden unterm Zwang der Sache" gemeint ist (GS7,S.254).

Adorno bewegt sich hier im Rahmen einer Geniekonzeption, wie er von Kant, Hegel und Schelling abgesteckt worden ist. Vor allem letzterer macht die Doppeldeutigkeit im Begriff der Spontaneität zur Grundlage der Philosophie und der Kunst als ihres 'Organons'. Während Kant an den "Zwang" der Regeln und die "Arbeit" als Moment auch der 'freien' Kunst zwar erinnert, aber doch in der Tradition des irrationalen Geniebegriffs steht, die das Unbewußte im Gegensatz zum Bewußten, das Angeborene im Gegensatz zum Erlernbaren betont, bringt Schelling im 'System' von 1800 'Kunst' im Sinne von Können und nicht erlernbare 'Poesie' dezidiert in ein wechselseitiges Bedingungsverhältnis.[56] Mit der Definition der künstlerischen Produktivkraft als Spontaneität verläßt Adorno diesen Rahmen nicht in dem Maße, wie er es prätendiert, denn die Begründung der "Authentizität" von Kunst (GS7,S.254), der Vermittlung von Kunst und Gesellschaft, bleibt auch bei ihm auf den Geniebegriff verwiesen.

Adornos Begründungsproblem für das im Kunstwerk präsente Allgemeine erhält dadurch aber noch mehr Brisanz. Er wirft der Genie-Ästhetik vor, sie zediere "mit idealistischer Hybris die Idee des Schöpfertums vom transzendentalen Subjekt an das empirische, den produktiven Künstler", sie lasse "Spontaneität mit der Tathandlung des absoluten Subjekts" koinzidieren und unterschlage damit das "Moment des endlichen Machens, der τέχνη" (GS7,S.255). So wenig dieser Vorwurf der "Überstrapazierung" des empirisch-individuellen Subjekts auf Schelling etwa zutrifft, so sehr fällt er auf Adorno selbst zurück.[57] Denn ist das empirische, künstlerische Subjekt nicht mehr 'Repräsentation' eines absoluten Subjekts nach idealistisch-spekulativem Modell, und soll das Kunstwerk gleichwohl 'Repräsentation' eines Allgemeinen sein, so wird das künstlerische Subjekt in seiner hierzu geforderten Leistung nicht minder überstrapaziert. Der "Erfahrungsgehalt" der "Mystifikation" im Geniebegriff ist, "daß tatsächlich in der Kunst Authentizität, das universale Moment, anders als durchs principium individuationis nicht mehr möglich ist" (GS7,S.254), der Künstler ist "Statthalter des gesellschaftlichen Gesamtsubjekts" (GS11,S.126). Ist die Begründung hierfür über den Begriff der Arbeit zirkulär und diejenige über den Begriff der Produktivkraft unter dem Aspekt des Genies obsolet, so bliebe Adorno nur jener Aspekt, der unter dem Begriff des Mimetischen das Allgemeine, Ichfremde auf einem anthropologisch-psychologischen Fundament einholt. Die Einheit von menschlicher Produktivkraft und historischer Tendenz "aktualisiert sich" - so 'vermutet'Adorno, denn das ist "im einzelnen", en détail und für das jeweilige Individuum, "schwer auszumachen" - "in mimetischen Vorgängen, frühkindlichen Angleichungen an soziale Muster, eben den 'objektiven Geist'", in "überaus tiefliegenden, unbewußten Identifikationen" (GS14,S.414f.). Kunst und Gesellschaft vermitteln sich durch die Sozialisationsgeschichte des Künstlers, auch er ist - würde es von der Genie-Ästhetik nicht allzu gerne vergessen, so müßte man sagen: trivialerweise - "eingeborener Sohn" seiner Zeit und seiner Klasse (GS14,S.414), was aber - und insofern eben nicht: trivialerweise - umgekehrt noch nicht jeden Sohn seiner Zeit zu einem Künstler macht. Dazu bedarf es vielmehr der Fähigkeit, die mimetische, noch nicht fixierte Ichidentität, wie sie archaisch-magisch ausgebildet war und mit jeder frühen Kindheit aktualisiert wird, als Bedingung der Möglichkeit der Angleichung an Fremdes überhaupt und somit auch der Identifikation mit sozialen Mustern 'aufzuheben'. Auf diese Weise wird die "Stellung zur Realität diesseits der fixen Gegenübersetzung von Subjekt und Objekt" (GS7,S.169) in diejenige "jenseits der Spaltung zwischen dem einzelnen und den anderen" (GS7,S.198) transformiert.

(4) Identifikation. - Mit 'Identifikation' und 'Desintegration' nennt Adorno zwei weitere Begriffe für die subjektive Erkenntnisbedingung. Im Begriff der Identifikation unterscheidet er zwischen einer transitiv-logischen und einer reflexiv-psychologischen Bedeutung. "Außerhalb der Logik" redet er "von Identifikation nicht eines Objekts sondern von einer mit Menschen und Dingen" (ND,S.151). Innerhalb der reflexiv-psychologischen Bedeutung läßt sich noch einmal unterscheiden zwischen einer alterzentrischen oder zentrifugalen Identifizierung einerseits, bei der es das Subjekt ist, das seine eigene Person mit einer anderen identifiziert, und einer egozentrischen oder zentripetalen Identifizierung andererseits, bei der das Subjekt den anderen mit seiner eigenen Person identifiziert; in der Terminologie Schelers: zwischen einem 'heteropathischen' und 'idiopathischen' Typus.[58] Allein erstere läßt sich mit Adorno 'mimetische', letztere dagegen 'unbewußt-' oder 'falsch-projektive' Identifikation nennen:

"Wenn Mimesis sich der Umwelt ähnlich macht, so macht falsche Projektion die Umwelt sich ähnlich" (DA,S.220).

'Unbewußt' heißt die 'falsche Projektion', weil sich "Reflektieren, das Leben der Vernunft, als bewußte Projektion (vollzieht)" (DA,S.223). 'Synthesis' ist der erkenntnistheoretische Begriff dafür:

"Zwischen dem wahrhaften Gegenstand und dem unbezweifelbaren Sinnesdatum, zwischen innen und außen, klafft ein Abgrund, den das Subjekt, auf eigene Gefahr, überbrücken muß. Um das Ding zu spiegeln, wie es ist, muß das Subjekt ihm mehr zurückgeben, als es von ihm erhält. Das Subjekt schafft die Welt außer ihm noch einmal aus den Spuren, die sie in seinen Sinnen zurückläßt: die Einheit des Dinges in seinen mannigfaltigen Eigenschaften und Zuständen" (DA,S.222).

Für die 'Überbrückung' des 'Abgrunds' zwischen 'innen', dem 'Sinnesdatum', und 'außen', dem 'Gegenstand', steht psychoanalytisch der Begriff der Projektion, erkenntnistheoretisch der der Synthesis. Sie ist in der an Kant angeschlossenen Definition einheitliche Verbindung des Unverbundenen.[59] Die Sinnesdaten, die das Subjekt rezeptiv 'erhält', muß es zur 'Einheit des Dinges' erst aktiv verbinden. Das ist das 'Mehr' der Synthesis, deren Beschreibung in Tauschkategorien die gesellschaftstheoretische Relevanz impliziert, in Kategorien der Psychoanalyse aber die Gefahr des Wahnhaften:

"Wer geistig in Projektion sich erschöpft, ist ein Narr ...; wer überhaupt nicht projiziert, begreift das Seiende nicht, das er wiederholt und fälscht, indem er ausstampft, was matt dem Präanimismus gedämmert war, die Kommunikation alles zerstreuten Einzelnen mit einander" (GS7,S.488).

'Das Seiende begreifen' heißt ihm mehr zurückzugeben, als man an einzelnen Sinnesdaten erhält, die Verbindung, die 'Kommunikation' zwischen dem Einzelnen herzustellen auf subjektivem Wege. Wer dagegen 'in Projektion sich erschöpft' verfällt dem Beziehungswahn, es kommt zum Ausfall des mimetischen, nun rezeptiven Moments. Diese 'falsche Projektion' oder zentripetale Identifikation fällt vollständig unter den Begriff des Pathischen, und unter dieser Bedeutung werden von Adorno transitivlogische und reflexiv-psychologische Identifikation gleichgesetzt; als 'totale' ist Identifikation 'narzißtisch'.[60]

Als Korrektiv zur abstrakten Subjektidentität bleibt Identifikation somit in ihrer mimetisch-zentrifugalen Bedeutung; aber auch sie nur als Korrektiv. Als einzelne Kategorie für sich genommen wird sie - wie Mimesis als archaisches Verhalten insgesamt - unwahr:

"Die Weichheit des identifikationsfreudig Feinen versagt vor der Härte des Kunstwerks" (GS7,S.514).

Er verfällt dem, "was die Psychologie ... Ichschwäche taufte" (GS13,S.29), Begriff für das 'Sich mit dem Strom treiben Lassen', 'Anpassung' (GS7,S.178), ein "passives und atomistisches, reflexähnliches Verhalten" (ND,S.271) mit dem Effekt einer "gleichsam biologischen Rückbildung" (GS10,S.267). Die Lurche, Käfer, (Ionescos) Nashörner und Kafkas Tierparabeln dienen zur drastischen Anschauung.[61] Im Anschluß an "Freuds außerordentliche Schrift 'Massenpsychologie und Ich-Analyse'" (GS8,S.434) gehört die antisubjektive Konsequenz mimetisch-zentrifugaler Identifikation zu den immer wiederkehrenden Thesen der Adornoschen Sozialphilosophie. Der Narzißmus der zentripetalen und transitiv-logischen Identifikation erhält hier eine kollektive Ausprägung.[62]

Die Erläuterung des Begriffs der Mimesis mit dem der reflexiven Identifizierung rechtfertigt sich durch die psychoanalytische Theorie. Allgemein befaßt der Begriff der Identifikation eine auch für den Begriff der Mimesis bedeutsame Beziehung auf das Andere unter sich. Von den in der psychoanalytischen Theorie unterschiedenen und niemals systematisierten Modalitäten der Identifikation[63] könnte Adorno sich in diesem Zusammenhang auf die der 'primären Identifizierung' berufen, insofern mit ihr die ursprünglichste, vor der dauerhaften Differenzierung in Ego und Alterego stattfindende präödipale Identifizierung in ihrem engen Zusammenhang mit der oralen Einverleibung beschrieben wird, während die abstrakte Subjektidentität, das Gegenprinzip zur Mimesis, psychoanalytisch mit Ödipuskomplex und (sekundärem) Narzißmus verknüpft wird.[64] Dagegen besteht eine strukturelle Übereinstimmung zwischen dem von Freud in seiner späten

Theorie so genannten primären Narzißmus[65] und der primären Identifizierung. Die orale Einverleibung, das In-sich-eindringen-Lassen eines 'Objekts' gibt dabei das körperliche Vorbild ab für die mimetisch-rezeptive Seite der Synthesis:

"Passivität steckt im Kern des Aktiven, ein sich Anbilden des Ichs ans Nicht-Ich (...) Die Psychologie nennt sie Objektbeziehung oder Objektbesetzung" (GS10,S.601).

Die Objektbesetzung, die Aktivität der das Objekt konstituierenden Synthesis kann erst statthaben nach der Differenzierung von Subjekt und Objekt, aber es bedarf dazu als eines Momentes jener Passivität, die vor der Differenzierung als alleine dominierend vorgestellt wird. Würde das Denken eine jegliche Besetzung von dem Objekt abziehen, es würde seinen "mimetischen Impuls völlig (exstirpieren)" (GS5,S.285). Adorno hätte sich diesem Vorbild gegenüber reserviert verhalten, insofern es auch eine aggressive Begierde beinhaltet, die Gefahr, das Andere "aufzusaugen" (ND,S.157). Aber diese Ambivalenz unterminiert nicht den bei ihm fundamentalen Status des Somatischen für die Erkenntnis. Eine Metapher wie die vom "gestillte(n) Begriff" (GS11,S.574) oder vom "saugenden Blick des Arguments" (GS11,S.562) enthüllt in diesem Zusammenhang deutlich ihren ursprünglich körperlichen Kontext.

Die psychologischen Mechanismen von Identifikation und Projektion bieten Adorno ganz offensichtlich eine Erklärungsmöglichkeit für den Mimesisbegriff, die er mehr oder weniger explizit in Anspruch nimmt. Es kann aber heute nicht unerwähnt bleiben, daß er dabei vor einer problematischen Schicht des Identifikationsbegriffs stehenbleibt.[66] Adorno kann mit Hilfe der Psychoanalyse die Intention einer mimetischen Beziehung auf das Andere verdeutlichen, ihr aber gerade psychoanalytisch kein gesichertes Fundament verschaffen; der Begriff der Identifikation ist selber erklärungsbedürftig.

(5) Desintegration. - Denselben korrektiven Status hat der Begriff der Desintegration. Von der Gesellschaftstheorie Spencers herkommend steht er gerade kritisch gegen die aus Ichschwäche vollzogene und vom kapitalistischen System geförderte mimetisch-zentrifugale Identifikation mit dem Resultat eines kollektiven Narzißmus, in letzter politischer Konsequenz gegen den von Horkheimer 1942 angesichts von Faschismus und Stalinismus so titulierten 'autoritären Staat' und 'integralen Etatismus'.[67] Adorno hat den Begriff 'Integration' bzw. 'Desintegration' ebenfalls in der zu Anfang der 40er Jahre begonnenen "Philosophie der neuen Musik" von der Gesellschaftstheorie auf die Ästhetik übertragen und in deren Rahmen von ihm am extensivsten Gebrauch gemacht. Integration ist dabei - zusammengefaßt - "immanente Forderung" und "immanenter Widerspruch" der Kunst (GS7,S.262). Sie wird in Erinnerung an den ursprünglichen lateinischen Wortstamm von 'Integrität' affirmativ gewertet als Kompositionsprinzip namentlich Beethovens, negativ als innerkünstlerisches Herrschaftsprinzip; ebenso Desintegration: affirmativ wird sie als 'zentrifugale' Kraft gewertet, negativ als gerade gegen das Kompositionsprinzip des Wiener Klassizismus gerichtet wie bei Strawinsky.[68] Ambivalent ist der Begriff der Desintegration auch, wie Adorno ihn für die Ich-Psychologie verwendet: affirmativ als gegen die "Beherrschung der inneren Natur" (ND,S.287), der "Triebe" (ND,S:286) gerichtet; negativ in ihrer regressiven Tendenz, wie sie die Zauberin Kirke demonstriert, die die Männer verführt, "dem Trieb sich zu überlassen" und dafür in "Tiergestalt" in eine "ältere biologische Gattung zurückgestoßen" werden (DA,S.87), im klinischen Fall auf Schizophrenie und Paranoia. Es ist insofern eine grob einseitige Interpretation, Adornos Subjekttheorie die Forderung nach einer Entfesselung des Wahnsinns zu unterstellen.[69] Den "Mythos vom guten Irren, vom 'Schizo'" haben im 20. Jahrhundert erst die Psychologie um Laing und Cooper sowie die Autoren des "Anti-Ödipus" ungeniert propagiert,[70] für Adorno reden sie einer "blinden und integralen Gesellschaft" von "Kastrierten oder Kopflosen" das Wort (GS12,S.147).

2. SYMPATHIE UND KOGNITIVE FUNKTION DES LEIDENS WIE DER LIEBE

(1) Begriffsgeschichte. - Der Begriff der Sympathie wird in der "Dialektik der Aufklärung" aus der "Théorie générale de la Magie" von Hubert und Mauß eingeführt. In ihm konzentrieren sich die drei Gesetze der Welt der Magie als einer universalen Beziehung durch Angrenzung, Ähnlichkeit und Gegensätzlichkeit. Sympathie läßt den durch die wissenschaftliche Fundamentalkategorie der Kausalität konstituierten Bann verschwinden (vgl.ND,S.265). Die Geschichte des Sympathiebegriffs reicht aber im Rahmen der Ethik zurück bis zu den indischen Religionen des Brahmanismus und Buddhismus. Sympathie bezeichnet hier eine Einsfühlung, für die die Idee der Welt als Allorganismus konstitutiv ist. Diese Idee beherrscht - wie Max Scheler in seinem Buch "Wesen und Formen der Sympathie" ausführt - "nicht nur die gesamte außerabendländische Völkerwelt", sondern auch den "Hauptzug des gesamten abendländischen Schauens und Denkens bis zum Beginn der Neuzeit" am Ende des 18. Jahrhunderts.[1] Beginnend bei Platons Weltseelenlehre und Aristoteles' Form-, Entelechie- und Bewegungsbegriff wird sie im Christentum auf das Mitgefühl zwischen den Menschen eingeschränkt und erhält sich nur in den Mysterien und Sakramenten. Auch Aristoteles' These aus der politischen Philosophie, Gesellschaft beruhe auf Anziehung, auf Attraktion, kann in diesem Zusammenhang genannt werden, eine These, die Adorno als "ideologisch" verurteilt und mit Fourier in die Utopie verweist (GS10,S.688). Eine Synthese von christlich-personalem Liebesethos und kosmischem Einsgefühl versucht dagegen Franz von Assisi, mit dem dann noch die spätere pantheistische Naturphilosophie der Renaissance verknüpft bleibt. Nach dem "Siegeszug der mechanischen Weltphilosophie und Naturwissenschaft" bleibt als "neu entstehende Sympathieform" nur die "Humanität oder die allgemeine Menschenliebe" übrig,[2] wie sie philosophisch ausgearbeitet in den Sympathie-Ethiken von Hume, Smith und Spencer vorliegt. In der Darstellung der Sympathie als einer Form der Ähnlichkeit im Denken des

16. Jahrhunderts bei Foucault ist es Don Quichotte, der in seiner abenteuerlichen Suche nach Ähnlichkeiten das "Negativ der Welt der Renaissance" zeichnet.[3] Auch in der Psychologie der deutschen Aufklärung wird die Sympathie, umstritten in ihrem Ursache-Wirkungs-Verhältnis zur Nachahmung, diskutiert.[4] Kant setzt sich mit der Sympathie in der Lehre Swedenborgs auseinander und rechnet sie in den 'Träumen eines Geistersehers' unverhohlen despektierlich zu den "widersinnige(n) Dinge(n)".[5] Der "toten Materie Leben" zuzuschreiben und die "Dinge reden" zu lassen, ist eine Fähigkeit der Einbildungskraft.[6] Wer aber Fiktion und Realität nicht unterscheiden kann und die Phantasie für "Erfahrungen zu halten gewohnt ist, ist ein Phantast",[7] Swedenborg der "Erzphantast unter allen Phantasten".[8] Sympathie als 'Harmonie' zwischen Seele und Körper, wie sie Swedenborg verkündet, ist auch bei Schiller präsent. Sympathetisch nennt er Bewegungen, die "unwillkürlich und in einer Empfindung gegründet sind".[9] Im Kontext seiner Abhandlung "Über Anmut und Würde" will er dabei unter sympathetischen Bewegungen diejenigen verstanden haben, "welche der moralischen Empfindung oder der moralischen Gesinnung zur Begleitung dienen".[10] Schiller nennt diese Bewegungen auch "sprechend" oder "mimisch".[11] Anmut zeigt sich dann in der unwillkürlichen oder sympathetischen Begleitung einer willkürlichen, 'abgezweckten' moralischen Handlung. Die Romantik findet sich gegenüber dem auch durch Kant formierten 'Siegeszug der mechanischen Weltphilosophie' schon in einer Defensivposition, das 19. Jahrhundert kehrt das Machtverhältnis um, die organologische Weltauffassung findet sich nur noch in "kleine(n) Bildungscliquen (Romantik, Goethe, Fechner, Bergson usw.)".[12] Von der romantischen Naturphilosophie, namentlich von Oken, beeinflußt ist u. a. Carus, der eindeutiger als die Psychologie der Aufklärung die Nachahmung aus der Sympathie hervorgehen läßt und für die Psychologie des Unbewußten bis hin zu Klages wirksam wird.[13]

(2) Schopenhauer. - Eine der bekanntesten Gegenbewegungen gegen die 'mechanische Weltphilosophie' wird durch Schopenhauer repräsentiert. Seine Ethik des Mitleids begreift sich explizit als in der Tradition der buddhistischen Religion stehend und wahrt den engen Zusammenhang mit einer metaphysischen, im Begriff des Willens zentrierten Theorie der Einheit des Lebens. Das Mitleid erschließt die Welt als der Vielheit der Erscheinungen zugrundeliegende Einheit des Willens. Das Mitleid ist aber nur eine, wenn auch die systematisch relevanteste Form der Sympathie:

"Auf dieser metaphysischen Identität des Willens ... beruhen überhaupt drei Phänomene, welche man unter den gemeinsamen Begriff der Sympathie bringen kann. 1) das Mitleid ...; 2) die Geschlechtsliebe ..., 3) die Magie ... Demnach ist Sympathie zu definieren: das empirische Hervortreten der metaphysischen Identität des Willens, durch die physische Vielheit seiner Erscheinungen hindurch, wodurch sich ein Zusmmenhang kund giebt, der gänzlich verschieden ist von dem durch die Formen der Erscheinung vermittelten, den wir unter dem Satze vom Grunde begreifen."[14]

Mitleid, Geschlechtsliebe und Magie sind die drei 'Phänomene' der Sympathie, durch die sich 'ein Zusammenhang kundgibt', der sonst in der Empirie durch die Vielheit der Erscheinungen, den Schein der Vielheit oder Individuation verdeckt wird. Adorno kritisiert den "Schleier des principium individuationis", anders als Schopenhauer, auch gesellschaftstheoretisch als "schmeichelhafte(s) Vertrauen auf die Autarkie des Subjekts" (ND,S.216), als "Ideologie" (GS12,S.153). Aber sowohl der Gedanke der Unmöglichkeit einer von allem anderen gereinigten Selbsterfahrung (vgl.ND,S.273f.), die Kritik der 'Echtheit' (MM,S.202) als auch die "Konzeption des Unbewußten als eines der Individuation prinzipiell Vorgeordneten" liegt ebenso in der Philosophie Schopenhauers bereit wie die Auszeichnung der Musik als "Organ des vor-Ichlichen" (GS12,S.153); "unmittelbare Objektivation des Willens" ist die Musik in Adornos Terminologie als Objektivation des "vorrationale(n), mimetische(n) Impuls(es)" (GS16,S.14).

Die Individuation ist auch für Adorno Schein, insofern sie weder gesellschaftstheoretisch noch psychologisch zu verabsolutieren ist. Aber er schließt deshalb nicht auf einen metaphysischen Zusammenhang im wörtlichen Sinn Schopenhauers. Daß die Magie bei diesem als eines der Phänomene der Sympathie aufgezählt wird, kann von der Kenntnis der "Dialektik der Aufklärung" her nicht überraschen. Als Gesetz universaler Beziehung aber unterliegt die Sympathie dort der berechtigten Korrektur durch wissenschaftliche Rationalität, die Konzeption einer Alleinheit kann nicht diesseits der Wissenschaft formuliert werden.

(3) Mitleid. - Im Mitleid erschließt sich Schopenhauer zufolge praktisch-unmittelbar der Wille als Weltgrund; darin liegt die kognitive Funktion dieses sympathetischen Phänomens für die Metaphysik. Das Mitleid ist zugleich eine Form der Verneinung des Willens. Adorno nimmt auf diese moralisch-praktische Funktion Bezug im Kontext der Auseinandersetzung mit Wagner (vgl.GS17,S.51). Während er gegen Schopenhauers Konzeption einer Verneinung des Willens den systemimmanenten Einwand vorbringt, das "ψευδος"(13,S.138), das 'Scheinhafte'(ND,S.368) bestehe darin, daß dem Individuierten Macht über den Willen als Ding an sich zugesprochen werde, woraus folge, daß durch diese "Lücke die gesamte Willensmetaphysik" entweiche, der "Determinismus" nicht "total" wäre, während umgekehrt das Individuierte prinzipiell nicht oder nur "in Selbsttäuschung aus seinem Bann treten" könne (ND,S.368), trifft Wagner der Ideologievorwurf. Mitleid heißt bei ihm "Preisgabe der eigenen bürgerlichen Würde", um dadurch "bürgerliche Ziele zu erreichen" (GS13,S.14f.). Dieses Mitleid ist Selbstmitleid und dient dem Eigeninteresse, seine Folge ist die 'Anerkennung der Herrschaft' (GS13,S15) bis zur Selbsterhöhung zum "Führer" (GS12,S.50), geschichtsphilosophisch indiziert es, wie die Verneinung des Willens zum Leben insgesamt, das Ende der bürgerlichen Kategorie des Individuums.[15] Nicht höher wird das Mitleid "harmonistische(r) Doktrinen" eingestuft, die vorgeben, "daß die formalistische Vernunft in einem engeren Zusammenhang mit der Moral als mit der Unmoral stünde" (DA,S.141). Die "mitleidlosen Lehren" der "dunklen Schriftsteller des Bürgertums" (DA,S.141) wie Sade und Nietzsche sind dagegen noch "barmherziger" (DA,S.143). Aber auch das 'Werdet hart' Nietzsches ist nicht Adornos Imperativ für die praktische Vernunft (vgl.ND,S.255f.). Über Wagner schreibt er, dessen Helden entbehrten "jeden echten Mitleids" (GS13,S.131). Er bestimmt dieses 'echte Mitleid' nicht phänomenologisch, geht nicht der Frage nach, inwieweit es etwa ein von Selbstmitleid und Eigeninteresse, von "narzißtischen Deformationen" (DA,S.125) 'reines' Mitleid sei. Gerade an Nietzsche aber exemplifiziert er ein Mitleid, das man als das "sinnliche Bewußtsein der Identität von Allgemeinem und Besonderem, als die naturalisierte Vermittlung" (DA,S.123) und insofern als "Platzhalter von Menschheit" definieren kann. Nietzsches 'dekadente Nervenschwäche', in der sich sein Mitleid äußert, sein Zusammenbruch in Turin beim Anblick einer Pferde-Mißhandlung ist eine Beschreibung für "extreme Individualität" und "Differenzierung" (GS10,S.626). Als "Weichheit" ist Mitleid das "Widerspiel" der "bürgerliche(n) Kälte" (DA,S.124f.). Verbal wird damit auf die Verwandtschaft mit Mimesis hingewiesen. Die leidende Teilnahme am Fremden, und somit nach Schopenhauer die Einsicht in eine Einheit des Lebens, ist möglich erst auf der Stufe der höchsten Individuation.

Das Mitleid ist bei Adorno zwar Bedingung für Humanität und moralisches Handeln, als Form von Differenzierung auch Erkenntnisbedingung, eine ausgesprochen metaphysische oder kognitive Funktion liegt aber nicht vor. Schopenhauers Metaphysik ausdrücklich als "Begründung der Moral", der "Solidarität mit aller Kreatur" für sich zu reklamieren, ist Horkheimer vorbehalten.[16] Adorno überläßt ansonsten das Mitleid als Thema den 'dunklen Schriftstellern' Schopenhauer und Nietzsche.

(4) Leiden. - Anders steht es um das Leiden. Eine Philosophie, in deren Zentrum das Geschehen von Auschwitz steht, hat sich noch in ihren periphersten Äußerungen an diesem weltgeschichtlichen Maßstab auszurichten.[17] Die "Reflexionen zur Klassentheorie" aus dem Jahre 1942 geben die "Anweisung", von der "jüngsten Gestalt des Unrechts" Licht "aufs Ganze" fallen zu lassen (GS8,S.374). Die von Hegels Idealismus gelehrte "systematische Einheit der Geschichte" wird der Kritischen Theorie zum "Inbegriff des Leidens" (GS8,S.375), zur 'Schlachtbank' ohne Sinn, wie ihn die Theodizee, die Ästhetik des Tragischen oder auch Scheler 'vindiziert'.[18] Zum einzigen Antipoden dieser philosophischen Tradition wird für die Kritische Theorie Schopenhauer. Er steht mit seinem "Eine(n) Gedanken" (GS5,S.320) und dem von der 'ewigen Gerechtigkeit' (GS13,S.134) zwar der Hegelschen 'Schlachtbank der Geschichte' näher, als es seine Invektiven erkennen lassen, wie umgekehrt Hegel nicht nur der "unbekümmert ums Leiden der Menschen dozierende Professor" ist, als den Schopenhauer ihn "angeschwärzt" hat (GS5,S.292). Aber jeglichen Geschichtsoptimismus nennt dieser unmißverständlich "verrucht" (GS5,S.320),[19] und das Leiden erscheint bei ihm "gerade in seiner Armseligkeit als 'bloße Erscheinung' mit ganzem Ernst", als "materielles" Leiden, als "endliche Qual" und "physischer Schmerz" (GS13,S.136).

(a) Physisches Leiden. - Adorno betont das Leid als wesentlich physisches (vgl.ND,S.200ff.), die "somatische, sinnferne Schicht des Lebendigen" als "Schauplatz des Leidens" (ND,S.356). Anders als etwa das künstlerische (GS7,S.381) oder philosophische (GS5,S.313) "Leiden an der Entfremdung", an der

"Distanz" von "Denken und Realität" (DA,S.86), anders als das "Leiden der Reflexion" (GS10,S.296) und des "Denken(s)" (GS10,S.610) unterliegt das physische Leiden nicht der Gefahr, korrumpiert zu werden, wie Adorno sie im "ästhetischen Weltschmerz" (ND,S.363), in Wagners 'Verdünnung' des Leidens "zum bloßen Symbol für das unstillbare Sehnen des Willens selber" (GS13,S.136), im "eitlen Leiden" bei Strawinsky (GS12,S.134) am Werk sieht. Die gefährliche Nähe von "unglückliche(m) Bewußtsein" und "verblendete(r) Eitelkeit des Geistes" (ND,S.201) hat flagrant und selber zwiespältig Nietzsche notiert:

"Der geistige Hochmut und Ekel jedes Menschen, der tief gelitten hat - es bestimmt beinahe die Rangordnung, wie tief Menschen leiden können -, seine schaudernde Gewißheit, von der er ganz durchtränkt und gefärbt ist, vermöge seines Leidens mehr zu wissen, als die Klügsten und Weisesten wissen können (...) Das tiefe Leiden macht vornehm; es trennt."20

Gerade in der Nachfolge Nietzsches, der bis ins kleinste, "in alle Schlupfwinkel" (DA,S.128) verfolgten schlechten Allgemeinheit und schmerzhaften Selbstreflexion, ist es bei Adorno durchaus nicht so, daß das Leiden "als einziges Moment des Verhaltens nicht mehr dialektisch gewendet" werde.[21] Als nichtphysisches kann es leicht in Eitelkeit, das unglückliche Bewußtsein leicht in Glücksfeindschaft umschlagen.

Das physische Leiden unterliegt nicht der Gefahr der Ästhetisierung und Aristokratisierung. Ihm gegenüber aber meldet sich ein Verdacht aus anthropologisch-existenzialistischer Perspektive. Die Rede Adornos von 'überflüssigem' und 'abschaffbarem' Leiden legt die Frage nahe, ob es auch ein nicht abschaffbares Leiden gebe, das durch die "Beschränktheit und Endlichkeit der Menschen" (PT1,S.171), die "Hinfälligkeit des Menschenwesens" (GS17,S.153), den Tod als der "obersten Kategorie des natürlichen Daseins" (GS11,S.575) gesetzt sei.[22] Adorno vermeidet eine Antwort darauf. Anders als Horkheimer[23] sieht er vor ihr die Grenze einer prognostischen Theorie errichtet:

"Die Abschaffung des Leidens, oder dessen Milderung hin bis zu einem Grad, der theoretisch nicht vorwegzunehmen, dem keine Grenze anzubefehlen ist, steht nicht bei dem Einzelnen, der das Leid empfindet, sondern allein bei der Gattung ..." (ND,S.201).

Als wesentlich physisches, nicht anthropologisch-existenzialistisch gerechtfertigtes bietet das Leiden den wörtlich materialistischen Grund für Kritik:

"'Weh spricht: vergeh.' Darum konvergiert das spezifisch Materialistische mit dem Kritischen, mit gesellschaftlich verändernder Praxis" (ND,S.201).

Nietzsches Formulierung aus dem 'Zarathustra' ist für den physischen Schmerz evident. Adorno sieht darin zudem ein Gesetz der menschlichen Gattung:

"Alle Tätigkeiten der Gattung verweisen auf ihren physischen Fortbestand ..." (ND,S.201).

Der Einzelne wie die Gattung wollen schon als biologisches Gesetz das Leiden mildern oder abschaffen. Alles nicht-physische Leiden ist in der Folge eine 'vermittelte Gestalt von Physischem':

"Aller Schmerz und alle Negativität, Motor des dialektischen Gedankens, sind die vielfach vermittelte, manchmal unkenntlich gewordene Gestalt von Physischem, so wie alles Glück auf sinnliche Erfüllung abzielt und an ihr seine Objektivität gewinnt" (ND,S.200).

Als 'unkenntlich gewordene Gestalt von Physischem' dürfte auch das ästhetisch und aristokratisch korrumpierte Leiden angesehen werden. Es ist unter dem Primat des Physischen dadurch, so legt Adorno nahe, ebenfalls als Grund von Kritik zu rechtfertigen.

(b) Kognitive Funktion. - An die physische Fundierung des Leidens bindet Adorno die These von seiner kognitiven Funktion. Sie wird in der Einleitung zur 'Negativen Dialektik' formuliert:

"Das Bedürfnis, Leiden beredt werden zu lassen, ist Bedingung aller Wahrheit" (ND,S.27).

Adorno schließt daran die Begründung an:

"Denn Leiden ist Objektivität, die auf dem Subjekt lastet; was es als sein Subjektivstes erfährt, sein Ausdruck, ist objektiv vermittelt" (ND,S.27).

Die Gleichsetzung von Leiden mit dem Hegelschen Terminus der Objektivität spielt an auf dessen "gedoppelte Bedeutung, dem selbständigen Begriff gegenüberzustehen, aber auch das Anundfürsichseiende zu sein",[24] das 'auf dem Subjekt Lastende' und die Wahrheit, das "Wesentliche" (GS10,S.616). Die Anspielung wird nun nicht metaphysisch wie im Schopenhauerischen Weltgrund eingeholt, sondern zunächst sozialphilosophisch mit Hilfe der Marxschen Theorie. Das Leiden ist ihr zufolge Gesetz der gesamten prärevolutionären Geschichte von Klassenkämpfen, die "im kalten Elend der freien Lohnarbeit (kulminiert)" (GS8,S.374). Aber die Kritische Theorie sieht sich in der Phase des Monopolkapitalismus dem für die politische Argumentation fatalen Phänomen gegenüber, daß die "Unterdrückten ... sich selber nicht als Klasse erfahren können" (GS8,S.377), das Leiden gerade nicht mehr 'auf dem Subjekt lastet'. Quantitativ kann mithin die Objektivität des Leidens nicht begründet werden. Adorno widmet seine theoretische Anstrengung zwangsläufig den physisch Leidenden der Konzentrationslager[25] und instauriert das isolierte Individuum als Erkenntnisinstanz. Diese Defensivreaktion ist geschichtsphilosophisch in der marxianisierend beschriebenen Auseinandersetzung des Menschen mit der Natur überhaupt abgestützt,[26] die wiederum einen Zusammenhang von Leiden und Individuation impliziert:

"Weil Individuation, samt dem Leiden, das sie involviert, gesellschaftliches Gesetz ist, wird einzig individuell Gesellschaft erfahrbar" (GS7,S.385).

Das gesellschaftliche Gesetz der Individuation hat Hegel als Theoretiker der bürgerlichen Gesellschaft aufgestellt. Diese realisiert sich "aus dem Zusammenhang der antagonistischen Interessen ihrer Mitglieder" (MM,S.10), durch die "private Verfügung" (ND,S.335), das "sich selbst Setzen" (GS10,S.285), die "Verstocktheit des Beharrens auf dem, was man bloß selber ist, die Enge und Partikularität des Einzelinteresses" (GS5,S.289). Das principium individuationis wird in seiner bürgerlichen Version "Prinzip der individuellen Selbsterhaltung" (ND,S.304). Die Geschichte menschlicher Selbsterhaltung involviert ein Leiden der Selbstaufopferung, das sich in der klassisch-bürgerlichen Okonomie nur spezifiziert, in der monopolistischen Phase der "verwalteten Welt" (GS7,S.73) allerdings zum Resultat hat, daß das Individuum "der falschen Identität sich opfert" (ND,S.335), das principium individuationis "aus seiner Konsequenz heraus sich abschafft" (ND,S.335).

Bei fehlender ökonomischer Basis kann Adorno das Individuum als Erkenntnisinstanz legitimieren nur, indem er sich auf den Anachronismus des bewußtseinsmäßigen Überbaus stützt. Die "individualistische Gesellschaft" pflanzt den Einzelnen nach wie vor den Glauben ein, sie "seien das Substantielle" (ND,S.304). Adorno stützt sich "auf das alte Subjekt, das historisch verurteilte, das für sich noch ist, aber nicht mehr an sich" (MM,S.8), obwohl die "Negative Dialektik" zunehmend auch noch das Für-sich in Zweifel zieht (vgl.ND,S.361). Unter dem gesellschaftlichen Gesetz der verwalteten Welt involviert Individuation kein Leiden mehr, denn es ist eine falsche Individuation. Sie tut das nur noch auf der 'Basis' des festgehaltenen Gesetzes der liberal-bürgerlichen Ökonomie. Adorno gelangt auf dem "Königsweg bürgerlicher Individuierung"[27] dem geistigen Aristokratismus nietzscheanischen Stils am nächsten, ohne ihn allerdings unkritisch als 'Privileg' genießen zu wollen (vgl.ND, S.49). Es bestimmt die Rangordnung einer Erkenntnis, wie tief der Erkennende leiden kann, weil Leiden gesellschaftliches Gesetz ist, sofern an demjenigen 'wahrer', klassischer Individuation festgehalten wird. Leiden ist, um der Erkenntnis unter dem Verblendungszusammenhang willen, eine normative Kategorie.

Die Begründung einer kognitiven Funktion des Leidens über das Individuationsprinzip setzt eine Gesellschaftstheorie, die mit Hegel und Marx gewonnene Einsicht in das gesellschaftliche Gesetz der Individuation, und eine Geschichtsphilosophie, die These vom Ende des Individuums, voraus. Versucht man die Begründung über das psychopathologische Phänomen des Wahnsinns als einer Form unmäßigen Leidens, so erhält dieses den Status eines Korrektivs zur autarken Subjektidentität; Leiden ist eine Form der Auflösung der 'Verhärtung'.[28] Am aussichtsreichsten und am ehesten von der gesellschaftstheoretischen Prämisse loszulösen wäre eine Begründung wohl über den Erfahrungsbegriff, wie er sich mit Hegel und Freud entwickeln läßt. Der physische 'Grund' von Kritik würde auf diese Weise im Verhältnis von Körper und Sprache eingeholt; der Schmerz ist 'Motor' des Denkens im Empfindungs- und Triebsubstrat wie im 'unglücklichen', an der Trennung vom Körper leidenden Bewußtsein.[29] Will Adorno nicht mit Nietzsche den Wahrheitsanspruch einer vom Leiden des Individuums getragenen Kritik aufgeben, so muß er noch eine andere Bedingung der Wahrheit hinzuziehen. Das macht Habermas geltend, indem er mit dem Hinweis auf den Unterschied von physischem und nicht-physischem Leiden implizit auch auf die Gefahr des Nietzscheanismus verweist. Die psychologische 'Motivation' der Kritik ist nicht hinreichend für ihre 'Legitimation', ihr Geltungsanspruch ist, sobald "Leiden sublimiert ist über den unmittelbar physischen Schmerz hinaus", nur einlösbar, wenn das Unterdrückte und damit die Struktur von Versöhnung als die einer Symmetrie namhaft gemacht wird.[30] Daß dies bei Adorno in der Tat der Fall ist, zeigt sich bei der Thematisierung des oben angesprochenen Verhältnisses von Körper und Sprache. Das Bedürfnis, Leiden beredt werden zu lassen, ist Bedingung aller Wahrheit, denn diese unterliegt wie die Versöhnung der Struktur der Symmetrie von Körper und Geist, Triebpotentialen und Rationalität. Die diesbezüglichen Ausführungen Adornos münden ebenso in eine Theorie des Ausdrucks wie letztlich der Begründungsanspruch der kognitiven Funktion des Leidens. Der "diskursiven" oder "rationalen" Erkenntnis "ist das Leiden fremd, sie kann es subsumierend bestimmen, Mittel zur Linderung beistellen; kaum durch seine Erfahrung ausdrücken" (GS7,S.35). Das Bedürfnis, Leiden beredt werden zu lassen, der 'Ausdruck' ist Bedingung aller Wahrheit, weil und sofern diese nicht der Logik der Subsumption, sondern der Parataxis untersteht, welche die Adäquation an die Sache unter der Kategorie des Scheins und der Ähnlichkeit betreibt.[31]

(5) Liebe. - Die geschlechtliche Liebe ist bei Schopenhauer neben Mitleid und Magie das dritte Phänomen der Sympathie. Auch durch sie gibt sich empirisch eine Einheit in der Vielheit kund, sie ist eine Erscheinung des Willens, jener - in den Worten Adornos - "Blindheit" und "Dämonie", "ursprünglichen Erzeugung" und "apersonalen Tätigkeit" (PT2,S.78), die Horkheimer individualpsychologisch als Libido deutet[32] und Freud wiederum mit dem Eros, der alles Lebendige zusammenhält, identifiziert, wohlwissend, daß auch bei Schopenhauer die erzeugende Tätigkeit des Willens grundiert ist von der Dämonie des Todestriebs.[33] Der Begriff der Liebe gehört aber auch bei Adorno zur Konstellation des Mimesisbegriffs.

(a) Unmittelbarkeit und Liebe zur Menschheit. -Schopenhauer weist zur Brechung der sich in der Geschlechtsliebe als "Wahn" spezifizierenden Dämonie den Ausweg der Transformierung in die allgemeine, im Mitleid fundierte Menschenliebe (caritas).[34] Adorno folgt ihm auf diesem Weg nicht. Will man für ihn innerhalb der Geschichte des affektiv außerordentlich besetzten, moralisch bedeutsamen und philosophiesystematisch hochgespannten Liebesbegriffs Namen hervorheben, so sind es - unvermeidlich - Platon, Proust und - für Adorno ebenso unvermeidlich - Freud und Benjamin. Auch Kierkegaards "Leben und Walten der Liebe" widmet er 1939/40 einen Aufsatz. Dessen erster Teil, der das 'Schlechteste von Kierkegaards Philosophie'(GS2,S.221) entfaltet, kann als Kritik ebenso an Schopenhauer gelesen werden. Denn der aus dem christlichen Gebot "Du sollst lieben" abgeleitete "Rigorismus" macht 'das Menschliche' zum im doppelten Sinn 'gleichgültigen' Objekt der Liebe, läßt die Liebe an Lieblosigkeit grenzen (vgl.GS2,S.219ff.). Zudem intendiert der Rigorismus der Liebe die "Brechung der Natur" als "Brechung der eigenen unmittelbaren Impulse" (GS2,S.220). Liebe aber läßt sich nicht fordern, sie ist ein "Unmittelbares" (GS10,S.688) oder genauer, sowohl für als auch gegen das "bürgerliche Bewußtsein", dem die Liebe "rein spontan, unwillkürlich, unbewußt" ist (GS7,S.402): sie ist die "Kraft", "an der Liebe festzuhalten", in der "einmal gefaßte(n) Neigung (auszuharren)" und in diesem Sinn als "Treue" die "Unmittelbarkeit sich nicht verkümmern zu lassen" (MM,S.226); sie hat ihre zukünftig erst wahrhaft zu realisierende "Idee" an der Spontaneität (GS11,S.212). Ihr "Wahre(s)" liegt in der Transzendenz der auf dem Willen bestehenden bürgerlichen Gesellschaft, richtet sie es aber "unvermittelt" auf, so wird sie selbst zum "Unwahren" (MM,S.226), zur "unreflektierten Spontaneität" (MM,S.227), die Menschen "wie Konservenbüchsen wegwirft" (GS8,S.67). Die "dämonisch(e) Wendung" (GS2,S.221) in Kierkegaards Lehre von der Liebe zeigt sich dagegen darin, daß sie sich gegen die "mythische Vorstellung des Schicksals als eines endlosen Schuldverhältnisses" kehrt und das Liebesgebot "selber mythologisiert", es terminieren läßt in der "Vernichtung der Liebe, der Installierung eines blinden Diktats" (GS2,S.221f.). Die Liebe zum Menschlichen, Schopenhauers Befreiung von dem in der geschlechtlichen Liebe perpetuierten Willen zum Leben, verfällt als objektlose und postulierte selber der Dämonie des blinden Naturzusammenhangs.

Das christliche Gebot der unterschiedslosen Menschenliebe verwirft Adorno im Anschluß an Freud.[35] "Lieben meint unauflöslich das Allgemeine im Besonderen", das Allgemeine nicht als "abstrakt Wiederholte(s)", sondern als "Unterschiedenes", "Differenz", "Individuierte(s)" (GS8,S.84), als "Eigentümliche(s)" (GS2,S.220), als das "Spezifische", das "ganz Bestimmte" (MM,S.98f.). Das Allgemeine am Menschen, das "Humane" (GS8,S.84), "Menschheit" ist kein "umfangender Oberbegriff", sondern Inbegriff von "Differenzierung, Individuation" (GS10,S.627), ein 'Wesensbegriff' (GS8,S.84), der auf eine neue Möglichkeit in der Geschichte der Gattung verweist. Die Kantische Idee der 'Menschheit in unserer Person' und damit die Idee einer (teleologischen) Bestimmung des Menschen wird so von Adorno festgehalten (vgl.GS10,S.643). Liebe zur Menschheit meint bei ihm die zum Wesen eines Menschen, wie es sich im Kontingenten, in einzelnen "Züge(n)" (MM,S.98) und im Namen (vgl. GS2,S.222), mit einem klassischen, von Adorno für das Nichtidentische verwendeten (vgl.ND,S.146) Terminus: im individuum ineffabile zeigt. Als Liebe zur Schönheit wird diese Bestimmung von Adorno wieder aufgegriffen.

(b) Mimesis als Urform von Liebe versus Macht. - Liebe ist bezogen auf die konkrete, 'unausschöpfbare' Individualität und fordert die Preisgabe der abstrakten, autarken Individualität, die Freigabe des Schopenhauerianischen Willens qua vor-ichlichem, mimetischem Impuls (vgl.16,S.14). In ihrer individualitäts- und identitätskritischen Funktion kommt der Liebe bei Adorno zunächst kein herausragender Stellenwert zu, sie steht hier in einer Reihe, oder wie Adorno, Oberbegriffe vermeidend, sagt: in 'Wahlverwandtschaft' (GS11,S.531) mit Mimesis, Hingabe, Entäußerung, Nachahmung und Identifikation. Mimesis ist die "Urform von Liebe" als Nachahmung des Humanen (MM,S.204), "alle Hingabe hat einen Zug von Mimikry" (DA,S.213); Mimesis steht gegen die falsche Projektion wie der "vertrauende" gegen den "paranoischen Blick" (DA,S.225); Platos Lehre vom Enthusiasmus, von der Liebe als göttlichem Wahn "(verrät) eine letzte Ahnung von der Rationalität in der Mimesis" (GS7,S.488); das mimetische Moment hängt "mit der Liebe aufs tiefste zusammen" (PT1,S.81). Urform von Liebe ist Mimesis nur als ontogenetische Nachahmung des Humanen, als archaische Ausbildung ist sie - obwohl auch dort Nachahmung des Ungegenständlichen und Nichtidentischen[36] - ursprünglich bewußtlose Überlebensstrategie vor der Übermacht der Natur. Die 'Konstellation des Schreckens' läßt Vertrauen so wenig zu wie das Zeigen von Schwäche. "Liebende Nachahmung" ist "verpönt" (GS12,S.171), "liebenswert" aber ist nur, was oder wer selber lieben kann (GS10,S.688). Geliebt - so lautet eine der markantesten Definitionen aus den "Minima Moralia" - "wirst du einzig, wo du schwach dich zeigen darfst, ohne Stärke zu provozieren" (MM,S.255). Das impliziert die Umkehrung, daß einzig der liebt, der die Schwäche des Anderen nicht unter Ausnutzung der eigenen Stärke quittiert. Heißt Unfähigkeit zur Liebe psychologisch Unfähigkeit zur (zentrifugalen[37]) Identifikation (vgl.GS10, S.687), und ist die "Identifikation mit den Mächten" die "falsche Liebe", so läßt auch dies die zweifache Interpretation zu, daß diese Liebe falsch ist, weil sie "keine Wahl läßt" (GS10,S.18), zwanghaft ist im äußerlich auferlegten und innerlich reproduzierten Sinn, und wahre Liebe sich mit dem Schwachen zu identifizieren hätte. Da dies Kriterium - wie das der Identitätskritik überhaupt[38] - sie aber zu nahe an das Mitleid rückte, muß zwischen Macht und Schwäche ein Drittes stehen:

"Die sublime Liebe hing an der Erscheinung der Kraft durch die Schwäche, an der Schönheit der Frau, sie aber hängen sich an die Kraft unmittelbar: das Ideal der Gesellschaft heute ist das schnittig-edle Männergesicht" (DA,S.303).

Schönheit ist das Dritte zwischen Macht oder Kraft und Schwäche. Liebe ist 'sublim', wenn sie sich nicht an die 'Kraft unmittelbar', den Mann hängt, sondern an ihre 'Erscheinung durch die Schwäche', in einer patriarchalisch dominierten Gesellschaft: an die Frau. Auch auf diese Weise läßt sich die idealistische Definition der Schönheit als Freiheit oder Idee in der Erscheinung in den Kontext bürgerlicher Anthroplogie übersetzen.[39]

'Die sublime Liebe hing an der Erscheinung der Kraft durch die Schwäche'. Das Imperfekt deutet auf prätotalitäre Zeiten. Die "autoritätsgebundenen Charaktere" sind zur Liebe nicht fähig (GS10,S.686). Aber schon die bürgerliche Gesellschaft "(duldet) die Liebe eigentlich nicht, sondern (unterwirft sie) dem Reich ihrer Zwecke" (GS11,S.210). "Die Welt mit ihren Zwecken braucht den ganzen Mann" (DA,S.303). Mit Wagners 'Tristan' beginnt das "Zeitalter des Verfalls von Liebe" (GS11,S.213), wie der Zeitpunkt des Mißlingens von Kultur überhaupt in der Mitte des 19. Jahrhunderts angesetzt wird.[40] Kierkegaard lehrt die Liebe zum Nächsten in dem "geschichtlichen Augenblick", "in dem die verdinglichte Welt die unmittelbare Bewährung der Liebe zwischen den Einzelnen nicht mehr erlaubt" (GS2,S.225), und "Proust gibt allergische Rechenschaft von dem, was dann aller Liebe angetan wird. Das Tauschverhältnis, dem sie durchs bürgerliche Zeitalter hindurch partiell sich widersetzte, hat sie ganz aufgesogen" (MM,S.220). "Unter der großen Industrie wird die Liebe kassiert" (DA,S.129). Der Epochenwandel innerhalb der Geschichte bürgerlicher Subjektivität erlaubt allerdings ebensowenig die Verklärung des Früheren. Das Neue besteht in der Totalisierung des Warencharakters, der vor dem 19. Jahrhundert nur partiell vorhanden ist (vgl.DA,S.186ff.) und dem die Liebe sich daher auch partiell widersetzen kann. Sie untersteht immer auch dem Tauschdenken, wenn auch nicht restlos. Die "Jahrhunderte (vermochten) bis heute nichts" über Shakespeares "Romeo und Julia", weil das Stück einen Zustand ersehnt, "wo Liebe nicht länger von der patriarchalen und jeglicher Macht verstümmelt und verurteilt wäre" (GS7,S.367). Erst recht herrscht archaisch die "Ungeschiedenheit von Liebe und Überwältigung" (DA,S.226). Solange Geschichte im Prinzip Herrschaftsgeschichte ist, gibt es keine restlos der Herrschaft entzogene Liebe. Die Menschen sind "ausnahmslos unterm Bann, keiner zur Liebe schon fähig" (ND,S.354), der "Mangel an Liebe" ist ein "Mangel aller Menschen ohne Ausnahme, so wie sie heute existieren" (GS10,S.688). Wenn Adorno doch auf einen systematischen und historischen Ort für eine nicht verstümmelte Liebe verweist, dann ist dies die Sphäre des Todes und das ästhetisch transfigurierte "Niemandsland zwischen den kämpfenden Epochen" (GS17,S.35), zwischen dem "feudalen Zwang" und "bürgerlicher Barbarei", das in Mozarts "Don Gionvanni" und in "manche(n) Gedichte(n) und manche(n) Gestalte(n) des jungen Goethe" (GS17,S.34), als Restbestand aber auch in den Salons der Zeit Marcel Prousts, in einer "geschichtlich verurteilten Luxusklasse" (MM,S.220) flüchtig aufgeht.[41] Die erotische Literatur der deutschen Klassik und Romantik ist auch von daher ergiebiger Fundus für Adornos Ausführungen.

(c) Ichidentität und Bildung. - Die identitätskritische Funktion der Liebe spezifiziert sich an zwei Formen: der Ich- und der Tauschidentität. Adorno betont unablässig, was seit Platons "Phaidros" zur Beschreibung von Liebe gehört: 'nicht mehr seiner selbst mächtig zu sein', das 'Verhärtete hinwegzuschmelzen'.[42] Näher, auch systematisch, liegen wiederum Hegel[43], Goethe und Humboldt:

"Ihnen allen kommt das Subjekt zu sich selbst nicht durch die narzißtisch auf es zurückbezogene Pflege seines Fürsichseins, sondern durch Entäußerung, durch Hingabe an das, was es nicht selbst ist" (GS10,S.643).

Gegen das "Ichprinzip", die "Identität" qua Narzißmus, die "genitale Zentrierung aufs Ich und auf die in sich ebenso feste Andere" (GS10,S.583), die "libidinöse Besetzung des eigenen Ichs" (GS8,S.437), gegen das 'verhärtete Ich' (GS11,S.78), die "Endogamie des Bewußtseins" (ND,S.190) und die "Einheit des naturbeherrschenden Ichs" (GS10,S.627) steht die 'selbstvergessene' und 'todesverfallene' Liebe,[44] die "Selbstpreisgabe" (GS11,S.530), die von der "Hingabe" bewirkte "Durchstreichung seiner selbst" (MM,S.73), das "schrankenlose sich Wegwerfen" (MM,S.113), Don Giovanni als der "Aufgelöste" (ND,S.235), die "Unfähigkeit zur Herrschaft über sich und andere" (DA,S.91), die Liebe zum "Fremde(n)", dem "was anders ist" (ND,S.172), die "Exogamie" (GS8,S.169). Wie unter dem Begriff der Nachahmung für die Sozialisation ist Liebe unter dem Begriff der Entäußerung konstitutiv für die Bildung des Subjekts; "zur Bildung (bedarf) es der Liebe" (GS10,S.485). Liebe ist in der Hingabe an den Anderen Preisgabe wie Realisation des Selbst. Entschieden aber wird über die Herausbildung der Fähigkeit zur Entäußerung ebenfalls "meist in einer frühen Phase der Kindheitsentwicklung" (GS10,S.485).

(d) Tauschidentität, Rettung des Toten und paradoxe Hoffnung. - Adorno verwendet für den psychologischen Identitätsbegriff auch die Begrifflichkeit der politischen Ökonomie, Kritik an der Ichidentität und Kritik an der Tauschidentität gehen ineinander über. Während "in der Liebe sterben" auch heißt: "der Grenze gewahr werden, die der Eigentumsordnung am Menschen selber gesetzt ist", erniedrigt sich das narzißtische Ich zum "Ding" und glaubt, "im Besitz (seiner) selbst Lust zu finden" (GS13, S.143). "Privateigentum" ist der Gegensatz zur Liebe nicht nur bei Wagner (GS13,S.133), schon "platonisch liebt man im allgemeinen nur das, was man nicht als einen festen und sicheren Besitz bereits hat" (PT1,S.80), ein "Nichthaben" (PT1,S.82) ist definitive Bedingung,[45] denn "einmal ganz Besitz geworden, wird der geliebte Mensch eigentlich gar nicht mehr angesehen" (MM,S.98). "Eifersucht" (GS11,S.212) und "verdinglichtes Bewußtsein" (PT1,S.80) korrespondieren der possessiven Liebe.

Die Kritik an Verdinglichung und Besitz wird von Adorno aber relativiert, in das Konzept der Erinnerung einbezogen und konsequenzlogisch überboten. Benjamin ist hierfür das ungenannte, aber nicht geheime Vorbild in der Figur des Sammlers und als Philosoph der paradoxen Hoffnung. Der Sammler ist dem "archaische(n)" Geizigen, "dem Manischen, schließlich dem großen Liebenden verwandt", die nicht wie die "zeitgemäß(en)" Geizigen "in Äquivalenten" denken, "unter dem Gesetz, weniger zu geben, als man zurückbekommt" (MM,S.35). Ohne die "Verhaltensweise des Sammlers", die "Fixierung der Libido an Dinge wäre Tradition, ja Humanität selber kaum möglich", denn ihr zeitgemäßes Gegenteil ist, Dinge und Menschen "wie Konservenbüchsen wegzuwerfen" (GS8,S.67). Das "Dinghafte" - so Adornos später Einwand gegen Lukács und den aktivistischen Ansatzpunkt der Studentenrebellion der sechziger Jahre[46] - hat nicht "als radikal Böses" zu gelten:

"Die Dinge verhärten sich als Bruchstücke dessen, was unterjocht ward; seine Errettung meint die Liebe zu den Dingen" (ND,S.189).

Mit der Konzeption der 'Errettung' der Dinge als demjenigen, was 'unterjocht' und dadurch erst zu einem 'Verhärteten' wurde, beruft sich Adorno auf Benjamins Begriff der Naturgeschichte aus dem Trauerspiel-Buch, auf Hegels Begriff der "zweiten Natur als der Vergegenständlichung sich selbst entfremdeter menschlicher Verhältnisse" und auf die "Marxische Kategorie des Warenfetischismus" (GS10,S.243). Errettung der Dinge heißt, das

Gegenständliche in ein Gesellschaftliches, Natur in Geschichte zurückzuübersetzen.

Im Trauerspiel-Buch knüpft Benjamin aber noch einen anderen Zusammenhang: den von Rettung und Melancholie. Die Melancholie, nach der mittelalterlichen Astrologie ein Temperament der Saturnmenschen, "nimmt die toten Dinge in ihre Kontemplation auf, um sie zu retten"; das 'treu in der Liebe', das man ihr nachsagt, ist keine Treue zu den Menschen, sondern zu den Dingen.[47] Schon die Arbeit über Goethes 'Wahlverwandtschaften' rankt sich um die Beziehung von kontemplativer Liebe und Schönheit im Tod. Dem Tod verfällt dort, wem die "Anschauung der Herrlichsten ersehnter (ist) als die Vereinigung mit der Geliebten".[48] In einer anläßlich des Auspackens der eigenen Bibliothek verfaßten "Rede über das Sammeln" sagt Benjamin auch einige Worte über das "rätselhafte Verhältnis" des Sammlers zum Besitz. Danach hat er ein "Verhältnis zu den Dingen, das in ihnen nicht den Funktionswert, also ihren Nutzen, ihre Brauchbarkeit in den Vordergrund rückt, sondern sie als den Schauplatz, das Theater ihres Schicksals studiert und liebt."[49] Der Sammler nimmt daher den Dingen gegenüber zum einen die "Haltung des Erben" ein, das "Gefühl der Verpflichtung des Besitzenden gegen seinen Besitz."[50] Zum anderen ist der "Besitz das allertiefste Verhältnis, das man zu Dingen überhaupt haben kann" in dem Sinn, "nicht daß sie in ihm lebendig wären", sondern daß der Sammler "in ihnen wohnt", in den durch sie 'glücklich' geweckten "Erinnerungen".[51] Verpflichtung und Glück der Erinnerung kennzeichnen das recht verstandene Besitzverhältnis, die melancholische Liebe zu den Dingen ist die zum Vergangenen, zum vergangenen Menschlichen an den Dingen.

Diese Beschreibung der Melancholie stimmt in mancher Hinsicht mit derjenigen Freuds überein. Der Melancholiker hat ihm zufolge "kein Bedürfnis (und keine Empfindung) nach dem Koitus, aber große Sehnsucht nach Liebe in ihrer psychischen Form".[52]

Im Gegensatz zur Trauer zeichnet sich die Melancholie durch die Identifizierung des Ich mit dem verlorenen Objekt, dessen innerlicher Bestätigung als Über-Ich-Instanz aus.[53] Zieht man die Homologie von Freudscher Melancholie und Hegelschem unglücklichen Bewußtsein hinzu, so erhält sie von Adorno eine Bestätigung in der Feststellung, unglücklich sei das Bewußtsein zu nennen, das sich seiner Trennung vom Leib, vom Physischen bewußt sei und an der aus dieser Trennung resultierenden Unruhe leide.[54] "Sehnsucht" wird motiviert angesichts der "Vergängnis" (GS11,S.86) und der 'Versagung', sie gilt dem, "was das ausdrückende Subjekt nicht ist". So enthält der junge Brahms "Stellen von so überwältigender Zärtlichkeit, wie wohl nur der sie auszudrücken vermag, dem sie versagt blieb" (GS7,S.411). Die "Treue zum verweigerten Glück" wird bei Benjamin, dem Denker mit dem "saturnischen Blick" (GS11,S.576), erkauft mit "Trauer" (GS10,S.240), einer Trauer, die "als jüdisches Wissen um die Permanenz von Drohung und Katastrophe ebenso wie als antiquarische Neigung, der noch das Gegenwärtige in längst Vergangenes sich verzaubert" (GS11,S.581), mit Freud eher als Melancholie einzustufen ist.

Die Theorie der Rettung ist über den Begriff der (melancholischen) Liebe zentral an den der Hoffnung gebunden. Im Anschluß an den Abschnitt über die "Begierde des Rettens" - ein Ausdruck aus Goethes 'Wahlverwandtschaften', den Benjamin zitiert[55] - schreibt Adorno in der 'Negativen Dialektik':

"Der Gestus der Hoffnung ist der, nichts zu halten von dem, woran das Subjekt sich halten will, wovon es sich verspricht, daß es dauere" (ND,S.382).

Die ästhetische Figur, die diesen Gestus paradigmatisch für die Liebe verkörpert, ist Carmen. Sie steht über der Kontroverse Nietzsches mit Wagner. Denn so recht jener hat mit seiner Kritik an dem 'Mißverständnis', die Liebe sei 'selbstlos', "sublim", nicht 'egoistisch' (GS16,S.307), so sehr er die 'in

Natur zurückübersetzte Liebe' in Carmen vernimmt, 'die Liebe als fatum, als Fatalität', das "Schicksal" als "Sexus selber", als ein den Menschen "ganz Unidentisches" (GS16,S.305), so wenig versteht er, daß Carmen gerade durch das Bekenntnis zu jener Fatalität "nichts besitzen, nichts halten" will (GS16, S.307).

"Dieser Gestus der Entäußerung, der Preisgabe jeglichen herrschaftlichen Anspruchs des Menschenwesens durch Carmens Fatalismus ist eine der Gestalten von Versöhnung, die dem Menschenwesen gewährt werden, Versprechen der endlichen Freiheit" (GS16,S.307).

Die Liebe ist so selbstlos wie egoistisch im Zeichen einer paradoxen Hoffnung: indem sie an das sich hält, was nicht zu halten ist, was nicht dauert. Das tertium comparationis zwischen Dauer und Vergängnis ist die Verwandlung. Sie vollzieht sich in der Geschichte als Werden oder in der Erinnerung, einem 'innerlichen' Halten in der Anlehnung auch an den Hegelschen Sinn. Liebe ist "eingedenkend" (DA,S.225), "das Gedächtnis unabtrennbar von der Liebe, die bewahren will, was doch vergeht" (MM,S.158). Aber noch der introvertierte Egoismus der Erinnerung wird untergraben:

"Nichts kann unverwandelt gerettet werden, nichts, das nicht das Tor seines Todes durchschritten hätte" (ND,S.382).

"Nur durchs Vergessen hindurch, nicht unverwandelt überlebt irgendetwas (...) Hoffnung ist nicht die festgehaltene Erinnerung sondern die Wiederkunft des Vergessenen" (GS11,S.137f.).

"Der Satz, von Jean Paul wohl, die Erinnerungen seien der einzige Besitz, den niemand uns wegnehmen könne, gehört in den Vorrat des ohnmächtig sentimentalen Trostes (...) Diesem (dem Vergangenen, J.F.) ist keine Hoffnung gelassen, als daß es, schutzlos dem Unheil ausgeliefert, aus diesem als anderes wieder hervortrete" (MM,S.218f.).

Hoffnung ist weder bei der Dauer, der Ewigkeit, noch beim Tod, dem "Name(n)" für die "Vergängnis als der obersten Kategorie des menschlichen Daseins" (GS11,S.575) und für das Vergessen, sondern Hoffnung ist bei der 'Verwandlung'. Die "theologische Intention" der "Rettung des Hoffnungslosen"[56] und mit ihr die Idee der Unsterblichkeit wird bei Adorno der zentralen Hegelschen Kategorie des Werdens[57] und einer an Freud und Proust angeschlossenen Theorie der Erinnerung eingelegt. Die Vergängnis ist das 'Tor des Todes', für die Erinnerung als Vergessen, für die Geschichte als Unterdrückung. Seine 'Wiederkunft' dependiert nicht nur vom Subjekt, psychoanalytisch gesprochen vom Bewußtsein, sondern auch von dem, was Benjamin als unwillkürliche Erinnerung und als 'Chock' in die Theorie der Erfahrung einbringt und Adorno mit Blick auf eine "dialektische Theorie des Vergessens" korrigiert, die die Verdinglichung als notwendig für die Bildung von Erfahrung erachtet.[58] Carmens Bekenntnis zum Schicksal ist unter diesem Aspekt das zum verobjektivierten Unbewußten, die Wiederkunft des Vergessenen, auf die sie hofft, aber nicht nur eine unwillkürliche in der Erinnerung, sondern eine ihrer Macht entzogene "Einlösung der vergangenen Hoffnung" (DA,S.9), die Verwandlung der Realität. Liebe hält am Vergänglichen fest, indem sie es verwandelt.

Wiederum ist es Benjamin, der den Nexus von Hoffnung, Erinnerung und Tod zuerst und in komprimierter Form entwickelt hat. Der Schlußsatz aus seinem großen Essay über Goethes 'Wahlverwandtschaften': "Nur um der Hoffnungslosen willen ist uns die Hoffnung gegeben", dürfte das am häufigsten angeführte Zitat in dem mit Zitaten sparsamen Werk Adornos sein. Die Hoffnungslosen, das sind in Goethes Roman, nach der Interpretation Benjamins, die Liebenden Ottilie und Eduard. Für sie hegt der 'Erzähler' die Hoffnung, indem er ihre Hoffnungslosigkeit "in sich selber aufnimmt ".[59] Diese Hoffnung ist die "paradoxeste", weil sie auftaucht aus dem "Schein der Versöhnung", jenem "'wie schön' am Ende des Buches", wenn die Liebenden tot sind, auftaucht "wie im Maß, da die Sonne verlischt, im Dämmer der Abendstern aufgeht, der die Nacht überdauert" und dessen "Schimmer freilich die Venus (gibt)".[60] Der Vergleich greift den Stern als Goethes Symbol der Hoffnung auf und veranschaulicht die Paradoxie an jenem Stern, der durch seinen Namen 'Venus' auf die Mythologie und seinen zweifachen Sinn von Abendstern und Morgenstern verweist. Unmetaphorisch besagt der Vergleich: Die bis zur höchsten Steigerung paradoxe Hoffnung gilt den Toten und ihrer "Erlösung", der "Unsterblichkeit"; sie wird gerechtfertigt durch die Schönheit, den 'Schein der Versöhnung', gilt aber nicht einer "schönen Welt", sondern einer "seligen", der wirklichen Versöhnung.[61] Ihr korrespondiert die Liebe, die den toten Liebenden des Romans nur noch den 'Schimmer' der Schönheit gibt:

"Während Liebe die Versöhnten geleitet, bleibt als Schein der Versöhnung nur die Schönheit bei den anderen zurück."[62]

"Ihr (der Liebe, J.F.) Ursprung ist die Ahnung des seligen Lebens".[63]

Benjamin stützt sich für diese Interpretation auf die in den Roman eingefügte Novelle von den 'Wunderlichen Nachbarskindern', verbindet sie mit einem theologischen Gedanken und moduliert entsprechend die Platonische Theorie des Eros. Weil die Liebe der in ihrer Jugend vom Streit befangenen Nachbarskinder in einem "todesmutige(n) Sprung" das "Leben wagt", gewinnt sie das Leben, erlangt sie die Versöhnung, wie "wahre Versöhnung mit Gott keinem gelingt, der nicht in ihr ... alles vernichtet, um erst vor Gottes versöhntem Antlitz es wieder erstattet zu finden"; die "Aussöhnung der Mitmenschen" ist ihre "weltliche Spiegelung",[64] daher 'Ahnung des seligen Lebens'. Sie, nicht die Schönheit, ist der 'Ursprung' der wahrhaften, nicht kontemplativen Liebe. Sie hat "Macht zu entblößen" wie der Tod,[65] 'entblößt', enthüllt den Schein und die Schönheit aber "um des Lebens willen".[66] Den "wahrhaft Liebenden" ist Schönheit dasjenige, was "erstmals sie zueinander hinzog", aber sie ist "nicht entscheidend".[67] Entscheidender ist - und hier zitiert Benjamin aus Platons "Phaidros" - die Erinnerung, erst sie "verbürgt der

Liebe ihre Seele",[68] ihr Ziel des seligen Lebens, denn sie mahnt an Gemeinsamkeit und Versöhnung. Diese Verbindung von Schönem und Gutem ist ganz platonisch. Die Erinnerung an die anfängliche Attraktion durch Schönheit ist Erinnerung im zweifachen Sinn des Wortes: Eingedenken des Scheins der Versöhnung und Mahnung an die Enthüllung des Scheins um des guten Lebens willen.

Die wahrhafte Liebe gilt dem versöhnten seligen Leben, nicht seinem schönen Schein. Trotzdem ist Benjamins Aufsatz über die 'Wahlverwandtschaften' eine einzige Rechtfertigung der kontemplativen Liebe zur Schönheit im Zeichen des Todes. Der "Satz des Platon, widersinnig sei es, den Schein des Guten zu wollen, erleidet seine einzige Ausnahme"[69] nämlich vor den Hoffnungslosen, den Toten, denjenigen, die die leibliche Vereinigung und weltliche Versöhnung nicht mehr vollbringen können. Die Hoffnung ist 'Schimmer' der Liebe als Ahnung des seligen Lebens, das für die Toten in der Unsterblichkeit zum Glauben erhoben wird. Auf diese wörtliche und gegensinnige Weise klagt Benjamin Platons Rede ein, Liebe sei Zeugung im Schönen um der Unsterblichkeit willen.[70] Die kontemplative Liebe ist ein intellektuelles 'Zeugen in der Seele' mit dem Ziel der Rettung der Toten und der toten Dinge.

Die "Mitte von Benjamins Philosophie" - diese Charakterisierung durch Adorno gilt schon für den Aufsatz über die 'Wahlverwandtschaften' - ist die "Idee der Rettung des Toten" (GS10,S.252). Adorno bezieht sich ausführlich aber auch auf Kierkegaard:

"Kierkegaards Lehre von der Hoffnung legt Einspruch ein ... gegen eine Welt, die von der wägenden Vernunft des Tausches determiniert wird und nichts gibt ohne Äquivalente. Das aber ist der Grund der Kierkegaardschen Spekulation über die Liebe zu den Toten ... (Sie) scheint die dingliche, fetischisierte Liebe schlechthin. Aber es ist zugleich die, von der jeder Gedanke an den Tausch: an Wiedervergeltung ausgeschlossen wird, und damit die letzte unverstümmelte, welche die Tauschgesellschaft zuläßt. Die Paradoxie, daß wahrhaft lebendig bloß noch die Liebe zum Toten sei, drückt vollkommen aus, wohin es mit aller Unmittelbarkeit kam" (GS2,S.233).

Kierkegaards "Dialektik der Liebe" liegt darin, zu Recht und zu Unrecht von der Liebe zu fordern, "daß sie allen Menschen gegenüber sich verhalte, als wären sie Tote"; "der totenhafte Aspekt der Lehre von der Liebe vergißt im Schlechtesten von Kierkegaards Philosophie nicht das Beste." Die 'Liebe zu den Toten' oder 'zum Toten' 'schließt jeden Gedanken an den Tausch, an Wiedervergeltung aus', sie ist als "Trauer" "hilflose Liebe" (GS2,S.235), 'unverstümmelt' in ihrer egoistischen Hoffnungslosigkeit und altruistischen Hoffnung, in ihrer Hoffnung für die hilflos-hoffnungslosen Anderen. Am Tausch als "Ideal" oder "Ideologie" entscheidet sich die Utopie "rationale(r) Identität". Zu verwirklichendes Ideal ist er als Gleichheit, die "qualitativ Verschiedenes toleriert" (ND,S.148), die "Abschaffung des Äquivalententauschs wäre dessen Erfüllung" (GS11, S.508). Erotisches Modell ist Sades "Zustand sexueller Anarchie" insoweit, als er durch die Kehrseite der "sexuellen Rohheit, der Unfähigkeit zu unterscheiden" (MM,S.11), durch die "absolute sexuelle Verfügung aller über alle" den "Kern von Herrschaft", die "Verfügung der einen über die anderen" zersetzt (GS10,S.107). Auch in Don Giovannis "Promiskuität" wird "nicht gleich um gleich getauscht" (GS17,S.36), obwohl auch ihr das "Anonyme, unglücklich Allgemeine" anhaftet (MM,S.112). Ideologie aber ist der Tausch für die marxistische "kritische Theorie" darin, "daß in seinem Namen Ungleiches getauscht, der Mehrwert der Arbeit appropriiert" wird (ND,S.148). Gemessen daran kann sich das Ideal nur als Gegenbild Geltung verschaffen:

"In der Welt des Tausches hat der Unrecht, der mehr gibt; der Liebende aber ist allemal der mehr Liebende" (DA,S.91).

Diese Bestimmung, die auch auf Platon zurückverweist,[71] sieht Adorno bei Goethe (vgl.GS11,S.508), Benjamin (vgl.GS11,S.581), vor allem bei Proust (vgl.MM,S.220) ausgebreitet. Für das 'Mehr geben' ist aber prädestiniert die Haltung zu den Toten. Auf die Lebenden übertragen wird sie unter der Kategorie des Als-ob: Der Liebende soll sich ihnen gegenüber verhalten, als wären sie tot, und das heißt, als wäre die Liebe hoffnungslos, ohne Hoffnung auf Wiedervergeltung. Liebe, "die den Zirkel der herrschenden Tauschverhältnisse transzendiert", enthält notwendig einen "Zusatz von Hoffnungslosigkeit" (GS8,S.38), nichts weist über die Zeit hinaus "als die Gebärde der ohne Hoffnung Liebenden" (GS13,S.476). Ist die freie Liebe der Promiskuität das zu realisierende Vorbild des Tauschs, so die hoffnungslose sein realistisches Gegenbild.

Der Gedanke der Liebe zum Toten eröffnet bei Adorno auch den Zugang zu dem der Sympathie mit der Kreatur:

"Liebe verliert sich ans Seelenlose als an die Chiffre des Beseelten, weil ihr die Lebendigen Schauplatz sind für die verzweifelte Begierde des Rettens, die nur am Verlorenen ihren Gegenstand hat: der Liebe geht Seele erst an ihrer Absenz auf. So ist menschlich gerade der Ausdruck der Augen, welche denen des Tiers am nächsten sind, der kreaturhaften, fern von der Reflexion des Ichs" (MM,S.224).

Das 'Seelenlose' meint in dem Aphorismus zunächst die Armut der Vaganten, auch die Frau als 'rätsellose Sphinx' (MM,S.222), generell wird es der bürgerlichen Kultur und dem 'Menschlichen' kontrastiert. Die Liebe folgt auch hier ihrem antiherrschaftlichen Impuls. Ihr geht das Menschliche auf am 'Verlorenen', dem von der Kultur Unterdrückten, hier zuletzt: an der tierischen Kreatur. Die 'Begierde des Rettens' ist, wie Benjamin an den 'Wahlverwandtschaften' hervorhob, die zum versöhnten Leben.

(e) Schönheit und Perspektive des Als-ob. - Den Zusammenhang von Liebe und Tod stiftet Adorno auch in der Schönheit, seit Platon verbindliches Ziel erotischen Strebens. Als literarische

Vorlage dient ihm, anders als für Benjamin, nicht Goethes Wahlverwandtschaften-Roman, sondern Prousts Beschreibung der Geliebten im fünften, 'Die Gefangene' überschriebenen Band der 'Recherche':

"Indem sie ihre psychologische Individualität einbüßt, empfängt sie jene andere und bessere, der Liebe gilt, die des Bildes, das jeder Mensch verkörpert und das ihm selber so fremd ist wie, der Kabbala zufolge, der mystische Name dem, der ihn trägt (...) Sich lösend ins Amorphe, gewinnt sie die Gestalt ihres unsterblichen Teils, an welche Liebe sich heftet: die blickloser, bilderloser Schönheit (...) Die arme, hinfällige, verwirrte Liebe findet Unterschlupf, wo die Geliebte dem Tode sich anähnelt" (GS11,S.213).

Liebe gilt nicht der 'psychologischen Individualität', dem, mit Kant, empirischen Charakter. Sondern in dem Maße, in dem Proust dem "empirischen Ich die Rechnung seiner Nichtidentität (präsentiert)", in der "Entwicklung der Charaktere" die "Hinfälligkeit des Festen" zeigt (GS11,S.206), in dem Maße ist es ein "Stück sexueller Utopie, ... auch in der Geliebten nicht bloß sie selber zu lieben: Negation des Ichprinzips" (GS10,S.538) auf beiden Seiten der Beziehung. In der sexuellen Erfahrung "(verändert sich) das geliebte Bild", und als solche ist sie "gleichsam das leibhafte Urbild ästhetischer Erfahrung" (GS7,S.263). Liebe gilt der sich verändernden Individualität, einem gleichermaßen Identischen wie Nichtidentischen. Adorno belegt sie mit dem Begriff des Bildes, des Namens und der bilderlosen Schönheit. "Was an den Menschen sich ändert, ... sind die imagines, in die wir sie versetzen", die "Psychologie des intelligiblen Charakters" ist eine "Verwandlung", eine "Flucht der Bilder" (GS11,S.207). Die Bedeutung des Bildes für Proust hat Benjamin in seinem Aufsatz von 1929 hervorgehoben. Das identische Ich ist eine "Attrappe", sein Innerstes eine Folge von Bildern, die zueinander wie in der "Traumwelt" im Verhältnis der Ähnlichkeit stehen.[72] Auch die Beziehung von Liebe, Bild und mystischem Namen hat Benjamin in einem von Adorno zitierten (vgl.GS5,S.148) Prosastück der "Denkbilder" an einem Traum veranschaulicht. Es ist die "Kraft des Namens", "aus welchem das Geliebte lebt, sich wandelt, altert, sich verjüngt und, bildlos, Zuflucht aller Bilder ist."[73] Der Name "(überspinnt) die Sache nicht kategorial", aber er ist - so auch der Titel von Benjamins Denkbild - "zu nahe daran" (ND,S.59), 'bildlos' und doch 'Zuflucht aller Bilder'. Die Individualität des Bildes ist eine Umschreibung Adornos für das individuum ineffabile, dem als Vorläufer einer möglichen Entwicklung der menschlichen Gattung die Liebe gilt. Es birgt wie der Name ein utopisches Potential, das in der Flucht von einzelnen Bildern und Begriffen einzuholen versucht wird. Sein gegenwärtiger Repräsentant und säkularisierter Nachfolger der Mystik ist die 'bilderlose Schönheit'. Das Schöne ist auf kein einzelnes Bild oder keinen einzelnen Begriff zu bringen. Das ihm einzig adäquate Bild ist unbekannt. Schönheit ist das ästhetische Prädikat für das erkenntnistheoretische des Ungegenständlichen und Unbestimmten, des Ähnlichen, in eher lebensphilosophischer und psychologischer Begrifflichkeit: des Bewegten, Lebendigen, der Subjektivität.[74] Liebe - so die kontextadäquate Definition Adornos - "ist die Fähigkeit, Ähnliches am Unähnlichen wahrzunehmen" (MM,S.253). Sie ist eine sympathetische, Alleinheit stiftende Fähigkeit spezifisch durch die Verwandlung des Gegenstandes in ein Gegenüber, des Objektivationsverhältnisses in ein Interaktionsverhältnis, des Toten im Sinne des Starren und Verdinglichten, der "abstrakten Herrschaft" (GS11,S.315), in ein Lebendiges, das dazu aber wird durch die Anähnelung an den Tod im Sinne des Amorphen. Die mimetische Produktion von Ähnlichkeit konstituiert Intersubjektivität wie die Liebe sich auf das richtet, was selber lieben kann (vgl.GS10,S.688).

Auf diese doppelsinnige Weise verbinden sich Liebe und Tod in der Schönheit. Der Doppelsinn ist aber keiner anderen Polarität als der von Rationalität und Mimesis geschuldet. Schönheit bewegt sich zwischen ihnen wie das Lebendige zwischen seiner gesellschaftlichen Abtötung und seinem organischen Verfall. Liebe entwirft mithin die Perspektive des Als-ob auf zwei- bzw. dreifache Weise. Sie betrachtet die Dinge als scheinbar (noch) lebendige durch (unwillkürliche) Erinnerung ihrer Geschichte und das Lebende als scheinbar (schon) Totes um der Utopie der Tauschidentität und Individualität willen, die im negativen Ganzen unter dem gleichen Schein durch hoffnungslose Liebe und Schönheit angezeigt wird. Die Konstitution von Intersubjektivität geschieht in der Liebe durch Freilegung des Geschichtlichen als des vergessenen Menschlichen an den Dingen und der natürlich Vergängnis an den Menschen.

(f) Positive Philosophie. - Unter dem Vorzeichen der Hoffnungslosigkeit hat die Liebe bei Adorno einen solitären Stellenwert inne. Ihr allein wird konzediert, sie sei die 'letzte unverstümmelte Liebe, welche die Tauschgesellschaft zulasse'. Die Liebe zum Toten gehorcht dem dialektischen konsequenzlogischen Verfahren, das Beste im Schlechtesten ausfindig zu machen, im Maximum an Verdinglichung das Lebendige. Als hoffnungslose ist die Liebe egoistisch im Sinne eines sich über die selbstlose Entäußerung erst bildenden Egos. Sie bewahrt das vergängliche Andere nur in der traditionsstiftenden Erinnerung, in der Anerkennung seiner Verwandlung, und gibt immer mehr, als sie zurückerhoffen kann.

Adorno durchbricht den "Kordon einer durchgängig negativen Philosophie"[75] expressis verbis an der einzigen Stelle der hoffnungslosen Liebe. Aber auch in Verbindung mit den ihr 'wahlverwandten' Begriffen steht die Liebe ein für die vereinzelte Wirklichkeit des Positiven im negativen Ganzen. Die Situierung der Adornoschen Philosophie zwischen der offen deklarierten negativen und der eher versteckt eingeführten positiven Prämisse[76] wiederholt sich am Einzelfall der Liebe. "Wohl sind die Menschen ausnahmslos unterm Bann, keiner zur Liebe schon fähig" (ND,S.354), zeigen sie sich durch die konkurrenzgesellschaftlich produzierte "Kälte" "gleichgültig gegen das, was mit allen anderen geschieht" (GS10,S.687); läßt "eine andere Gestalt der geistigen Liebe, des amor intellectualis im Sinne des Spinoza, als der unerbittliche Haß gegen das, was schlecht, was falsch, was furchtbar in unserer Welt ist, sich kaum mehr denken" (PT1,S.201); "ist jene Wärme unter den Menschen, nach der alle sich sehnen ... bis heute überhaupt noch nicht gewesen" (GS10,S.688). Eben deshalb bleibt als 'wahrhaft lebendig' nur noch die Liebe zum Toten. 'Unmittelbarkeit' als Kierkegaardsche Liebe zum Nächsten muß sich über einen Umweg, die Vermittlung, realisieren.

Adorno nimmt noch eine zusätzliche Einschränkung vor. In "kurzen Perioden und ganz kleinen Gruppen" ist jene Wärme unter den Menschen doch schon gewesen (GS10,S.688). Zu diesen Perioden gehört die Zeit zwischen Feudalismus und Bürgertum, wie sie sich scheinhaft in Kunstwerken der deutschen Klassik und Romatik darstellt. Eine "Huldigung" schreibt er an Zerlina aus Mozarts "Don Giovanni" (GS17,S.34f.), und bei keinem Autor zeichnet Adorno die Utopie enthusiastischer nach als bei Eichendorff. Sie sei - in einer, wie kritisch anzumerken wäre, allerdings dem Mann vorbehaltenen Erfahrung[77] - eine "schweifend erotische", wie die Bindung an "jegliche bestimmte Schöne schon Verrat (wäre) an der Idee schrankenloser Erfüllung" (GS11,S.77). Das Gedicht "Sehnsucht" ranke sich "gleichsam um den Goetheschen Titel 'Selige Sehnsucht'", unter dem auch Benjamin die "klassische Beschreibung der Liebe" findet [78]:

"Sehnsucht mündet in sich als ihr eigenes Ziel, so wie ... der Sehnsüchtige den eigenen Zustand erfährt; so wie Liebe stets so sehr der Liebe gilt wie der Geliebten" (GS11,S.86).

Die Liebe liebende Liebe, ihre 'Reflexivität', kennzeichnet die romantische Epoche innerhalb der Geschichte der Liebessemantik ebenso wie die Einebnung des Unterschieds von Sexualität und

Liebe, Sinnlichkeit und Vernunft.[79] Die "romantische", "irdische" in "himmlische", "Sexualität" in "Zärtlichkeit" verwandelnde Liebe (DA,S.130f.) "war die eigentlich humane Leidenschaft", in der "Genuß verknüpft (war) mit der Vergötterung des Menschen, der ihn gewährte" (DA,S.128f.). In anderen Worten beschreibt dies Eichendorffs "utopische(s) Gedicht" (GS11,S.81) 'Schöne Fremde' als dasjenige, das "in der gewährten Nähe das Ferne und Verschiedene bleibt" (ND,S.190).[80] Zärtlichkeit ist "Modell von Humanität" (GS5,S.47).

Zu den 'ganz kleinen Gruppen', in denen Liebe und Wärme ihren Ort haben, gehört die Familie, vor allem in dem Maße, in dem sie von der matriarchalischen Ethik geprägt ist.[81] Vor dem "Ende der Familie" zehrte die Utopie "von der Liebe der Mutter" (MM,S.17), die Mutterliebe bildet den "Grund aller Zärtlichkeit und sozialen Gefühle" (DA,S.140). In der über die Nachahmung anderer Menschen verlaufenden Sozialisation, der "Urform von Liebe", sind "Spuren" der Utopie erkennbar (MM,S.204).

Neben der Familie als primärer Sozialisationsagentur und Vermittlungsinstanz einer matriarchalischen Ethik bildet sich das Humane "als Sinn für die Differenz", das Andere, am anderen Geschlecht; die "mächtigste Erfahrung" der Differenz ist die "von den Geschlechtern" (GS8,S.84). Der Typus der Homosexualität unterliegt dagegen dem Mechanismus: "nichts sehen, was anders ist" (GS8,S.84). Adorno interpretiert ihn psychoanalytisch im Zusammenhang mit dem der pathischen Projektion und sieht sein Äquivalent auf der gesellschaftspolitischen Ebene im Faschismus.[82] Ist die pathische Projektion das "Widerspiel zur echten Mimesis" (DA,S.220), dann bildet sich das mimetische Vermögen aus auch mit der Erfahrung der Heterosexualität und wahrt geschlechtsspezifisch die Bedeutung des Effeminierten und Weichlichen.

(g) Kognitive Funktion. - Die kognitive Funktion der Liebe bedarf nach den angeführten Punkten keiner ausführlicheren Erörterung mehr. Fundamental ist die Liebe innerhalb der Adornoschen Erkenntnistheorie in dreifacher Weise: in ihrer positiven Beziehung oder Intentionalität auf den Anderen und auf das Individuierte, in ihrer negativen Beziehung auf Herrschaft. Das bedingt schon die Nähe zu Nachahmung, Identifikation und Entäußerung. Als "Erkenntnis von Individuiertem", dessen, "was anders ist" (GS8,S.84), des "ganz Bestimmten" (MM,S.99) unterliegt die Liebe einer durch die Romantik des frühen 19. Jahrhunderts besiegelten, von Hegel, Schopenhauer und Kierkegaard gleichermaßen abgelehnten oder überbotenen Semantik. Von Adorno wird sie zudem psychoanalytisch am Mechanismus der Heterosexualität demonstriert. 'Eros und Erkenntnis vermählen sich', indem das Subjekt dem Objekt sich 'anbildet', "anstatt es sich untertan zu machen" (GS7,S.490). Sinnfällig wird diese herrschaftslose Erkenntnishaltung an der Kontemplation. Sexualität, "als unmittelbares Begehren, macht alles zum Aktionsobjekt und damit gleich", der "lange, kontemplative Blick jedoch" ist immer der, "dem Menschen und Dinge erst sich entfalten", der wie bei Proust die Individualität des Bildes in der Verwandlung heraustreibt, in dem nach Maßgabe der Benjaminschen und Freudschen Melancholie der "Drang zum Objekt gebrochen, reflektiert ist" (MM,S.111f.). Das Objekt nicht einem subjektiven Zweck zu unterwerfen ist die kantianisch-erkenntnistheoretische Beschreibung für die psychoanalytische, sich mit ihm als einem Verlorenen zu identifizieren. Was die Liebe als unverstümmelte realisiert, verlangt die Erkenntnis in einer Haltung des Als-ob. Auch in diesem Sinn betrachtet die kontemplativ geschulte Erkenntnis Menschen und Dinge unter der Kategorie des Scheins. Das Subjekt begibt sich, in Anlehung an Kant, in die 'nicht zu vermeidende', weil aus dem Interesse an Rettung motivierte 'Illusion',[83] als könne es von seinen Zwecken absehen. Die Gewähr für das Gelingen ist die ästhetische Erfahrung in ihrer Interesselosigkeit wiederum in Anlehnung an Kant,[84] allein bei

Adorno aber auch die Liebe, die sich hinter der Furcht vor dem "Mißverständnis der Sentimentalität" (GS10,S.485) und des 'Moralisierens' (GS10,S.680) versteckt. Eine vom Schein nicht abzulösende Erfahrung und eine tiefe Emotion sind Adornos 'Berufungsinstanzen' gegen Nietzsches Urteil über die Verwechslung von Hoffnung mit Wahrheit (vgl.MM,S.122) und die Anklage der 'Palmström-Logik'.[85]

Auch im Zusammenhang der Diskussion des Projektionsbegriffs in der "Dialektik der Aufklärung" wird der Modellcharakter der Liebe für die Erkenntnis deutlich:

"Um das Ding zu spiegeln, wie es ist, muß das Subjekt ihm mehr zurückgeben, als es von ihm erhält" (DA,S.222).

Das 'Mehr' wird mit dem psychologischen Begriff der Projektion und dem erkenntnistheoretischen der Synthesis abgedeckt. Kann die Gefahr einer 'falschen Projektion' und des 'Beziehungswahns' aber nur unter der Garantie eines intakten mimetischen Rezeptionsvermögens vermieden werden,[86] so ist durch die Liebe beides abgesichert: die Aktivität des Mehr-Gebens, der Synthesis als Verbindung der Sinnesdaten wie die Passivität des "vom Anderen Angerührtsein(s)" (GS7,S.490), der "zarten Hingabe an die Sachen" (GS11,S.572), des 'Sichanschmiegens' (DA,S.220). Liebe ist 'richtige', aggressionslose Projektion, ihr wird das "Fremde zum Vertrauten" (DA,S.220). Das ihr erkenntnistheoretisch korrespondierende Vermögen ist die Einbildungskraft (vgl.DA,S.227) oder Phantasie. "Liebe verliert sich ans Seelenlose" (MM,S.224) wie die Phantasie "entflammt (wird) von Frauen, denen Phantasie gerade abgeht" (MM,S.222). Das antike Vorbild dieser Synthesis ist Platon nicht nur mit seiner die Natur nachahmenden diäretischen Methode,[87] sondern auch mit seiner für das philosophierende Subjekt geforderten Bedingung des Enthusiasmus. Übriggeblieben ist von ihm neben seiner für die Ichidentität kritischen Funktion des Außer-sich-Seins der

Gedanke des "Sicherhebens über die Unmittelbarkeit", den "Konkretismus, um nicht zu sagen Konkretinismus" (PT1,S.199), das "verdinglichte Bewußtsein" (PT1,S.80). Insofern Liebe zur "Auflösung allen Scheins von Unmittelbarkeit" drängt, weist Adorno auch Schelers Satz, alle Erkenntnis sei in Liebe fundiert als "Lüge" zurück, "weil er unmittelbar die Liebe zum Angeschauten verlangte" (MM,S.264,) obwohl auch er den "Gegensatz zu den positiven, auch den Geisteswissenschaften" markiert (PT1, S.80).[88] Liebe ist bei Adorno nicht als zeitlich und systematisch erster Akt oder als Anschauung des Unmittelbaren Fundament von Erkenntnis, wohl aber ihr "Modell", das Modell "eines Begriffs, welcher endlich der der Sache selbst wäre" (ND, S.364).

3. AUSSER-SICH-SEIN UND BEWUSSTSEINSPHILOSOPHIE

(1) **Wahnsinn.** - Die Begründung einer kognitiven Funktion des Leidens tritt in ihrer Gratwanderung zwischen den Fronten einer subjektlosen Wissenschaft und eines unwissenschaftlichen Subjektivismus deutlich hervor, achtet man auf jene Subjekte, auf denen das Leiden als "unmäßige(r) Druck" (ND,S.275) lastet: die dem Wahnsinn verfallenen.

(a) **Objektiver Wahnsinn und paranoische Wissenschaft.** - Der sechste Abschnitt der "Elemente des Antisemitismus" aus der "Dialektik der Aufklärung" führt aus der psychoanalytischen Theorie die Paranoia ein als 'falsche' oder 'pathische Projektion', deren "Substanz die Übertragung gesellschaftlich tabuierter Regungen des Subjekts auf das Objekt" ist (DA,S.226). Im faschistischen Antisemitismus erhält diese Theorie den praktischen Beweis auch ihrer sozialpsychologischen Gültigkeit. Der Faschismus nimmt eine Gesellschaft "Verfolgungswahnsinniger" politisch in Regie, ohne daß man sie sich "als Psychotiker, als Irre vorzustellen" braucht (GS8,S.439).[1] Der Faschismus ist für den unmittelbar Betroffenen mehr als der Totalitarismus Stalinscher Prägung Anlaß, seither Gesellschaft generell auf einen psychopathologischen Begriff zu bringen und vom "objektiven Wahnsinn" (ND,S.280) zu reden. Abgesehen von dem Aufsatz "Meinung Wahn Gesellschaft", der allerdings das Moment des Wahns bevorzugt in der Kategorie der Meinung aufsucht als in der der Gesellschaft, finden sich die diesbezüglichen Äußerungen konzentriert in den Schriften der vierziger Jahre, vor allem in den "Minima Moralia".[2] Die 'Verbindung' von Wahnsinn und Gesellschaft liegt zum einen darin, 'System', 'geschlossen' zu sein, zum anderen in der Verkehrung des Mittels zum Zweck.[2] Epistemologisch kennzeichnet den Wahnsinn qua pathische Projektion das "Subjekt im Zentrum" (DA,S.224), die 'Wahrnehmung des eigenen Spiegelbildes' (MM,S.134), die "unendliche Spiegelung" seiner selbst (GS8,S.391), der "eigene Wunsch als objektive Macht" (DA,S.230), das "verfestigte", gerade 'unverrückbare', "partikulare Urteil" (DA,S.229).

Alle diese Denotationen sind philosophisch und kulturkritisch prononcierte Formulierungen aus dem theoretischen Grundbestand der Psychoanalyse, fänden aber auch in Kant und Hegel ihre Quellen.[4] Gegenüber dem subjektiven wie objektiven Wahnsinn sieht der kritische Theoretiker "immer wieder auf den Versuch zu begreifen sich zurückverwiesen" (MM,S.131). Die "Erkenntnis (liegt) in der Denunziation des Wahns", das heißt gemäß der zentralen methodologischen Anweisung der "Dialektik der Aufklärung" im "Verbot, das Falsche als Gott anzurufen, das Endliche als das Unendliche" (DA,S.36), und das wiederum heißt für die Urteilsform: im "negierende(n) Schritt über das einzelne Urteil hinaus" (DA,S.229).

(b) Identitäts- und gesellschaftskritische Rechtfertigung der Schizophrenie. - Aber das Verhältnis von Wahn qua Paranoia und Erkenntnis beschränkt sich nicht auf diese Gegensätzlichkeit. Unter dem Terminus der Schizophrenie, soweit mit ihm das Merkmal der Dissoziation der Ichidentität hervorgehoben wird, ist eine in verschiedenen Bedeutungen zu verstehende 'dialektische Einheit' mit Erkenntnis in Adornos Werk durch zahlreiche und auffällig provokatorische Formulierungen belegt.

In einer ersten Bedeutung besteht die Einheit von Erkenntnis und Wahn darin, daß dieser als wissenschaftlich bzw. nach dem Imperativ der Selbsterhaltung definierter Begriff für das Nichtidentische steht. Das "Wissen", in dem Odysseus' "Identität besteht und das ihm zu überleben ermöglicht, hat seine Substanz an der Erfahrung des Vielfältigen, Ablenkenden, Auflösenden", das ihm zur "'Irre'" wird (DA,S.62). Das 'Auflösende' ist auszugrenzender Wahn nach dem Kriterium der Identität, die sich jenem aber genetisch verdankt und systematisch auf ihn bezogen bleibt. Das hat Konsequenzen für die Utopie. Das "Zentralstück der Iphigenie", der "Wahnsinnsmonolog des Orest", "entbindet das Bild ungeschmälerter Versöhnung" (GS11,S.509). Orest, die "Stimme der Utopie", wird als Wahnsinniger 'angeschwärzt' (GS11,S.510). 'Dinghaftigkeit', "Herrschaft" und "Identitätszwang" geben das Kriterium des Wahnsinns vor, und gerade daran gemessen ist er "zugleich das ephemere und verurteilte Bild eines möglichen Subjekts", das Bild einer nicht leidend dargebrachten, "opferlose(n) Nichtidentität des Subjekts" (ND,S.275). Im gleichen Sinn interpretiert Adorno den von ihm oft zitierten Satz Georg Trakls "Wie scheint doch alles Werdende so krank".[5] Adorno vollzieht eine Art desperater Identifikation von ausgrenzend sogenanntem Wahn und Wahrheit:

"Der Gedanke, der vor dem elend Ontischen nicht kapituliert, wird vor dessen Kriterien zunichte, Wahrheit zur Unwahrheit, Philosophie zur Narretei" (ND,S.394).

Vor den Kriterien des 'elend Ontischen', des objektiven Wahns, des "positivistischen Geiste(s)" (MM,S.165), der "scientifischen Gesinnung" (DA,S.38), des "gesunden Menschenverstand(es)" (GS5,S.330f.) und - wie Adorno in Anspielung an Kants häufige Verwendung der Boden-Metapher[6] und ihre traditionelle Bedeutung für die agrarisch-bürgerliche soziale Schicht sagt - der "Bodenständigen" nimmt die Wahrheit, "die Vernunft in ihrer reinen Gestalt den Zug des Wahnsinns an" (DA,S.265), der "Ausschweifung" (MM,S.165). Das Bekenntnis der Philosophie zur Narretei setzt ein Definitionsmonopol und insofern das Theorem des unwahren gesellschaftlichen Ganzen oder des objektiven Wahnsinns voraus.

"Der gesellschaftliche Ursprung des Individuums enthüllt sich am Ende als die Macht von dessen Vernichtung. Kafkas Werk ist ein Versuch, diese zu absorbieren. Nichts Irres ... ist in seiner Prosa, jeden Satz hat der seiner selbst mächtige Geist geprägt, aber jeden Satz hat er auch zuvor der Zone des Wahnsinns entrissen, in die wohl im Zeitalter der universalen Verblendung ... jegliche Erkenntnis sich getrauen muß, um eine zu werden" (GS10,S.264f.)

Auch Hölderlins mimetische Korrespondenz, seine Neigung, "Entlegenes und Unverbundenes zu verbinden", sieht Adorno in gleicher Weise "der Zone des Wahnsinns abgezwungen" (GS11,S479). Schizophrenie, so schreibt Adorno in der bekannten Parallelstelle dazu aus der 'Negativen Dialektik', ist die "geschichtsphilosophische Wahrheit übers Subjekt" (ND,S.275), die gesellschaftlich induzierte Form seiner 'Vernichtung'. Angesichts dieser These ist das Bekenntnis zum Wahnsinn systematisch konsequent. Der Wahnsinn ist so wenig wie die verabsolutierte Mimesis Erkenntnis, aber diese wird erst eine, indem der 'seiner selbst mächtige Geist' den Wahnsinn oder die mimetischen Impulse, das der Macht des Geistes Entzogene, 'absorbiert'.

In die Koketterie spielt eine Bedeutung hinüber, in welcher die Erkenntnis sich nicht nur zu dem per definitionem aufgezwungenen Wahn bekennt, sondern ihn methodisch als Maske funktionalisiert. Nach dem Vorbild Nietzsches und Baudelaires, stillschweigend aber auch des jungen, mit literarischer Verve agitierenden Marx, der das "Volk vor sich selbst erschrecken lehren" will,[7] kehrt Adorno der "normalen Welt die Maske des Bösen entgegen, um die Norm das Fürchten vor ihrer eigenen Verkehrtheit zu lehren" (MM,S.122). Die Maske ist für Baudelaire Requisit seiner sich "als negativ reflektierende(n) Identifikation mit der realen Negativität des gesellschaftlichen Zustands" (GS7,S.38f.),[8] für den Ideologiekritiker der Wahn dementsprechend eine Maske zur Selbstüberführung und revolutionären Katharsis des objektiven Wahnsinns. Diese Maske erhält bei Adorno in der Übertreibung ihre methodische Bedeutung.

Der Wahn ist nicht nur Maske, sondern in einer anschließenden

Bedeutung schlicht Gegenstand der Ideologiekritik. In ihrer 'blitzhaften Kommunikation' bringen subjektiver und objektiver Wahn nämlich die Wahrheit zur Erscheinung:

"Die Aberration ist eigentlich nur der Kurzschluß der Anpassung: die offene Narretei des einen ruft irrtümlich im anderen die Narretei des Ganzen beim richtigen Namen ..." (MM,S.215).

Die verborgene 'Narretei des Ganzen' zeigt sich in der 'offenen Narretei' des Einzelnen, in seinem 'Kurzschluß' die Wahrheit über das Ganze. Der Wahn ist als psychopathologischer Gegenstand der Ideologiekritik, falsches Bewußtsein, das in seiner Notwendigkeit eingesehen wird.

Der Wahn gehört desweiteren zur Erkenntnis qua Geschichtsphilosophie ohne verbürgte positive Utopie:

"Die Wahrheit ist nicht zu scheiden von dem Wahn, daß aus den Figuren des Scheins einmal doch, scheinlos, die Rettung hervortrete" (MM,S.157).

'Wahn' kann hier durch 'ohnmächtige Hoffnung' (MM,S.157) und 'wishful thinking' (MM,S.264) substituiert werden, er ist subjektives Komplement zu der durch den Schein vermittelten Unsicherheit. Der Wunsch wird zum Wahn, wenn seine Befriedigung nicht verbürgt ist. Die Untrennbarkeit von Wahrheit und Wunsch in geschichtsphilosophischer Perspektive impliziert die wechselseitige Definition von Wahrheit und richtigem Leben und baut wesentlich auf Freuds Theorie der Wunschkonstitution.[9]

(2) Platons Enthusiasmus und die Erkenntnis der Idee. - Der Wahn wird von Adorno nicht nur im generellen Rahmen der Identitäts- und Gesellschaftskritik als konstitutiv für Erkenntnis verteidigt, sondern auch unter Rekurs auf die traditionelle Erkenntnistheorie:

"Eine letzte Ahnung von der Rationalität in der Mimesis verrät die Lehre des Platon vom Enthusiasmus als der Bedingung von Philosophie, von emphatischer Erkenntnis, so wie er es nicht nur theoretisch gefordert sondern an der entscheidenden Wendestelle des Phaidros dargestellt hat" (GS7,S.488).

Um die Rede von der Liebe als Wahnsinn zu verdeutlichen, führt Sokrates im Dialog "Phaidros" die Unterscheidung des Wahnsinns (μανία) in menschlich-krankhafte und göttliche Art ein. Zur letzteren zählt er die Liebe, eine "Begeisterung" (ἐνθουσιασμός), für die er den Vogel zum Vergleich heranzieht, immer "hinaufwärts schauend, was drunten ist, jedoch gering achtend", und die daher auch leicht die 'Beschuldigung' auf sich zieht, "seelenkrank zu sein". Die 'Wenigen', die für diese Art der Begeisterung übrigbleiben, zeichnen sich im aktuellen Fall dadurch aus, "nicht mehr ihrer selbst mächtig" zu sein.[10] Mit dem 'Nicht-mehr-seiner-selbst-mächtig-Sein', dem 'Außer-sich-Sein' verrät Platons Lehre vom Enthusiasmus etwas von der Rationalität, vom "Erkenntnischarakter" (GS7,S.488) der Mimesis im Sinne Adornos, denn wie der 'göttliche', in der Liebe sich zeigende Wahnsinn hat Mimesis eine identitätskritische Funktion. Beide stehen genauer gesagt gegen die 'abstrakte' oder 'verhärtete' Ichidentität und sind andererseits Charakteristikum des normativ verstandenen 'starken' Subjekts; nur ein solches Subjekt kann den Wahnsinn - als 'göttlichen' - integrieren, das schwache und eben deshalb sich ängstlich verhärtende dagegen verfällt dem Wahnsinn nur in seiner krankhaften Art. Das mimetische Verhalten führt bei ihm entsprechend zur Dissoziation und Desintegration, der verabsolutierten und 'falschen' Seite der Mimesis qua Auflösung der fixierten Ichidentität.[11]

"Sympathie mit Platons Enthusiasmus gegenüber den resignativ-einzelwissenschaftlichen Zügen des Aristoteles" (ND,S.77) wird von Adorno häufig bekundet. Mimesis als epistemologisches Korrelat der Nichtidentität interpretiert er selbst aus Platons Enthusiasmus-Lehre auf andere Weise. Platon benötigt zur Erklärung seiner Lehre den Mythos von der "unmittelbare(n) Anschauung der göttlichen Urbilder" (PT1,S.81). Adorno übersetzt ihn in den Zusammenhang von Gesellschafts- und Erkenntnistheorie dergestalt, daß in ihm als Mythos schon die zentrale programmatische Forderung thematisch sei, Philosophie müsse "mit den Mitteln des Begriffs jenes Moment des Ausdrucks, jenes mimetische Moment zu retten oder wiederherzustellen" versuchen, das in der Geschichte der Zivilisation voneinander abgespalten wurde (PT1,S.81). Den τόπος νοήτικος dieser Spaltung haben in Platons Dialogen die Mythen inne:

"Es gibt also zwischen diesen beiden Momenten, dem der subjektiven Begriffsbildung und dem des emphatischen metaphysischen Charakters der Idee als Urbild einen qualitativen Sprung (...) Dieser Sprung hat in den Platonischen Dialogen der reifen Zeit seinen Ort, seinen ganz spezifischen τοπος νοήτικος, seinen Erkenntnisort; dieser Ort ist kein anderer als der der sogenannten Platonischen Mythen (...) Sie sind der Versuch, könnte man sagen, in der dialektischen Bewegung, die in ihnen terminiert, als ein Moment eben das auszusprechen, was sich der subjektiven Begriffsbildung entzieht" (PT2,S.284f.).

Die Mythen sind ein 'Moment' der 'dialektischen Bewegung', "Umschlagsmomente der Dialektik selber" (PT2,S.286), der 'Sprung' von der 'subjektiven Begriffsbildung' in die Metaphysik der Idee. Dieser Sprung mißglückt, insofern der Mythos den Begriff 'stillstellt' oder 'hypostasiert' (PT2,S.287), aber er erinnert - Mythen sind nach Karl Reinhard, dem Lehrer Adornos, "nährende Erinnerung" (PT2,S.288) - die Dialektik an die "Nicht-Identität der Idee mit dem Denken" (PT2,S.284). Die Idee ist das mit dem (subjektiv-begrifflichen) Denken nicht Identische, sie stimmt an diesem Punkt mit dem - in einem Wort - Nichtidentischen Adornos überein. Sie auszusprechen, Metaphysik, gelingt nur über den 'Versuch', die Einheit von Begriff und Mimesis 'wiederherzustellen'. Diese Einheit ist bei Platon schon zerstört, geschichtsphilosophisch lokalisiert Adorno sie - allerdings mit dem Preis von Wortmetaphysik - auf der animistischen und magischen Stufe, der der Ausdruck nicht als bloßes

Zeichen der Sache gilt, die Zeichen und Bild zusammenfallen läßt.[12] Ontogenetisch kann dieser Stufe zugeordnet werden, was die Anthropologie Gehlens "Aufbruchssituation" nennt, die durch eine erfahrungssituativ überdeterminierte Benennung konstituierte Ähnlichkeit zwischen Name und Sache.[13] Betrachtet man die Ontogenese darüberhinaus aus der Sicht der Psychoanalyse an ihrem frühesten, noch vor dem Spracherwerb liegenden Stadium des primären Narzißmus und der primären Identifizierung, so hat man eine ebenso profane Übersetzung des Platonischen Mythos von der unmittelbaren Anschauung der göttlichen Urbilder vor sich, wie diese Übersetzung aufgrund ihres stark hypothetischen Charakters 'mythisch' bleibt;[14] das die Erkenntnis Motivierende, der Enthusiasmus, ist die 'Erinnerungsspur' des nicht in Subjekt und Objekt ausdifferenzierten Zustands der frühesten Kindheit, die mimetisch-rezeptive Seite der Erkenntnis findet dort ihr leibhaftes Ur- und Vorbild. Erkenntnis - diese hedonistische Definition würde Adorno nicht zurückweisen - heißt die begriffliche (Wieder-)Herstellung der verlorenen körperlichen Interaktionseinheit und der an die erste Benennung gebundenen Erfahrungssituation.[15]

Adorno den Titel "Platoniker" oder "Noetiker des Nichtidentischen" zu verleihen,[16] liegt an dieser Stelle besonders nahe. Gleichwohl deckt er nur die halbe Wahrheit. Denn auch für die subjektiv-dialektische Begriffsbildung, die dianoetische Tätigkeit, reklamiert Adorno wieder jenes mimetische Moment als Korrelat des Nichtidentischen, wie er es mit der Unterscheidung von συναγογή und διαίρεσις aus dem Dialog "Phaidros" für eine begrifflich-mimetische Synthesis tut.[17] Adorno hat gerade sprachtheoretisch guten Grund, sich gegen den Exorzismus des hedonistischen und irrationalistischen Moments aus dem διαλέγεσθαι zu wehren. Die Definition von Dialektik "dem Wortsinn nach" lautet: "Sprache als Organon des Denkens" (ND,S.64), nicht bloßes Werkzeug. Sie gestattet bei Adorno sowohl die Assoziation des Logischen wie des für die Mimesis relevanten Organischen.

(3) Schellings Spätphilosophie. - Innerhalb der Philosophiegeschichte hat Schelling die Enthusiasmus-Tradition explizit und affirmativ aufgegriffen. Mit Blick auf Adorno ist er in diesem Zusammenhang aus zweifachem Grund von Interesse. Zum einen nimmt er die Schönheit nicht nur zum Anlaß für einen Begriff des Enthusiasmus, der dann der Philosophie vorbehalten würde, sondern fordert ihn auch für die Kunst, die Mimesis im restringierten Sinn Platons.[18] Zum anderen steht er mit seiner Spätphilosophie in einer "doppelfrontige(n) Ausrichtung"[19] gegen Irrationalismus und (Hegelschen) Rationalismus, begriffliche Vergegenständlichung des Absoluten und unmittelbar-mystisches Einssein.

(a) Ekstase der Vernunft. - Diese Ausrichtung zeigt sich gerade am Begriff der Ekstase. Schelling ersetzt mit ihm den der intellektuellen Anschauung aus seiner frühen Philosophie, um bei gleichbleibender Kritik an Hegels absolutem Begriff den eigenen irrationalistischen Konsequenzen zu entgehen.[20] Die Erkenntnis der Unerkennbarkeit des von Kant dem Idealismus als Ich-denke vorgegebenen, von Fichte als Tathandlung umgedeuteten Prinzips der Erkenntnis, des Absoluten, vollzieht einen ekstatischen Akt. Die Vernunft weiß mit ihm, daß ihr eigenes Prinzip zugleich ihr Anderes ist, das Absolute begründungslos gegen sie steht: sie selbst außer sich. Da diese Ekstase von der Vernunft nicht frei vollzogen wird, kann das absolute Prius auch nicht ihr oder dem Ich zugesprochen werden, sondern einem absoluten Subjekt, für das namentlich Gott eingesetzt wird.[21] Im Unterschied zur Ekstase des absoluten Subjekts in die Welt hat die der Vernunft und des Ich daher auch den Charakter von 'Entsetzung' im existenzialistisch-verzweifelten Sinn, der aber, nach

Schelling, zugleich ein 'heilsamer' ist. In dem Erlanger Vortrag von 1821 "Über die Natur der Philosophie als Wissenschaft", den Walter Schulz als die "eigentliche Eröffnung der Spätphilosophie" einordnet,[22] bemerkt Schelling:

"ἔκστασις ist eine vox anceps, die im besseren und schlimmeren Sinne genommen werden kann. Nämlich jede Entfernung oder Entsetzung von einer Stelle ist Ekstase. Es kommt nur darauf an, ob etwas entfernt wird von einer ihm zukommenden, gebührenden Stelle, oder von der ihm nicht gebührenden Stelle. Im letzteren Falle ist es eine heilsame Ekstase, die zur Besinnung führt, während die andere zur Sinnlosigkeit führt."[23]

Gegen Hegels Auflösung des 'Außer-sich-Seins' des Selbstbewußtseins im Prozeß eines wechselseitigen Anerkennens[22] und gegen seinen so berühmten wie berechtigten Spott über die 'Nacht' der intellektuellen Anschauung, 'worin alle Kühe schwarz sind,'[25] kann Schelling nicht nur offensiv mit der Kritik an der Verstrickung in die Aporien der Reflexionstheorie des Selbstbewußtseins antworten - das Bewußtsein ist als Wissen entweder ein Wissen von etwas und kann dann in der zweistelligen Relation das Selbst, das Wissen von <u>sich</u> nicht garantieren, oder es ist umgekehrt unmittelbare Relation auf sich und dann kein Wissen -,[26] sondern mit dem Begriff der Ekstase an die Stelle der Hegelschen Alternative 'Licht des Begriffs' die von "falschem und wahrem Licht", "Verabsolutierung des menschlichen Selbstbewußtseins" und "Begrenzung dieses Selbstbewußtseins" aus sich selbst setzen.[27]

Adorno schließt sich der Hegelschen Kritik an Schelling zunächst an. Wie man der "Nacht der Indifferenz" im Begriff der Naturgeschichte entgehen kann, dazu macht der Vortrag von 1932 Andeutungen (GS1,S.361). Die Schrift über Kierkegaard wertet Schellings 'spätidealistische' Philosophie als Konsequenz aus dem 'mythischen Grund, des Idealismus, der "Selbstherrlichkeit des Geistes" selber (GS2,S.83), die "Krise des selbstherrlichen Geistes als Emanzipation des mythischen Gehalts", wie sie sich im "Umschlag" in "mythologische Metaphysik und 'positive' Philosophie" vollzieht (GS2,S.84). Auf der Seite der Hegelschen Form-Inhalt-Dialektik bleibt Adorno auch deshalb, weil er in der "Existentialontologie" die heutige Parallele zu Schellings 'Sprung ins Konkrete' sieht (GS5,S.254); auf den Konflikt von Hegel und Schelling wird der von Adorno selbst und Heidegger projiziert.[28]

Adornos Art des Seitenwechsels vollzieht sich als wechselseitiges Reflektieren philosophiegeschichtlicher Positionen - im Hegelschen und im umgangssprachlichen Wortsinn - ineinander. In der 'Negativen Dialektik' aber spricht er zum Stellenwert der Schellingschen Philosophie innerhalb seiner eigenen ein - nach dem unter dem Stichwort 'Enthusiasmus' Dargestellten - ebenso konsequentes wie - nach der sonstigen Verpflichtung gegenüber der Hegelschen Methode immanenter Kritik[29] - überraschendes Wort und ordnet sie zudem selbst in die Platonische Tradition ein:

"Es bedarf des Anstoßes von außen ... Solcher Anstoß ist der Philosophie, und der Hegelschen am meisten, Ketzerei. Immanente Kritik hat ihre Grenze daran, daß schließlich das Gesetz des Immanenzzusammenhanges eins ist mit der Verblendung, die zu durchschlagen wäre. Aber dieser Augenblick, wahrhaft erst der qualitative Sprung, stellt einzig im Vollzug der immanenten Dialektik sich ein, die den Zug hat, sich zu transzendieren, nicht durchaus unähnlich dem Übergang der Platonischen Dialektik zu den ansichseienden Ideen ... Dies Interesse hat Schelling gegen Hegel wahrgenommen, und damit dem Spott über die Abdikation des Gedankens sich dargeboten, der zur Mystik flüchte (...) Aber auch der Sprung ist nicht zu hypostasieren wie bei Kierkegaard. Sonst verlästert er die Vernunft. Dialektik muß sich einschränken aus dem Bewußtsein von sich selbst heraus" (ND,S.181f.).

Das "Dilemma der Kritischen Theorie",[30] dem 'Immanenzzusammenhang' folgen und ihn zugleich 'durchschlagen', 'immanente Kritik' leisten und doch ein 'Außen' voraussetzen zu müssen, ist in Hegel und Schelling personifiziert. Der qualitative Sprung stellt - im Anschluß an Hegel - 'einzig im Vollzug der immanenten Dialektik sich ein', 'transzendiert' sie - im Anschluß an Schelling und Platon - als 'wahrhafter' aber auch. Er "sprengt ebenso die Dialektik, wie er selbst auch ein Moment der Dialektik ist, weil es ja zur Dialektik gehört, daß sie nicht in einem Kontinuum sich bewegt, sondern zu einem Anderen übergeht" (PT2,S.284). "Ohne an einem Punkt noch sich selber zu negieren" (GS11,S.239), ist Dialektik unmöglich. Für jenes Andere steht bei Platon die 'ansichseiende Idee', das mit dem Denken, der subjektiven Begriffsbildung nicht Identische, bei Schelling die von der ihr nicht gebührenden Stelle der Selbstbegründung entsetzte Vernunft, das Andere der Vernunft, das - im Gegensatz zu Hegel - begründungslos gegen sie steht, das "blind Seiende",[31] "in dem noch nichts von einem Begriff, von einem Was ist".[32] Das bloße 'Daß' oder die 'quodditas' nennt der späte Schelling, was außerhalb des 'verblendet' in sich kreisenden Bewußtseins liegt. Adorno injiziert es der Dialektik und bekennt sich so als 'Ketzer' vor dem Tribunal der Hegelschen Philosophie. Er läßt unentschieden, inwieweit der 'Spott' über den 'Mystiker' Schelling berechtigt ist, inwieweit er nicht den Falschen trifft. Eine 'Hypostasierung' des Sprungs lastet er jedenfalls Kierkegaard an, der "an der gleichen historischen Umschlagstelle" steht (GS2,S.84). Hypostase heißt, "daß ein Begriff, der selber ein Gewordenes, ein Entsprungenes oder ... ein Gesetztes ist, so behandelt wird, als ob er ein Ansichseiendes sei" (PT2, S.281). Im Unterschied zu Kierkegaards hypostasiertem, 'vermittlungslosem' Sprung zwischen der ästhetischen, ethischen und religiösen Sphäre (vgl.GS2,S.138ff.) ist derjenige Schellings in das begriffslose Sein die Außer-sich-Setzung der Vernunft selber. Die Einlösung des alten philosophischen Programms eines Denkens des Denkens führt die Vernunft bei Schelling dazu, daß sie sich als ihr eigener Inhalt transzendent, sie - qua Unbedingtes oder begriffsloses Sein - sich - qua begrifflicher Vergegenständlichung - immer schon voraus ist. Als menschliches Selbstbewußtsein unterscheidet sich die Vernunft vom absolutgöttlichen darin, daß sie sich, mit Adorno, 'aus dem Bewußtsein von sich selbst heraus einschränkt'.

(b) Vorrang des Objekts. - Doch die Anknüpfung Adornos an Schellings Spätphilosophie bleibt problematisch. Zu dominant ist die systematische Inthronisierung des Anderen der Vernunft durch die "Entsetzung der Vernunft aus dem Platz des Ersten".[33] Schelling verfällt dann der generellen Kritik Adornos am Prinzip des Ersten. Er übt sie nach dem Vorbild der Hegelschen an Fichte (PT1,S.150), kehrt sie aber auch gegen das Vorbild selbst, insofern auch der "Geist oder die absolute Idee" zum Ersten erkürt werden kann. Nämliches gilt für das "Sein" (PT1,S.151).

Für eine 'dialektische' Lösung der Kontroverse über das Erste führt Adorno dagegen gerade Schelling an, soweit sie die "Priorität von Geist und Körper" betrifft. Die Vermittlung von Körper - nach dem Zitat aus Schellings Schrift "Die Weltalter" -, 'Seyn' oder 'Natur' und Geist entfaltet sich über einen "qualitative(n) Umschlag" in einem historischen Prozeß (ND,S.200). Daß Adorno trotz der Hegelschen Terminologie Schelling hier den Vorzug gibt, hängt zusammen mit der Konzeption von Natur. So sehr diejenige Schellings ein "dogmatische(s) Moment"(GS5,S.252)[34] und "Schwärmerei" (PT2,S.297) enthält, so sehr gilt sie doch einer Natur, die nicht bloß als Hegels "Geist in seiner Andersheit" (GS7,S.116) firmiert und es erlaubt, das "materialistische Moment in Schelling" (ND,S.182) nicht nur naturphilosophisch,[35] sondern auch erkenntnistheoretisch zu würdigen.

Bezüglich Schellings Beantwortung der Frage nach dem Ersten sieht Adorno sich zu keiner Kritik veranlaßt, soweit er historisch-genetisch argumentiert. Zwiespältig ist der Stellenwert der systematischen Argumentation. Schellings ekstatische Entsetzung der Vernunft aus dem Platz des Ersten prägt sich zunächst in einem zentralen Theorem Adornos aus. Der 'Vorrang des Objekts' läßt sich nämlich auch als Schellingsche Konzession innerhalb des prinzipiell intakt bleibenden Hegelschen Vermittlungsbegriffs verstehen. Daß der mit diesem heading überschriebene Abschnitt der 'Negativen Dialektik' auf Adornos exponiertes Wort zu Schelling folgt, darf dafür vielleicht schon als äußerliches Indiz gewertet werden. Adorno begründet - 'tastend' (ND,S.182) - die "Ungleichheit im Begriff der Vermittlung" (ND,S.182) auch mit anderen materialistischen[36] Autoren, mit Freud, insofern das Bewußtsein genetisch "abgezweigt (ist) von der libidinösen Energie des Gattungswesens Mensch" (ND,S.184), mit Marx, insofern bei ihm bereits die "Differenz zwischen dem Vorrang des Objekts als einem kritisch Herauszustellenden und seiner Fratze im Bestehenden, seiner Verzerrung durch den Warencharakter sich (ausspricht)" (ND,S.182). Das entscheidende Anliegen Adornos: die 'Einschränkung' und damit schon 'Entmächtigung' des Subjekts hat aber auch Schelling verfolgt. Er hat dem, was als "Ohnmacht des Geistes in all seinen Urteilen wie bis heute in der Einrichtung der Realität" nur "Index" ist für den Vorrang des Objekts (ND,S.185), einen bewußtseinsphilosophischen Grund gegeben, mit dem er sich als 'Vollender des Idealismus' im doppelten Sinn ausweist.

Die These vom Vorrang des Objekts bewegt sich zwischen einer genetischen und in sich noch einmal verschobenen prinzipiellen Argumentation. Als genetisch Zweites kann sich das Subjekt zwar als das gegenüber der Libido (Freud) und dem gesellschaftlichen Sein (Marx) Verselbständigte behaupten, nicht aber als absolut Erstes. Die prinzipielle Argumentation gestaltet sich insofern schwieriger, als zum einen weder dem Subjekt noch dem Objekt der Rang des Ersten zugebilligt, zum anderen auch Gleichrangigkeit - nach der Kategorie der Wechselwirkung etwa - nicht als ausreichend angesehen werden kann. Die 'Einschränkung' des Subjekts verschiebt sich hier auf das Minimale der "qualitative(n) Unterscheidung von in sich Vermitteltem" (ND,S.183), auf einen Unterschied in der Qualität, der nur als (Kantische) 'Idee' gedacht werden kann.

Innerhalb der mehrfachen Bedeutung [37] der Rede vom Vorrang des Objekts lassen sich vier Grundbedeutungen herausstellen:

- genetisch-historische Relativierung des Subjekts;
- Vorrang des Noch-nicht-Seienden;
- Vorrang der Natur (Empirisches, Somatisches, Nichtbewußtes);
- Vorrang des schlechten Allgemeinen (Tauschgesellschaft).

An der Grundbedeutung des Noch-nicht-Seienden hängt - daran wird auch der Rekurs auf Schelling nichts ändern - die prinzipielle Argumentation, die dadurch auch wieder in die genetische einmündet; das Subjekt ist weder das Erste noch soll es das Letzte des historischen Entwicklungsprozesses sein. Die Einlösung der Behauptung einer dem Subjekt gegenüber unterschiedlichen Qualität des Objekts wird der Utopie überantwortet. Das Objekt ist - wie die Natur [38] - noch gar nicht. Es ist nach Kant das "vom Subjekt 'Gesetzte', das subjektive Formgespinst über dem entqualifizierten Etwas" (GS10,S.753), aber es "wäre einmal das Nichtidentische" (GS10,S.752), "dem Kantischen Ding an sich recht nahe" (GS10,S.753). Bis dahin aber stellt sich die Frage, ob das Objekt nicht das sei, "was Kant mit dem Begriff der Idee umriß" (GS10,S.752). Wird das Subjekt selbst als Idee vom Objekt weggedacht (ND,S.182), so nähert sich dieses dem Ding an sich. Kant aber 'umriß' mit dem Begriff der Idee das Objekt nicht als Konstituiertes, sondern als Regulatives. Das Objekt ist kein 'Gegebenes' (ND,S.185),sondern ein Aufgegebenes. Teleologische Bestimmung hat den Vorrang vor determinatorischer Bestimmung. Der "Bezugspunkt der Synthese des Mannigfaltigen (ist) im Tiefsten überhaupt kein Denken" (ND,S.187), Synthesis ist vielmehr begrifflich-mimetische Nachahmung teleologisch gedachter Natur.[39] 'Vorrang des Objekts' heißt so nicht nur, daß Erkenntnis endlich und fehlbar, 'empirisch' ist, sondern daß sie als unendliche das Objekt als Telos und Mimesis als regulatives Vermögen beansprucht. Das 'Vorgeistige' leitet als 'Erinnerungsspur' und Repräsentant frühkindlicher, leibhafter Interaktionserfahrung auch zum Nachgeistigen als postinstrumenteller Rationalität.[40]

Die These vom Vorrang des Objekts läßt sich auf diese Weise mit der These vom Vorrang der Mimesis parallelisieren. Mimesis ist als das onto- und phylogenetisch Erste das Vor-Rationale und das Nicht-Rationale als das der Natur (dem Somatischen, Unbewußten) verpflichtete Vermögen. Als solches wirkt es auch utopisch-regulativ, es setzt, mit Kant gesprochen, der Rationalität den Zweck, dient als 'Leitfaden' einer vernünftigen Synthesis, hat, mit Freud gesprochen, Teil an der Wunschkonstitution. Nur an einem Punkt läßt sich die Parallelisierung nicht aufrechterhalten: bezüglich der schlechten Allgemeinheit ist Rationalität der Repräsentant des Vorrangs des Objekts.

Die erste Bestimmung der 'ungleichen Vermittlung' in der 'Negativen Dialektik' lautet:

"Objekt kann nur durch Subjekt gedacht werden, erhält sich aber diesem gegenüber immer als Anderes; Subjekt jedoch ist der eigenen Beschaffenheit nach vorweg auch Objekt" (ND,S.182).

Die Begriffe 'Objekt' und 'Subjekt' durch Natur/Sein und Vernunft/Denken zu ersetzen, würde nur verdeutlichen, daß das Objekt als 'sich erhaltendes Anderes' in Schellingscher Terminolgie als das der Vernunft immer schon Vorausliegende auftritt. Objekt ist das "nicht zu Vergeistigende"(ND,S.191), das Gegebene "in seiner armen und blinden Gestalt", "dessen das Subjekt im eigenen Bannkreis nicht ganz Herr wird"(ND,S.186). Adorno richtet sich gegen den Autonomieanspruch Fichtes (vgl.ND,S.188) nicht anders als Schelling,[41] in geradezu wörtlicher Übereinstimmung mit diesem gegen die Einsetzung des

Subjekts "in seinen eigenen Bestimmungsgrund, seine Setzung als wahres Sein" (GS10,S.749). Schellings Selbsteinschränkung der Vernunft läßt sich jener Seite der Aufklärung zurechnen, die die "reductio hominis", die "Einsicht in den Trug des zum Absoluten sich stilisierenden Subjekts" betreibt (ND,S.185). Die existentialontologische Tradition kann diese Zurechnung umso weniger revidieren, als in der für das Konzept von Selbsterhaltung kritischen Funktion des Ekstasebegriffs zwischen Adorno und Heidegger eine tiefe Übereinstimmungsmöglichkeit festzustellen ist.[42] Das Motto: "alles dahingeben, um alles zu gewinnen" [43], schreibt schließlich auch Schelling über den Eingang zur Philosophie.

Trotzdem bleibt Adorno unentschieden zwischen den Fronten, die Konzession an Schelling vorbehaltsvoll und zaghaft. Gegen Hegels letztendlichen Primat des Subjekts im absoluten Begriff kann er sich nicht auf die Seite von Schellings Primat des 'Objekts', des absoluten Seins schlagen, insofern dieses in prinzipieller Undenk- und Unsagbarkeit instauriert wird, und Schelling damit, in Adornos Augen, über das Ziel, die bloße Einschränkung des Subjekts, hinausschießt. Adorno - darin liegt auch die Differenz zu Heidegger[44] - setzt das Gewicht auf die Seite des Objekts allein unter dem Vorbehalt der Geschichte. Die "Ohnmacht des Geistes", die - in existenzialistischer Redeweise - Übermacht des Seins über das, was sich als Seiendes zeigt, ist nur geschichtlich variabler "Index" (ND,S.185) für den Vorrang des Objekts. Seine utopische Verwirklichung bedeutet seine Revokation als geschichtlich reale, schlechte Allgemeinheit und als Natur, seine generelle Abschaffung zugunsten der Gleichrangigkeit von Subjekt und Objekt, des 'Dings an sich selbst betrachtet'.

Mit der These vom Vorrang des Objekts besetzt Adorno tentativ eine Leerstelle zwischen objektlosem Idealismus und subjektloser Existentialontologie. Sucht Adorno dagegen - wiederum in möglicher Anlehnung an Schelling - den Ausweg in der Ästhetik, so muß er einen doppelten Preis bezahlen. Denn im Schönen läßt sich zum einen der Vorrang des Objekts als Erfahrungsqualität ebenfalls nur indizieren, es "zeugt" für ihn (GS7,S.253), "deutet" auf ihn unter der Kategorie des Scheins (GS7,S.111). Endet zum anderen die Übersteigung der Subjektivität nicht, wie beim späten Schelling, in der höheren Subjektivität Gottes, sondern, mit dem frühen Schelling, in der höheren Subjektivität des ästhetischen Subjekts, liegt die Gefahr einer 'Überstrapazierung' dieses Subjekts unter dem Leitbild einer abgewandelten intellektuellen Anschauung nahe.[45]

An der These vom Vorrang des Objekts läßt sich aber der Streit über den Irrationalismus in Adornos Philosophie entscheiden.[46] Denn so wenig Adorno eine nicht bloß tentative Begründung dieser These gelingt, so wenig kann seine Einvernahme durch den Irrationalismus gelingen. Der Vorrang des Irrationalen ist parallel nämlich nur genetisch zu konzedieren, prinzipiell - im Gegensatz zu der an Schelling anschließenden Heidegger-Tradition - nicht zu begründen und utopisch durch Rationalität heilsam gebrochen. Wollte man Adornos Philosophie in einem Satz charakterisieren, so wäre ein Vorschlag: "Romantik mit dem schlechten Gewissen der Reflexion",[47] weniger pejorativ mißverständlich: unerbittliche , nur in ästhetischen Augenblicken aufatmende Reflexion aus dem Geiste einer heimatlosen Romantik.

(4) Brücken zwischen Subjekt und Objekt. - Der Wahn ist ein erkenntnistheoretisches Problem für jede 'Bewußtseinsphilosophie' (Habermas). Sie kommt an dem "Abgrund" zum Objekt hin, "den das Subjekt, auf eigene Gefahr, überbrücken muß" (DA, S.222) nicht vorbei. Anstelle der Brücken- und neuzeitlichen Abgrund-Metapher[48] setzt Adorno als erkenntnistheoretischen Terminus den der Synthesis, als psychologischen den der Projektion.Im Kontext der Diskussion des Wahns sind Übertreibung,

Traumlogik und Ironie nun als Grundbegriffe einer die Gratwanderung zwischen paranoischer Wissenschaft und schizophrenem Subjektivismus absichernden Methode bei Adorno anzuführen.

(a) Übertreibung. - Synthesis und Projektion haben eine erkenntnisermöglichende wie -verunmöglichende Seite,[49] eine Ambivalenz, die von Adorno auch in der Folge des methodologischen Theorems zur Übertreibung deutlich ausgesprochen wird:

"Alles Denken ist Übertreibung, insofern als jeder Gedanke, der überhaupt einer ist, über seine Einlösung durch gegebene Tatsachen hinausschießt. In dieser Differenz zwischen Gedanken und Einlösung nistet aber wie das Potential der Wahrheit so auch das des Wahns" (GS10,S.577).

"In jenem Abgrund der Ungewißheit , den jeder objektivierende Akt überbrücken muß, nistet sich die Paranoia ein" (DA,S.227).

Denken ist für Adorno Übertreibung zunächst in dem ganz formalen Sinn der Synthesis, der aktiv-subjektiven Verbindung des rezeptiv Gegebenen. Übertreibung ist subjektiver Zusatz im unpopulären Sinn als Synthesis der Sinnesdaten, als Denken, Geist, 'von der Schwere des Faktischen Losgelöstes' (MM,S.164). Adorno ergänzt die Kantische Argumentation wieder mit Hegel. Jedes Einzelne ist "vermöge seiner Vermitteltheit immer auch sein eigenes Anderes" (GS8,S.319), Denken die Herstellung des über das Einzelne 'hinaustreibenden', nun immanenten Zusammenhangs. Daß kein "Einzelnes 'wahr'" ist (GS8,S.319), heißt, daß es als Sinnesdatum oder Begriff mit anderen erst zu einem Urteil synthesiert werden muß, daß aber auch dieses einzelne Urteil nicht wahr im Sinne der "voll erreichten Identität mit dem Objekt" (GS8,S.319) ist. Übernimmt Adorno diese Hegelsche Lehre, so doch nicht deren Folgerung vom 'Ganzen' qua 'absolutem Wissen' als dem Wahren, der Identität durch die bestimmte Negation der Einzelurteile hindurch. Diesbezüglich bleibt Adorno Kantianer,das Ding-an-sich als Nicht-identisches Grenzbegriff seiner Philosophie. Denken ist Übertreibung im formalen Sinn des 'Hinaustreibens' über jedes Einzelne qua sinnlich gegebener und urteilend hergestellter Identität. Auf der epistemologischen Grundlage Kants verbietet sich die Behauptung einer metaphysischen Identität. Adornos Folgerung wird sich auf die Klausel des Scheins stützen, im konkreten Zusammenhang der Übertreibung auf die literarische Form der Ironie.

"... der Gedanke muß über seinen Gegenstand hinauszielen, gerade weil er nicht ganz hinkommt (...) Er extrapoliert, um vermöge der überspannten Anstrengung des Zuviel wie immer hoffnungslos das unausweichliche Zuwenig zu meistern" (MM,S.166).

Verbleibt man innerhalb der räumlichen Metaphorik, so drängt sich als zusätzliches Bild Adornos für die Philosophie die Arbeit des Sisyphus oder die Annäherung an den Regenbogen auf.[50] Noch im Bedeutungsrahmen formaler Übertreibung bewegt sich eine Interpretation des 'Zuviel' als zeitlich-diskursive und unendliche Folge einzelner Urteile. Die metaphysische Identität wäre dann erreicht mit dem syntaktischen Schlußpunkt urteilsspezifischer Identitätssetzungen, der aber notwendig fiktiv bleiben muß. Der das Nichtidentische anvisierende Denker darf nicht aufhören zu denken. Die Alternative ist ein Denken, das das Ende in der Linearität der Zeichen, der Wörter oder Sätze, verknüpft mit allen anderen; die Identitätssetzungen sprachlich unter der Kategorie des Raums relativiert. Adorno macht sie in der literarischen Methode berühmt, in einem "philosophischen Text sollten alle Sätze gleich nahe zum Mittelpunkt stehen" (MM,S.86). 'Konstellation' bzw. 'Konfiguration' und 'Parataxis' sind die begrifflichen Entsprechungen, zu denen - im vorliegenden Kontext naheliegend - das literarische Prinzip des Aphorismus in enger Beziehung steht. Die räumliche Zentrierung der Sätze ist eine Metapher dafür, daß sie alle gleich bedeutend sein, das heißt sich nicht subsumptiv, sondern reziprok determinieren sollen. Das 'Zuviel' des Gedankens liegt dann in seiner potentiell unendlichen Bedeutung, Übertreibung in der Bedeutungspotenzierung.

In diesem letzten Sinn macht sich das Spezifikum von Übertreibung geltend. Dem Aphorismus kommt sie darin nahe, extreme Verbindung der Zeichen zu sein. Was Adorno an Molièreschen Figuren exemplifiziert, nämlich daß sich in ihnen "übertreibend Grundbestimmungen des Systems (wiederholen): im Geiz etwa das feste Eigentum, in der eingebildeten Krankheit die reflexionslose Selbsterhaltung" (DA,S.289), untersteht dem Gesetz der Individuation. Übertreibung ist Besonderung des Allgemeinen, sprachlich: besondere Verbindung der Begriffe; nicht bloß Synthesis, sondern die von Extremen, deren räumliche Entfernung unmetaphorisch eine durch Konvention, und das heißt durch die "Kulturindustrie", die "Institutionen der öffentlichen Meinung" (MM,S.138) festgelegte Entfernung der Bedeutung oder der Geltungsbereiche ist; wahr ist das Unkonventionelle.

Nietzsche formuliert die Synthesis der Extreme in dem aphoristischen Prinzip, "in zehn Sätzen zu sagen, was jeder andere in einem Buche sagt".[51] Dieses Prinzip wird aber nicht durch eine schlichte quantitative Reduktion der Sprachzeichen eingelöst. Darauf deutet bei Nietzsche die Inversion der Reduktion im rezeptiven Akt, der ironische oder fatale Umstand, daß das auf zehn Sätze reduzierte Buch eine sich bis zum Umfang eines Buches erstreckende "Auslegung", "Lesen als Kunst" benötigt und ermöglicht.[52]

(b) Traumlogik. - Der Grund für die Möglichkeit der Explikation eines Aphorismus ist bei Freud einzusehen, der Zerlegung der Traumarbeit in die Mechanismen von Verdichtung und Verschiebung. 'Verdichtung' bietet sich schon als Umschreibung für 'Individuation' an, ihre aphoristische Reduktionstendenz im Kontrast zur analytischen Auslegung notiert auch Freud.[53] Er stellt sich aber die Frage, welche Bedingungen die "Auslassung" bestimmen,[54] und beantwortet sie mit dem einzelnen Vorstellungen eigenen Substitutionscharakter. Die übriggelassenen verdichteten Vorstellungen sind "Knotenpunkte" zahlreicher Assoziationsketten, "überdeterminiert" und daher "vieldeutig".[55] Sie ersetzen andere Vorstellungen, indem sie zugleich die Funktion erfüllen, auf sie hinzuweisen. Freud vergleicht die Verdichtung einmal mit der Projektion zweier Bilder von Personen aufeinander, "wobei die gemeinsamen Züge verstärkt hervortreten."[56] Das beiden Personen Gemeinsame, vielleicht nur ein einziger 'Zug' ermöglicht die Verknüpfung und die 'verstärkende' Substitution. Die scheinbar "ungebührliche Verbreiterung" von Elementen des Traums beschreibt Freud im Kapitel über Verschiebungsarbeit auch mit Hilfe der Mittelpunkt-Metapher. Da der Traum "gleichsam anders zentriert, sein Inhalt um andere Elemente als Mittelpunkt geordnet (ist) als die Traumgedanken", erweckt er berechtigterweise den Eindruck, "aus dem Zusammenhang gerissen und dadurch zu etwas Fremdem umgestaltet" zu sein.[57] Der Traum ist so Übertreibung im formalen und spezifischen Sinn. Seine jeweilige Zentrierung hat nicht anders als die konstellative philosophischer Texte zur Folge, daß, "wie in der chinesischen Schrift, erst der Zusammenhang die jedesmal richtige Auffassung ermöglicht",[58] die Bedeutung der Vorstellungen, besonders die von Worten und Namen,[59] den determinierenden Assoziationsketten folgen muß. Spezifisch als "Maßloses" ist das Übertriebene auch für Adorno das "Altbekannte im Munde des Fremden" (GS11,S.99)

Das Produkt der Traumarbeit, das Übertriebene, faßt Freud unter dem Titel der 'Entstellung', Adorno verweist sie auf die literarischen Meister der Übertreibung:

"Wie hat nicht Nietzsche alle Pferde am Schwanz aufgezäumt, auf denen er seine Attacken ritt, wie haben nicht Karl Kraus, Kafka, selbst Proust, jeder auf seine Weise, das Bild der Welt befangen verfälscht, um Falschheit und Befangenheit abzuschütteln (...) und es gilt heute wie im Mittelalter, daß einzig die Narren der Herrschaft die Wahrheit sagen" (MM,S.89).

Freud verwendet diesen Vergleich auch für den Traum[60] und macht dabei noch einmal deutlich, daß zum einen die Narrenkappe aus strategischem Zweck benutzt wird, zum anderen die Rede von der Wahrheit der Narretei eine Theorie der Herrschaft generell voraussetzt und speziell psychoanalytisch begründbar ist. Die Narren sagen der Herrschaft die Wahrheit, weil die Herrschaft es nur unter dieser Maske erlaubt, das Verdrängte im Traum sich nur entstellt wieder aktuelle Präsenz verschaffen kann.

Die Narretei muß aber auch dem spielerischen Moment Rechnung tragen und die Wahrheit zum vieldeutigen Schein erklären. Adorno hat der subjektivistischen Reduktion des Kunstwerks durch die Psychoanalyse vornehmlich, der engen Beziehung von Traumarbeit und Kunstwerk, wie sie sich sprachlich in der von 'Verdichtung' und 'Dichtung' nahelegt und im Gefolge der französischen Texttheorie unter dem Kristevaschen Terminus 'Textarbeit' oder 'Textpraxis' zusammengefaßt worden ist,[61] dagegen nur sporadisch Aufmerksamkeit geschenkt. Dazu gehört ein Abschnitt über die Logizität der Kunstwerke:

"Dennoch ist ihre Logizität nicht à la lettre zu nehmen. Darauf zielt Nietzsches Bemerkung ..., daß in den Kunstwerken nur alles so erschiene, als ob es sein müsse und nicht anders sein könne. Die Logik der Werke indiziert sich als uneigentlich dadurch, daß sie allen Einzelereignissen und Lösungen eine unvergleichlich viel größere Variationsbreite gewährt als sonst die Logik; nicht von der Hand zu weisen die aufdringliche Erinnerung an die Traumlogik, in der ebenfalls das Gefühl des zwingend Folgerechten mit einem Moment von Zufälligkeit sich verbindet. Durch ihre Retirade von den empirischen Zwecken empfängt Logik in der Kunst etwas Schattenhaftes, festgehalten und gelockert in eins" (GS7,S.206).

Als "Schattenbild" beschreibt schon Platon die Werke der mimetischen Kunst, und seine "Kraft" äußert es auf das im Menschen, das "unbekümmert um das Maß urteilt".[62] Schatten sind es auch, mit denen sich bei Kant die Metaphysiker "herumbalgen"; "zerhauen" wachsen sie, wie das Rätsel der Kunstwerke bei Adorno, "in einem Augenblick wieder zusammen".[63] Die metaphysische "Großsprecherei" kann nach der transzendentalphilosophischen Kritik tröstlich "als ein Kinderspiel belacht werden",[64] Adorno verharrt gegenteilig vor dem rätselhaften "Ernst der Kunstwerke" (GS7,S.190). Aber auch er zollt bereitwillig dem Begriff des Scheins Tribut, den Kant aus der transzendentalen Logik ausgrenzt. Für ihren Erkenntnischarakter zahlt Kunst den "Preis ihrer Scheinhaftigkeit" (GS7,S.173). Der "transzendentale Schein" ist die dem Spiel bzw. der Kunst eigene Wirklichkeit. Denn anders als der "empirische" oder "logische" Schein hört der transzendentale "gleichwohl nicht auf, ob man ihn schon aufgedeckt und seine Nichtigkeit ... deutlich eingesehen hat."[65] Zum eigentlich problematischen Schein gehört die Doppelung von unaufhörlicher Wirkung und Einsehen seiner Nichtigkeit; Täuschung entsteht gerade daraus, ihn für Realität zu halten. Traum und Wahn sind Formen dieser Täuschung.[66]

Die Doppelung von Realität und Irrealität des Scheins wiederholt sich in spezifischer Akzentuierung bei Adorno. Die Logik des Traums und des Kunstwerks 'nicht à la lettre zu nehmen' im Sinne der Empirie und des Wachbewußtseins heißt, sie à la lettre zu nehmen in ihrer je eigenen 'Logik'. Der Autor, dessen Werk wie kein anderes prädestiniert ist für diese Interpretationsmethode unter der Benjaminschen Idee der Deutung, ist Kafka. Er nimmt die "Träume à la lettre", das heißt scheidet alles aus, "was nicht dem Traum und seiner prälogischen Logik gliche" (GS10,S.258) und vollzieht dadurch die "Liquidation des Traums durch dessen Allgegenwart" (GS10,S.274). Das Prinzip der Wörtlichkeit und Buchstäblichkeit muß die deutende Interpretation übernehmen:

"Vorm Kurzschluß auf die allzu frühe, vom Werk schon gemeinte Bedeutung vermöchte als erste Regel zu schützen: alles wörtlich nehmen, nichts durch Begriffe von oben her zudecken" (GS10,S.257).

'Wörtlichkeit' ist die 'erste Regel' einer je eigenen, 'individuellen' Logik, die Deutung 'Schluß' vor allem im temporalen Sinn. Wie in derjenigen des Traums entscheidet der jeweilige Zusammenhang. Adornos Refus gegenüber dem ästhetischen Symbolbegriff darf ohne Zögern auf den psychoanalytischen ausgedehnt werden, insofern er es gestattet, "alle Triebkonflikte unter Begriffe wie Minderwertigkeitskomplex, Mutterbindung, extrovert und introvert zu subsumieren" (MM,S.78). Gegen diese subsumierende wie jegliche voreilige 'Verschmelzung' von Wort und Bedeutung immunisiert Kafka:

"Jeder Satz steht buchstäblich, und jeder bedeutet. Beides ist nicht, wie das Symbol es möchte, verschmolzen, sondern klafft auseinander (...) Jeder Satz spricht: deute mich, und keiner will es dulden" (GS10,S.255).

Verlangt die individuelle Logik Buchstäblichkeit bzw. Wörtlichkeit als ihre erste Regel, so als ihre zweite das Gegenteil: 'Deutung' und 'Uneigentlichkeit'. Der Doppelung von Buchstäblichkeit und Bedeutung entspricht, mit dem Akzent auf dem ersteren, die von Realität und Irrealität des Scheins. Adorno schließt sich Kants Beschreibung des transzendentalen Scheins an, detailliert sie aber in der Anweisung, den Schein erst einmal für real zu halten, sich täuschen zu lassen, um ihn am Ende der Deutung als uneigentlich, als Schein erst einzusehen; ein Ende, das aber wiederum nur ein vorläufiges ist, denn der Schein überlebt als Täuschung wie das Rätsel die Interpretation (vgl.GS7,S.189).[67]

(c) Ironie. - Im Kontext von Aphorismus und Übertreibung faßt Adorno die Doppelung des Scheins im Begriff der Ironie zusammen. Die Übertreibung im spezifischen Sinn darf nicht wörtlich genommen, muß gewissermaßen in einer zweiten Lektüre als ironisch einbekannt werden. Ironie und Übertreibung sind identisch, insofern beide die extreme Synthesis der Begriffe auf eine 'leichte' und 'flüchtige' Art relativieren (vgl.MM, S.164), die "eigene Überzeugung nicht ganz ernst nehmen" (GS8, S.172), mit der Wörtlichkeit, dem Ernst 'spielen'.[68] Adornos "traurige Wissenschaft" (MM,S.7) ist als Inversion des berühmten Buchtitels Nietzsches formuliert,[69] im Prinzip der Ironie aber wird die 'fröhliche Wissenschaft' als Abstraktum bewahrt. Das Zugeständnis: "Philosophie ist das Allerernsteste, aber so ernst wieder auch nicht" (ND,S.24), bringt in Haupt- und Nebensatz eine Qualifikation zum Ausdruck, die für den Leser von Adornos Schriften nachvollziehbar ist an einem Philosophieren, in dem es - im Gegensatz zu Nietzsche, aber auch zu Horkheimer[70] - höchst selten etwas zu lachen gibt. Von Adornos geschichtsphilosophisch und psychologisch begründeter Ambivalenz gegenüber dem Lachen einmal abgesehen [71] sind ihm aber Ironie und - wie er meist unterschiedslos sagt - Humor nicht Gehalt der Philosophie, sondern spezifische Begriffe für den Doppelcharakter des Scheins, formale Prinzipien. Gegen Kierkegaards Bestimmung von Humor, die in der "Behauptung radikaler Kontingenz der Außenwelt" (GS2,S.134) dem "einverstandenen Humor" (GS11,S.605) sehr nahekommt, definiert ihn Adorno als "Hoffnung im Widersinn" (GS2,S.135), als Wissen vom eigenen Betrug und Betrogensein vom eigenen Wissen; noch einmal eine Reminiszenz an Nietzsche.

"Unter diesem Aspekt, dem Bewußtsein der Unwahrheit des Wahren, partizipiert jegliche Kunst am Humor und vollends die verfinsterte Moderne; Thomas Mann hat das an Kafka betont, bei Beckett liegt es auf der Hand" (GS7,S.472).

Auch unter dem Aspekt des Humors als 'Bewußtsein der Unwahrheit des Wahren' wie umgekehrt als Bewußtsein der Wahrheit des Unwahren vereinheitlicht Adorno Kunst und Philosophie. Kafkas Werk ist dabei Paradebeispiel nicht nur für das Prinzip der Buchstäblichkeit, sondern auch der Bedeutung; eine immanent geforderte gegensätzliche, insofern dialektische Einheit, die wiederum als Ironie bzw. Humor definiert wird. Auch die berühmte Ironie Thomas Manns fügt sich in diese Definition ein (vgl.GS11,S.45f.). Adorno stellt noch eine zusätzliche Gleichung her:

"Nicht Demut hat Kafka gepredigt, sondern die erprobteste Verhaltensweise wider den Mythos empfohlen, die List (...) Kafkas Humor wünscht die Versöhnung mit dem Mythos durch eine Art von Mimikry (GS10,S.284f.).

Humor, das Nicht-ernst-Nehmen gerade durch das Ernst-Nehmen, ist 'List', 'eine Art von Mimikry'. Adorno sagt auch von Kafka, er betreibe nicht Anpassung, sondern "Mimesis an die Verdinglichung" (GS7,S.342), um die Tendenz zur Diminuation zum Ausdruck zu bringen; eine weitere Möglichkeit, sich das Verhältnis von Mimesis und Verdinglichung verständlich zu machen.[72] Für die Gleichung von Humor bzw. Ironie und List zitiert Adorno schließlich auch das früheste und bekannteste Beispiel aus der Philosophiegeschichte:

"Das bislang Unfruchtbare der Positivismus-Kontroverse rührt wohl auch daher, daß dialektische Erkenntnisse von ihren Gegnern allzu wörtlich genommen werden (...) Ohne ein Gebrochenes, Uneigentliches gibt es keine Erkenntnis (...) In alten Zeiten wußte das noch die große Philosophie: die des Platon, welche vorkritisch den äußersten Anspruch auf Wahrheit anmeldet, sabotiert in der Darstellungsform der 'aporetischen' Dialoge unablässig diesen Anspruch als wörtlich erfüllten; Spekulationen wären nicht abwegig, welche die Sokratische Ironie darauf bezögen" (GS8,S.318f.).

Auch Platon wird hier in die sonst eher dem deutschen Idealismus vorbehaltene 'große Philosophie' eingereiht. Ironie ist schon bei ihm 'Sabotage' der Wahrheit in der 'Darstellungsform', 'gebrochene' Wörtlichkeit. Die individuelle Logik setzt sich noch einmal in Kontrast zur allgemeinen, insofern diese ihr nicht nur als Subsumptionslogik einfach gegenübersteht, sondern als positivistische Faktenkonstatierung selber alles durchaus wörtlich meint (vgl.GS8,S.317). Das Prinzip der Wörtlichkeit, des Beharrens vor dem Detail (vgl.GS10,S.258) einlösen heißt, die Details weder unverbunden stehenzulassen noch unter ein vorgegebenes Allgemeines zu subsumieren. Individuelle und allgemeine Logik unterscheiden sich auch hier in der Synthesis. Ihr problematischer Status als Übertreibung im nicht nur formalen Sinn, ihre Spezifizierung als 'besondere' Verbindung der Begriffe läßt sich - so kann nun hinzugefügt werden - nur behaupten mit einer Konzession an die Logik des Traums und an die Ironie, das flüchtige und leichte Bewußtsein der Unwahrheit des Wahren.

(d) Individuelle Logik und ästhetisches Subjekt. - Die Rede von der Logik des Traums verdeutlicht mit dem zweifelhaften Status der Psychoanalyse als Wissenschaft den einer Logik des Individuellen. Sie ist unter der Rubrik 'Mechanismen der Traumarbeit' Ergebnis empirischer Fallstudien und zugleich Metapher für 'verstehbarer Zusammenhang', so wie den 'Sinn' von Musik "nichts anderes als der Zusammenhang" ausmacht (GS12,S.121)[73] Jeder Traum substituiert Vorstellungen nach dem Kriterium der Überdetermination, aber solange die Psychoanalyse sich nicht als Wissenschaft von den Symbolen konventionalisiert, hat jeder Traum auch seine eigene Logik, gibt es kein Kriterium für die überdeterminierten Vorstellungen eines einzelnen Individuums und seiner Träume, ein Kriterium, das notwendig inhaltlich sein müßte. Die von Adorno intendierte individuelle Logik gleicht der psychoanalytischen Deutung, insofern sie dem je Individuellen, der Buchstäblichkeit[74] folgt. Sie beläßt der Rede von der Logik des Traums dabei ihren metaphorischen Status und begreift - nicht anders als Kants reflektierende Urteilskraft - Logik, das Allgemeine als ein jeweils erst zu Findendes. Individuelle Logik und psychoanalytische Deutung werden von Adorno aber auch in eins gesetzt, insofern sie sich die Logik des Traums in den formalen Regeln von Übertreibung und Aphorismus zu eigen machen:

"An der Psychoanalyse ist nichts wahr als ihre Übertreibungen" (MM,S.56).

Dieser Aphorismus ist selbst eine Übertreibung. Er verbindet den Begriff der Wahrheit mit demjenigen, der konventionell am weitesten von ihm entfernt ist, dem Begriff der Übertreibung, und bringt zudem, wie jede Übertreibung, eine leise Selbstironie zum Ausdruck.

Die individuelle Logik, soweit sie philosophisch und künstlerisch verfolgt wird, unterscheidet sich aber von der Logik des Traums durch den Anteil des (bewußten) Subjekts. Darauf weist Adorno mit Blick auf die "verbreitete Theorie des Surrealismus" hin, die diesen "zum Traum in Beziehung (setzt)" (GS11,S.101):

"Das Subjekt, das im Surrealismus weit offener und ungehemmter am Werk ist als in den Träumen, wendet seine Energie gerade an seine Selbstauslöschung, zu der es im Traum keiner Energie bedarf" (GS11,S.102).

Die Auslöschung des Selbst im Traum hat zum Resultat, daß in ihm der Einzelne sich in vieles verwandelt, er sich den Wunsch der utopischen 'mimetischen Interaktion' erfüllt.[75] Dieser Wunscherfüllung gilt auch die Energieaufwendung des künstlerischen Subjekts. Aber die umstandslose Applikation der Traumstruktur auf es als Wachbewußtsein zöge die Konsequenz des klinischen Wahnsinns nach sich. Die Lösung muß daher sein, daß der Künstler "seiner mächtig bleibt, indem er ans ganz Ephemere sich verliert" (GS7,S.468f.). Die aufdringliche Nähe der Kunst zu psychopathologischen Zuständen und zum Traum darf über die Differenzen nicht hinweggleiten. Zu ihnen zählt aus psychologischer Sicht, daß im Kunstwerk nicht tatsächlich oder vollständig das Symbolisierte durch das Symbol substituiert wird. Beide bleiben in ihrer Verschiedenheit, in ihrer nur partialen

Austauschbarkeit und Verrückung erhalten. Das reale Objekt bleibt in seiner Absenz präsent durch das symbolische Objekt. Der 'Primärprozeß' und die durch ihn gegebene Erkenntnis von Ähnlichkeiten führt daher auch zur Bildung neuer Bedeutungen und Kategorien auf dem Weg der Wissenserweiterung statt seiner konkretistischen Reduktion.[76]

Adornos 'ästhetische', das Subjekt und seine Auslöschung übergreifende Lösung zur Vermeidung des subjektlosen Traums wie Wahnsinns läßt sich mit Kant und Schelling parallelisieren. Auch für Kant hat im Traum "ein jeglicher seine eigene Welt", und der Verrückte ist "ein Träumer im Wachen". Soll der "Verlust des Gemeinsinns (sensus communis) und der dagegen eintretende logische Eigensinn (sensus privatus)"[77] sowohl gemieden als auch gerechtfertigt werden, bleibt nur die Konstruktion eines ästhetischen Gemeinsinns, die Paradoxie einer 'subjektiven Notwendigkeit'.[78] Schelling erläutert im "System des transzendentalen Idealismus" gegenüber einer Philosophie, "die vom Bewußtsein ausgeht", die unbewußte Einheit von Subjekt und Objekt am Schlafzustand, in dem "Objekt und Anschauung völlig in einander verloren (sind)".[79] Auch ersetzt er aus der Einsicht in die notwendige präreflexive Bekanntschaft des Ich mit sich das Descartessche 'Ich denke' durch "Es denkt in mir, es wird in mir gedacht, ... gleichwie ich auch mit gleicher Berechtigung sage: Ich träumte, und: Es träumte mir."[80] Im frühen System aber vereinigt die Kunstanschauung als Abschluß Bewußtes und Bewußtloses im sukzessiven Sichverlieren in einem materialen Objekt. Adorno steht dieser Lösung zweifellos näher als einer, die - wie bei Lacan - das 'wahre' Subjekt mit dem Unbewußten identifiziert.[81]

Im Zusammenhang der Ironie läge es schließlich nahe, der ästhetischen Subjektivität die literarische Form des Witzes zuzuordnen, den Freud schon in der 'Traumdeutung' wiederholt mit dem Traum analogisiert,[82] mit der hier entscheidenenden Differenz allerdings eines höheren Anteils der Bewußtseinskontrolle. Aber Adorno spricht ein geschichtsphilosophisches Todesurteil über den Witz,[83] nur am Beispiel von Karl Kraus erhält er eine knappe Würdigung (vgl.GS11,S.380). Eine mit Hilfe der Psychoanalyse herzustellende Beziehung zur Kunst ist für ihn kein Thema.

IV. TRIEBTHEORIE UND SPRACHPHILOSOPHIE

(1) Erfahrung und Negativität bei Hegel. - Eine dritte mögliche Begründung für die kognitive Funktion des Leidens kann um den Erfahrungsbegriff zentriert werden, wie er von Hegel philosophisch und von der Psychoanalyse in seiner somatischen Fundierung dargelegt wird. Beide theoriegeschichtlichen Bezugspositionen leiten zu einer Sprachtheorie über, innerhalb derer Mimesis als 'Nahtstelle' zu dem mit den allgemeinen Begriffen nicht identischen Meinen, zu der dem symbolischen Zeichensystem genetisch vorausliegenden wie systematisch gleichwertigen Triebenergie, zur vorsprachlichen Bedürfnisinterpretation fungiert. Die Explikation des Mimesisbegriffs in seiner triebtheoretischen Komponente rückt in diesem Zusammenhang in den Vordergrund.

(a) 'Phänomenologie des Geistes'. - Adorno bindet die "Phänomenologie des Geistes" unmißverständlich an den Titel "Wissenschaft der Erfahrung des Bewußtseins", den Geist an seine physische Vermittlung:

"Aller Schmerz und alle Negativität, Motor des dialektischen Gedankens, sind die vielfach vermittelte, manchmal unkenntlich gewordene Gestalt von Physischem ..." (ND,S.200).

Auch Hegel bestimmt die 'Negativität' als 'Motor' des dialektischen Gedankens:

"Die Ungleichheit, die im Bewußtsein zwischen dem Ich und der Substanz, die sein Gegenstand ist, stattfindet, ist ihr Unterschied, das <u>Negative</u> überhaupt. Es kann als der <u>Mangel</u> beider angesehen werden, ist aber ihre Seele oder das Bewegende derselben".[1]

Dem Bewußtsein ist das 'Negative' wesentlich als der 'Unterschied' zwischen ihm als Wissen und seinem Gegenstand. Es ist dadurch definiert, die "zwei Momente des Wissens und der dem Wissen negativen Gegenständlichkeit",[2] vom Wissen unterschiedenen Gegenständlichkeit zu haben, Bewußtsein von etwas zu sein. Diesen Unterschied als 'Mangel' anzusehen, weist auf das Nichtunterschiedensein oder die Einheit als Ziel der 'Bewegung'. Insofern das Bewußtsein den Unterschied in sich hat, ist es dabei immer schon Verstand. Hegel würdigt ihn einige Abschnitte vorher enthusiastisch als die "absolute Macht", die "Macht des Negativen" qua analytischen Scheidens, als die "Energie des Denkens".[3] "Hegels Negativität", so auch Adorno, ist die "dialektische Analysis" (GS5,S.13). Die Beschreibung des Negativen qua Nicht-(substanziell-)Seiendem und Unterschiedenem im existenzialistischen Vokabular von 'Tod', 'Furchtbarem' und 'Zerrissenheit' macht aber zugleich den Erfahrungsbegriff aus dem prototypischen Bereich der Lebensgeschichte, den bloß erkenntnistheoretischen Zweifel als zugleich lebenspraktischen "Weg der Verzweiflung" geltend.[4] Erfahrungen, aus denen man lernt, sind negativ in dem Sinn, daß sie "mit einer falschen Ansicht der Dinge zugleich die Dogmatik einer eingewöhnten Lebensform" zerstören,[5] die praktische Vernunft zusammen mit der theoretischen kritisieren.

Mit diesem umfassenden Erfahrungsbegriff ist auch die Differenz zu dem des Positivismus markiert, der "Summierung empirischer Daten in einem sich gleichbleibenden Bewußtsein, das wie ein Computer Informationen speichert".[6] Der Zweiheit von Erkenntnis und Lebenspraxis läßt sich die andere von Empirismus und Idealismus in Hegels Erfahrungsbegriff parallelisieren. Dessen empiristisches Moment, die Vorstellung des Ansichseins des Gegenstandes, synthesiert sich mit dem ihm entgegengesetzten idealistischen Moment, der Einsicht in das Gesetztsein des Gegenstandes, zu einer Einheit, die, solange das Telos des Bewußtseinsprozesses nicht erreicht ist, auf jeder Stufe mit dem zweiten Moment das erste unmittelbar restituiert. Der 'neue Gegenstand' der Erfahrung ist die Hypostasierung der Einsicht in das Gesetztsein des alten Gegenstandes, eine Hypostasierung, die als Vergessen der Einsicht mit Adorno auch als Verdinglichung bezeichnet werden kann.[7] Hegel drückt sie in dem spekulativen Satz aus: 'Der neue Gegenstand ist die über den alten gemachte Erfahrung',[8] denn der spekulative Satz ist die adäquate syntaktische Form für den 'absoluten Unterschied', den unmittelbaren Umschlag der absoluten Gleichheit in die absolute Unterschiedenheit, wie er das Selbstbewußtsein als Ich=Ich generell definiert. Das 'ist' drückt die Unmittelbarkeit aus, die die Erfahrung selbst für das Bewußtsein zum neuen Gegenstand macht.[9]

(b) Der spekulative Satz. - Der Begriff der Erfahrung befaßt in sich die beiden Momente vom Empirismus und Idealismus, Unmittelbarkeit und Vermittlung. Bei Kant treten sie unter dem Begriffspaar von Apriori und Aposteriori auf,[10] man kann sie ebenso auf das von Passivität und Aktivität, Unbewußtes und Bewußtes verteilen.[11] Beansprucht Hegel für die Darstellung des Erfahrungsbegriffs die syntaktische Form des spekulativen Satzes, so stellt er umgekehrt die Lehre vom spekulativen Satz in den Kontext der Erfahrungsgeschichte. Das "vorstellende Denken" wird vor einem spekulativen Satz, in dem das Subjekt "nicht noch andere Prädikate oder Akzidenzen haben (kann)", Subjekt und Prädikat umfangslogisch gleich sind, ohne ein tautologisches Urteil zu bilden,[12] "in seinem Fortlaufen gehemmt", "erleidet ... einen Gegenstoß".[13] Statt in einer Reihe von Prädikaten 'fortzulaufen', wird das Denken genötigt, zum Subjekt zurückzukehren, fortzulaufen als 'Gegenstoß'. Der zweite (spekulative) Satz ist so die Umkehrung des ersten, aus 'S ist P' wird 'P ist S'.

Der Gegenstoß bewirkt aber nicht nur - wie durch die Kopula formal ohnehin ermöglicht - eine Umkehrung in der Sukzession der Satzglieder, sondern auch eine Negation der Kopula; aus 'S ist P' wird 'S ist nicht P'. Der spekulative Satz ist derjenige einzelne Satz, der die Aussage der Identität unmittelbar, im einzelnen Satz, in die der Nichtidentität übergehen läßt, derjenige einzelne Satz, in dem die Kopula unmittelbar ihr Gegenteil bedeutet. Paradigma dafür ist die Ich-Identitätsaussage, an der Hegel auch den Terminus 'absoluter Unterschied' konkretisiert.[14] Wie der absolute Unterschied im Gegensatz zum relativen nicht ein Etwas von einem Anderen (Etwas) sondern 'etwas' von sich selbst trennt, so ist das mit dem Wort Ich als Einheit Bezeichnete zu begreifen als gleichzeitige Setzung eines Unterschieds. Das Ich ist, insofern es als Unterschiedenes sich (Ich) auf sich (Ich) bezieht. Diesen absoluten Unterschied erfährt das Ich in der Begegnung mit einem anderen Ich, so daß man sagen kann, die Erfahrung des Selbstbewußtseins im gleichnamigen Kapitel der 'Phänomenologie' sei eine Explikation der Erfahrung des spekulativen Satzes.

Erfahrung des Bewußtseins (im genitivus subiectivus) und Erfahrung des spekulativen Satzes (im genitivus obiectivus) sind auch über das Moment der Erinnerung miteinander verknüpft. Die Negation der Kopula, das 'unmittelbare Übergehen' der Identitäts- in die Nichtidentitätsaussage läßt sich nämlich auch verstehen als Widerspruch von Setzen und Voraussetzen, Syntax und Semantik, Sagen und Meinen. Der spekulative Satz ist demzufolge nicht nur Setzung eines Gedankens als Aussage, sondern hat auch "an sich die Erinnerung bewahrt an das von diesem Gedanken Vorausgesetzte", er ist ein Satz, "der sich durch den Widerspruch dessen, was er einerseits ausspricht, und dessen, was in ihm andererseits unausgesprochen gemeint ist", an das Denken wendet.[15] Dieser 'Widerspruch' oder diese "Diskrepanz"[16] motiviert Hegel zur Änderung der Darstellungsform der Philosophie. In ihr müssen Sagen und Meinen koinzidieren, genauer: die Nichtkoinzidenz anzeigen und sich auf die Koinzidenz hinbewegen. Im Gegensatz zum verstandesmäßigen Urteil, das den "Unterschied des Subjekts und Prädikats in sich schließt",[17] sich beide als "gegenständliche fixe Selbst" vorstellt,[18] erinnert der spekulative Satz an die gleichzeitige Nichtunterschiedenheit, daran, daß Subjekt und Prädikat sich nicht als 'fixe Selbst' gegenüberstehen. 'Erinnerung' geht auf das Vorausgesetzte, denn kein einzelner Satz kann das mit der Setzung eines Inhalts schon Vorausgesetzte zugleich auch aussagen. Der spekulative Satz ist derjenige einzelne Satz, der die Gleichzeitigkeit des Unterschiedenseins und Nichtunterschiedenseins von Subjekt und Prädikat "auf unmittelbare Weise"[19] aussagt, er ist die Darstellungsform eines unmittelbaren Widerspruchs.[20] Motor des dialektischen Gedankens bleibt das Negative qua Unterschied, sei es der zwischen Sagen und Meinen, sei es der vom spekulativen Denken zum absoluten Unterschied oder unmittelbaren Widerspruch verschärfte des Verstandes.

Um allerdings die Fortbewegung als 'immanente'[21] verständlich zu machen und die Philosophie "vor amateurhafter Kontingenz" (ND,S.28) zu behüten, muß Hegel ein weiteres Kriterium für den spekulativen Satz angeben. Ist er gegen das verstandesmäßig subsumierende Urteil als Gleichsetzung zweiter Nomina und gegen die Tautologie als Gleichsetzung zweier verschiedener Nomina definiert, so reicht dieser "Formalismus" nicht hin, denn sonst könnte man auch einen Satz bilden wie 'Der Verstand ist die Elektrizität'.[22] Um diesem Formalismus zu entgehen und das Denken vor dem 'Herumirren' zu behüten,[23] um den Gegenstoß als Negation der Kopula auszulösen, bedarf der spekulative Satz eines bestimmten "philosophische(n) Inhalt(s)."[24] Hegel nennt als Beispiele "Gott ist das Sein" und "Das Wirkliche ist das Allgemeine", Sätze, die als 'Wesensaussagen' verstanden sein wollen.[25] Das Denken zeichnet sich als spekulatives erst dadurch aus, daß es dem spekulativen Satz als grammatischer Form den adäquaten oder 'entsprechenden' Inhalt verschafft, die Gleichsetzung zweier verschiedener Nomina als die von Begriffen konkretisiert. Zu zeigen, daß ein Prädikat dem Subjekt wesentlich und nicht bloß akzidentell zugehört, ist die Aufgabe des spekulativen Denkens. Anders als das verstandesmäßig subsumierende Urteil fordert ein Satz allein in der Form eines spekulativen Satzes schon das spekulative Denken als nicht akzidentell fortlaufendes heraus. Erst mit der 'Entsprechung'[26] von Form und Inhalt aber kommt es auch zu der von spekulativem Satz und spekulativem Denken, insofern er es veranlaßt, sich immanent fortzubewegen. Das Kriterium für die Immanenz der Fortbewegung aber liegt nicht in der Form des Satzes allein. Um ein Urteil von $A=B$ über $A\neq B$ zu $(A=B \wedge A\neq B)=C$ usf. weiterzubestimmen, bedarf es der Begründung der "Wissenschaft der Logik". "Hegel ist in seiner Logik auf der Suche nach dem Begriff, der das selber ist, was er intendiert."[27] Die Bewegung von 'Das Sein ist das Nichts' zu 'Das Sein ist die absolute Idee' ist eine zunehmende Entsprechung von Form und Inhalt oder auch von Sagen und Meinen des spekulativen Satzes. Auch letzterer sagt das, was er meint, allerdings nur, indem er auf die ganze Bewegung zwischen dem Sein und der absoluten Idee verweist. Wollte der spekulative Satz "das Wahre in einem Satze" aussagen, so wäre er nicht weniger 'dogmatisch' als das Verstandesdenken und das unmittelbare Wissen.[28] Der Ausdruck spekulativer Satz' ist insofern "äquivok", "der spekulative Satz ist kein Satz,"[29] d.h. er ist ein (einzelner) Satz, der sich selbst in eine bestimmte Folge von ebensolchen Sätzen überführt.

(2) Sinnliche Gewißheit und Empfindung. – Innerhalb des Kontextes des Erfahrungsbegriffs, der Darstellung der durch Negativität angetriebenen Erfahrung des Bewußtseins und seiner konzentrierten Beschreibung in einem spekulativen Satz, ist der spekulative Satz selber 'Gegenstand' einer Erfahrung und damit eines Leidens, insofern er dem gewöhnlichen Prozedieren des gegenständlich-vorstellenden Denkens entgegenwirkt, an das mit jeder Setzung Vorausgesetzte, unausdrücklich Mitgesagte erinnert und als Darstellungsform des absoluten Unterschieds dem Selbstbewußtsein speziell in der Unterscheidung von einem anderen Selbstbewußtsein entgegentritt. Mit der Zusammenstellung von 'Schmerz' und 'Negativität' beruft Adorno sich auf die Methode der "Phänomenologie des Geistes", programmatisch in den "Minima Moralia" und dort auch als Rettung individueller Erfahrung am offensten durchgeführt (vgl.MM,S.8f.). Zur näheren Begründung läßt sich Adornos Hinweis auf zwei Stufen der geistphilosophischen Erfahrung des Bewußtseins aufgreifen: sinnliche Gewißheit und unglückliches Bewußtsein.

(a) Angrenzung an Physisches. - Hegel faßt die sinnliche Gewißheit oder das sinnliche Bewußtsein folgendermaßen zusammen:

"Dieses ist von den anderen Weisen des Bewußtseins nicht dadurch unterschieden, daß bei ihm allein das Objekt durch die Sinne an mich käme, sondern vielmehr dadurch, daß auf dem Standpunkt desselben das Objekt ... noch weiter gar keine Gedankenbestimmung hat als die, erstens überhaupt zu sein und zweitens ein selbständiges Anderes gegen mich, ein Insichreflektiertes, ein Einzelnes gegen mich als Einzelnen, Unmittelbaren zu sein. Der besondere Inhalt des Sinnlichen, zum Beispiel Geruch, Geschmack, Farbe usw., fällt ... der Empfindung anheim. Die dem Sinnlichen eigentümliche Form aber, das Sich-selber-äußerlich-Sein, das Auseinandertreten in Raum und Zeit, ist die ... von der Anschauung erfaßte Bestimmung des Objekts ..."30

Die sinnliche Gewißheit steht bei Adorno nicht hoch im Kurs. Als "Forderung unmittelbarer Gegebenheit" erkennt er in ihr das "positivistische Ideal", auf den Bereich des Geistigen übertragen Husserls "Konstruktion der kategorialen Anschauung" (GS5,S.64). Auch von Descartes' "Klarheitsideal" mit seinem "Substrat" der "sinnlich-räumliche(n) Welt" argwöhnt er, es sei "von der sinnlichen Gewißheit abgezogen" (GS5,S.333). Durchgängig schließt er sich der Hegelschen Kritik an der Unmittelbarkeit und Einzelheit auch in diesem Zusammenhang an, am ausführlichsten in seiner Studie zu Hegel mit dem Titel "Erfahrungsgehalt".[31] Interessant an der sinnlichen Gewißheit ist für ihn das Moment der Empfindung:

"Unausrottbar an ihr ist das materialistische Element; sie grenzt an physischen Schmerz und an Organlust, ein Stück Natur, das nicht auf Subjektivität sich reduzieren läßt" (GS5,S.160).

Auch in der 'Negativen Dialektik' hat die Empfindung unter dem heading "Übergang zum Materialismus" bzw. "Übergang zum Vorrang des Objekts" ihren Ort (ND,S.191). Sie ist ein "nicht in Bewußtsein Aufgehendes" (ND,S.192). Mit der Empfindung wird hier der Vorrang des Objekts unter der Rubrik 'Vorrang der Natur' als Vorrang des Nicht-Bewußten namhaft, auch als Vorrang des empirischen, "raumzeitlichen" Ich vor dem "reinen", transzendentalen (GS5,S.161).[32]

(b) Hegels Kritik. - Aber Hegel hätte auch diese Einstufung revidiert, den über die "intentio obliqua der intentio obliqua" postulierten Vorrang des Objekts nicht anders kritisiert als bereits die "intentio recta" (GS10,S.747).

Hinter der 'unmittelbaren Erscheinung' der sinnlichen Gewißheit als "reichste Erkenntnis", für welche in Raum und Zeit "keine Grenze zu finden" sei, sieht er nur die "abstrakteste und ärmste Wahrheit" verborgen, die "von dem, was sie weiß, nur dies (aussagt): es ist".[33] Als erklärtermaßen 'unmittelbares', von jeglicher 'Gedankenbestimmung' fernes Wissen weiß die sinnliche Gewißheit von ihrem Gegenstand nur das 'Sein überhaupt'. Das zeigt sich "in der Tat",[34] indem sie ihre Erkenntnisse sagen oder zumindest zeigen soll. Hegels basales Argument steht innerhalb des Rahmens der Kantischen Transzendentalphilosophie. Der Existenzaussage wird über den transzendentalen Charakter der Zeit die Identitätsaussage als Bedingung demonstriert, und zwar sowohl für die Seite des Gegenstandes wie die Seite des Ich; das Sein eines Gegenstandes auszusagen erfordert mit der Identität des Gegenstandes die des Ich.[35] Die sinnliche Gewißheit erfährt die Wahrheit dieses transzendentalphilosophischen Arguments im Medium der Sprache und des bloßen Zeigens.

Vor allem an der Sprache kann Hegel dabei ein weiteres basales Argument verdeutlichen. Wenn die sinnliche Gewißheit "absolut einzelne, ganz persönliche, individuelle Dinge, deren jedes seines absolut gleichen nicht mehr hat", meint, [36] sie aber als "Dieses, d.h. das allgemeine Diese" oder als "Sein überhaupt" ausspricht, so zeigt das, daß die Sprache das "Wahrhaftere" ist, "in ihr widerlegen wir selbst unmittelbar unsere Meinung".[37] Das dagegen, "was das Unaussprechliche genannt wird, (ist) nichts anderes als das Unwahre, Unvernünftige, bloß Gemeinte",[38] in dem jede 'Wahrheit' "dieselbe Beglaubigung" hat.[39] Hegels Auszeichnung der Sprache ist nicht einfach als Parteinahme für das Allgemeine aus einer normativen Vorentscheidung heraus zu sehen, sondern auf dem Hintergrund der Generalthese vom Wesen, das erscheinen müsse.[40] Die 'Enzyklopädie' belegt das explizit:

"Wir wissen von unseren Gedanken nur dann, ... wenn wir ihnen die Form der Gegenständlichkeit, des Unterschiedenseins von unserer Innerlichkeit, also die Gestalt der Äußerlichkeit geben, die zugleich das Gepräge der höchsten Innerlichkeit trägt. Ein so innerliches Äußerliches ist allein der artikulierte Ton, das Wort (...) obgleich man gewöhnlich meint, das Unaussprechliche sei gerade das Vortrefflichste, so hat diese von der Eitelkeit gehegte Meinung doch gar keinen Grund, da das Unaussprechliche in Wahrheit nur etwas Trübes, Gärendes ist, das erst, wenn es zu Worte zu kommen vermag, Klarheit gewinnt. Das Wort gibt demnach den Gedanken ihr würdigstes und wahrhaftestes Dasein (...) Wie der wahrhafte Gedanke die Sache ist, so auch das Wort, wenn es vom wahrhaften Denken gebraucht wird."[41]

Bewußtsein, Wissen ist an 'Gegenständlichkeit', 'Unterschiedensein' oder Negativität gebunden. Dieser methodische Grundgedanke aus der 'Phänomenologie' gilt auch für das Verhältnis von Denken und Sprache. Indem das Denken durch Sprache (an) 'Klarheit gewinnt', verliert es an Gleich-gültigkeit der 'Beglaubigung' und an Dogmatismus; das ist die Schwäche der Empfindung als Un(mit)teilbarem.[42] Fatal wird Hegels Argumentation für die Sprache, wenn vom Prinzipiellen auf das Zeitliche, von der Unwahrheit des überhaupt Unaussprechlichen auf die des noch Unausgesprochenen geschlossen und/oder in der Folge die Sagbarkeit des Gemeinten im Sinne der Identität von 'Gedanke', 'Wort' und 'Sache', ein Ende des 'Gärenden', der Bewegung der Negativität behauptet wird; die Stärke der Empfindung als Un(mit)teilbarem liegt dann in der Verhinderung des idealistisch-begrifflichen Dogmatismus.[43] Nach den obigen Darlegungen zum spekulativen Satz kann die Fatalität wenigstens dahingehend ausgeräumt werden, daß auch das 'wahrhafte Denken' das Gemeinte nicht (in einem Satz) sagen kann. Der spekulative Satz widerlegt nicht anders als die sinnliche Gewißheit unmittelbar seine Meinung bzw. seine Aussage. Um das Gemeinte zu sagen, bedarf es der Allheit der (in der "Wissenschaft der Logik" aufeinanderfolgenden) spekulativen Sätze. Das noch Unausgesprochene ist 'Moment' der Wahrheit und diese als Identität von Gedanke, Wort und Sache nicht singulär realisierbar.

(c) Denken als Ausdifferenzierung. - Adorno teilt die Definition der Wahrheit als Negationsbewegung des Singulären mit Hegel wie auch die Statusbestimmung der Sprache als Medium der Erscheinung oder Darstellung der Wahrheit (des Denkens). Zustimmend zitiert er Hegels Parallelstelle zur 'Enzyklopädie' aus der 'Ästhetik', daß das "'Höchste und Vortrefflichste nicht etwa das Unausgesprochene'" ist, sondern was der Künstler ist, "'das <u>ist</u> er, was aber nur im Innern bleibt, das <u>ist</u> er nicht" (GS11,S.448f.). Das "lax Gesagte ist schlecht gedacht" (ND, S.27), weder sinnliche Gewißheit noch Empfindung bilden das Erste oder das Ganze der Erkenntnis.[44] Andererseits ist aus dem Satz: "In der <u>Empfindung</u> ist die <u>ganze</u> <u>Vernunft</u>",[45] die Empfindung ist eine nur undifferenzierte Einheit von Einzelnem und Allgemeinem,[46] nicht mit Hegel die Umkehrung abzuleiten, in der Vernunft sei die ganze Empfindung dergestalt, daß diese im

Bewußtsein 'aufgegangen', die anfängliche undifferenzierte Einheit am Ende der gedanklichen Bestimmung zu einer von jeder 'Trübung' freien 'Klarheit' gekommen sei. Das hätte die teleologisch zu erlangende Identität von Subjekt und Objekt, in Adornos Interpretation den Zustand der Versöhnung zur Voraussetzung:

"Die Ruhe der Bewegung aber, das Absolute, meint am Ende auch bei ihm (Hegel, J.F.) nichts anderes als das versöhnte Leben, das des gestillten Triebes, das keinen Mangel mehr kennt ..." (GS5,S.277)

"Weil noch die fernsten Objektivierungen des Denkens sich nähren von den Trieben, zerstört es in diesen die Bedingung seiner selbst" (MM,S.158).

Die Behauptung eines Endes der Denkbewegung verweist Adorno in die Schranken des (Historischen) Materialismus und der Psychoanalyse. Die Empfindung ist ein 'nicht in Bewußtsein Aufgehendes', weil sie in ihrer 'Angrenzung' an physischen Schmerz und Organlust letztlich nur physisch-organisch 'aufgeht'. Die Empfindung ist durch einen Mangel definiert, bei Hegel durch den, den grenzenlosen Reichtum des Sinnlichen zu meinen, aber die ärmste Gestalt des Bewußtseins zu sein, weil sie als sprachlose und punktuell-deiktische das Gemeinte nicht festhalten kann. Indem Adorno diese Definition um den 'ungestillten Trieb' erweitert, wird der Begriff der Empfindung der Domäne der Psychoanalyse unterstellt, das sprachlose Bewußtsein nicht als ein hypothetischer, sondern als ontogenetisch realer Zustand interpretiert. Wohl auch aus diesem Grund zieht Adorno den Begriff der Empfindung dem der sinnlichen Gewißheit vor, den er von der empiristisch-positivistischen Erkenntnistheorie okkupiert sieht. Sinnliche Gewißheit und die ihr zugeordnete Empfindung bilden bei Hegel den Ausgangspunkt des Erkenntnisprozesses, in der 'Phänomenologie' geht es weder um Sozialisation im Sinne einer Ontogenese noch um Phylogenese.[47] Adornos systematischer Fundierung der Empfindung auf dem Physisch-Organischen und dessen Triebstruktur folgend, tritt dagegen die Empfindung auch als zeitlich in der Entwicklung des Individuums früheste Stufe hervor. In Freuds Modell des psychischen Apparats kann man sie als die primitive Stufe der an Körperbedürfnis und Befriedigungserlebnis gebundenen Wunscherfüllung einordnen. Greift man Hegels Worte für die sinnliche Gewißheit auf, sie sei in ihrer Ungeschiedenheit vom Gegenstand rein "unmittelbar und aufnehmend",[48] werden in Freuds Terminologie wieder 'primärer Narzißmus' und 'primäre Identifizierung' auf den Plan gerufen.[49]

Denken heißt die Empfindung ausdifferenzieren, zu Wort kommen lassen, aber sein Ende, sein letztes Wort hängt an Voraussetzungen, die es nur zum Teil selbst erfüllen kann, zu dem Teil nämlich, als es daran mitwirkt, die Versöhnung als Stillung des Triebes real herbeizuführen. Kriterium des Denkens ist, ob es das, was die Empfindung meint bzw. kindheitssituativ meinte, sagen kann. Hegel beschreibt die diesbezüglichen Versuche des Denkens gleichermaßen als Prozeß der Erfahrung wie der Dialektik, in dem der 'Reichtum' des Gegenstandes aus der Totalität oder Allheit der gedanklichen Bestimmungen resultiert. Der spekulative Satz ist die adäquate sprachliche Darstellungsform. Kant setzt als 'Unterscheidungsvermögen' generell die Urteilskraft, zur 'Erfahrung des Besonderen' speziell die Bewegung der reflektierenden Urteilskraft. Adorno macht sich die Konzeption beider Autoren zu eigen. Die Begriffe 'Erfahrung', 'Dialektik' und 'Urteilskraft' werden von ihm zur weitestgehenden Deckung gebracht, das mimetische Moment der Erkenntnis in der 'Differenzierung' aufgesucht, 'Empfindung' wird zur 'Empfindlichkeit'.[50]

(3) Das somatische Moment der Erkenntnis. - Zur Begründung der doppelten Behauptung, Schmerz und Negativität seien eine Gestalt von Physischem und als solche der Motor des dialektischen Gedankens, läßt sich nicht nur die unterste Stufe aus Hegels

Erfahrungsprozeß des Bewußtseins heranziehen, sondern auch die innerhalb des Selbstbewußtseins letzte Stufe des 'unglücklichen' Bewußtseins':

"In der Erkenntnis überlebt es (das somatische Moment, J.F.) als deren Unruhe, die sie in Bewegung bringt und in ihrem Fortgang unbesänftigt sich reproduziert; unglückliches Bewußtsein ist keine verblendete Eitelkeit des Geistes sondern ihm inhärent, die einzige authentische Würde, die er in der Trennung vom Leib empfing" (ND,S.201).

'Unglückliches Bewußtsein' ist der Titel für den Geist, der sich seiner 'Trennung vom Leib' bewußt ist und an der aus dieser Trennung resultierenden 'Unruhe' leidet.[51]

(a) Unglückliches Bewußtsein. - Diese Charakterisierung arbeitet Hegel in prägnanten Formulierungen heraus. Sind Stoizismus, Skeptizismus und unglückliches Bewußtsein insgesamt Gestalten des knechtischen Bewußtseins, so ist das unglückliche Bewußtsein des näheren diejenige Gestalt, in der die "Verdoppelung, welche früher an zwei Einzelne, an den Herrn und den Knecht, sich verteilte, in Eines eingekehrt" ist.[52] Der Kampf zwischen Herr und Knecht wird im Inneren des Bewußtseins fortgesetzt als Kampf gegen einen "Feind", "gegen welchen der Sieg vielmehr ein Unterliegen" und das "Bewußtsein des Lebens, seines Daseins und Tuns nur der Schmerz über dieses Dasein und Tun" ist.[53] Der 'Feind' ist jene Natur, die Herr und Knecht in Gestalt der Begierde zu überwinden suchten, der sich zum 'Unterliegen' verkehrende 'Sieg' in psychoanalytischer Terminologie die Wiederkehr des Verdrängten. Hegel spricht das am deutlichsten für die letzte Stufe des unglücklichen Bewußtseins aus. In den "tierischen Funktionen" zeigt sich hier nämlich der "Feind in seiner eigentümlichen Gestalt", der "in seiner Niederlage sich erzeugt".[54] Der Ausweg, den Hegel dem unglücklichen, ebenso romantischen wie christlich-religiösen Bewußtsein weist, ist die Aufgabe des eigenen Willens, des Eigentums und schließlich des Genusses "im Fasten und Kasteien"; die Herrschaft des Geistes über den Knecht 'innere Natur' wird zur Herrschaft der religiösen Instanz über den Knecht 'Mensch' erweitert.[55]

(b) Wunschkonstitution bei Freud. - Das vor allem in der französischen Literatur verfolgte Programm einer 'Homologie' von Freudscher Psychoanalyse und Hegelscher 'Phänomenologie' läßt unter der Gemeinsamkeit der logischen Struktur 'Verdoppelung des Selbstbewußtseins in sich' die Interpretation des unglücklichen Bewußtseins als melancholisches Bewußtsein zu.[56] Insofern das Selbstbewußtsein sich aber nach wie vor von seinem als Natur stigmatisierten Feind befreien will, weist diese unendliche Befreiungsbewegung und damit die Unruhe im Prozeß der Erkenntnis in Freuds Perspektive zurück auf die Wunschkonstitution. Das Zusammentreffen von Hegels 'Begierde', der Gestalt von Natur am Anfang des Selbstbewußtseinskapitels, mit Freuds 'unbewußtem Wunsch' oder näher noch Lacans 'Begehren' innerhalb des Programms der Homologie bestätigt nur diesen Rückverweis.[57] In der 'Traumdeutung'[58] stellt Freud ein Schema des psychischen Apparats vor, an dem hier drei Punkte hervorzuheben sind:

- Es ist die "Not des Lebens", die "(zuerst) in der Form der großen Körperbedürfnisse" wie beispielsweise des Hungers, sodann als durch die Außenwelt zugefügte "bittere Lebenserfahrung" die modifizierende Ausbildung des Apparats bewirkt;
- der Wunsch konstituiert sich durch ein "Befriedigungserlebnis", zu dem wesentlich das "Erscheinen einer gewissen Wahrnehmung (der Nahrung im Beispiel)" gehört, "deren Erinnerungsbild von jetzt an mit der Gedächtnisspur der Bedürfniserregung assoziiert bleibt"; der Wunsch ist die 'Besetzung' dieses Erinnerungsbildes;
- ist die "primäre" Arbeitsweise des Apparats die Herstellung einer "Wahrnehmungsidentität" auf dem "kurzen Weg" der Halluzination, so die "sekundäre" qua "Denken" nur ein "Umweg zur Wunscherfüllung"; "nichts anderes als ein Wunsch (vermag) unseren seelischen Apparat zur Arbeit anzutreiben".

Der Wunsch ist der Motor der (Denk-)Arbeit, sie kann demzufolge erst enden, wenn der Wunsch erfüllt ist, und er ist dies -

gemäß seiner Konstituierung im Spannungsfeld zwischen körperlichem Bedürfnis und körperlicher, aber auch schon sozialer Befriedigung - erst auf körperliche und soziale Weise.[59] Das Leiden ist in diesem Schema eine - durch die unter den Säugetieren frühe Geburt des Menschenkindes gesetzte - biologische wie - durch das kulturelle Realitätsprinzip regulierte - soziale Konstante. Wie eine Kommentierung lesen sich dazu die Sätze Adornos:

"Denken ... enthält das Bedürfnis - zunächst die Lebensnot - in sich. Aus dem Bedürfnis wird gedacht, auch, wo das wishful thinking verworfen wird. Der Motor des Bedürfnisses ist der der Anstrengung, die Denken als Tun involviert" (ND,S.397).

Bedürfnis und Wunsch werden hier neben Schmerz und Negativität zum 'Motor' des der 'Lebensnot' ausgesetzten Denkens.

(c) Lacans 'linguistic turn' . - Der Freudschen biologischen und sozialen Konstante einen 'linguistic turn' gegeben zu haben, zeichnet in der Psychoanalyse das Werk Lacans aus.[60] Die folgenden Darlegungen zu seiner Theorie und derjenigen Kristevas dienen lediglich dazu, einen Übergang von der Triebtheorie in die Sprachphilosophie im Namen zweier Autoren anzubahnen, mit deren Hilfe auch Adornos Intention besser explizierbar wird. Eine ausführlichere Darstellung dieses Verhältnisses wäre danach erst zu leisten.

Lacan stellt den unbewußten Wunsch in radikalisierter Weise als 'Negativität' ins Zentrum einer Theorie des Subjekts, seines Denkens und Sprechens, indem er ihn unter dem Begriff des Begehrens als einen durch den Spracherwerb konstituierten unendlichen Seins-Mangel definiert.[61] Die Negativität des Begehrens liegt in dem durch das pure Faktum der Sprache gegebenen unaufhebbaren Mangel. Das Verhältnis von Meinen und Sagen aus Hegels 'sinnlicher Gewißheit' und die schlechte Unendlichkeit des 'unglücklichen Bewußtseins' werden auf der Ebene von Psychoanalyse und Sprachtheorie problematisch.[62] Die Unruhe der Erkenntnis wird von dieser selbst hervorgerufen, insofern sie als Sprache die Befriedigung des organischen Bedürfnisses in den vielen, potentiell unendlichen Differenzen zwischen den Sprachzeichen aufspaltet und verschiebt. Damit einhergehend sucht sie dies durch die fiktive Identität des mit dem Spracherwerb parallel verlaufenden 'Spiegelstadiums' zu kompensieren.

Adorno würde mit Lacan in dem Punkt der Abwehr eines Hegelschen Reflexionsmodells von Selbstbewußtsein übereinstimmen, nicht aber in der subjekt- und sprachtheoretischen Begründung und ihrer geschichtsphilosophischen Konsequenz. Weder wird die Sprache als bloß von der - bei Freud durch das Befriedigungserlebnis vorgestellten - Sache und dem Ich selbst distanzierend angesehen, noch das Subjekt zwischen absoluter und damit subjektloser Irreflexivität und präreflexiver, aber problematischer Vertrautheit mit sich in die Seinsart des Mystischen gedrängt,[63] noch auch die reale Wunscherfüllung, die Versöhnung, die keinen Mangel kennt, für das Gattungssubjekt implizit als prinzipiell unmöglich behauptet.

(d) Kristeva und die Fortsetzung der kritischen Theorie. - An dieser Stelle ist es aus mehrfachem Grund geboten, auf Julia Kristeva einzugehen, die in den Aufsatzbänden "Σημειωτική" (1969) und "Polylogue" (1977), vor allem aber in der programmatischen Hauptarbeit "Die Revolution der poetischen Sprache" (1974) die Semiotik auf der Basis des Strukturalismus weiterentwickelt hat und der in Mallarmé und Lautréamont verkörperten literarischen Avantgarde in ausführlichen Analysen nachgegangen ist. Wenn gesagt wird, daß die neuere französische Texttheorie "in wesentlichen Punkten die Arbeit der Kritischen Theorie fortsetzt",[64] dann trifft das auf Kristeva - verglichen mit Lacan, Foucault und Derrida - sicherlich mit den geringsten Einschränkungen zu. Anders als die genannten Autoren stellt sie sich ausdrücklich in die Tradition des Dialektischen Materialismus, um ihm das von je ausgeklammerte Subjektproblem zuzubringen. Der häufig erhobene ideologiekritische Vorwurf gegen den Strukturalismus, er zerstöre die Kategorie des Subjekts und leiste mit dem psychischen Unbewußten dem gesellschaftlichen Irrationalismus Vorschub, ist Kristeva gegenüber also von vorneherein unangebracht. Sie verschmäht es des weiteren auch nicht, über die Freudsche Triebtheorie hinaus zurückzugreifen auf die spekulative Philosophie Hegels.

(aa) Verwerfen und Sprache. - Der Begriff der Negativität bietet Kristeva als 'vierter Term' der triadischen Dialektik die Möglichkeit, die "Ursache und zugleich das Organisationsprinzip des Prozesses zu denken", [65] des sogenannten 'Prozesses der Sinngebung' nun, durch den sich Subjekt und Sprache in der 'Dialektik' von 'Semiotischem' und 'Symbolischem' erst konstituieren.[66] Steht das 'Symbolische' für die gesellschaftlich geregelte Sprache, die Zäsur in Signifikant und Signifikat, so das 'Semiotische' für das Vorsprachlich-Triebhafte in Anlehnung an die griechische Bedeutung des Wortes σημεῖον (Spur, Vorzeichen, Aufdruck).[67] Das Subjekt ist eine prozessuale Einheit, innerhalb deren die Negativität jegliche "Fixierung des Thetischen", des an Identifizierung und damit an Trennung gebundenen Aussagens, verhindert.[68] Um diese der logischen Negation im Urteilsakt vorausliegende Negativität aufzufinden, bezieht Kristeva sich auf das von den Psycholinguisten als 'konkrete Operationen' bezeichnete vorsprachliche Gestenspiel. Auf dieser "körperlichen, biologischen, aber schon sozialen" Ebene "erkannte Freud im 'Fort-Da'-Spiel des Säuglings den Trieb des Verwerfens - Ausstoßung oder Verwerfung ...".[69] Mit 'Verwerfung' ist der Begriff genannt, der demjenigen der nichtsprachlichen Negativität gleichgesetzt wird. Diese Negativität setzt das reale Objekt als vom Körper getrenntes und begründet, indem sie es als abwesend, als Zeichen fixiert, die symbolische Funktion.[70]

Kristevas Kritik an Freud setzt aber daran an, daß bei diesem der Einverleibung (oder primären Identifizierung), "die auf Oralität und Lust verweist, die symbolische Funktion entgegengesetzt", d.h. die "symbolische Funktion von der Lust abgetrennt" wird.[71] Diese Abtrennung revoziert Kristeva mit dem

Verweis auf den lustvollen Charakter auch des Ausstoßens bzw. Verwerfens. Das anale Verwerfen erlangt dafür entscheidende Bedeutung. Bei ihm handelt es sich um die "Grunderfahrung der Trennung", einer Trennung, deren "Ambivalenz" im "Lusterleben des Körpers und Verlust von Körperpartikeln" besteht.[72] In der frühkindlichen, präsignifikativen Phase ist diese lustvolle Erfahrung des Ausstoßens, so Kristeva, mit der des Ausstoßens von Lauten verbunden. Die Lustbesetzung der Mundhöhle, die Triebenergieentladung im endlichen Phonemsystem der Sprache hat dann die Effekte von Musikalität, Rhythmus, Lust am Laut zur Folge, wie sie sich später in der Sprache der Erwachsenen zeigen.[73]

Wenn das lustbetonte Verwerfen die symbolische Funktion begründet, dann hat man eine Basis, um zum einen jene auf Sprache als einem endlichen System nicht reduzierbaren Effekte zu erklären, zum anderen dafür, daß Lacans allein über den Mangel definiertes Begehren die Mechanismen des Sinngebungsprozesses nicht ausschöpfen kann,[74] daß die Symbolisierung nicht nur Lustverzicht bewirken muß, sondern auch Lusterleben bewirken kann durch die Rückkehr des Verwerfens und der oralen Lust in sie. Kristeva sieht diese Möglichkeit nur von einer "kleine(n) Anzahl von Subjekten" realisiert, von Schriftstellern, die im Diskurstypus 'Text' das Semiotische als Alogisches und Sinnloses in das Symbolische einbrechen lassen und die Objekte rekonstituieren, neue 'kreieren', resymbolisieren.[75] Was die Psychologie das 'starke Ich' und Kristeva das 'Subjekt im Prozeß' nennt, ist das 'ästhetische' Subjekt. Es allein erlaubt die Rückkehr ontogenetisch archaischer Lustformen und dynamisiert jegliche Fixierung. Es treibt gewissermaßen ein ambivalentes, ebenso bedrohliches wie lustvolles Spiel mit seiner Identität - ein Gedanke, der traditionell dahingehend formuliert wird, daß die Kunst eine Erweiterung des menschlichen Wahrnehmungs- und Erkenntnisvermögens ebenso bewirke wie zur Bedingung habe; daß sie, aktuell formuliert, einstehe für die flexible Organisationsform einer ästhetisch oder mimetisch verflüssigten Ichidentität.[76]

(bb) Mimesis und partiale Libido. - In psychoanalytischer und sprachtheoretischer Ausarbeitung begegnen bei Kristeva zentrale Theoreme und Intentionen Adornos. Innerhalb der Theorie der Ichidentität läßt sich dabei der Begriff der Mimesis spezifizieren.

Nicht anders als Kristeva begreift Adorno - allerdings gleichgewichtig geschichtsphilosophisch wie psychoanalytisch - das, im normativen Sinn, 'starke Ich' als das, "was aus der eigenen Kraft, die der Identität sich verdankt, deren Verschalung von sich abwirft" (ND,S.272), als "Produkt aller Naturbeherrschung und ihres Unrechts" (GS7,S.397). Die 'Kraft' des starken Ich 'verdankt sich der Identität', dem "Bewußtsein" oder der "Rationalität" als der Instanz der Realitätsprüfung (GS10,S.644). Das Subjekt kann nur als konstituiertes die Objekte rekonstituieren. Das Verhältnis von oraler und analer Phase einerseits und genitaler Phase andererseits ist dabei kein ausschließlich gegensätzliches:

"Vielmehr überlebt in der Genitalität die partiale Libido, die in jener sich zusammenfaßt. Jedes Glück entflammt an der Spannung beider" (GS10,S.537).77

In der "Zwischengeschlechtlichkeit" sieht Adorno auch das "sozial nicht konformierende Moment des Jazz":

"Die Verstümmelung des genital zentrierten Subjekts, als deren ritualer Vollzug Jazz einsteht, gibt im Augenblick der Regression die Partialtriebe frei" (GS17,S.106).

Bezug nehmend auf die Theorie der "Authoritarian Personality" und der in ihr 'empirisch erhärteten' Haltung der "'intolerance of ambiguity'" stellt Adorno den Zusammenhang von (nicht nur genital zentrierter) Sexualität und Mimesis her:

"Dicht hinter dem mimetischen Tabu steht ein sexuelles ... " (GS7,S.176).

Hinzu kommt schließlich der Zusammenhang mit dem Ästhetischen:

"Ästhetische Entäußerung an die Sache, das Kunstwerk, erheischt kein schwaches, sich anpassendes, vielmehr ein starkes Ich. Einzig das autonome vermag ... seine illusionäre Befangenheit zu durchbrechen. Das ist nicht vorstellbar, solange das mimetische Moment ... unterdrückt wird, anstatt daß es in seiner Spannung zu dem ihm Entgegengesetzten in der Objektivation verschwände und sich erhielte" (GS7,S.178).

Die 'Spannung' des 'Entgegensetzen' ist die von Mimesis und Gegenständlichem, 'Objektiviertem', wie die von partialer Libido und Genitalität, triebhaft Semiotischem und fixierend Symbolischem, auch die von Bedürfnis und Gedanken, denn das Bedürfnis "vertritt in der innersten Zelle des Gedankens, was nicht seinesgleichen ist" (ND,S.398). Das starke, ästhetische Ich vereinigt diese Spannung in sich. Es 'durchbricht' dadurch die 'illusionäre Befangenheit', wie sie auch das Lacansche Spiegelstadium kennzeichnet, die "unendliche Spiegelung" (GS8, S.391), die "'pathische Projektion'", in der die Menschen nur "ihr eigenes Spiegelbild wahrnehmen" (MM, S.134); das Subjekt wird 'dezentriert' (DA,S.224). Den Begriff der Entäußerung übernimmt Adorno von der klassischen deutschen Philosophie und Dichtung, von Goethe, Humboldt, vor allem von Hegel. Er bedeutet "Hingabe an das, was es (das Subjekt, J.F.) nicht selbst ist" (GS10,S.643). 'Hingabe' aber ist eine mimetische Leistung; "alle Hingabe hat einen Zug von Mimikry" (DA,S.213). Entäußerung erfordert also Rationalität und Mimesis in einem. 'Seiner mächtig bleiben, indem man ans ganz Emphemere sich verliert' (GS7,S.468f.), erfordert, wie bei Baudelaire, die Aufrichtung des genitalen Prinzips wie die Bewahrung der nicht fixierten Libido. Das starke Subjekt muß, wie Verlaine, die "Kraft" haben, "sich gehen zu lassen", "zu verkommen" im moralischen und sozialen Sinn (GS7,S.65). Adorno selbst schließlich wird bescheinigt, er habe nicht den "Preis einer starren Abschirmung gegen Regression ... zahlen wollen."[78]

Innerhalb dieses Dualismus steht Mimesis auf der Seite des als partiale Libido und Bedürfnis beschriebenen Somatischen. Auf diese Weise wird sie qua Nachahmung des Nicht-Gegenständlichen, Bewegten und Korrelat des Körpers bzw. der nach außen projizierten inneren, nichtidentischen Natur[79] psychoanalytisch eine Schicht tiefer freigelegt: Das Nichtidentische ist ein abstrakter Begriff für dasjenige, was die Psychoanalyse unter dem Begriff der partialen Libido beschreibt; die Entäußerung an das Objekt qua Ephemeres ist der Durchbruch des inneren Ephemeren, des Polymorphen in der genital zentrierten Subjektivität, die Regulierung des Denkens durch das Bedürfnis.

Kristeva hat dieses Ephemere unter dem Begriff des Semiotischen zu einem Grundbegriff ihrer Theorie gemacht. Die Negativität des Verwerfens fundiert und untergräbt jegliche sich fixierende Einheit des Subjekts, Mimesis - Kristeva gebraucht den Terminus poetologisch - korrespondiert dem Körper als einem durch Triebenergie erotisierten kinetischen System, sie ist nicht Imitation eines Objekts, sondern 'Nacherzeugung' oder 'Nachzeichnung' der (Sprach-)Bewegung, die zu seiner Setzung führte.[80] Sie markiert insofern auch die "Nahtstelle zwischen Körper und Natur einerseits, Symbol und Gesellschaft andererseits."[81] Mimesis fungiert bei Kristeva als traditioneller Terminus für 'poeto-logischer Trieb', für das Aufnehmen des (mit Hegel und Freud) "logische(n) Trieb(s)"[82] des Verwerfens oder der Negativität in die Poesie als der Semiotisches und Symbolisches gleichermaßen ins Recht setzenden Sprachgestaltung. Die 'Nahtstelle' zwischen Körper/Natur und Symbol/Gesellschaft ist beides zugleich, steht, in der Redeweise Adornos, zu beiden in Verwandtschaft oder Affinität. Kristeva findet sie im Trieb, als der "Brücke" zwischen "biologischer Basis" und "familialgesellschaftlicher Determination", zwischen "Außen" und "Innen",[83] speziell dem Trieb des Verwerfens und seiner mimetischen Repräsentanz in der Poesie.

(e) Ästhetische Rationalität, Wahrheit und Utopie. - Die zweifache, biologische - oder unspezifischer: vorgesellschaftliche - wie soziale Determination der Triebe verteidigt auch Adorno als Einsicht der "radikale(n) Psychoanalyse". Indem sie "sich auf Libido als ein Vorgesellschaftliches richtet", erreicht sie jene Punkte, "wo das gesellschaftliche Prinzip der Herrschaft mit dem psychologischen der Triebunterdrückung koinzidiert" (GS8,S.27). "Die Einsichten Freuds über die infantile Sexualität und die Partialtriebe" gelten für Adorno "unvermindert" (GS10,S.533). Der Trieb hat seinen Ursprung, in Freuds Terminologie seine 'Quelle', im Somatischen und unterliegt einer letztlich gesellschaftlichen Unterdrückung. Adorno hat das Somatische als das die Erkenntnis in Bewegung versetzende Moment bestimmt; 'unglückliches Bewußtsein' ist der Titel für diese 'getriebene' Erkenntnis. Mit Freud übernimmt der Wunsch diese Funktion; er ist der 'Vater des Gedankens.'[84] Bei Kristeva ist es vor allem der ambivalente Trieb des Verwerfens, der als Negativität allen urteilslogischen Setzungen chronologisch wie logisch vorausgeht. Das Verhältnis von Semiotischem und Symbolischem bleibt als dualistisches durch alle Entwicklungsstadien des Individuums hindurch bestehen. Bei Adorno prägt sich dieser Dualismus als der zwischen dem "festen Ich" und dem "ungebändigten vor-ichlichen Impuls" aus (ND,S.219). Bei Freud wie bei Kristeva hat das 'impulsive', antreibende Moment eine (im Sinn des symbolischen Zeichensystems) vorsprachliche Modalität und konstituiert sich in einem körperlich-biologischen wie sozialen Kontext.

Innerhalb dieser drei (bzw. vier) Koordinaten von Sprache (als semiotischer und symbolischer Modalität), Körper und Sozialem zeichnet sich auch Adornos Idee von Utopie und Wahrheit ab:

"Nur wer es vermöchte, in der blinden somatischen Lust, die keine Intention hat und die letzte stillt, die Utopie zu bestimmen, wäre einer Idee von Wahrheit fähig, die standhielte" (MM,S.72).

Das tertium comparationis von 'blinder somatischer Lust' und Utopie bzw. Wahrheit besteht darin, 'keine Intention zu haben'. Während aber die Lust noch keine Intention hat, hätten Utopie und Wahrheit keine mehr. Die Intentionslosigkeit ist zeitlich verschieden lokalisiert, Anfang oder Ende der (phylo- und ontogenetischen) Entwicklung. Mit dem Begriff der Intention verweist Adorno auf Husserl, der ihm seit seiner 1924 abgeschlossenen Dissertation vertraut ist. Die Intention ist in dieser Tradition eine "Gestalt des identifizierenden Prinzips" (GS7,S.227), das etwas als etwas identifiziert, das Reich von "Sinn und Subjektivität" (GS12,S.122). Adorno bezieht sich aber auch auf Benjamins ebenfalls 1924/25 entstandenes Trauerspiel-Buch. Von ihm übernimmt er die Idee einer Deutung intentionsloser Wirklichkeit (vgl.GS1,S.335) und die Idee der Wahrheit als intentionslosem Zusammenhang geschichtlicher Bilder (vgl.GS1, S.338), dessen, was Benjamin 'Ideen' nannte.[85] Bei Benjamin ist die "subjektive Intention als im Gegenstand erlöschende vorgestellt" (GS10,S.251). In der blinden somatischen Lust, der bloßen Befriedigung der Körperbedürfnisse dagegen ist die (vergegenständlichende) Intention noch nicht aufgetreten. Humanität erfordert aber, 'die Augen aufzuschlagen'; daß der 'Genius der Natur entrage' (ND,S.388). Erkennen heißt 'die Binde von den Augen streifen' (ND,S.21f.). Adornos Geschichtsphilosophie gliedert sich nach dem von Kant dem deutschen Idealismus eröffneten triadischen Schema, in dessen letztem Stadium sich zeigen muß, daß Kultur, "vollkommene Kunst wieder zur Natur werden kann".[86] Adorno zitiert dieses Schema bevorzugt in dem Satz von Karl Kraus "Ursprung ist das Ziel" (ND,S.156) und in Schönbergs Formel "Vorwärts zur Natur" (GS17,S.202). Die Utopie ist bestimmt als paritätisches Verhältnis gegensätzlicher Paare, von Kultur und Natur, von "Intention" und "mimetische(m) Impuls" (GS7,S.227), von Genitalität und partialer Libido. An der "Lust", dem "bedeutungsfernen, vernunftlosen Zweck", könnte "allein das Mittel Vernunft als vernünftig sich erweisen" (MM,S.72). Vernunft erweist sich erst dann als 'vernünftiges Mittel', wenn sie das Vernunftlose, die Lust, zu ihrem Zweck erhebt. Das hat aber - um in der Metaphorik des Auges zu verbleiben - zur Folge, daß die Vernunft zwar nicht mehr blind, aber doch 'mit verbundenen Augen', in teleologischer Blindheit vorgehen muß. Eine solche Vernunft qualifiziert Adornos als "ästhetische Rationalität" (GS7,S.175). Er thematisiert sie auch unter dem Hegelschen Terminus der zweiten Reflexion (vgl.GS7,S.47). Benjamin überantwortet sich demgemäß nicht dem "Zufall der blinden Anschauung" (GS10,S.252), besser als von 'Blindheit' ist bei ihm von 'Rückhaltlosigkeit' zu sprechen (GS11,S.573). Auch der "Valérysche Künstler ist ein Bergmann ohne Licht" (GS11,S.188), oder Künstler ist, wer "ins Schwarze, ins Sprachdunkle, trifft" (GS11,S.81).

'Ästhetische Rationalität' ist nun zum einen Adornos Oberbegriff für Mimesis und (instrumentelle) Rationalität, ein Synonym für die am Ende des Magie-Kapitels dargestellte 'volle Rationalität'. Wurde dort Mimesis dem Zweck allein aufgrund der Mittel-Zweck Relation zugeordnet, so wird im Synthesis-Kapitel Mimesis sachlich als Ingrediens der diskursiven Erkenntnis gefordert. Um nicht Nachahmung blinder (dort: mythisch-immergleicher) Natur allein durch das Mittel des Begriffs zu sein, bedarf die Synthesis eines Moments, das der Natur als Nicht-Begriffliches, Nicht-Identisches, als Subjekt korrespondiert, wie die philosophische Tradition es in der Teleologie zuließ. Mimesis scheint ein erkenntnistheoretisches Organ der Metaphysik. Aber abgesehen davon, daß - wie im Nachahmungs-Kapitel gezeigt - Adorno Teleologie unter der Kategorie des Scheins restringiert, wird an dieser Stelle mit Freud und Kristeva das (nicht verobjektivierte) Subjekt 'Natur' als Projektionsleistung deutlich; Mimesis korrespondiert dem Nichtidentischen als (noch) intentionsloser somatischer Lust, als partialer Libido. Diese Korrespondenz - im Nachahmungs-Kapitel im Umkehrschluß zur 'toten' Rationalität gewonnen - wird so nicht nur durch Ethnologie und Sozialisationstheorie bezeugt, indem Nachahmung als onto- und phylogenetisch primäre Verhaltensweise beschrieben wird, sondern auch durch die Psychoanalyse, indem Mimesis nun als Gegenpol zur fixierenden Instanz der Genitalität eingesetzt und von Kristeva explizit qua Bewegungsnachahmung in der Nachfolge des Triebs entwickelt wird. Die Rede von dem, was (äußere) Natur 'von sich aus will', läßt sich dementsprechend verteidigen als eine für das Interesse an Versöhnung unabdingbare regulative Idee,[87] als ästhetische Rede unter der Kategorie des Scheins oder auf dem Weg der Rückprojektion in innere Natur; Metaphysik würde in letzterem Falle auf Psychologie zurückverwiesen.

'Ästhetische Rationalität' ist zum zweiten Adornos Medium der Bestimmung der Utopie. Er hat für den Begriff der Wahrheit als Erlöschen der Intention auf Benjamin verwiesen. Ebenso hätte er aber auch Schelling heranziehen können, der im System von 1800 das Kunstwerk als unbewußtes und unbeabsichtigtes Ende eines bewußt und absichtsvoll begonnenen Schaffensprozesses konzipiert.[88] Versöhnung als "gestillter Drang" impliziert ein "Verhältnis der Menschheit zur Natur, wie es für Augenblicke aufblitzt in den großen Kunstwerken" (GS8,S.236). Ihre adäquate Rezeptionsweise liegt in der ebenso augenblicklichen wie leibhaften "Erschütterung", in der das Ich im Werk verschwindet (GS7,S.363).

(f) Habermas und die Utopie der Kommunikation. - Habermas insistiert gegen Adorno darauf, daß dieser über die dem Bilderverbot genügende Metapher der Versöhnung hinaus dem "systematischen Zwang" unterstehe, "immer wieder die Idee der Versöhnung in Anspruch zu nehmen", und sieht sie als "Struktur des Zusammenlebens in zwangloser Kommunikation" umschrieben.[89] Adorno bezieht diese Umschreibung aus einem ästhetischen Kontext, Eichendorffs Wort von der 'Schönen Fremde' und Benjamins Definition der Aura.[90] In einem Brief an Horkheimer, in dem er sich dankbar über die Erfahrung seiner 'Einfügung' in die Kollektivität des Instituts ausspricht, findet sich allerdings für die These von Habermas ein Beleg, wie er so offen sonst nicht gegeben wird.[91] Gleichwohl beschränkt Adorno die Utopie des kommunikativen Austauschs nicht auf die intersubjektive Sphäre. Das Verhältnis des Subjekts zu sich als innere Natur wie zur äußeren Natur muß in diese Utopie mitaufgenommen werden, soll sie nicht zu der von ihm despektierlich so genannten 'subjektiven Kommunikation' verflachen.

(aa) Intrasubjektive Kommunikation. - Versöhnung hat bei Adorno die Struktur der Parität von Körper/Natur und Geist/Gesellschaft. Sprache fungiert dabei als Mittelglied, weil sie selbst nach dieser Parität strukturiert ist. Bei Kristeva lautet sie auf die von Semiotischem und Symbolischem, bei Adorno auf die von Mimetischem und Kommunikativem. Das Mimetische/Semiotische ist das dem Kommunikativen/Symbolischen zeitlich Vorausliegende und das ihm systematisch Konträre, das doch nur an ihm zur Erscheinung kommen kann. Die Sprache kann diese Vermittlungsfunktion einnehmen, weil sie als mimetische/semiotische die 'Nahtstelle' des Triebes, der vorgesellschaftlichen Libido fortsetzt. Wenn Adornos Idee der Versöhnung also der Struktur zwangloser Kommunikation unterliegt, dann meint sie weit mehr eine intra- denn eine intersubjektive Kommunikation. Das Subjekt darf, in der Redeweise von Habermas, die 'Kommunikation mit sich selber nicht unterbrechen', unbewußte Wünsche und Triebansprüche nicht 'exkommunizieren', d.h. aus dem Kommunikativen/Symbolischen ausschließen, sondern muß sie in kreativem

Sprachgebrauch oder in therapeutischer Selbstreflexion integrieren, um so die semantischen Gehalte aus dem vorsprachlichen in den sprachlichen Zustand zu übersetzen; nur dann geht die Idee von Versöhnung in der Idee von Kommunikation auf.[92]

(bb) Paläosymbole. - Mit der Annahme einer zweistufigen menschlichen Symbolorganisation kommt Habermas Adorno in diesem Zusammenhang am nächsten. Diejenigen Symbole, die Habermas mit Arieti 'Paläosymbole' nennt, sind ein onto- wie phylogenetisch Älteres, stellen konkret eingelebte Interaktionserfahrungen dar, die daher einen Privatismus der Bedeutung bedingen, und treten nur an der späteren, grammatisch geregelten Symbolorganisation in Erscheinung, werden von ihr aus anhand der Sprachpathologie und der Traumanalyse als theoretische Konstruktion erschlossen. Die Bedürfnisse und Triebansprüche sind demzufolge immer schon paläosymbolisch interpretierte Bedürfnisse.[93]

Die Differenz zu Adorno besteht in Habermas' nicht-dualistischer, nicht-paritätischer Symbolkonzeption. Die Paläosymbole vereinigen sich zwar mit dem Mimetischen, dem Impuls, in den aufgezählten Merkmalen. Die beiden Symbolorganisationen treffen sich bei Habermas auch nicht nur in der Pathologie, sondern, wiederum im Anschluß an Arieti, auch im kreativen Sprachgebrauch.[94] Aber sie werden nicht in eine für die Konstitution des Subjekts prinzipielle Kontrarität gesetzt. Anders als der mimetische Impuls (Adornos) oder das Semiotisch-Triebhafte (Kristevas) konstituieren die paläosymbolisch interpretierten Bedürfnisse weder das Symbolische noch destruieren sie es in einem lustbesetzten Prozeß. Aus Adornos Perspektive betreibt Habermas eine prinzipielle Unterbewertung der vorsprachlichen Bedürfnisinterpretation und ihrer sprachlichen Übersetzung.

(cc) Übersetzung und Mimesis. - Die Adornosche Frage muß sich daran heften, wie die 'Übersetzung' möglich ist; ob es dazu nicht jener von Kristeva als Produkt des Verwerfens beschriebenen Effekte der Musikalität, der Lust am Laut und am 'Unsinn' etc. bedarf; ob nicht die "'symbolischen Zusammenhänge' selbst nochmals - im Sinne Kants - symbolisch sind",[95] also Sprache in ihrer metaphorischen Seite zur Geltung gebracht werden muß; ob schließlich nicht der kreative Sprachgebrauch sich allein an einem Ort ereignet, den traditionell die Kunst, als Spitze der 'Alltagssprache', besetzt hält. Das Andere/den Anderen in sich selbst und das Andere/den Anderen außerhalb seiner selbst zu integrieren, indem man es/ihn zugleich in seinem Anderssein beläßt, heißt auf der Ebene der Sprache, mit dem Gesagten ein unausdrücklich Mitgesagtes zu setzen, symbolisches und paläosymbolisches System sich überlagern zu lassen. Habermas benennt eine solche Überlagerung auch als Intersubjektivität sichernden 'reflexiven Sprachgebrauch':

"Im reflexiven Sprachgebrauch stellen wir unveräußerlich Individuelles in unvermeidlich allgemeinen Kategorien derart dar, daß wir die direkten Mitteilungen metakommunikativ gewissermaßen revozieren (und mit Vorbehalt bestätigen), um am Ich das Nicht-Identische, das jeweils in den allgemeinen Bestimmungen nicht aufgeht, und doch nur durch diese hindurch repräsentiert werden kann, indirekt zum Ausdruck zu bringen."[96]

Während Habermas auf das die Nicht-Identität zum Ausdruck bringende Metakommunikative in jedem intersubjektiven Dialog den Akzent setzt, setzt Adorno ihn auf den 'Dialog' des Subjekts mit sich selbst, auf die Repräsentation der Expression <u>in</u> der Sprache als symbolischem System. Mimesis ist der "Name für die zur Sphäre des begrifflichen Denkens exterritoriale Sphäre kommunikativen Verhaltens."[97] Während Mimesis aber von der Kommunikationstheorie zu einem metakommunikativ-apriorischen Element intersubjektiver Verständigung verdünnt wird, zu einem Element, das in sprachlicher Verständigung 'immer schon' enthalten sei, bleibt ihr als Element des kommunikativen Verhaltens des Subjekts zu sich selbst bei Adorno die spezifische Funktion der (in der Sprache fortgesetzten) Vermittlung von Innen und Außen. Der expressive Kommentar der direkten Mitteilung erfordert die Berücksichtigung der unter psychoanalytischer Terminologie dargestellten 'exterritorialen Sphäre', der Mimesis als dem Namen für das vorsprachlich-paläosymbolisch Gemeinte (und neurotisch wie traumhaft Symptomatisierte), indem die Frage beantwortet wird, inwieweit dieser semantische vorsprachliche Gehalt und das, was das Subjekt 'eigentlich meint', in direkte Mitteilung übersetzbar ist und als 'Motor' zu deren Fortsetzung, dem perpetuierten Versuch der Übersetzung, antreibt. In dem Maße, in dem für die Theorie des kommunikativen Handelns das Problem der Vermittlung von Innen und Außen, von organischem Substrat und 'sprachlich vermittelten Integrationsmedien' wie Wahrheit, Recht und Liebe,[98] bestehen bleibt, ist dasjenige der Mimesis nicht eigentlich gelöst, sondern nur in ein neues Paradigma verschoben, innerhalb dessen es am ehesten dem Topos der Sprachschöpfung zu überantworten ist. Das Subjekt bringt sich als Nicht-Identität in die alltagssprachliche Intersubjektivität ein, wenn es das, was es meint, in stets neuer Weise zu sagen sucht.

Das Subjekt betätigt sich aber innerhalb der Sprache als endlichem Zeichen- und Regelsystem kreativ durch eine je spezifische Synthesis, die Herstellung spezifischer 'Konfigurationen' bzw. 'Konstellationen', wie sie exemplarisch in literarischen Kunstwerken vorliegen. Will sich das Subjekt als Nicht-Identität in die Alltagssprache einbringen, will es sagen, was es als individiuum ineffabile meint, so muß es dies letztlich in literarisch-ästhetischer Form tun. Durch die Herstellung solcher Konfigurationen wird bei Adorno das Meinen zur Quelle sprachlicher Bedeutungen, er lebt in diesem Sinne ganz offensichtlich vom intentionalistischen Modell eines bedeutungskonstituierenden Subjekts.[99] Das Subjekt ist Quelle der Bedeutung der Sprachzeichen, indem es sie - mit Wittgenstein - als durch den allgemeinen Gebrauch geregelte bzw. - wie Adorno mit Kant nominalistisch definiert - als Merkmalseinheit des unter ihnen Befaßten in einen Zusammenhang mit anderen bringt, der sie verändert. Die sprachlichen Zeichen gleichen nicht den "Definitionen ihrer Bedeutungen", diese sind "selber Resultat einer Verdinglichung", einer 'Fixierung', die durch den poetischen oder konfigurativen Sprachgebrauch beginnt, "sich zu bewegen" (GS11,S.437). "Was Es ist", das Meinen, "soll Ich werden", Signifikation, "sagt die neue Kunst mit Freud" (GS11,S.444). Oder mit Hegel kann Adorno noch einmal daran erinnern, daß, was der Künstler ist, er nur in seinem Werke ist, 'was aber nur im Innern bleibt, das ist er nicht' (GS11,S.448f.). "Ohne zur Sprache sich zu entäußern, wäre die subjektive Intention überhaupt nicht" (GS11,S.477). Was das Subjekt aber meint, wird in der Konfiguration der Sprachzeichen nur durch "Evidenz", ein 'Aufleuchten' und 'Aufblitzen' beantwortet (GS5,S.342). Weder der künstlerische Produzent noch der Rezipient haben ein sicheres, in einer Regel mitteilbares Wissen darüber, daß sie am Ende des Produktions- bzw. Rezeptionsprozesses sagen bzw. verstehen, was gemeint ist. Kant fordert an dieser Stelle die Leistung der Urteilskraft, denn es kann keine Regel geben, die wiederum regelte, ob ein gegebener Fall (die Anschauung des Künstlers bzw. des Rezipienten) unter einer gegebenen Regel (der begrifflichen Bedeutung) stehe. Indem die Urteilkraft diese Regel sucht, wird sie reflektierend.

(dd) Kunst und Bedürfnisinterpretation. - Nur marginal macht Habermas selbst aufmerksam auf die Funktion der Kunst für die zwanglose Kommunikation des Subjekts mit sich selbst und damit mit den Anderen, für die allseits 'kommunikativ verflüssigte' Ichidentität, signalisiert er ein Desiderat. Er nimmt dann eine ansonsten ausgeblendete Perspektive ein und rückt die Kunst in ein ausgezeichnetes Verhältnis zur inneren Natur, indem durch sie "Bedürfnisse ihre angemessene Interpretation suchen und finden."[100] Er stellt eine weitgehende Forderung an die moralische Argumentation, indem er diese auch auf die "künstlerisch-kreative Beseitigung von Kommunikationssperren", auf die Entbindung neuer Bedeutungspotentiale und Bedürfnisinterpretationen angewiesen sieht.[101] Er gibt dem "Zweifel" Raum, "den Benjamins semantischer Materialismus nahelegt", dem Zweifel daran, "ob wir die Möglichkeit einer bedeutungslosen Emanzipation ausschließen (dürfen)", einer Emanzipation, die mit der "Überwindung uralter Repression" auch den Bedeutungsreichtum historischer Erfahrungen liquidiert, wie sie schon im Mythos und dann in der Kunst in ihrem utopischen Gehalt niedergelegt sind.[102]

Habermas meldet diesen Verdacht zuerst (und in diesem Zusammenhang nicht unerwartet) in seiner Interpretation von Benjamins mimetischer Sprachtheorie an. Er läßt Benjamins Annahme eines mimetischen Vermögens für die Gattung, seiner Transformation aus der ältesten, bis in die Tiersprache hinabreichenden semantischen Schicht der Expressionen in die Menschensprache, als 'Spekulation' beiseite, so weit sie sich auf "ein nicht vermehrbares Potential von Bedeutungen" bezieht, darauf, daß Sinn geschichtlich nur umgeformt werden kann,[103] glaubt aber, Benjamins 'semantischen Materialismus', seine Theorie der Erfahrung für den Historischen Materialismus so weit 'in Dienst nehmen' zu müssen, als die Einlösung des Glücksanspruchs, des von Benjamin hervorgehobenen Moments im Gedanken des Fortschritts, gebunden ist an die Rettung der (Erfahrung der) kulturellen Tradition, und d.h. letztlich der Mimesis als "poetische(r) Fähigkeit, die Welt im Lichte menschlicher Bedürfnisse zu interpretieren",[104] als "semantische(m) Potential, aus dem die Menschen schöpfen, um die Welt mit Sinn zu belehnen und erfahrbar zu machen."[105]

Die Zuordnung von Mimesis und Bedürfnis oder Sinn nimmt Habermas vor im Hinblick auf Sprache als ursprünglich emotionalem

Ausdruck, im Hinblick auf Hegels Klassifizierung der bürgerlichen Gesellschaft als 'System der Bedürfnisse', innerhalb dessen die Kunst residuale Bedürfnisse auffängt, und im Hinblick auf Benjamins Definition der Erfahrung der Aura.[106] Zur Sinnbelehnung gehört auch die Verwandlung des Objektivations- in ein Interaktionsverhältnis unter dem leitenden Begriff der Ähnlichkeit, Intersubjektivität wird mimetisch unter der Restriktion des Als-ob konstitutiert.[107] Benjamins Aktualität schrumpft diesbezüglich unter spekulativen, idealistischen, theologischen und politischen Hypotheken[108] auf das Moment einer ursprünglich an das Bedüfnis gekoppelten Semantisierung und Bedeutungspotenzierung. Darauf aber kann die Theorie der sprachlichen Kommunikation und sozialen Evolution um einer glückhaften Emanzipation und wirklich zwanglosen Kommunikation willen offenbar nicht verzichten.

Indem Kunst Bedürfnisse des eigenen Leibes interpretiert und neue Interessendeutungen vorschlägt, steht der ästhetische Diskurs oder - wie Habermas terminologisch einschränkt - die ästhetische "Kritik"[109] in einem paritätischen Verhältnis zum moralisch-praktischen und kognitiven Diskurs. Er problematisiert mit dem Geltungsanspruch des Urteils 'X ist schön' auch die Ichidentität durch Rollenspiel[110] und durch bedürfnisorientierte Sinnschöpfung. Kunst wäre dann nicht - wie bei Adorno - Instanz einer 'höheren' Wahrheit, aber auch nicht - wie es mancherorts bei Habermas den Anschein hat - bloßes Auffangbecken von Emotionen und folgenlose Privatangelegenheit. Die Ästhetik pendelte sich - wie bei Kant - zwischen Wahrheits- und Gefühlsästhetik ein.[111]

(g) Gehlens 'Aufbruchssituation'. - Benjamins Hypothese einer Transformation der Mimesis als einer subhumanen und animistischen Form der Erfahrung und Sinn-Belehnung der Welt in die Form der Sprache verliert ihren bloß spekulativen Charakter, wenn man sie auf die Ontogenese bezieht. So dubios die Vorstellung sein mag, die menschliche Gattung konstituiere auf ihrer archaischen Stufe einen semantischen Grundbestand der Kommunikation, der nicht vermehrbar sei, in die Sprache eingehe und in revolutionären Augenblicken eingeholt werde, so instruktiv ist sie für den Zusammenhang von frühkindlicher Semantisierung und Sprache in der Lebensgeschichte des Individuums.

Die anthropologische Sprachtheorie Gehlens kann zu diesem Perspektivenwechsel herangezogen werden.[112] Ihren Ausgangspunkt formuliert sie mit Herder:

"Alle Bedürfnisse und Antriebe des Menschen müssen sich an der Welt orientieren und 'sprachmäßig' (Herder) werden, sie müssen gedeutet, zielbewußt und sich selbst faßlich werden."[113]

Auch für Gehlen verdienen 'Bedürfnisse' diese Bezeichnung erst als bereits 'gedeutete'. Diese Deutung geschieht, wie er fortfährt, "erstmalig im Ruf", einem 'zielbewußten' Laut, in dem sich für das hilflose Kleinkind ein Erlebniszusammenhang wie etwa der von Hunger, Schrei und sättigender Befriedigung zusammenfaßt. Die Präzisierung der Bedürfnisse nimmt zu, ist das Kind im Besitz eines Wortes oder eines Namens. Gehlen spricht in diesem Zusammenhang von "Aufbruchssituation." Sie meint eine Erfahrungssituation, in der einem Kind der Name eines Gegenstandes, den es haben will, und damit ein Bedürfnis zum ersten Mal völlig zur Verfügung steht:

"Auf diesem Wege werden alle Zustände unseres Inneren 'sprachmäßig', und unsere Antriebe leben zunächst einmal, wenn nicht weitere Verarbeitung, Führung, Verbindung usw. unter ihnen hergestellt wird, immer in den Bildern und Intentionen ihrer Aufbruchssituation weiter: sie hängen an den alten Namen, in denen sie sich zuerst faßlich wurden."[114]

Die Antriebe 'hängen an den alten Namen' im zweifachen Sinn von Abhängigkeit und Zugehörigkeit. Der Ursprung bestimmt auch hier

- ähnlich wie in Freuds Theorie der Wunschkonstitution - das Ziel. Für den Sprachgebrauch ist konstitutiv der je individuelle Spracherwerb. Die benennende Funktion der Sprache, ihre Allgemeinheit, wird durch die Erfahrungssituation individualisiert.

"Ein Kind, das sagt: ich will den Ball, erlebt nicht eine 'Äußerung des Besitztriebes', sondern den klaren, gedeuteten Wunsch nach diesem bekannten Ding, zuzüglich der Erlebnisse, Bewegungen und Phantasmen, die im Spiel mit ihm auftraten und auftreten werden."[115]

Das Kind sagt, was es meint, nur zum Teil, denn es meint auch all jene 'Erlebnisse, Bewegungen und Phantasmen', die mit dem Wort 'Ball' für es assoziiert sind. Das Wort ist wie die Traumvorstellung 'Knotenpunkt' zahlreicher Assoziationsketten, 'überdeterminiert' und daher vieldeutig,[116] es ist fortan immer <u>auch</u> eine reaktualisierte Erfahrung, Sprache ein endliches System von Wörtern, grammatischen Regeln und - neben der, mit Wittgenstein, durch öffentlichen Gebrauch geregelten Bedeutung - erfahrungssituativ <u>mit</u>konstituierter 'Bedeutung'. Bedingung der Möglichkeit von Erfahrung, von Sinn-Belehnung, Zugänglichwerden des absolut Fremden, ist die Koinzidenz von gegenständlicher Welt und Bedürfnis in der überdeterminierten sprachlichen Benennung. 'Zwanglos' ist sie zu nennen,[117] insofern sie für ein Subjekt das Verständnis seiner selbst und der Welt differenzierend bereichert. Auf diese Weise ist mit Gehlen zu beschreiben, was bei Benjamin 'unsinnliche Ähnlichkeit' und bei Habermas 'semantisches Potential' heißt. Die Wahrnehmung oder Erfahrung unsinnlicher Ähnlichkeit wird Mimesis genannt, um die Relation zu Körper und Bedürfnis und zum Nichtfixierbaren der Bedeutung zum Ausdruck zu bringen.

(4) Expressivistische Sprachtheorie. - Die Habermasschen Einwände sind von Benjamin nicht abzuwehren, soweit dieser den gattungsgeschichtlichen Übergang der Mimesis als Vermögen der Wahrnehmung unsinnlicher Ähnlichkeiten in die Sprache und die an den Augenblick gebundene Zeitstruktur entweder nur hypothetisch oder analogisierend erklärt. Adorno bietet hier wenigstens die großangelegte Fortsetzung dessen, was Benjamin nur als Appendix seiner Arbeit über das mimetische Vermögen anfügt:

"Die Gabe, Ähnlichkeit zu sehen, die wir besitzen, ist nichts als nur ein schwaches Rudiment des ehemals gewaltigen Zwanges, ähnlich zu werden und sich zu verhalten."118

Der 'ehemals gewaltige Zwang, ähnlich zu werden', bildet das mimetische Vermögen aus. Mimikryhafte Diminuation, Nachahmung und flexible Reaktion bis in den physiologischen Bereich hinein sind Funktionen von Überlebenssicherung, Angst und Gewaltausübung auf den Körper als Triebpotential. Diese Funktionen sind auch - "etwas davon wird noch in jeder Kindheit wiederholt" (DA,S.47) - und umso mehr für die Ontogenese gültig, je weniger die Autoren der "Dialektik der Aufklärung" sich auf ethnologische Literatur stützen und statt dessen ohne allzugroße Freudsche Skrupel vor dem Hypothesencharakter umgekehrt psychoanalytische Befunde auf die Phylogenese applizieren. Benjamins spezielle Frage nach der Transformation der Mimesis in Sprache nun ist gattungsgeschichtlich die nach dem Ursprung der Sprache. Für die Individualgeschichte wird sie bei Adorno durch die auf Freud zurückgehende Triebtheorie, für die Gattungsgeschichte nun durch eine Ausdruckstheorie beantwortet, die aber Konsequenzen für Sprache generell nach sich zieht. Die "Dialektik der Aufklärung" legt hierfür in souveräner Engführung von Ethnologie, Psychoanalyse, Historischem Materialismus und Sprachphilosophie das Fundament.

"Der Ruf des Schreckens, mit dem das Ungewohnte erfahren wird, wird zu seinem Namen (...) Die Verdoppelung der Natur in Schein und Wesen, Wirkung und Kraft ... stammt aus der Angst des Menschen, deren Ausdruck zur Erklärung wird" (DA,S.26).

Angst und Schrecken sind die vorgeschichtlichen Auslöser wie des mimetischen Vermögens so der expressiven Sprache. Innerhalb der Theorien über den Ursprung der Sprache legt die "Dialektik der Aufklärung" die Entscheidung zugunsten der Ausdruckstheorie nahe, derzufolge die ersten Worte Expressionen von Empfindungen oder Gefühlen wie Schmerz oder Angst waren, Laute, welche zuerst in spezifischen Situationen ausgestoßen wurden und später eine indikative Funktion für diese Situationen bekommen haben könnten.[119] Durch Verweis auf die Kommunikation etwa in Affengesellschaften und das präverbale, durch Gesten und Vokalisierung gekennzeichnete Stadium der Geschichte der menschlichen Gattung läßt sich überzeugend dartun, "daß die älteste semantische Schicht die der Expressionen ist".[120] Eine expressivistische Sprachtheorie muß darüber hinaus aber den Primat des Ausdrucks in der Verbalsprache, den Primat des Ausdrucks vor der Signifikation behaupten. Dem dient die Rückbindung an die Vorgeschichte.

(a) Der Ursprung der Sprache. - Unter dem Vorbehalt der "objektiven Undurchdringlichkeit der ältesten Phänomene" (GS7,S.484), des "im Dunklen" liegenden präanimistischen Stadiums (DA,S.32) ist der Ausdruck für dieses Stadium beschreibbar als Vermittlung zwischen den Lautausrufen mit situativ begrenzter symbolischer Bedeutung, der - wie Adorno schon im Kierkegaard-Buch schreibt - "spachlose(n) Anschauung des Primitiven", die "keinen ihrer Gegenstände in bestimmten Grenzen zu halten (vermag)" (GS2,S.113), und dem zunehmend schon im animistisch-magischen, erst recht aber im Homerischen Stadium von der Sache getrennten Begriff. Der Ruf des Schreckens ist die "Verdoppelung, die Tautologie des Schreckens selbst" (DA,S.27) und daher noch nicht Sprache. Denn erst "durch die Gottheit wird die Sprache aus der Tautologie zur Sprache", erst "wenn der Baum nicht mehr bloß als Baum sondern als Zeugnis für ein Anderes, als Sitz des Mana angesprochen wird" (DA,S.26). Der Hegelschen Dialektik gemäß ist etwas als etwas definiert in Differenz zu (s)einem Anderen; das Wort 'Baum' steht nicht mehr bloß konkretistisch und tautologisch nichtssagend für seinen Gegenstand, wenn es in Beziehung zu anderen Wörtern gesetzt wird. Die 'Gottheit' ist Konstituens der Sprache aber auch als personalisierte Vorstellung des Allgemeinen, des Begriffs, so daß der spekulativ anmutende Satz der "Dialektik der Aufklärung", aus dem ethnologischen Kontext gelöst, nur ein sprachtheoretisches Gesetz formuliert: Durch die allein in Differenz zueinander definierbaren (Allgemein-)Begriffe wird die Sprache aus der Tautologie zur Sprache. Der sich als Tautologie Ausdruck verschaffende Ruf des Schreckens ist aber in dem Grade Sprache, als in ihm als präanimistischer Ausdrucksform die Differenz von Begriff und Sache bzw. der Begriffe untereinander "schon angelegt" ist (DA, S.26).

Der Ausdruck bleibt als Tautologie in diesem Stadium also zwar unterhalb des Niveaus der Begriffssprache und einer 'Erklärung' der Natur, die mittels erfolgreicher Praxis die Furcht von den Menschen nehmen kann (vgl.DA,S.27). Gleichwohl hat er auch später soviel Recht, "wie Brüllen den unerträglichen Schmerz abschwächt", ist er nicht nur illegitimer Nachfolger des magischen Vertrauens, "es werde, indem es gesagt oder herausgeschrien wird, besser" (GS7,S.178f.). Ebenso wird die Verdoppelung als Methode der Kunst und der Ideologiekritik beibehalten. "Im Kunstwerk wird immer noch einmal die Verdoppelung vollzogen", die "Erscheinung des Ganzen", der Gottheit, des Allgemeinen "im Besonderen" (DA,S.31). Die Verdoppelung stellt nicht, wie die "ideologische" (DA,S.30), dasselbe zweifach dar, sondern macht etwas zu einem anderen. Sie hat daher auch nicht die Bedeutung von Widerspiegelung. "Durch sein Verdoppelung verfällt der Mytos, die Gorgo, die ihr Spiegelbild erblickt" (GS16,S.306), aber diese Spiegelung drückt eine "Entstellung", eine "Verzerrung" aus (DA,S.302), sie ist als Ausdruck selber eine Entstellung, wie sie von der Ideologiekritik unter der

Maske des Wahns und in Analogie zur Traumstruktur als Übertreibung gehandhabt wird.[121]

(b) Ausdruck versus Arbitrarität. - Gerade der Doppelcharakter des Ausdrucks als Tautologie (widerspiegelnde Verdoppelung) und Entstellung lenkt auf seine bei Adorno von Anfang an zentrale Bedeutung: Er ist die Sache selbst und er ist sie nicht. Der Ruf ist unmittelbar der Schrecken und sein "Echo" (DA,S.26), das zugleich "versöhnt" (GS7,S.188), Brüllen unmittelbar der Schmerz und schwächt ihn doch zugleich auch ab. Vor diesem spekulativ-sprachhistorischen Hintergrund wird Adornos nahezu ausschließliche, in der Philosophie auch von Schopenhauer hergestellte Konnexion von Ausdruck und Leiden verständlich.[122] Der Ausdruck gehört als Verhalten wie die Mimikry auf die Seite des (potentiellen) Opfers. Der "Ausdrucksdrang", das "Bedürfnis, Leiden beredt werden zu lassen, ist Bedingung aller Wahrheit" (ND,S.27), weil diese schon ursprünglich einbezogen ist in die Leidensgeschichte des Subjekts und nicht einer davon losgelösten, autonomen Sphäre angehört.

(aa) Sprachhistorische Begründung. - Die größere Nähe, die 'Unmittelbarkeit' des Schreies zum Schmerz, des vokalen Ausdrucks zur 'Sache' läßt sich für den verbalen durch die genetische Herleitung sichern. Indem im Ausdrucksverhalten der präanimistischen Phase, des konkretistischen Bezugs eines Wortes zur Sache die Trennung von Subjekt und Objekt virtuell schon vorhanden ist, ist ein gleitender Übergang möglich zwischen dem unmittelbaren, symbolisch nicht verallgemeinerbaren und gestisch gestützten Vokalausdruck und dem in Tanz, Maske und Name verobjektivierten Ausdruck der animistischen Phase. Eine solche Herleitung muß annehmen, daß der zuerst nur in bestimmten Schreckenssituationen ausgestoßene Ruf als intersubjektiv geteilte Erfahrung irgend einmal zum Namen für dergleichen Situationen und damit für den Schrecken allgemein geworden ist. Ein solcher Name wäre dann auch kein arbiträres Zeichen. Wenn Adorno später schreibt, der Ausdruck "dürfte aus dem Animismus hervorgegangen sein", dann betont er das einen 'Riß' bereits voraussetzende Transsubjektive im "Gestus des sich zu etwas Machens" und im "Kollektiv", das als Sanktionsinstanz erst auftritt, "wo der Angehörige des Clans das Totemtier oder eine gefürchtete Gottheit imitiert" (GS7,S.485f.). Als originäres Resultat allein des Animismus aber wäre der Ausdruck eine "Projektion" (DA,S.26). 'Ausdruck' ist immer der eines anderen, er impliziert eine zweistellige Relation, vor allem die im Begriff selber genannte zu einem Inneren. Ihr gegenüber bemüht Adorno sich um Abgrenzung, kunstgeschichtlich zu den Phänomenen von musikalischer Romantik und Expressionismus. Insgesamt wird der Ausdruck in ihnen subjektivistisch und psychologistisch reduziert. Er steht in Relation zur "zufällige(n) Subjektivität", zu "besonderen seelischen Inhalten" (GS7,S.160) und der "Beseeltheit" des Werkes (MM,S.191), ist "eingefügte menschlichen Intention" (GS7,S.121), "belohnt die hilflose Individualität mit trügender Wichtigkeit" (GS7,S.73), mit ihrer "Hybris" (GS7,S.178). Dagegen steht der Ausdruck in der Nachfolge des Präanimismus, der nicht "die Seele in die Natur verlegt, wie der Psychologismus glauben macht" (DA,S.26). Ausdruck haben die Kunstwerke, "nicht wo sie das Subjekt mitteilen, sondern wo sie von der Urgeschichte der Subjektivität, der von Beseelung erzittern" (GS7,S.172), wo sie postrationalistisch auf das "Transsubjektive" gehen, welches "einst der Polarität von Subjekt und Objekt vorherging" (GS7,S.170). Der Ausdruck ist ein "ästhetisch zentraler" Begriff (GS7,S.170), gerade weil durch ihn die "nichtästhetische Erfahrung am tiefsten in die Gebilde hineinreicht" (GS7,S.169).

Auch auf der verbalen, begriffssprachlichen Ebene verhält sich der Ausdruck zur Sache nicht zufällig. Auf der magischen Stufe gelten die Formen des Ausdrucks den Primitiven "nicht als bloßes Zeichen der Sache, sondern mit dieser durch Ähnlichkeit oder durch den Namen verbunden" (DA,S.21), die Worte sollen der "Starrheit des Schicksals, das von (ihnen) zugleich gespiegelt (wird), die Stirn bieten" (DA,S.77). Die Wilden und analog zu ihnen die Kinder und Zwangsneurotiker schreiben, wie auch Freud in "Totem und Tabu" bemerkt, den Worten "volle Dingbedeutung" zu und schließen konsequent, "wenn zwei Dinge mit gleichklingenden Namen genannt werden so müßte damit eine tiefgehende Übereinstimmung zwischen beiden bezeichnet sein."[123] Auf der Homerischen Stufe dagegen werden die Worte "aus substanziellen Bedeutungsträgern zu qualitätslosen Zeichen", räumt die "entschlossene Trennung, die den Wortlauf als zufällig und die Zuordnung zum Gegenstand als willkürlich erklärt, mit der abergläubischen Vermischung von Wort und Sache auf", darf das Wort "nur noch bezeichnen und nichts mehr bedeuten" (DA,S.194f.). Denn in der Höhle Polyphems erfährt Odysseus, "daß das identische Wort Verschiedenes zu bedeuten vermag", daß "sich dem Namen Udeis sowohl der Held wie Niemand unterschieben läßt" (DA,S.77). Nominalismus und Positivismus stellen das Endprodukt dieser Entwicklung, "die Beziehung zwischen Sache und Ausdruck ist durchschnitten" (MM,S.179), der eine keine 'Angleichung' mehr an die andere (DA,S.77).

(bb) Historisch-materialistische Begründung. - Daß der begriffliche Ausdruck sich zur Sache nicht willkürlich verhält, kann Adorno unter großem Vorbehalt mit der Hypothese der expressivistischen Theorie über den Ursprung der Sprache begründen: Der Name ist allgemein gewordener (Schreckens-)Ausruf. Die Beschreibung des Verhältnisses als eines der Ähnlichkeit und der Angleichung rückt Adorno aber auch in die Nähe einer Sprachtheorie, die einen onomatopoetischen oder imitativen Status der Wörter behauptet. Deutlich und von Adorno durchgängig beibehalten ist zunächst die historisch-materialistische Begründung: Der Name unterliegt einer geschichtlichen Determination, archaisch der durch den Schrecken der Natur. Schon die in den frühen dreißiger Jahren verfaßten "Thesen über die Sprache des Philosophen" konstatieren: "Die Worte sind nie bloß Zeichen des unter ihnen Gedachten, sondern in die Worte bricht Geschichte ein", und "der Anteil von Geschichte am Wort bestimmt die Wahl jeden Wortes schlechthin" (GS1,S.366f.). Der ebenfalls 1932 gehaltene Vortrag "Die Idee der Naturgeschichte" bezieht aus Benjamins ungewöhnlicher Identifikation von Allegorie und Ausdruck die Bestimmung: "Was sich ausdrückt, ist nichts anderes als ein geschichtliches Verhältnis" (GS1,S.358). "Sprache", so die "Minima Moralia", "ist der eigenen objektiven Substanz nach gesellschaftlicher Ausdruck" (MM,S.293), und die "Negative Dialektik" hält ein Plädoyer für die als Rhetorik verfemte Qualität der Sprache, in der "Kultur, die Gesellschaft, Tradition den Gedanken (beseelt)" (ND,S.64). Auch in der "Dialektik der Aufklärung" ist es die Geschichte, die die Worte zu 'substanziellen Bedeutungsträgern' macht:

"Unterschieden von einander und unablösbar waren Wort und Gehalt einander gesellt. Begriffe wie Wehmut, Geschichte, ja: das Leben, wurden im Wort erkannt, das sie heraushob und bewahrte. Seine Gestalt konstituierte und spiegelte sie zugleich" (DA,S.194).

'Unablösbar' werden Wort und Gehalt durch die historische Zeit, der sie angehören, sie bestimmt über die Möglichkeit der Verwendung von Begriffen wie Wehmut, Geschichte selber und Leben, denn deren Bedeutung ändert sich mit ihr. 'Konstitution' und 'Spiegelung' leistet das Wort und ihm entsprechend der Ausdruck qua (nicht-)tautologische Verdoppelung in einem geschichtlich-gesellschaftlichen Kontext.

(cc) 'Onomatopoetologische' Begründung. - Der Doppelcharkter von 'Unterschiedenheit' und 'Unablösbarkeit' und mit ihm die Bedeutungssubstantialität des Sprachzeichens ist auf eine andere Weise aber auch unter dem Oberbegriff der Ähnlichkeit zu fassen. Ähnlichkeit ist das Dritte zwischen vollständiger Gleichheit und vollständiger Unterschiedenheit:

"Als Zeichen soll Sprache zur Kalkulation resignieren, um Natur zu erkennen, den Anspruch ablegen, ihr ähnlich zu sein. Als Bild soll sie zum Abbild resignieren, um ganz Natur zu sein, den Anspruch ablegen, sie zu erkennen" (DA,S.29).

Werden Zeichen und Bild getrennt, so degenerieren sie zu willkürlich-herrschaftlicher Kalkulation und tautologischem Abbild. Ihre Einheit wäre aber verbalsprachlich - denn auch in der Musik sind die Noten "nicht nur Zeichen, sondern ... immer auch Bilder des Erklingenden" (GS11,S.356) - nur um den Preis des magischen, kindischen oder zwangsneurotischen Glaubens zu restituieren. Die Ähnlichkeit von einzelnem Wort und Sache läßt sich unbelastet von spekulativer Metaphysik und vagen Analogien höchstens für die Ontogenese behaupten im Sinn von Gehlens 'Aufbruchssituation', mit der ein Wort unablösbar an eine Erfahrung geknüpft und Ähnlichkeit mit Benjamin als 'unsinnliche' konstituiert wird. Wie schon der frühe Benjamin befindet sich Adorno in der Alternative zwischen 'bürgerlicher' und 'mystischer' Sprachtheorie, zwischen der These von der Arbitrarität und der Wesensidentität von Wort und Sache, und wie der Benjamin der "Lehre vom Ähnlichen" entscheidet Adorno sich für eine dritte These, den onomatopoetischen Status der 'ganzen Sprache'. Sie soll Erkenntnis und Ähnlichkeit auf neue Weise vereinen. "Nur als Sprache", als rhetorisch-expressive, nicht als bloß signifikative, "vermag Ähnliches das Ähnliche zu erkennen" (ND,S.63). Gegen diese zweifache These - die Erkenntnisrelate stehen zu einander in der Relation der Ähnlichkeit und diese ist nur in rhetorisch-expressiver Sprache zu erkennen - formuliert Adorno selber den Einwand:

"Die permanente Denunziation der Rhetorik durch den Nominalismus, für den der Name bar der letzten Ähnlichkeit ist mit dem, was er sagt, läßt sich indessen nicht ignorieren, nicht das rhetorische Moment ungebrochen dagegen aufbieten" (ND,S.63f.).

"Dialektik" wird im direkten Anschluß daran als der "Versuch" angeführt, "Sache und Ausdruck bis zur Indifferenz einander zu nähern" (ND,S.64). Akzeptiert wird die nominalistische Kritik darin, daß die "Insistenz vorm einzelnen Wort und Begriff ... einzig ein wenngleich unabdingbares Moment" ist, sie aber keine "positive, seiende Identität" mit der Sache beanspruchen dürfen (ND,S.61). "Konstellationen" sind es in diesem Zusammenhang, "an die allein von der Hoffnung des Namens etwas überging" (ND,S.60). Die alte singuläre Ähnlichkeit zwischen Namen und Benanntem wird 'gebrochen' restituiert auf dem Umweg über die 'ganze Sprache', in der Konstellation einer Vielzahl von Begriffen um das Gemeinte, in einer aus dem Ganzen eines Textes entstehenden, insofern holistisch zu nennenden Ähnlichkeit zweiten Grades. Das Kriterium der Ähnlichkeit aber ist dann wie auch im Falle der historisch-materialistischen Begründung einer Bedeutungssubstanzialität der Sprachzeichen ein ästhetisches. Das Kriterium dafür, wieweit die "Kraft" der einzelnen Worte "geschichtlich erloschen ist, wieweit sie etwa konfigurativ bewahrt werden mag, ... ist wesentlich die ästhetische Dignität der Worte" (GS1,S.370), ihr Standhalten vor dem avancierten sprachästhetischen Bewußtsein. Die Aufgabe von Dialektik und Konstellation ist nicht ohne die Hilfe der Kunst zu erfüllen und damit nicht ohne jene Evidenz- und Augenblicksphänomene, die durch das mimetische Vermögen konstituiert werden. Wie alle Musik auf das "Gestische" als "Vorsprachliches" zurückweist (GS13,S.32), so wird in der Philosophie ihr "integrales Ausdrucksmoment, unbegrifflich-mimetisch, nur durch Darstellung - die Sprache - objektiviert" (ND,S.27), Philosophie eine "Geste aus Begriffen".[124]

V. ERKENNTNISTHEORIE

1. DER BEGRIFF DER AFFINITÄT BEI KANT

(1) Idealismus und Rettung der Mimesis. - In den "Drei Studien zu Hegel" erweist Adorno dem Idealismus einmal auf emphatische Weise Reverenz:

"Wenn aber am Ende Hegel der Thesis von der Identität und damit dem Idealismus trotz allem verhaftet bleibt, so ist, zu einer Stunde des Geistes, da anders als vor hundert Jahren Konformität diesen fesselt, die längst wohlfeil gewordene Kritik des Idealismus ... an ein Wahrheitsmoment noch jener Identitätsthese zu erinnern. Gäbe es, Kantisch gesprochen, kein Ähnliches zwischen Subjekt und Objekt, stünden beide einander, nach dem Wunsch des losgelassenen Positivismus, absolut, unvermittelt entgegen, so gäbe es nicht nur keine Wahrheit, sondern keine Vernunft, keinen Gedanken überhaupt. Das Denken, das seinen mimetischen Impuls völlig exstirpiert hätte; die Art von Aufklärung, welche die Selbstreflexion nicht vollzieht, die den Inhalt des Hegelschen Systems bildet und die Verwandtschaft von Sache und Gedanken nennt, mündet in den Wahnsinn. (...) Der Hegelsche spekulative Begriff errettet die Mimesis durch die Besinnung des Geistes auf sich selbst: Wahrheit ist nicht adaequatio sondern Affinität, und am untergehenden Idealismus wird, durch Hegel, dies Eingedenken der Vernunft an ihr mimetisches Wesen als ihr Menschenrecht offenbar" (GS5,S.285).

Daß der zu Hegels Zeit durch Deutschland repräsentierte Idealismus nur gedacht habe, was in Frankreich 1789 mit der Erklärung der Menschen- und Bürgerrechte in die Tat umgesetzt wurde, ist Teil der von Adorno monierten 'wohlfeil gewordenen Kritik am Idealismus'. Adorno rehabilitiert ihn in der Person seines verrufensten Repräsentanten und scheint damit Philosophiegeschichte unter dem Titel 'Von Kant zu Hegel' lehren zu wollen. Aber seine Emphase gilt - mit der Ausnahme Fichtes - dem deutschen Idealismus insgesamt. Schelling ist als Legitimationsinstanz für das Konzept der 'Ästhetischen Theorie' und des Vorrangs des Objekts bereits gewürdigt worden.[1] Nun ist die Reihe an Kant und seiner philosophischen Rettung der Mimesis. Die 'Aufklärung, welche die Selbstreflexion vollzieht', ist Adorno geschichtsphilosophisch als Etappe der Hegelschen "Phänomenologie des Geistes" vorgegeben,[2] als Strukturprinzip von Erkenntnis im 'spekulativen Begriff'.[3] Zu ihm wird Kant in Beziehung gesetzt mit dem Begriff der 'Ähnlichkeit', dem der 'Affinität' und der 'Verwandtschaft'; von seiten Adornos tritt 'Mimesis' hinzu - drei Namen und Begriffe, die für den Versuch stehen, das 'Menschenrecht der Vernunft' für die Theorie zu deklarieren.

(2) Definition in der "Kritik der reinen Vernunft". - 'Affinität' ist ein Begriff aus der Kantischen Erkenntnistheorie, genauer gesagt aus der ersten Ausgabe der "Kritik der reinen Vernunft". Kant definiert dort:

"Der Grund der Möglichkeit der Assoziation des Mannigfaltigen, so fern er im Objekte liegt, heißt die Affinität des Mannigfaltigen."[4]

Affinität fungiert als Gegenbegriff zur Assoziation, wie sie vor Kant bei Locke und Hume für die Erkenntnistheorie gebraucht wird. Beide Namen stehen Kant für den "Versuch, ... reine Verstandesbegriffe von der Erfahrung abzuleiten",[5] "nämlich von einer durch öftere Assoziation in der Erfahrung entsprungenen subjektiven Notwendigkeit, welche zuletzt fälschlich für objektiv gehalten wird, d.i. der Gewohnheit".[6] 'Erfahrung' steht für 'Empirie' und 'gewöhnliche Folge der Erscheinungen', für (anschauungsmäßigen) Anfang und (begrifflich strukturiertes) Resultat der Erkenntnis; 'Wahrnehmung' und 'Wahrnehmungsurteil' sind dafür terminologische Synonyme.[7] Gegen diesen 'subjektiven' Grund der Assoziation führt Kant den 'im Objekt liegenden' der Affinität an, sie steht für 'objektive' Assoziation.

Aber die Zuordnung des Begriffs der Affinität zur Objektseite ist in der Transzendentalphilosophie reflexiv gebrochen und in ihrer Zweideutigkeit wohl ein Grund dafür, den Begriff in der zweiten Ausgabe der "Kritik der reinen Vernunft" ganz zu streichen. Denn 'Objekt' heißt der Transzendentalphilosophie: "Ohne

Unterschied des Zustandes des Subjekts".[8] In seiner Urteilstheorie geht Kant so weit, den Wahrnehmungsurteilen den Urteilsstatus abzusprechen, denn als Urteil gilt ihm "ein Verhältnis, das objektiv gültig ist, und sich von dem Verhältnis eben derselben Vorstellungen, worin bloß subjektive Gültigkeit wäre, z.B. nach Gesetzen der Assoziation, hinreichend unterscheidet."[9] Der Abschnitt der transzendentalen Deduktion, der den Begriff der Affinität einführt, beginnt denn auch mit einer Definition von Erfahrung, die deren 'Gesetzmäßigkeit' betont:

"Es ist nur eine Erfahrung, in welcher alle Wahrnehmungen als im durchgängigen und gesetzmäßigen Zusammenhange vorgestellt werden ... Wenn man von verschiedenen Erfahrungen spricht, so sind es nur so viel Wahrnehmungen, so fern solche zu einer und derselben allgemeinen Erfahrung gehören. Die durchgängige und synthetische Einheit der Wahrnehmungen macht nämlich gerade die Form der Erfahrung aus, und sie ist nichts anders, als die synthetische Einheit der Erscheinungen nach Begriffen."10

Als 'allgemeine' oder ihrer 'Form' nach betrachtet ist Erfahrung für die Transzendentalphilosophie Kants als 'eine' qua singulare und 'dieselbe' qua unitäre relevant. Erfahrung ist eine Einheit im Kontrast zur Vielheit und Verschiedenheit der Wahrnehmungen, sie ist eine analytische und synthetische Einheit, die derjenigen des Selbstbewußtseins streng korrespondiert.[11] Als solcher 'durchgängiger und gesetzmäßiger Zusammenhang', als 'synthetische Einheit der Erscheinungen' nach apriorischen Begriffen ist Erfahrung mit Natur als "Inbegriff von Erscheinungen" und "notwendige(m) Zusammenhang" identisch.[12] Es ist also eigentlich die 'synthetische Einheit der Erscheinungen nach Begriffen', welche die "durchgängige Affinität der Erscheinungen ... begreiflich (macht)."[13]

(3) Vermittlung. - Im folgenden Abschnitt der Deduktion spricht Kant diese kategorial fundierte 'Objektivität' der Affinität klar aus, bringt sie aber sogleich in die unklare Alternative bezüglich der Erkenntnisvermögen Einbildungskraft und Verstand, die die erste Deduktion generell durchzieht.

(a) Einbildungskraft. - Den unter dem 'Namen' der Affinität von Kant vorgestellten "objektiven Grund aller Assoziationen der Erscheinungen" können wir, fährt Kant fort, "nirgends anders, als in dem Grundsatze von der Einheit der Apperzeption ... antreffen", um im nächsten Absatz festzustellen, daß die "Affinität aller Erscheinungen ... eine notwendige Folge einer Synthesis in der Einbildungskraft" sei.[14] Es scheint Kants Intention, Synthesis und Einheit bzw. synthetische und analytische Einheit, welche Erfahrung formal strukturieren, je dem Verstand und der Einbildungskraft zuzuschreiben.[15] Die Konklusion der Deduktion: "Auf ihnen (den Kategorien, J.F.) gründet sich also alle formale Einheit in der Synthesis der Einbildungskraft",[16] wäre demgemäß auf 'Einheit' der Kategorien und 'Synthesis' der Einbildungskraft zu betonen.

Der Status der Einbildungskraft als ein oder als entscheidendes Grundvermögen der Synthesis ist in der Kant-Interpretation bekanntlich umstritten. Im Zusammenhang mit dem Begriff der Affinität aber wird eine zentrale Statusbestimmung innerhalb der ersten Deduktion zusätzlich aufgewertet. Der Einbildungskraft wird dort von Kant die 'Vermittlung' der extremen Erkenntnisvermögen zuerkannt:

"Beide äußerste Enden, nämlich Sinnlichkeit und Verstand, müssen vermittelst dieser transzendentalen Funktion der Einbildungskraft notwendig zusammenhängen."[17]

Die 1798 erschienene "Anthropologie in pragmatischer Hinsicht" ergänzt dazu:

"Ich verstehe unter der Verwandtschaft die Vereinigung aus der Abstammung des Mannigfaltigen von einem Grunde (...) Das Wort 'Verwandtschaft' (affinitas) erinnert hier an eine aus der Chemie genommene ... Wechselwirkung zweier ... Stoffe (...) Verstand und Sinnlichkeit verschwistern sich, bei ihrer Ungleichartigkeit, doch so von selbst zu Bewirkung unserer Erkenntnis, als wenn eine von der anderen, oder beide von einem gemeinschaftlichen Stamme ihren Ursprung hätten; welches doch nicht sein kann, wenigstens für uns unbegreiflich ist, wie das Ungleichartige aus einer und derselben Wurzel entsprossen sein könnte."[18]

Affinität ist bisher von Kant als 'Name' für den 'objektiven Grund aller Assoziation der Erscheinungen' vorgestellt worden. Die Unklarheit, ob dieser objektive Grund vom Verstand oder von der Einbildungskraft gelegt wird, müßte nach dem Zitat aus der 'Anthropologie' zugunsten der Einbildungskraft entschieden werden. Sie ist es, die die Vermittlung oder - wie jetzt gesagt wird - Affinität/Verwandtschaft zwischen Sinnlichkeit und Verstand und damit Erkenntnis qua objektive Assoziation der Erscheinungen herstellt. Von hier aus gesehen, geht die Streichung des Begriffs der Affinität in der zweiten Auflage der "Kritik der reinen Vernunft" einher mit der dortigen Depotenzierung der Einbildungskraft. 'Vermittlung' ist bei Kant nicht mehr als eine "räumliche Metapher", man kann für sie auch 'Brücke' oder 'Übergang' einsetzen,[19] im Hegelschen Verständnis geschieht sie nur 'äußerlich', über ein Mittleres zwischen zwei Extremen. Für Adorno aber ist die Kantische Synonymie zwischen 'Vermittlung' und 'Affinität' erkenntnistheoretisch relevant, und die bei ihm so gängige wie unscheinbare Metaphorik des 'Verschwistertseins' gibt ihre Kantische Provenienz und ihre Rückbindung an den Begriff der Affinität preis.

(b) Wechselwirkung. - Zu 'begreifen', 'wie das Ungleichartige aus einer und derselben Wurzel entsprossen sein könnte', hat Kant Heidegger überlassen, wenn als diese Wurzel die Einbildungskraft identifiziert wird,[20] Hegel, wenn die Wurzel mit dem aus der zeitgenössischen Chemie genommenen Begriff der Wechselwirkung expliziert wird.[21] Verstand und Sinnlichkeit 'verschwistern sich' demgemäß 'von selbst zu Bewirkung unserer Erkenntnis', nicht durch ein hinzutretendes drittes Erkenntnisvermögen. Aber der Begriff der Wechselwirkung steht nicht nur kritisch gegen eine mediatisierende Vermittlung, sondern auch gegen den Primat eines der Relate. Die Affinität der Erscheinungen bzw. die von Sinnlichkeit und Verstand dürfte also, begreift man Wechselwirkung als unabhängig vom Medium der Einbildungskraft, auch insofern zumindest nicht unter der Dominanz des Verstandes stehen.[22]

(c) Schematismus und subsumierende Urteilskraft. - Der Vermittlung von Verstand und Sinnlichkeit in ihrer 'Ungleichartigkeit' hat Kant in der "Kritik der reinen Vernunft" das Schematismus-Kapitel gewidmet. Gemäß seiner Einordnung in die Urteilslehre wird die Vermittlung allerdings unter der leitenden Perspektive der Subsumption und damit des Verstandes abgehandelt.

"Wenn der Verstand überhaupt als das Vermögen der Regeln erklärt wird, so ist Urteilskraft das Vermögen, unter Regeln zu subsumieren, d.i. zu unterscheiden, ob etwas unter einer gegebenen Regel ... stehe, oder nicht."23

Diese an der empirischen Urteilskraft exemplifizierte Definition hält sich auch in der "transzendentalen Doktrin der Urteilskraft" durch, die in ihrem ersten "Hauptstück" das Subsumptionsverhältnis von erscheinendem Gegenstand und Verstandesbegriff zum Thema hat:

"In allen Subsumptionen eines Gegenstandes unter einen Begriff muß die Vorstellung des ersteren mit der letztern gleichartig sein (...) Nun sind aber reine Verstandesbegriffe, in Vergleichung mit empirischen (ja überhaupt sinnlichen) Anschauungen ganz ungleichartig (...) Nun ist klar, daß es ein Drittes geben müsse, was einerseits mit der Kategorie, andererseits mit der Erscheinung in Gleichartigkeit stehen muß (...) Diese vermittelnde Vorstellung ... ist das transzendentale Schema."24

Das in der Kant-Interpretation von Anfang an als 'dunkel'

eingestufte Kapitel[25] ist hier hinsichtlich des Status der Urteilskraft von Interesse. Nach der mit dem Deduktions-Kapitel abgeschlossenen "Analytik der Begriffe" beginnt Kant das zweite Buch der transzendentalen Analytik mit einem Hinweis auf die "allgemeine Logik", deren Einteilung nach Begriffen, Urteilen und Schlüssen mit der der oberen Erkenntnisvermögen Verstand, Urteilskraft und Vernunft zusammentreffe.[26] Der Status der Urteilskraft, so läßt sich zuerst monieren, wird damit extern über die tradierte Logik vorgegeben.[27] Daran schließt sich die Frage an, welche logische Funktion der Urteilskraft bleibt, wenn schon der Verstand von Kant "als ein Vermögen zu urteilen" vorgestellt wird.[28] Schwerer noch wiegt der Einwand, daß die Trennung zwischen Verstand (als Vermögen der Regeln) und Urteilskraft (als Vermögen der Anwendung der Regeln) von der transzendentalen Logik revidiert wird, so daß der Urteilskraft auch keine transzendentale Funktion verbleibt.[29] An diesem Punkt setzt auch die Untersuchung Bartuschats "Zum systematischen Ort von Kants Kritik der Urteilskraft" ein. Gegen die Kantische Funktionszuweisung an die Urteilskraft, lediglich einzustehen für das Wie der subsumptiven Verbindung von Anschauung und Verstandesbegriffen, besteht Bartuschat auf der Kritik, daß der Verstand in seiner Konstitutionsleistung Sinnliches nicht in Differenz zu sich, sondern nur Tautologisches treffe. Erst in der "Kritik der Urteilskraft" habe Kant sich die Möglichkeit deutlich machen können, ein Einzelnes zu thematisieren, das nicht schon Fall eines Allgemeinen sei, und für das Vermögen, das dies zu tun imstande sei, ein apriorisches und damit notwendiges Moment aufgezeigt.[30] Die Urteilskraft wird damit nicht nur erst eigentlich aus ihrem sonst nur empirisch-psychologischen in transzendentalen Rang erhoben. 'Rückwirkend' - um eine von Adorno mit der Hermeneutik geteilte Argumentationsfigur zu gebrauchen - wird auch die transzendentale Deduktion der Kategorien, auch das Daß der Verbindung des Heterogenen nicht mehr auf das Fundament des einheitsstiftenden Verstandes, sondern auf das der (reflektierenden) Urteilskraft gestellt.

(4) Subsumption und Reflexion. - Bleibt der Urteilskraft in der "Kritik der reinen Vernunft" weder logisch noch transzendental eine Funktion, so verkehrt sich diese Funktionslosigkeit in ihr Gegenteil, wird ihr mit der "Kritik der Urteilskraft" ebenfalls ein apriorisches Prinzip zuerkannt. Diese Umkehrung läßt sich aus jenem Kapitel der ersten Einleitung in die "Kritik der Urteilskraft" folgern, in dem Kant die Urteilskraft als reflektierende einführt:

"In Ansehung der allgemeinen Naturbegriffe, unter denen überhaupt ein Erfahrungsbegriff ... allererst möglich ist, hat die Reflexion im Begriff einer Natur überhaupt, d.i. im Verstande, schon ihre Anweisung und die Urteilskraft bedarf keines besondern Prinzips der Reflexion, sondern schematisiert (...) Die Urteilskraft ist hier in ihrer Reflexion zugleich bestimmend (...) Aber zu solchen Begriffen, die zu gegebenen empirischen Anschauungen allererst sollen gefunden werden, und welche ein besonderes Naturgesetz voraussetzen, darnach allein besondere Erfahrung möglich ist, bedarf die Urteilskraft eines eigentümlichen gleichfalls transzendentalen Prinzips ihrer Reflexion ..."[31]

'Besondere Erfahrung' meint Erfahrung als systematischen Zusammenhang nach empirischen Gesetzen, nicht Erfahrung 'überhaupt' nach den in der "Kritik der reinen Vernunft" entwickelten transzendentalen Gesetzen. Das Prinzip der Urteilskraft ist also für Kant nicht akut für Erfahrung im Sinne der Herstellung einer einzelnen empirischen Erkenntnis, für die 'Verknüpfung' von "Wahrnehmungen zu einer Erfahrung"[32] - hier schematisiert vielmehr die Urteilskraft nach der 'Anweisung' des Verstandes -, sondern für die Herstellung eines logischen Zusammenhangs der einzelnen empirischen Gesetze untereinander. Dennoch wird von Kant die Reflexion nicht einfach dem Schematisierungsvorgang der Urteilskraft entgegengesetzt, sie hat hier nur 'im Verstande schon ihre Anweisung', 'die Urteilskraft ist hier in ihrer Reflexion zugleich bestimmend'. Die häufige Formulierung Kants, Urteilskraft in ihrem transzendentalen Prinzip sei 'bloß reflektierend', ist demgemäß nicht diminuativ gemeint, sondern privativ: nicht 'zugleich bestimmend'. Subsumption kann so als Reflexion unter der Anweisung des Verstandes definiert werden. Umgekehrt hält Kant am subsumptiven Charakter auch der reflektierenden Urteilskraft und somit an der generellen Definition von Urteilskraft auch in der dritten 'Kritik' fest. Urteilskraft - "überhaupt" fügt die zweite Einleitung hinzu - ist "das Vermögen der Subsumption des Besonderen unter das Allgemeine".[33] In bestimmende und reflektierende teilt sie sich je nach dem, ob das Allgemeine "gegeben" oder erst noch zu "finden" ist.[34] Beide Male aber subsumiert sie, wenn auch im zweiten Fall unter ein nicht apriori gegebenes Allgemeines.

Das Finden des Allgemeinen qua oberen Ordnungsprinzips ist in der Wissenschaft prinzipiell nicht unmöglich, "ein Geschäft des Verstandes", und die "Erreichung jener Absicht" ist "mit dem Gefühl der Lust verbunden", eine Art "Entdeckerfreude".[35] Im Gegensatz dazu ist das Finden eines Allgemeinen qua bestimmenden Begriffs im ästhetischen Reflexionsurteil prinzipiell unmöglich, es gibt keinen diskursiv einlösbaren Fortschritt in der ästhetischen Beurteilung.[36] Subsumptiv verfährt die Urteilskraft aber auch hier, insofern sie mit den Kategorien der Möglichkeit und der Wechselwirkung verbunden wird:

"... der Geschmack, als subjektive Urteilskraft, enthält ein Prinzip der Subsumption, aber nicht der Anschauung unter Begriffe, sondern des Vermögens der Anschauung oder Darstellung (d.i. der Einbildungskraft) unter das Vermögen der Begriffe (d.i. den Verstand) ..."37

Kant hält am Begriff der Subsumption fest, weil er, seiner Urteilstheorie zufolge, Allgemeinheit und Notwendigkeit garantiert. Daß Subsumption im Geschmacksurteil aber nur noch pro forma, d.h. nicht mehr einseitig ihre Funktion erfüllt, zeigt sich an den im selben Abschnitt um sie herumgruppierten Termini und Beschreibungen: "freie(s) Spiel", "Beförderung der Erkenntnisvermögen", 'wechselseitige Belebung'. Die Urteilskraft subsumiert im ästhetischen Urteil wechselseitig die Einbildungskraft unter den Verstand und umgekehrt. Subsumption der Vermögen heißt wechselseitige Subsumption von Anschauungen und Begriffen oder Subsumption aller möglichen Anschauungen und Begriffe. Kann Subsumption als Reflexion unter den Instruktionen des Verstandes definiert werden, so Reflexion als wechselseitige oder mögliche Subsumption.

Prinzip der reflektierenden Urteilskraft ist die unter den Kategorien der Möglichkeit und Wechselwirkung stehenden Subsumption. Dies gilt für die ästhetisch wie erfahrungs-systematisch reflektierende Urteilskraft. Letztere ist für die erste Einleitung in die "Kritik der Urteilskraft" noch mehr als für die zweite Ausgangspunkt der Überlegungen. Von ihr spricht Kant denn auch als "heuristische(m) Prinzip" und "transzendentale(r) Voraussetzung".[38] Die als möglich gedachte Subsumption ist im wissenschaftstheoretischen Rahmen eine Voraussetzung der reflektierenden Urteilskraft, eine Hypothese zum Zweck einer vorläufigen und leichten Einordnung eines Sachverhalts, oder - nimmt man die Etymologie auf - eine Anweisung, Neues zu finden.[39]

(5) Affinität in der "Kritik der Urteilskraft". - Für den hypothetisch angenommenen, logisch organisierten Zusammenhang der Natur verwendet Kant in der ersten Einleitung auch wiederum den Begriff der Affinität. Um die zu empirischen Gesetzen verknüpften Wahrnehmungen - Urteile der <u>einen</u> Erfahrung nach <u>transzendentalen</u> Gesetzen - "selbst zur Einheit der Verwandtschaft unter einem gemeinschaftlichen Prinzip zu bringen", bedarf es der "subjektiv-notwendige(n) transzendentale(n) <u>Voraussetzung</u>, daß jene besorgliche grenzenlose Ungleichartigkeit empirischer Gesetze und Heterogeneität der Naturformen der Natur nicht zukomme, vielmehr sie sich, durch die Affinität der besonderen Gesetze unter allgemeinere, zu einer Erfahrung, als einem empirischen System, qualifiziere."[40] Affinität steht hier nicht dafür ein, die 'Ungleichartigkeit' der Erkenntnispole Anschauung und Verstand und damit der Erscheinungen nach transzendentalen Gesetzen untereinander, die bloß subjektive Assoziation zu verhindern, sondern die 'Ungleichartigkeit' empirischer oder besonderer Gesetze bzw. Naturformen. Steht Affinität in der "Kritik der reinen Vernunft" im Kontext der einen qua singularen und identischen, allgemeinen Erfahrung, so hier im Kontext der einen empirischen oder besonderen Erfahrung.

(6) Rückwirkende Fundierung der Kantischen Erkenntnistheorie. - Kant hat die beiden Begriffe von Erfahrung als einem transzendentalen und empirischen System "neben einander bestehen"[41] lassen. Im Zusammenhang der wechselseitigen Bestimmung von Reflexion und Subsumption aber läßt sich die Frage anschließen, ob nicht die empirische Erfahrung die Erfüllung der transzendentalen sei, und zwar nicht nur in materialer, sondern auch systematischer Hinsicht. Wenn Kant zu 'bedenken' gibt, die "Aufgabe: aus gegebenen Wahrnehmungen einer allenfalls unendlichen Mannigfaltigkeit empirischer Gesetze enthaltenden Natur eine zusammenhängende Erfahrung zu machen", liege "a priori in unserem Verstande",[42] so kann sich diese apriorische Aufgabe auch auf den Zusammenhang empirischer Erfahrung erstrecken. In diesem Sinn hat Kroner in seinem Buch "Von Kant bis Hegel", das Adorno seinen Studenten empfiehlt (vgl.PT2,S.104) und aus dem er in seiner ersten Hegel-Studie wiederholt zitiert, die Einleitung zur "Kritik der Urteilskraft" interpretiert: die transzendentale Deduktion habe sich in der Begründung der Möglichkeit besonderer und besonderster Naturerkenntnis zu vollenden.[43] Kroners Interpretation verfolgt insgesamt den hegelianisch prononcierten Aspekt einer Einheit der Vernunft in all ihren Vermögen und kritischen Teilen. Er wendet daher die Argumentation der "Kritik der Urteilskraft" zurück auf die

"Kritik der reinen Vernunft". Ist der ersteren zufolge die Übereinstimmung der empirisch-besonderen Naturgesetze und damit die Einheit der Vernunft dem Zufall überlassen, dann auch die der Erkenntissphären Sinnlichkeit und Verstand, die die Geltung der allgemein-transzendentalen Naturgesetze begründen soll. Die transzendentale Deduktion der Kategorien verliere dadurch selbst ihre Beweiskraft, ihre Notwendigkeit, und der Zufall spiele hier wie dort dieselbe Rolle.[44] Kroner redet von ihm allerdings in restringierter Weise. Nicht der Zufall und damit die Affinität wird von ihm für die "Kritik der reinen Vernunft" ins Recht gesetzt, sondern die Notwendigkeit für alle drei Kritiken unter der Schirmherrschaft der einen Vernunft. Ihre sich selbst als Zweck setzende und als Tätigkeit verwirklichende Funktion ist so Bedingung der Möglichkeit aller - und damit auch 'ästhetischer' - Erfahrung.

In derselben Tradition einer sich selbst reflektierenden Kantischen Philosophie in derjenigen Hegels hat Wohlfart in jüngster Zeit das Programm einer 'Metakritik der ästhetischen Urteilskraft' verfolgt. Auch er behauptet in einem kurzen, thetisch gehaltenen Aufsatz mit Hinweis auf die transzendentale Dialektik die Identität von transzendentaler Affinität (aus der "Kritik der reinen Vernunft) und transzendentaler Zweckmäßigkeit (aus der "Kritik der Urteilskraft") und insofern zum einen die Entsprechung von regulativer Vernunft und reflektierender Urteilskraft, sowie zum anderen die Untrennbarkeit von reflektierender und bestimmender Urteilskraft. Anders als Kroner versucht Wohlfart aber eine kantimmanente Kritik, insofern er auf der Reflexion lediglich als Voraussetzung der Vernunft für die Bestimmung der Verstandes insistiert oder - mit Bezug auf die 'Anthropologie' - auf der Präsumption der Verwandtschaft von Sinnlichkeit und Verstand als Bedingung der Möglichkeit der Subsumption. Die logische Zusammenfassung des Mannigfaltigen der Anschauung in die Einheit eines bestimmten Begriffs kann, so die mutmaßende Behauptung Wohlfarts, nur insofern zustande kommen, "als immer schon eine Entsprechung und Affinität (zweckmäßige Zusammenstimmung) des Vermögens der Anschauung und des Vermögens der Begriffe vorausgesetzt ist, deren wir in der ästhetischen Reflexion plötzlich inne werden".[45] Affinität ist in dieser Interpretation als Prinzip der reflektierenden Urteilskraft überhaupt und der regulativen Vernunft 'konstitutiv' oder 'maßgebend' für die Verstandesbestimmungen.[46] Die in der dritten 'Kritik' inaugurierte 'besondere Erfahrung' als logischer Zusammenhang von einzelnen Erfahrungsurteilen geht so - mit Bartuschat zu sprechen[47] - über die durch den transzendentalen Schematismus strukturierte Erfahrung des Besonderen überhaupt hinaus zur im strikt Kantischen Sinn unmöglichen Erfahrung des Besonderen als Besonderen. Der Gedanke der Affinität wird bestätigt nicht nur sukzessive durch den wissenschaftlichen Fortschritt, die besondere Erfahrung, sondern instantan in jedem ästhetischen Urteil, der Erfahrung des Besonderen.

2. ZUM BEGRIFF DER SYNTHESIS BEI ADORNO

(1) Synthesis. - Die Diskussion um den Status der Urteilskraft bei Kant mußte immer auch schon den Begriff thematisieren, der den zweiten kritischen Bezugspunkt des Schematismus-Kapitels darstellt: Subsumption. Curtius setzt ihn dem Begriff der Synthesis entgegen.[1] Mit diesem Gegensatz operiert durchgängig auch Adorno.[2] Das 'Schema' steht dabei in einem um die Begriffe 'Szientismus' und 'Industriegesellschaft' zentrierten, negativ gewerteten Kontext.[3] Als einer seiner positiven Gegenbegriffe fungiert Affinität:

"So befangen (das) Postulat (der inneren Einheit der Momente, J.F.) ist ... so legitim erinnert andererseits jenes Postulat ... an die Affinität der Gegenstände zueinander, die von dem szientifischen Ordnungsbedürfnis tabuiert wird, um dann dem Surrogat seiner Schemata zu weichen" (ND,S.34).

Als ein zweiter positiver Gegenbegriff fungiert Synthesis. So sehr auch sie im Tonfall der "Dialektik der Aufklärung" in den Kontext des 'Schemas' gehört,[4] so sehr nimmt Adorno sie für seine Theorie in Anspruch. In dem 1938 geschriebenen Aufsatz "Über den Fetischcharakter in der Musik und die Regression des Hörens" liefert der Synthesisbegriff den ästhetischen Maßstab. Die "Momente", das "Mannigfaltige von Reiz und Ausdruck", schreibt Adorno gegen den über den Verfall des Geschmacks klagenden regredierten Hörer, sind in der "großen Musik" "aufgehoben", sie hat die "Kraft zur Synthesis" (GS14,S.17).

(a) Erste Definition mit Kant. - "Synthesis war die Losung des Idealismus" (GS11,S.486), zunächst diejenige Kants. An ihn erinnert die Definition Adornos, Synthesis sei das 'Zusammennehmen der getrennten Momente in ihrer Beziehung' (ND,S.156) oder - im Rahmen der 'Ästhetischen Theorie', die "Kunst als begriffslose Erkenntnis"[5] auch auf dem Begriff der Synthesis fundieren will - die "Verbindung des Unverbundenen" (GS7,S.284), die 'lose Verbindung des Diffusen' (GS7,S.454). Aber diese Definition ist sehr weit. Sie bringt gegen das Herrschaftlich-Einordnende einer sich auf Schemata beziehenden Synthesis das "Gewaltlose" (GS7,S.454) gut zum Ausdruck, verwischt aber die Grenzen zu 'Verbindungen', denen Adorno den Status von Erkenntnis abspricht. Der "Beziehungswahn" der Astrologie etwa ist bloße "Parodie" dessen, "was der großen Philosophie Synthesis hieß", und sein Kriterium ist, "willkürlich Unverbundenes zu verbinden" (GS8,S.175).

Kant, einer der Protagonisten der von Adorno häufig so gewürdigten 'großen Philosophie', steht im § 15 der Deduktion, der "von der Möglichkeit einer Verbindung überhaupt" handelt, vor dem Problem in seiner generellen Form und zwängt den Begriff der Verbindung zusammen mit dem der Synthesis und der Einheit in die Definition:

"Verbindung ist Vorstellung der synthetischen Einheit des Mannigfaltigen."6

Die für empirische Erkenntis konstitutive Funktion von Synthesis ist ihm durch die Einheit des 'Ich denke' verbürgt. Bezüglich der "Synthesis der Reproduktion in der Einbildung" illustriert Kant das Fehlen der Einheit krass damit, daß dann "der Zinnober bald rot, bald schwarz, bald leicht, bald schwer sein, ein Mensch bald in diese, bald in jene tierische Gestalt verändert" würde;[7] eine "regellose" Einbildungskraft oder Phantasie "nähert sich dem Wahnsinn".[8]

b) Zweite Definition mit Hegel. - Eine Synthesis, die nicht willkürlich, d.h. positiv: einheitlich Unverbundenes verbindet und bei Kant zuoberst die empirische Erkenntnis oder das Erfahrungsurteil auszeichnet, muß im Hegelschen Sprachgebrauch 'immanente Synthesis' heißen. Zur Synthesis der ersten Trias innerhalb der Seins-Logik macht Hegel die Anmerkung:

"Werden ist diese immanente Synthesis des Seins und Nichts; aber weil der Synthesis der Sinn von einem äußerlichen Zusammenbringen äußerlich gegeneinander Vorhandener am nächsten liegt, ist mit Recht der Name Synthesis, synthetische Einheit außer Gebrauch gesetzt worden."9

Für Hegel ist die umständliche Definition Kants Ausdruck des Dilemmas, Einheit und Synthesis im Begriff der Verbindung nur 'äußerlich' verbinden, Einheit nicht zugleich als Bedingung und Resultat von Synthesis formulieren zu können. Auch die in der "Erinnerung" Bilder unwillkürlich und in der reproduktiven wie assoziativen "Einbildungskraft" sie verallgemeinernd produzierende "Vorstellung" ist für die Nach-Kantianer bloße "Synthese". Erst die "Phantasie", die Einbildungskraft als "symbolisierende" oder "zeichenmachende", ist nicht mehr mit der von der "Anschauung und deren gefundenem Stoff" herrührenden "Differenz" behaftet und vollzieht vor allem im Medium der Kunst und der Sprache den Übergang zum "Gedächtnis" und zum "Denken" als der "konkreten Immanenz des Begriffs".[10]

In der Nachfolge der 'großen Philosophie' erhält Synthesis bei Adorno die Bedeutung von einheitlicher bzw. immanenter Verbindung des Unverbundenen; sie meint insofern immer "vernünftige Synthesis" (GS10,S.591). Zugleich findet eine Gegenbewegung gegen Kant und Hegel statt, die sich auf den ebenso unverzichtbaren wie problematischen Begriff der Einheit bzw. Identität konzentriert. Sowohl der mit "Synthesis" überschriebene Abschnitt der 'Negativen Dialektik' wie die diesbezüglichen Ausführungen der 'Ästhetischen Theorie' verfolgen diese Doppelstrategie.

Der pejorativ gewerteten Einheit und Identität läßt Adorno vor allem in ihrer Bedeutung als ausgleichend-versöhnliches Mittleres manchmal das eingedeutschte Substantiv "Synthese" korrespondieren,[11] als deren Gegenbegriffe 'Montage' (GS7,S.232), Verbindung von 'Extremen' (GS7,S.452), 'Analyse' und 'Negation' (ND,S.157) angeführt werden. Auch für Adorno ist das Eingangskapitel aus Hegels "Wissenschaft der Logik" paradigmatisch für eine Definition von Synthesis, die dann lautet: 'Identifikation' der Relate und eodem actu "Bestimmung der Differenz", zusammenfassend: "Vereinigung der widersprechenden Momente" (ND,S.158). Die Synthesis stellt sich dar in der Form eines Urteils ('Das Sein ist das Nichts') und eines Begriffs ('Werden'). In letzterem Fall ist sie "Bestimmung der Differenz, die unterging, 'verschwand'" (ND,S.158), 'Errettung' oder "bestimmte Negation" (ND,S.157).[12]

Als Urteilsform ist der Synthesis von Kant her die Zeit als Definiens zugeschrieben, wofür sich bei Adorno die Wahl ihrer ersten Begriffsform aus Hegels 'Logik' demonstrativ funktionalisieren läßt, denn 'Werden' ist nur der Name für "jene Unruhe" (ND,S.158), die aus jeglicher Identifikation Nichtidentischer erwächst. Mit kritischem Bezug auf die Urteilsform stellt Hegel fest, daß die "Vereinigung" des Widersprechenden "nur als eine Unruhe zugleich Unverträglicher, als eine Bewegung ausgesprochen werden kann" und das Wort 'Einheit' dafür eine "unglückliche" Bezeichnung sei.[13] Synthesis ist kein bloß räumliches "Zusammen", sondern als Vereinigung des Widersprechenden im Akt der gleichzeitigen Identifikation und Differenzbestimmung ein "Spannungsverhältnis" (GS16,S.630).

(c) Materialistische Version. - An die Hegelsche Definition von Synthesis läßt sich seit der Entdeckung des ökonomisch-philosophischen Manuskripts des jungen Marx unschwer eine materialistische Version anschließen. Adorno hat sie in den Hegel-Studien ausgebreitet. Synthesis wird dort in einem zweifachen Sinn als Arbeit definiert. Das "Geheimnis, das hinter der synthetischen Apperzeption sich versteckt", ist zum einen "nichts anderes als die gesellschaftliche Arbeit" (GS5,S.265). Das "Moment der Allgemeinheit des tätigen transzendentalen Subjekts" (GS5,S.265) wird dadurch revidiert. Die Regeln der Synthesis sind, Kantisch gesprochen, empirisch vermittelte und historisch variable Setzungen der Gattung als Instanz der Allgemeinheit. Sie hat "als gesellschaftliche Arbeit den Menschen gegenüber objektive Gestalt und (bleibt) doch die Arbeit von Menschen" (GS5,S.269).[14] Synthesis ist zum zweiten Arbeit auch im Sinne von "Last und Zwang" (GS5,S.268).[15] Die Hegelsche 'Arbeit des Begriffs' ist materialistisch "unmetaphorisch" zu verstehen als 'nach innen gewendete' mühevolle Anstrengung und "Reflex auf die Lebensnot" (GS5,S.268).

(d) Definition über den Begriff der Nachahmung. - Adorno hat eine 'glücklichere Bezeichnung' für 'synthetische Einheit'. Sie setzt er in ihr Recht mit seiner letzten Definition von Synthesis, in der sich seine Doppelstrategie am Begriff der Natur und zweifach an dem der Nachahmung scheidet:

"Gleichwohl ist Hegel, wie Kant und die gesamte Tradition, auch Platon, parteiisch für die Einheit. Auch deren abstrakte Negation ziemt dem Denken nicht. Die Illusion, des Vielen unmittelbar habhaft zu werden, schlüge als mimetische Regression ebenso in Mythologie ... zurück, wie am Gegenpol das Einheitsdenken, Nachahmung blinder Natur durch deren Unterdrückung, auf mythische Herrschaft hinausläuft. Selbstreflexion der Aufklärung ist nicht deren Widerruf (...) Einheit allein transzendiert Einheit. An ihr hat die Affinität ihr Lebensrecht, welche durch fortschreitende Einheit zurückgedrängt wurde und gleichwohl in ihr, zur Unkenntlichkeit säkularisiert, überwinterte. Die Synthesen des Subjekts ahmen, wie Platon wohl wußte, mittelbar, mit dem Begriff nach, was von sich aus jene Synthese will" (ND,S.158f.).

'Synthesis' wird über den Begriff der Nachahmung definiert, und dazu muß Adorno in der Tradition hinter Hegel und Kant zurück auf Platon rekurrieren. Er kann das nicht tun im Gedanken an dessen Ontologie und ihren berühmt gewordenen Konsequenzen für die Mimesis. Das wäre überdies nur "aufgewärmter Platonismus" im Stile von "Philosophien des Wesens oder der Urbilder" (GS11,S.260). Adornos Gedanke geht auch nicht auf die von Platon gestiftete mathematische Methode, die eine Kategorie "auf ihr Skelett als auf ihr Wesen zurückführt" und nur über das herrscht, "was sie schon präpariert, sich selbst angebildet hat". Sondern Adorno hat eine Methode vor Augen, die Platon doch auch "noch respektiert wissen wollte" (GS5,S.19), die Unterscheidung von συναγωγή und διαίρεσις, konkret an einem Gleichnis aus dem "Phaidros":

"Man müsse, heißt es, in Umkehrung der begrifflichen Bewegung von Synthesis 'imstande sein, beim Zerlegen in Unterarten den Schnitt nach den Gelenken zu führen, der Natur entsprechend, und nicht versuchen, nach der Weise eines schlechten Kochs, irgendein Glied zu zerbrechen'" (ND,S.51).

Dem Kontrapost von Synthese und Analyse/Negation entspricht hier derjenige von συναγωγή und διαίρεσις, "abstraktive(r) Vereinheitlichung" und "der Natur der Dinge sich anschmiegen, nicht willkürlich mit ihnen verfahren" (ND,S.51). Das Nicht-Willkürliche wird hier durch das Sichanschmiegen, die Nachahmung zum Ausdruck gebracht, durch die Synthesis dann definiert ist, insofern sie als συναγωγή und διαίρεσις in einem verfährt. Fehlt erstere, so kommt es zur 'unmittelbaren' Nachahmung in der Form 'mimetischer Regression', einem "molluskenhaften" Bewußtsein (GS10,S.502); fehlt letztere, so kommt es zwar zu einer 'mittelbaren', 'begrifflichen' Nachahmung, aber einer, die das Reflexivpronomen der 'Anbildung' grammatikalisch als Dativ, nicht als Akkusativ setzt, die Nachahmung auf das Subjekt rückbezogen betreibt, so daß 'Einheitsdenken' in der Form der Unterdrückung resultiert.

(e) Mittelbar-begriffliche Nachahmung teleologischer Natur. - Der Begriff der Nachahmung wird von Adorno also sowohl in seiner unmittelbar-mimetischen wie in seiner mittelbar-begrifflichen Form verworfen, genauer gesagt in einer bestimmten mittelbar-begrifflichen Form. Kriterium ist der Begriff der Natur. Synthesis ist mittelbar-begriffliche Nachahmung, aber nicht 'blinder' Natur, sondern einer, die 'von sich aus die Synthese will', einer traditionell als teleologisch oder als Subjekt gedachten Natur. Das synthesierende Denken "folgt ... einem Potential, das in seinem Gegenüber wartet" (ND,S.28); die "Details" eines Kunstwerks haben ein "dynamisches Potential" (GS7,S.450); Kant nimmt keine "Rücksicht darauf, daß die bestimmenden Akte ... auch einem Moment sich anbilden, das sie nicht selbst sind; daß sich synthesieren nur läßt, was es auch von sich aus gestattet und verlangt" (ND,S.140), "was auch an sich zusammengehört", denn "sonst wäre Synthesis bloße klassifikatorische Willkür" (GS10,S.755); Synthesis ist "Sich-selbst-Produzieren" (GS14,S.32).

Von den Formen der Nachahmung läßt Adorno im Kontext von Synthesis allein diese dritte - selbst eine Synthese, 'Vereinigung des Widersprechenden' - gelten. Der dichotomische Ausgangspunkt der Kantischen Transzendentalphilosophie bleibt anerkannt, Erkenntnis ist eine "durch Begriffe, nicht intuitiv, sondern diskursiv", das Urteil "die mittelbare Erkenntnis eines Gegenstandes".[16] Aber um der als Wissenschaft auftretenden Herrschaft ein Korrektiv entgegenzusetzen, bedarf es der Mimesis, der Ausrichtung des Begriffs auf das (teleologische) Natur-Subjekt.[17] Synthesis erfüllt ihre Erkenntnisfunktion allein als begrifflich-mimetische Nachahmung der Natur. Ihre Kantische weite Definition als 'Verbindung des Unverbundenen' muß in die Hegelische als 'Vereinigung der widersprechenden Momente' überführt werden. Adorno wertet die Kantische synthetische Einheit der Apperzeption nicht durchgehend negativ,[18] zieht ihr aber die Hegelsche Einheit des Einen und des Vielen vor.[19] Gerade in ihr bringt er aber die bei Hegel systematisch irrelevante Bezeichnung 'Affinität' wieder zur Geltung, die bei Kant eine der subsumptiven Einheit des Mannigfaltigen vorausgesetzte Einheit, ein Prinzip (der Zweckmäßigkeit) vorstellt.

(2) Einbildungskraft und Phantasie. - Eine Formulierung wie 'Kraft zur Synthesis' könnte bei Adorno den Anschein einer inexplizit Heideggerschen Kant-Auslegung erwecken. Aber Adorno stellt sich dem Problem der Einbildungskraft nicht mit philologischer Akribie. Im Kontext von Synthesis und in der Spannung zwischen Wahrheit und Paranoia wird die Einbildungskraft in der "Dialektik der Aufklärung" erwähnt als das Vermögen, den "Abgrund der Ungewißheit" zwischen Subjekt und Objekt zu "überbrücken" (DA,S.227). "Subjektive Einbildungskraft" rechnet die "Ästhetische Theorie" einmal zu den Konstituentien von Kunst (GS7,S.421). In der Reihenfolge "produktive Einbildungskraft, reine Apperzeption, schließlich freie Tathandlung" (GS10, S.754f.) kann produktive Einbildungskraft als eine Bezeichnung für die jeweils gleiche Konstitutionsleistung des Subjekts verstanden werden. Dasselbe gilt für "ursprüngliche Einbildungskraft" (PT1,S.183). An anderer Stelle läßt Adorno die transzendentale Apperzeption darauf hinauslaufen, daß niemand den "Schmerz eines anderen in der eigenen Einbildungskraft reproduzieren (kann)" (GS10,S.600). Als 'Vergegenwärtigung des Vorhergehenden', als Erinnerung wird die Einbildungskraft qua produktive wie reproduktive aufgefaßt.[20] In dieser Gleichsetzung mit Erinnerung und als Statthalter des Empirischen in der transzendentalen Erkenntnistheorie (vgl.ND,S.227) ist für die Einbildungskraft allgemein eine systematische Rolle innerhalb der Theorie Adornos wenigstens angedeutet.

Anders verhält es sich mit ihrem Synonym,[21] der Phantasie. Unspezifisch gebraucht Adorno sie in musikalischen Schriften vor den dreißiger Jahren.[22] In dem Vortrag "Die Aktualität der

Philosophie" (1931) wird sie mit Verweis auf Bacon und Leibniz eingeführt als "Organon" der alten "ars inveniendi" (GS1,S.342). Adorno greift damit - bisher viel zu wenig beachtet - das seit der Renaissance und der Ästhetik des 18. Jahrhunderts gegen die Scholastik bzw. Descartes gerichtete Programm einer 'individuellen Logik' wieder auf, dem Kant im Rahmen der 'besonderen Erfahrung' einen heuristischen Platz zugewiesen hat,[23] und verbindet es mit Benjamins "Idee philosophischer Deutung" (GS1,S.342). Auch diese Idee behält ihren Stellenwert im Werk Adornos.[24] Nach den wissenschaftstheoretischen Debatten des letzten Jahrzehnts wird sie heute sogar bewußt "offensiv" als forschungspraktisch handhabbares "induktiv-experimentell(es)" Verfahren für kritische Sozialforschung vertreten.[25] Mit der streng in dem von den Wissenschaften dargebotenen Material verbleibenden "exakte(n) Phantasie" setzt Adorno den ihm eigentümlichen Akzent auf Horkheimers gleichzeitig vorgestelltes Programm einer philosophisch inspirierten interdisziplinären Sozialforschung.[26] Exakte Phantasie zeichnet den Künstler ebenso aus wie den Philosophen,[27] überhaupt den "Dissentierenden" (ND,S.54). Mit Verweis auf das Produktiv-Aktive der Phantasie verbindet Adorno sie bei Gelegenheit mit Kritik (MM,S.94), Erfahrung (DA,S.236), Verstehen (GS5,S.368), Geist (ND,S.390) und aufgeklärter Rationalität (ND,S.374).

Von Anfang an ist Phantasie dabei das Vermögen der 'Konstellation'. Auch dieser Begriff ist - im Vortrag von 1931 explizit - von Benjamin übernommen. Im Kontext von Phantasie steht er bei Adorno am extensivsten in der 'Ästhetischen Theorie'. In Abgrenzung von einem als Schöpfertum mißverstandenen 'Genialen' nimmt Adorno dort den Gedanken der ars inveniendi implizit wieder auf. Phantasie ist nicht "absolute Erfindung" (GS7,S.258), sondern "rückt, was immer die Kunstwerke an Daseiendem absorbieren, in Konstellationen" (GS7,S.259).[28] Die "Erfindungen sind Modifikationen von empirisch Vorhandenem" (GS7,S.36), Phantasie ist mit Benjamin definiert als "'Extrapolation im Kleinsten'".[29] Kantisch ist die Korrelation von Phantasie und 'Unwillkürlichem' (GS7,S.260), nicht mehr aber die Folgerung Adornos, Kunst sei "das drastischeste Argument gegen die erkenntnistheoretische Trennung von Sinnlichkeit und Verstand" (GS7,S.260). Phantasie ist so bei Adorno durchaus, was bei Kant der Einbildungskraft nur halbherzig zugestanden werden kann: Einheit der Erkenntnispole. Aber von Kant schlägt er an dieser Stelle sogleich eine Volte zu Hegel. Im Vergleich zum systematischen Stellenwert der Phantasie wiegt derjenige der Reflexion schwerer, so daß diese sogar als "Durchdringung von Rezeptivität und Einbildungskraft" definiert werden kann (DA,S.233)

(3) Der Begriff der Kraft bei Hegel. - Für die der schematisierenden Subsumption entgegengesetzte 'Kraft zur Synthesis' hat Adorno nicht expressis verbis das Vermögen der Einbildungkraft bzw. der Phantasie benannt. Er stellt sie vielmehr in den Hegelschen Bedeutungskontext, wiewohl mit dem Begriff der Kraft ein empirisches Moment Bedingung der Möglichkeit von Synthesis wird, das auf Adornos Geschichtsphilosophie des Subjekts verweist - "die Phantasie verkümmert" (DA,S.49) - und ihr entsprechend Kant wiederum prononciert zur Geltung bringen wird im Begriff der Urteilskraft.

(a) Immanente Kritik. - Der Begriff der Synthesis wird aber zunächst mit einem Begriff der Kraft verbunden, wie er in Hegels Philosophie methodische Bedeutung erlangt. In der Einleitung zur "Metakritik der Erkenntnistheorie", in der Adorno "ein Programm seiner Philosophie" formuliert (GS5,S.386), sowie in der 'Negativen Dialektik' (vgl.ND,S.396) zitiert er bezüglich des Verfahrens immanenter Kritik aus der "Wissenschaft der Logik":

"'Die wahrhafte Widerlegung muß in die Kraft des Gegners eingehen und sich in den Umkreis seiner Stärke stellen ...'" (GS5,S.14).

An späterer Stelle substituiert Adorno den Begriff der Kraft durch "Macht" und "Gewalt" (GS5,S.55). Ist - am Beispiel der Kunst - der 'Gegner' die "Gewalttat der Rationalität", so ist Kunst "nicht, wie das Convenu es will, Synthesis, sondern zerschneidet die Synthesen mit derselben Kraft, die sie bewerkstelligte" (GS7,S.209). Nicht Rationalität und Synthesis als solche sind der Gegner der Kunst, sondern die 'Gewalttat'. Die Synthesis der Kunst wird 'mit derselben Kraft' der Rationalität, aber noch einmal auf diese selbst und damit - Hegels nicht-iterativem Verständnis von "zweiter Reflexion" (GS7,S.209) zufolge - gegen sie angewendet.

(b) Analytisches Vermögen. - Ersetzt man den modernen Weberschen[30] Begriff der Rationalität durch den Hegelschen des Verstandes, so kann man sich der Würdigung von dessen Rolle für die Selbstbewegung des Begriffs in der Vorrede der "Phänomenologie des Geistes" erinnern, die Adorno zu Beginn der "Minima Moralia" (vgl.MM,S.9) und in der 'Negativen Dialektik' (vgl. ND,S.46) zustimmend zitiert. Für die "Zauberkraft" der dialektischen 'Umkehrung' wird bei Hegel dort die "Kraft und Arbeit des Verstandes" herausgestellt, der als "Tätigkeit des Scheidens" des in sich geschlossen ruhenden Substantiellen in abgesondertes 'Totes' das "Leben des Geistes" ausmacht.[31]

(c) "Kraft und Verstand". - Terminologische Qualität erhält der Begriff der Kraft bei Hegel nicht nur in der Vorrede zur 'Phänomenologie', sondern, in Aufnahme der Philosophie von Leibniz und der zeitgenössischen Physik, auch im dritten Kapitel der Bewußtseinsentwicklung. "Kraft und Verstand" ist aber nur prekär lesbar in dem Sinn, daß Kraft nicht nur Gegenstand des

Verstandes sei, sondern auch sein Attribut. Die 'Kraft' des Verstandes liegt nämlich allein darin, zum ersten Mal die Kraft als Gegenstand zu haben. Sind die 'Eigenschaften' der Wahrnehmung dem 'Ding' wesentlich geworden, das Fürsichsein dem Sein für Anderes, so besteht die Kraft des Verstandes im Fassen des Dinges als "unbedingte(s) Allgemeine(s)" immer "noch als Gegenstand".[32] Sie reicht allerdings nicht soweit, diese Einheit des Gegensätzlichen auszuhalten, denn diese ist dem Verstand nur als nicht mehr hintergehbare Anforderung präsent. Die Kraft qua Stärke und Wirkungsfähigkeit muß vor der Kraft qua Gegenstand kapitulieren, letztlich ist "die Verstandesform dem Verstandesgegenstand nicht angemessen", denn wie die vorangehenden Bewußtseinsformen "ist auch der Verstand zunächst noch befangen in (der) Logik analytischer Zerlegung einer ... Vermittlungsbewegung".[33] So verteilt er die Bewegung zwischen 'zurückgedrängter' oder 'eigentlicher' Kraft und ihrer 'Äußerung' auf den Unterschied von sollizitierter und sollizitierender Kraft, und als deren Dialektik ihn auf das 'Spiel der beiden Kräfte'[34] führt, vergegenständlicht oder positiviert er dieses wiederum zur 'Mitte' der 'Erscheinung', der er als 'Extreme' sich selbst und das 'Innere der Dinge' zuordnet.[35] Die Kraft des Verstandes ist nur, die Einheit des sich Widersprechenden über ein mittleres Drittes herstellen zu können. Identisch mit Kraft im terminologischen Sinn wird der Verstand erst, wenn er ihr die Vermittlung als Bewegung selbst zuerkennt, wenn er über die langen Etappen von 'Gesetz' (als Anwesenheit des Inneren in der Erscheinung, die aber diese als Totalität nicht erfüllen kann), Vielheit der Gesetze (die dann gegen das Postulat der einfachen Einheit des Inneren verstoßen), Vielheit der Gesetze als Erscheinungsformen des einen Gesetzes zur Umkehrung des Verhältnisses von Gesetz und Kraft, die nunmehr das Einfache ist, gelangt und mit deren Ununterscheidbarkeit letztlich zu der von Kraft und (tautologisch-erklärendem) Verstand. Als Kraft im terminologischen Sinn 'durchschaut' der Verstand sich an dem Punkt, an dem er Vernunft oder Selbstbewußtsein geworden ist.[36]

Auch in dieser Entwicklung aber wird Vernunft dargestellt als der sich selbst durchsichtig gewordene Verstand selber.

In den Hegelschen Bedeutungskontext gehört der Begriff der Kraft umgangsprachlich als Maßstab der Methode immanenter Kritik, terminologisch als analytische Fähigkeit des Verstandes sowie als der 'Erscheinung' angehörender und sie transzendierender gegenständlich existierender Widerspruch. Auch in dieser letzten Bedeutung findet sie, ebenfalls gekoppelt an den Leibnizschen Monadenbegriff, Anwendung in Adornos Philosophie des Kunstwerks:

"Es ist, was die rationalistische Metaphysik auf ihrer Höhe als Weltprinzip proklamierte, Monade: Kraftzentrum und Ding in eins" (GS7,S.268).

"Die Objektivation des Kunstwerks ist ... Resultante des Kräftespiels im Werk, dem Dingcharakter verwandt als Synthesis" (GS7,S.153).

Das 'Spiel der Kräfte' wird nicht mit Kant analytisch dreigeteilt und äußerlich synthesiert, sondern Synthesis kann hier mit Hegel und Adorno definiert werden als Spiel der Kräfte. Das Subjekt macht - im zweifachen Sinn des Produzierens und Wiederholens - das Spiel der Kräfte im Werk mit.

(4) Lesen und Kommunikation. - Die Hegelsche Koppelung des Begriffs der Kraft an den der Monade hat Adorno wohl durch die Vermittlung Benjamins übernommen, der im "Ursprung des deutschen Trauerspiels" einmal neben Platons Ideenlehre auch Leibniz' Monadologie und Hegels Dialektik in die Traditionslinie seiner auf den Begriffen der Konstellation und des Extrems begründeten Erkenntistheorie stellt.[37] Darauf deuten schon einige von Adornos kleinen musikalischen Aufsätzen zu Beginn der 30er Jahre,[38] in einem Resümee dann die "Einleitung zu Benjamins 'Schriften'"(vgl.GS11,S.571)

(a) Objektive Kommunikation. - 'Lesen' und 'Kommunikation' sind zwei andere Benjaminsche Begriffe für die von Synthesis und Kräftespiel:

"... damit die Synthesis der Konstruktion gelinge, muß sie doch, bei aller Aversion, aus den Elementen herausgelesen werden, die an sich dem ihnen Auferlegten nie rein willfahren" (GS7,S.92).

"Und die Synthesis durchs Kunstwerk ist seinen Elementen nicht bloß angetan; sie wiederholt, worin sie miteinander kommunizieren ..." (GS7,S.19).

Die Provenienz des Begriffs einer zwischen den 'Elementen' stattfindenden, insofern objektiven Kommunikation aus Benjamins Erkenntnis- und Sprachtheorie wird - anders als für den Begriff eines konstellativ-deutenden Lesens, der beide Autoren in die Tradition der 'Lesbarkeit der Welt' einreiht[39] - nicht explizit gemacht, läßt sich aber, zusammen mit der Kritik einer unter dem Diktat der 'Verständlichkeit' stehenden und gesellschaftlich korrumpierten Kommunikation, leicht zurückverfolgen.[40] Unter der Überschrift "Skoteinos oder Wie zu lesen sei" erteilt Adorno zu den Schriften Hegels auch folgenden Ratschlag:

"Ihr signifikativer Charakter tritt zurück hinter einem mimetischen, einer Art gestischer oder Kurvenschrift (...) man muß Hegel lesen, indem man die Kurven der geistigen Bewegung mitbeschreibt, gleichsam mit dem spekulativen Ohr die Gedanken mitspielt, als wären sie Noten" (GS5,S.353f.).

Die Anerkennung eines Begriffs objektiver Kommunikation spricht Adorno in einer seiner letzten Veröffentlichungen deutlich aus:

"Wäre Spekulation über den Stand der Versöhnung erlaubt, so ließe in ihm weder die ununterschiedene Einheit von Subjekt und Objekt noch ihre feindselige Antithetik sich vorstellen; eher die Kommunikation des Unterschiedenen. Dann erst käme der Begriff der Kommunikation, als objektiver, an seine Stelle. Der gegenwärtige ist so schmählich, weil er das Beste, das Potential eines Einverständnisses von Menschen und Dingen, an die Mitteilung zwischen Subjekten nach den Erfordernissen subjektiver Vernunft verrät" (GS10,S.743).

Als objektiv zeichnet Adorno den Begriff der Kommunikation, des 'Einverständnisses' aus, wenn er sich auf die Objekte untereinander sowie auf Subjekt und Objekt bezieht. Er hat 'seine Stelle' eigentlich erst im 'Stand der Versöhnung'.

Darin liegt offen zutage, warum die 'zweite Generation' der Kritischen Theorie sich diesbezüglich nicht schlicht affirmativ auf einen ihrer Vorgänger berufen, Habermas den von ihm zu philosophischen Ehren gebrachten Begriff der Kommunikation erst nach einem Paradigmenwechsel bei Adorno abstützen kann:

"Adorno beschreibt Versöhnung in Begriffen einer unversehrten Intersubjektivität, die sich allein herstellt und erhält in der Reziprozität der auf freier Anerkennung beruhenden Verständigung."[41]

Aber die Übertragung dieser Verständigung auf die zwischen Menschen und Dingen - geschweige denn auf die zwischen den Dingen untereinander - verweist Habermas als "grundlos" in die der Kantischen Aufklärungstradition der Mündigkeit verpflichteten Grenzen.[42] Der Gegensatz der Paradigmen ist à la lettre deutlich. Adorno verurteilt Kommunikation 'nach den Erfordernissen subjektiver Vernunft' als 'Verrat'. Unter den verschärften Bedingungen einer 'verwalteten Welt' bedeutet die "äußerste Konsequenz des subjektiven Vernunftbegriffs", die "Konstruktion der Wahrheit nach Analogie einer volonté de tous", daß das, was alle sagen, nichts als das zwangsläufige Resultat gesellschaftlicher Anpassung ist. Subjektive Kommunikation heißt so in letzter Konsequenz "unmittelbare Kommunizierbarkeit an jedermann" (ND,S.49). Einverständnis ohne gegenseitige Verständnisprobleme, 'Plausibilität' (ND,S.50) aufgrund gesellschaftlicher Vereinheitlichung.

(b) Einschränkung des Urteils über subjektive Kommunikation. - Dieses vor allem ideologiekritisch begründete Urteil wird von Adorno allerdings dreifach eingeschränkt. Zum einen historisch als nicht gültig für eine "Epoche, welche man die des aufsteigenden Bürgertums zu nennen liebt" und mit Beethovens Neunter Symphonie aus dem Jahre 1823 zeitlich lokalisiert ist (GS16, S.22). Über das "geistige Medium", das den deutschen Idealismus als "Klima kollektiven Einverständnisses" (GS5,S.301) und "apriorische Kommunikation" auszeichnet, schreibt Adorno:

"Man gab dem anderen Stichworte, Einsätze fast wie in der Musik" (GS5,S.343).

Angesichts von Faschismus und Kulturindustrie aber konstatiert Adorno jene Hinfälligkeit von Diskussion und Gespräch,[43] die er nicht mehr revidiert sieht, und der er mit der aggressiven Formulierung antwortet:

"Soweit heute Kommunikation ... zu wollen wäre, müßte sie der Kommunikation ins Gesicht schlagen, nicht ihre Bedingungen respektieren" (GS16,S.538).

Dieser Forderung genügt das Individuum im radikalen Sinn des Wortes, in der kapitalistischen Massengesellschaft vor allem in Gestalt des vereinsamten Künstlers (vgl.GS12,S.28). Adornos Kommunikationsbegriff setzt hier die Tradition der romantischen Hermeneutik fort, "in deren Zentrum der Begriff der Individualität und mithin der radikalen Nicht-Einvernehmbarkeit des Anderen stand";[44] das Individuelle ist per definitionem das Nicht(mit)teilbare, das Nicht-Kommunikative, und "Mißverständnisse sind das Medium der Kommunikation des Nicht-Kommunikativen" (GS10,S.241).

Daran läßt sich die zweite, ideengeschichtliche Einschränkung anschließen. Die Bedingungen der Kommunikation haben sich sozialgeschichtlich verändert, aber in Reminiszenz wohl an die Platonische Philosophie schreibt Adorno einmal über den Dialog, es sei dessen "Idee" gewesen, "zu finden, was man nicht schon wußte" (GS10,S.103). Er gibt ihm dadurch einen, wenn auch nicht weiter verfolgten Stellenwert im Rahmen einer Heuristik, der oben durch 'reflektierende Urteilskraft' und 'ars inveniendi' abgesteckt worden ist. Aus kommunikationstheoretischer Perspektive kann man darüber hinaus betonen: Nur wenn der Dialog nach diesem Muster verliefe, er seiner von Platon vorexerzierten Idee verlustig ginge, "wäre er reif zum Verschwinden" (GS10,S.103).

Die dritte Einschränkung betrifft die Struktur der Sprache selber:

"Am ehesten würde der Not eine philosophische Sprache gerecht, die auf Verständlichkeit dringt, ohne mit Klarheit sie zu verwechseln. Sprache, als Ausdruck der Sache, geht nicht in der Kommunikation, der Mitteilung an andere auf. Sie ist aber - und das wußte Hegel - auch nicht schlechthin unabhängig von Kommunikation. Sonst entschlüpft sie jeglicher Kritik auch an ihrem Verhältnis zur Sache und erniedrigte es zur willkürlichen Prätention" (GS5,S.339).

Zur Theorie dieses Hegelschen, aber auch Goetheschen (vgl. GS11,S.130) Modells ist an Benjamins 'Zweiseitigkeit' von Sprache als magisch-mimetischer wie semiotisch-mitteilender aus den beiden Arbeiten über das mimetische Vermögen zu erinnern. Sprache als Mitteilung kann unter dem cartesianisch-wissenschaftlichen Ideal der 'Klarheit' von Sprache als Ausdruck losgelöst werden und in "Information" (GS10,S.774) und "neutrale(r) Spielmarke" (DA,S.15), "qualitätslose(m) Zeichen" (DA,S.194) und "Formel" (DA,S.195) ihre extremen Realisierungen finden, nicht aber umgekehrt: objektive Kommunikation, soweit sie das Einverständnis zwischen Menschen und Dingen betrifft, Sprache als 'Ausdruck der Sache', ist nicht ohne subjektive möglich. Allein für die subjektive Kommunikation gilt so der Satz, die neue Kunst bemühe sich "um die Verwandlung der kommunikativen Sprache in eine mimetische" (GS7,S.171). Als objektive gelingt Kommunikation nur in einer Sprache, die Adorno hier kontrastiv und abbreviativ 'mimetisch' nennt, ohne zu verkennen, daß sie auf (subjektive) Kommunikation angewiesen bleibt.

(c) Kommunikation und Affinität. - Der mit dem Begriff der Kraft verbundene Synthesisbegriff erhält bei Adorno in der Nachfolge Benjamins im Begriff der objektiven Kommunikation in gewisser Hinsicht ein Synonym. Synthesis ist 'wiederholte' objektive Kommunikation qua derjenigen der Elemente miteinander und insofern kongruent mit objektiver Kommunikation qua derjenigen zwischen Subjekt und Objekt. Beide Seiten sind aber vom Begriff der Affinität abgedeckt. Wurde er im Kontext von Synthesis als Adornos 'glücklichere' Bezeichnung für den von Hegel als mangelhaft kritisierten Begriff der Einheit herausgestellt, so muß jetzt darauf hingewiesen werden, daß er eine Einheit auch diesseits der synthetischen mitumfaßt:

"Folgerungen ohne Begriff und Urteil sind vorweg um ihre Apodiktizität gebracht, mahnen freilich an eine Kommunikation zwischen den Objekten, die von Begriff und Urteil eher verdeckt werden mag, während ästhetische Konsequenz sie als Affinität der nicht identifizierten Momente bewahrt" (GS7,S.208).

Die zweifache Objektivitätsrelation des Kommunikationsbegriffs gilt auch für den Begriff der Affinität. Er meint Affinität zwischen den Objekten und die zwischen Subjekt und Objekt (vgl. GS5,S.285). Der Kantische Begriff von Affinität wird übernommen, insofern er Affinität der Erkenntnispole und Affinität der Erscheinungen korrelativ setzt, ohne aber die doppeldeutige Rede vom 'im Objekt liegenden Grund der Möglichkeit der Assoziation' restriktiv transzendentalphilosophisch, d.h. im Sinne der "Kritik der reinen Vernunft" aufzulösen. Mehr als es die Hegelsche Terminologie durchscheinen läßt, wird damit und mit den von Benjamin ausgehenden Begriffen des Lesens und der objektiven Kommunikation wieder auf den Anteil der Mimesis auch an immanenter Synthesis verwiesen. Die Formulierung 'Kraft zur Synthesis' birgt in sich ein Moment, dessen Ausdeutung mit dem Hegelschen letztlich kollidiert und mit der Kantischen Urteilskraft koinzidiert.

3. MIMETISCHE RATIONALITÄT

(1) Affinität und (Wahl-)Verwandtschaft. - Das Prinzip der Affinität tritt in der Erkenntnistheorie das Erbe der Magie und der Metaphysik an. Die Affinität von Erkennendem und Erkanntem, "die einmal der magischen Täuschung fraglos war" (ND,S.53) wie die "mannigfaltigen Affinitäten zwischen Seiendem", die Beziehung der "Verwandtschaft" (DA,S.21), die metaphysische "Bestimmtheit der Objekte an sich" (ND,S.34) lebt fort in der Kategorie der Identität (vgl.ND,S.150), in der Selbstreflexion der synthetischen Einheit "hat die Affinität ihr Lebensrecht" (ND,S.158), und "fortlebende Mimesis, die nichtbegriffliche Affinität des subjektiv Hervorgebrachten zu seinem Anderen, nicht Gesetzten, bestimmt Kunst als eine Gestalt der Erkenntnis" (GS7,S.86f.).

Das Prinzip der Affinität kann sich diese Erbschaft sogar durch die Wissenschaft beglaubigen lassen. Im ausgehenden 18. Jahrhundert ist die Affinität oder (Wahl-)Verwandtschaft in der Chemie nämlich eine Allgemeinvorstellung, in jener Wissenschaft bezeichnenderweise, "in der das Exakte mit dem Mystischen sich von jeher, wie in keiner anderen, vermischte".[1] An die aus der Chemie genommene Wechselwirkung zweier Stoffe erinnert Kant in der 'Anthropologie', Hegel in der 'Logik' an die Chemiker Berthollet und Berzelius.[2] Aus diesem wissenschaftlich-mystischen Kontext heraus wird die Theorie der Wahlverwandtschaft zum Namensgeber und Konstruktionsprinzip des Werkes, das für Adorno durch die Vermittlung Benjamins die prägende terminologische Quelle darstellt: Goethes Roman "Die Wahlverwandtschaften".

Goethe läßt zu Beginn dieses Romans drei der Hauptpersonen sich über die chemische Theorie der (Wahl-)Verwandtschaft unterhalten und exponiert auf diese Weise das Thema gleichnishaft in einem naturwissenschaftlichen Rahmen:

"Diejenigen Naturen, die sich beim Zusammentreffen einander schnell ergreifen und wechselseitig bestimmen, nennen wir verwandt. An den Alkalien und Säuren, die, obgleich einander entgegengesetzt und vielleicht eben deswegen, weil sie einander entgegengesetzt sind, sich am entschiedensten suchen und fassen ... ist diese Verwandtschaft auffallend genug."3

Zur 'wechselseitigen Bestimmung des Entgegengesetzten' zählt Goethe in "Dichtung und Wahrheit" auch die von "Geist und Herz, Verstand und Sinn".[4] Übertragen auf die menschlichen Beziehungen sind die Entgegengesetzten verwandt "nicht sowohl als Blutsverwandte, vielmehr als Geistes- und Seelenverwandte".[5] Von 'Wahlverwandtschaft' aber spricht man nach der vom schwedischen Forscher Bergmann 1775 aufgestellten Lehre, "wo vier bisher je zwei zu zwei verbundene Wesen" neue Verbindungen eingehen:

"In diesem Fahrenlassen und Ergreifen, in diesem Fliehen und Suchen glaubt man wirklich eine höhere Bestimmung zu sehen; man traut solchen Wesen eine Art von Wollen und Wählen zu und hält das Kunstwort 'Wahlverwandtschaften' für vollkommen gerechtfertigt."6

Die 'höhere Bestimmung' schlägt für die Personen des Romans nicht in jene Richtung aus, die sie am Ende ihrer Unterhaltung scherzhaft vermuten. In ihr als dämonischem Schicksal setzt sich vielmehr durch, worüber die Handelnden keine Macht haben.

In diesem Sinn interpretiert Benjamin den Roman. Er stellt ihn unter die - von Adorno dann übernommene (vgl.GS11,S.495) - Definition: "Schicksal ist der Schuldzusammenhang von Lebendigem". Die Schuld, von der Benjamin redet, ist keine "sittliche", sondern eine "natürliche, in die Menschen nicht durch Entschluß und Handlung" geraten.[7] Sie läßt das Sittliche, die Ehe als "übernatürliche Dauer" der Liebe,[8] verfallen und das "Dämonische" hervortreten.[9] Personifiziert wird das durch Ottilie. Während "kein sittlicher Entschluß ohne sprachliche Gestalt ... ins Leben treten (kann)", liegt der Sprachlosigkeit, dem "Todeswillen" Ottilies "kein Entschluß zugrunde sondern ein Trieb", der "Natürlichem in ihr entspringt".[10] Die Wahlverwandtschaft, die sich unterhalb der Ebene von Sittlichkeit und Sprache einstellt, offenbart die Macht von Mythos und Schicksal.

Vor diesem Goetheschen und Benjaminschen Hintergrund bewegt sich der Adornosche Sprachgebrauch, die Rede von Goethe als Wahlverwandtem Hegels (GS11,S.133), von Eichendorff als Wahlverwandtem Schumanns (GS11,S.78), von der Wahlverwandtschaft mit dem, wovon man sich abstößt (GS11,S.70), schließlich von der "Wahlverwandtschaft von Erkennendem und Erkanntem" als dem "mimetische(n) Moment der Erkenntnis" (ND,S.53), dem "mimetischen Impuls", der die "Verwandtschaft von Sache und Gedanke nennt" (GS5,S.285).

(2) Affinität und Ähnlichkeit. - Der Begriff der Ähnlichkeit zieht sich wie der der Affinität durch die gesamte Darlegung des Mimesisbegriffs bei Adorno. Mimesis heißt, seit Benjamins Definition, das Vermögen zur Herstellung von Ähnlichkeit; sie "(macht) sich der Umwelt ähnlich" (DA,S.220). Das Gesetz der Ähnlichkeit wird von Hubert und Mauß und von Freud in "Totem und Tabu" als ein Gesetz der Magie herausgestellt. "Der Zauberer macht sich Dämonen ähnlich" (DA,S.20), auf der magischen Stufe gilt der verobjektivierte Ausdruck "nicht als bloßes Zeichen der Sache, sondern mit dieser durch Ähnlichkeit ... verbunden" (DA,S.21). Im Verein mit Nachahmung steht die Ähnlichkeit gegen die pejorativ gewertete Imitation (vgl. GS7,S.15) und das Abbild (vgl.GS16,S.36), Nachahmung der Natur ist die Kunst und die Schönheit (vgl.GS7,S.72) als die einer ungegenständlichen, mit Benjamin: unsinnlichen Ähnlichkeit (vgl.GS7,S.113), Nachahmung der natura naturans als Ähnlichkeit mit sich selbst (vgl.GS11,S.199f.), wie sie in der hermetischen

Kunst und in Hegels 'konkreter Identität' vorgebildet ist. "Liebe ist die Fähigkeit, Ähnliches am Unähnlichen wahrzunehmen" (MM,S.253). Der Traum wird, wie Benjamin es am Beispiel Prousts beschreibt und Freud es anhand der Primärprozesse theoretisiert, von der logischen Relation der Ähnlichkeit regiert. "Es ist die Relation der Ähnlichkeit, Übereinstimmung, Berührung, das 'Gleichwie'", die dem Mechanismus der Traumbildung zugute kommt.[11]

(a) Dialektische Lösung eines erkenntnistheoretischen Streits. - Bisher viel zu wenig beachtet aber wird der Status der Ähnlichkeit als Kategorie für eine Erkenntnistheorie, wie Adorno sie im Ausgang von Kants Transzendentalphilosophie entwirft:

"Gäbe es, Kantisch gesprochen, kein Ähnliches zwischen Subjekt und Objekt, stünden beide einander ... unvermittelt entgegen, so gäbe es nicht nur keine Wahrheit, sondern keine Vernunft, keinen Gedanken überhaupt" (GS5,S.285).

Das 'Ähnliche' zwischen Subjekt und Objekt ist die 'Gleichartigkeit' zwischen reinem Verstandesbegriff und sinnlicher Anschauung, auf die Kant am Anfang des Schematismus-Kapitels im Rahmen der Urteilslehre stößt (vgl.GS5,S.147f.). Als 'Vermittlung' schlägt er dort das transzendentale Schema als ein (äußerliches) Drittes vor. Da Adorno sich der Kritik an der schematisch subsumierenden Urteilskraft anschließt,[12] nähert er sich einer Vermittlung, wie Hegel sie konzipiert hat, bleibt aber doch so weit Kantianer, wie er sie wiederum an die reflektierende Urteilskraft zurückbindet.

Adorno erinnert zunächst an die "lange Vorgeschichte in der antiken Philosophie", an Parmenides, der die Ähnlichkeit zwischen Wahrnehmendem und Wahrgenommenem, an Heraklit, der das Entgegengesetzte gelehrt habe. "Platon folgte der eleatischen Tradition" (GS5,S.147,Anm.). Daher kann Adorno sich auch auf ihn berufen: Ohne Affinität ist, "wie Platon wußte, Erfahrung des Anderen nicht möglich" (GS11,S.490). Getreu der dialektischen Argumentationsfigur, die das 'nicht ohne' an die Stelle des 'nur durch' setzt, entscheidet Adorno den griechischen epistemologischen Streit:

"Der griechische Streit, ob Ähnliches oder Unähnliches das Ähnliche erkenne, wäre allein dialektisch zu schlichten. Gelangt in der These, nur Ähnliches sei dazu fähig, das untilgbare Moment von Mimesis in aller Erkenntnis und aller menschlichen Praxis zum Bewußtsein, so wird solches Bewußtsein zur Unwahrheit, wenn die Affinität, in ihrer Untilgbarkeit zugleich unendlich weit weg, positiv sich selbst setzt. In Erkenntnistheorie resultiert daraus unausweichlich die falsche Konsequenz, Objekt sei Subjekt" (ND,S.151).

Adorno favorisiert die These, 'nur' Ähnliches sei dazu fähig, das Ähnliche zu erkennen - "das wesentlich Mimetische erwartet mimetisches Verhalten" (GS7,S.190), schreibt er über die Kunst -, warnt aber vor der 'Unwahrheit' ihrer 'positiven Setzung' und damit ihrer Verabsolutierung, so als wäre Affinität nicht 'zugleich unendlich weit weg', als wären Subjekt und Objekt nicht auch "einander entfremdet" (GS5,S.118).

Die erkenntnistheoretische 'falsche Konsequenz, Objekt sei Subjekt', zieht am forciertesten Hegels Philosophie der absoluten Vermittlung. "Der Hegelsche spekulative Begriff errettet die Mimesis durch die Besinnung des Geistes auf sich selbst", durch "Selbstreflexion", Reflexion darauf, daß das Subjekt, indem es dem Objekt nicht 'unvermittelt entgegensteht', selber Objekt ist; das ist das "Wahrheitsmoment" der Identitätsthese (GS5,S.285). Aber sie "verkehrt" dieses Moment:

"Affinität ist die Spitze einer Dialektik von Aufklärung. Sie schlägt in Verblendung ... zurück, sobald sie die Affinität vollends durchschneidet. Ohne diese keine Wahrheit: das hat der Idealismus identitätsphilosophisch karikiert. Das Bewußtsein weiß von seinem Anderen soviel, wie es ihm ähnlich ist, nicht indem es sich samt der Ähnlichkeit ausstreicht" (ND,S.264f.).

Die 'Verkehrung' und 'identitätsphilosophische Karikatur' besteht darin, aus dem 'ohne' ein 'nur' zu machen, die momentane "Gleichheit" (ND,S.264) des Subjekts mit dem Objekt in eine restlose auszuweiten.

Adorno hat noch einen dazu komplementären zweiten und dritten Gegner vor Augen. An der Affinität als 'Spitze einer Dialektik von Aufklärung' scheiden sich die Positionen, die Adorno zur Ausformulierung einer eigenen nötigen. "Je gründlicher das Subjekt, nach idealistischem Brauch", der ersten Position, "die Natur sich gleichmacht, desto weiter entfernt es sich von aller Gleichheit mit ihr" (ND,S.264). Streicht es umgekehrt 'sich samt der Ähnlichkeit' oder Gleichheit aus, weiß es nichts mehr von seinem Anderen, dem Objekt, denn das absolut Ungleiche kann sich nicht erkennen. Diese zweite Position ist die des Positivismus, das "absolut beziehungslose Denken, als vollkommener Gegensatz zur Identitätsphilosophie" (GS5,S.285). Der Positivismus beschreibt ein "geschichtlich Vollzogenes, eine Konstellation von Subjekt und Objekt, in der, dem antiken Topos zufolge, nur Ungleiches Ungleiches soll erkennen können" (GS10,S.760). Dagegen schließt Adorno sich der These an, daß Erkenntnis ohne den "Zusatz von Mimesis nicht konzipiert werden kann: ohne sie wäre der Bruch von Subjekt und Objekt absolut und Erkenntnis unmöglich" (GS5,S.147,Anm.).

Die dritte Position, von der Adorno sich absetzt, ist die Unmittelbarkeitsphilosophie, wie sie sich lebensphilosophisch um den Begriff der Intuition, phänomenologisch um den der Wesensschau und idealistisch um den der intellektuellen Anschauung ausbildet:

"Aber auch Affinität ist keine positive ontologische Einzelbestimmung. Wird sie sich zur Intuition, zur unmittelbar, einfühlend erkannten Wahrheit, so wird sie als Rückstand zermahlen von der Dialektik der Aufklärung ..." (ND,S.265).

Auch hier ist der Vorwurf wie im Falle der Hegelschen absoluten Vermittlung der, Affinität als Bestimmung zu 'vereinzeln', herauszulösen aus der Beziehung zu ihrem Gegenteil. "Kein Typus von Erkenntnis ist verfügbar, der absolut verschieden wäre von dem verfügenden, vor dem der Intuitionismus panisch und vergebens flieht" (ND,S.24). Adorno möchte gerade die "verhärtete Scheidung zwischen Denken und Intuition widerrufen, an welche das verdinglichte Bewußtsein befriedigt sich klammert" (GS11,S.166). Das heißt zum einen, daß "jede Erkenntnis, auch Bergsons eigene", die den Intuitionismus kultiviert, "der von ihm verachteten Rationalität (bedarf)" (ND,S.18), Rationalität und Intuition sich "balancieren" müssen (GS11,S.208). Zum anderen deutet Adorno die Intuitionen mit Freud als Besinnung der ratio auf das, "was sie vergaß"; "in ihnen explodiert das unbewußte ... Wissen" (GS5,S.53), sie sind, wie bei Proust, Bergsons "Verwandter nicht nur im Geist" (GS11,S.204), "unwillkürliche Erinnerung" (GS5,S.54). Neben der psychoanalytischen Deutung verweist Adorno auch auf die anthropologische. Die "intuitive Verhaltensweise" ist "archaisches Rudiment mimetischen Reagierens" (ND,S.18). Und wie dieses als bloße Abfolge punktueller Gegenwarten und alterzentrische oder zentrifugale Identifikation falsch wird,[13] so entspricht die "Verabsolutierung des intuitiven Erkennens praktisch einer Verhaltensweise absoluter Anpassung" (GS5,S.54).

Den Platz zwischen den Extremen nimmt die Kategorie der Affinität oder Ähnlichkeit ein.[14] Sie ist - wie die Kategorie des Ausdrucks innerhalb der Sprachphilosophie[15] - das Dritte zwischen einer vermittelt oder unmittelbar hergestellten absoluten Gleichheit und einer absoluten Verschiedenheit.

(b) Urteil und Identifikation. - Das Gegenteil, auf das Affinität bezogen bleibt, ist im Kontext der Unmittelbarkeitsphilosophie die Rationalität, im Kontext der Identitätsphilosophie die

Nichtidentität. Das Moment der Gleichheit zwischen Subjekt und Objekt darf nicht zum Schluß auf unmittelbare Einfühlung und Exstirpation des Moments der Ungleichheit verleiten. Adorno thematisiert dieses Gegenteil auch im Kontext der Urteilstheorie. Die "von der gesamten Philosophie vor- und nachgebetete Lehre von der Wahrheit als einer adaequatio rei atque cogitationis" disqualifiziert er als "Anpassung des Gedankens an den Sachverhalt" (GS5,S.283), als "subjektive adaequatio" (GS5, S.284), weil sie den "Schein" erweckt, "als könne Wahrheit überhaupt ein sich Anmessen des Bewußtseins an ein einzelnes ihm gegenüber Befindliches sein", als könne ein "einzelnes", "endliches" Urteil die Adäquation realisieren (GS5,S.283). Gestützt auf Hegels programmatische Äußerungen aus der Vorrede der 'Phänomenologie', daß das Wahre vom Falschen nicht 'isoliert', Wahrheit nicht eine 'ausgeprägte Münze' sei, verlegt Adorno sie dagegen in die "Dialektik als ganze", in den "Prozeß" (GS5,S.283). Die Wahrheit ist nicht identisch mit einem einzelnen Urteil, sie ist aber auch nicht davon "isolierbar" (GS5,S.284) und geht daher in eine Folge von Urteilen über. "Wahrheit ist nicht adaequatio sondern Affinität" (GS5, S.285), weil sich das Bewußtsein weder an ein 'einzelnes' noch an ein 'ihm gegenüber Befindliches' angleicht, sie ist Affinität, weil sie, wie der Begriff der objektiven Kommunikation, einer zweifachen Relation von 'Objektivität' untersteht: der von Subjekt und Objekt und der der Objekte untereinander; Subjekt und Objekt 'kommunizieren' miteinander, sind einander 'ähnlich', 'verwandt', wie die Objekte miteinander 'kommunizieren'.[16] Die Überführung des Einzelurteils in eine Folge von Urteilen hat diese zweifache Relation zur Bedingung. Nur so kann die Immanenz der Folge gewährleistet werden. Auch dafür stützt Adorno sich auf Hegel:

"Das, worin die Gegenstände kommunizieren, anstatt daß jeder das Atom wäre, zu dem die klassifikatorische Logik ihn zurichtet, ist Spur der Bestimmtheit der Objekte an sich, die Kant leugnete und die Hegel gegen ihn durchs Subjekt hindurch wiederherstellen wollte. Eine Sache selbst begreifen ... ist nichts anderes, als das Einzelmoment in seinem immanenten Zusammenhang mit anderen gewahren" (ND,S.34).

Da der 'immanente Zusammenhang zwischen den Einzelmomenten' in der Form eines Urteils hergestellt wird, muß dem Problem der Identifikation Rechnung getragen werden:

"Affinität ist kein Rest, den Erkenntnis nach Ausschaltung der Identifikationsschemata der kategorialen Apparatur in Händen hielte, vielmehr deren bestimmte Negation" (ND,S.265).

Die 'bestimmte Negation der Identifikationsschemata' kann zweifach vorgestellt werden.[17] Sie ist zum ersten seit der "Dialektik der Aufklärung" das "Verbot, das Falsche als Gott anzurufen, das Endliche als das Unendliche" (DA,S.36), der "negierende Schritt über das einzelne Urteil hinaus, der seine Wahrheit rettet" (DA,S.229). Im Merkmal der konkreten Prozessualität stimmt die Methode der bestimmten Negation bei Adorno mit derjenigen Hegels überein.[18] Das lenkt zurück auf den spekulativen Satz, der als Fortbestimmung des Urteils in die Verschiedenheit der Urteile und als Durchbrechung der "prädikativen Identität" (ND,S.151) beschrieben wird.[19] Wie Hegel muß Adorno für die Auslegung des anfänglichen Urteils in eine Pluralität von Urteilen aber auch ein inhaltliches Kriterium ansetzen, in dem sich rückwirkend eine "notwendige Insuffizienz der Methode" äußert (ND,S.56). Als 'Motor' des dialektischen Gedankens stellt Adorno dementsprechend für die Subjekt-Seite das Physisch-Somatische heraus.[20] Für die Identifikation ist mit der geforderten teleologischen Funktion des Inhaltlichen eine zweifache Bedeutungsveränderung verbunden:

"Bereits im einfachen identifizierenden Urteil gesellt sich dem pragmatischen, naturbeherrschenden Element ein utopisches. A soll sein, was es noch nicht ist (...) Um ihretwillen (der Utopie, J.F.) reflektiert Identifikation sich derart, wie die Sprache das Wort außerhalb der Logik gebraucht, die von Identifikation nicht eines Objekts sondern von einer mit Menschen und Dingen redet" (ND,S.151).

Die Identifikation in der trasitiv-logischen Bedeutung hat, um dem Vorrang des Inhaltlichen genügen zu können, die Identifikation in der reflexiv-psychologischen Bedeutung zur Bedingung, diese wiederum nicht in ihrer egozentrischen, sondern in ihrer alterzentrischen Bedeutung.[21] Das Subjekt kann etwas, ein Objekt, nur 'als' etwas inhaltlich richtig identifizieren, wenn es sich 'mit' ihm und nicht es, das Objekt, mit sich identifiziert. Diese eingestandenermaßen methodisch insuffiziente 'qualitative Veränderung' (ND,S.150) verlangt Adorno auf dem Problemniveau der Kantischen und Hegelschen Urteilstheorie vom Identifikationsbegriff der Logik, die sich von einer solchen Bedeutungsübetragung in keiner Weise angesprochen fühlt und es wohl auch nicht braucht, solange 'Negative Dialektik' nicht als "Theorie der Kritik des Logischen im logischen Vollzug", und das heißt am "Leitfaden der Darstellungsfunktion der Sprache" durchgeführt wird.[22] Aussichtsreich und näher an Adornos Urteilstheorie als es der Paradigmenwechsel von der Bewußtseins- zur Sprachphilosophie ansonsten erscheinen läßt, ist der Versuch, die "mimetische Kraft" der Sprache selbst in der 'Offenheit', dem 'Nicht-Identischen' der Bedeutung der Worte herauszuarbeiten.[23]

Die bestimmte Negation der Identifikationsschemata, die Durchbrechung der prädikativen Identität ist zum zweiten in der Kunst, paradigmatisch in der Dichtung am Werk. Sie zerstört die Identifikationsschemata, indem sie parataktisch der "logischen Hierarchie subordinierender Syntax (ausweicht)" und dadurch "musikhaft" wird (GS11,S.471); sie bewahrt sie, indem sie Bestimmungen "nicht in fester Urteilsform behauptet, sondern gleich einer Möglichkeit (vorschlägt)" (GS11,S.472). Die "Verwandlung", die im Kunstwerk dem Urteil widerfährt, ist die, daß es kantisch auf keinen bestimmten Begriff, keine "Aussage", insofern "kein Urteil zu bringen (ist)" (GS7,S.187). Das Kunstwerk ist um seine "Apodiktizität" gebracht, 'mahnt' aber eben dadurch an die "Kommunikation zwischen den Objekten", die "Affinität der nicht identifizierten Momente" (GS7,S.208).

Es würde sich in diesem Zusammenhang anbieten, Adornos Alternativvorschläge zum (transitiv-logisch und egozentrisch) identifizierenden Denken mit einer Theorie der Metapher zu verbinden. Schon Aristoteles ordnet Metapher und Ähnlichkeit bzw. Analogie einander zu, denn in ihnen wird eine dritte Form von Gleichheit hergestellt, weder die numerische ("der Zahl nach") noch die subsumptive ("der Art oder dem Geschlechte nach"), sondern die der Ähnlichkeit (ὅμοια), die durch Übertragung eines Wortes gemäß der Analogie, durch Gattungsüberschreitung entsteht.[24] Kant, neben Hegel der wichtigste Bezugspunkt Adornos für die Thematisierung des Ähnlichkeitsbegriffs, definiert in der "Kritik der Urteilskraft" die 'symbolische Darstellung' als "analogisch(es)" Verfahren, das nicht unter jene "Zeichen" fällt, "die gar nichts zu der Anschauung des Objekts Gehöriges enthalten".[25] Semiotik und Psychoanalyse schließlich, an die Adorno unter den Rubriken 'Übertreibung' und 'Traumlogik' und unter dem Generalnenner 'Konstellation' nahtlos anschließen könnte, handeln von der Metapher unter dem Begriff der Überdetermination.[26]

(3) Urteilskraft. - Sowohl die künstlerisch-parataktische als auch die urteilend-prozessuale Lösung für die bestimmte Negation der Identifikationsschemata führt Adorno von Hegel zu Kant zurück, genauer gesagt zum Kant der dritten 'Kritik', der reflektierenden Urteilskraft. Wird identifizierendes Denken generell als "Gleichmachen eines jeglichen Ungleichen" kritisiert (ND,S.172), so heißt 'eine Sache selbst begreifen', sie nicht auf ein 'festes', 'apodiktisches' Urteil zu bringen. Die Sache selbst ist unter dieser sprachtheoretischen Voraussetzung und mit der Konsequenz des Begriffslosen, des Scheins, nur im - mit Kant - ästhetischen Urteil zugegen. Dessen Gegenstand, das

Schöne, ist aber andererseits doch wieder "der Identifikation bedürftig" (GS7,S.336), "auf identifizierende Akte, auf Erfassen angewiesen" (GS7,S.521), und es erneuert sich mit der Frage nach der Sache selbst in der signifikativen Sprache die nach dem möglichen immanenten Zusammenhang partikularer Urteile.

(a) Spur des Objekts. - Der Kantianer Adorno beantwortet sie mit der reflektierenden Urteilskraft. Hegel will die 'Bestimmtheit der Objekte an sich durchs Subjekt hindurch wiederherstellen', indem er die Wahrheit in den dialektischen Prozeß verlegt, 'verkehrt' den Gedanken der Affinität aber identitätsphilosophisch und zieht die 'falsche Konsequenz', Objekt sei Subjekt. Kant leugnet die Bestimmtheit der Objekte an sich, nicht aber eine 'Spur' dieser Bestimmtheit. Die Vernunft ist, wie er in der "Kritik der Urteilskraft" selbst schreibt, daran interessiert, "daß die Natur wenigstens eine Spur zeige, oder einen Wink gebe, sie enthalte in sich irgend einen Grund, eine gesetzmäßige Übereinstimmung ihrer Produkte zu unserem von allem Interesse unabhängigen Wohlgefallen ... anzunehmen".[27] Die reflektierende Urteilskraft sucht diese Spur ausfindig zu machen, sie sucht das Allgemeine zu einem gegebenen Besonderen, indem sie sich die zweckmäßige Zusammenstimmung (der besonderen Naturformen, der Erfahrungsurteile, der Erkenntnisvermögen) zum Prinzip macht; die Affinität wird nicht positiv gesetzt, sondern voraus-gesetzt. "Die reflektierende Urteilskraft ... zeichnet subjektiv die Bewegung der Kunstwerke in sich selbst nach" (GS7,S.211).

(b) Versöhnliche Vernunft. - Die Erfahrungsurteile der Wissenschaft, die bei Kant die vorausgesetzte Affinität sukzessive zu bestätigen trachten, erhalten auch bei Adorno ihre Berechtigung, denn die "logische Geltung" ist ihrer einen Seite nach auch "objektiv" (GS5,S.87), "Natur zu beherrschen wäre nie gelungen ohne ein Moment des Festen in dem Beherrschten" (GS5,S.27). Natur und Vernunft sind beide im dialektischen Sinn 'Eine':

"Dialektisch, im strengen unmetaphorischen Sinn, ist der Begriff des Fortschritts darin, daß sein Organon, die Vernunft, Eine ist; daß nicht in ihr eine naturbeherrschende und eine versöhnende Schicht nebeneinander sind, sondern beide all ihre Bestimmungen teilen. Das eine Moment schlägt nur dadurch in sein anderes um, daß es buchstäblich sich reflektiert, daß Vernunft auf sich Vernunft anwendet und in ihrer Selbsteinschränkung vom Dämon der Identität sich emanzipiert. Kants unvergleichliche Größe bewährte nicht zuletzt sich darin, daß er die Einheit der Vernunft noch in ihrem widerspruchsvollen Gebrauch, dem naturbeherrschenden der nach seiner Sprache theoretischen, kausalmechanischen, und dem versöhnlich der Natur sich anschmiegenden der Urteilskraft, unbestechlich festhielt und ihre Differenz strikt in die Selbsteingrenzung der naturbeherrschenden Vernunft verlegte" (GS10,S.627f.).

Die sich selbst reflektierende theoretische, kausalmechanische Vernunft schlägt um in die Urteilskraft als dem Namen für die 'versöhnlich der Natur sich anschmiegende' Vernunft. Adorno interpretiert Kant in der hegelianischen Tradition: Die naturbeherrschende Vernunft, die sich selbst eingrenzt, ist schon die versöhnliche.

In diese Tradition gehört er auch mit der rückwirkenden Fundierung der transzendentalen Deduktion. Wird das abstrakt transzendentale Subjekt zum ästhetischen, so resultiert daraus der Triumph eines leeren Konstruktivismus (vgl.GS7,S.91). Umgekehrt leistet erst das empirische ästhetische Subjekt - mit der Gefahr allerdings der 'Überstrapazierung' -, was das transzendentale verspricht: die Vermittlung zwischen den 'ungleichartigen' Erkenntnispolen.[28] In der "Aporie der reflektierenden Urteilskraft schürzt sich der Knoten von Allgemeinem und Besonderem" (GS7,S.247), Kunst ist das "drastischeste Argument gegen die erkenntnistheoretische Trennung von Sinnlichkeit und Verstand" (GS7,S.260).

Für die versöhnliche Vernunft qua reflektierende Urteilskraft hat Adorno den Namen 'ästhetische' oder 'volle' Rationalität.[29] Ihre Beschreibung als 'Anschmiegung' legt es nahe, den der mimetischen Rationalität hinzuzufügen. Er benennt die 'im Kern' passive Aktivität, die wechselseitige Korrektur von Mimesis und Rationalität, die Kant als 'wechselseitige', von der Urteilskraft regulierte 'Belebung' von Einbildungskraft und Verstand theoretisiert.[30] Adorno liest den Kantischen Begriff der Reflexion in der Hegelschen Bedeutung. Er setzt Hegel mit der - grob gesprochen - Tendenz auf Objektivität, Geschichte, vorwärtstreibendes dialektisches Widerspruchsdenken ins Recht. Würde er die 'wechselseitige Belebung', die 'Steigerung' der Erkenntniskräfte, von der Kant spricht, nicht so stark unterbelichten, so wäre dessen Einspruchsrecht noch größer und weniger unklar[31] als es angesichts der Hegelschen identitätsphilosophischen Konsequenz de facto ist.

(c) Moralische Vernunft. - Kantianisch ist noch der Hintergrund für die Bestimmung der Intelligenz als einer moralischen Kategorie:

"Vielmehr wäre es an der Philosophie, im Gegensatz von Gefühl und Verstand deren Einheit aufzusuchen: eben die moralische. Intelligenz, als Kraft des Urteils, widersetzt sich in dessen Vollzug dem je Vorgegebenen, indem sie es zugleich ausdrückt (...) Urteilskraft mißt sich an der Festigkeit des Ichs. Damit aber auch an jener Dynamik der Triebe, welche von der Arbeitsteilung der Seele dem Gefühl überantwortet wird" (MM,S.263).

In der "Kritik der Urteilskraft" stellt sich, vor allem in der zweiten Einleitung, das Problem des 'Übergangs' zwischen theoretischer und praktischer Vernunft aus der Perspektive der letzteren. Die moralisch-praktische Verpflichtung, sittlich zu handeln, und die in 'weltbürgerlicher Absicht' zweifelnde Vernunft erhalten durch die von der Urteilskraft vorgestellte Welt teleologisch geordneter Gegenstände Aufmunterung. Es ist dieser von der praktischen Philosophie diktierte Umstand, der die Vernunft ein "intellektuelles Interesse" am Schönen nehmen läßt, ein Interesse daran, "daß die Ideen ... auch objektive Realität haben".[32]

(d) Empirisches Moment. - Psychoanalytisch wird Adornos Argumentation, wenn er Gefühl und Verstand mit den Trieben und dem Ich parallelisiert. Sie läßt sich mit der von ihm geforderten gegensätzlichen Einheit von Idiosynkrasie als einem Mimetisch-Vorindividuellen und Reflexion verbinden.[33] An diesem Punkt geht Adornos Erklärungskapazität noch weiter über die Kants hinaus. Während dieser die Frage nach der Bedingung der Möglichkeit des zweckmäßigen Verfahrens der Urteilskraft mit der Zuerkennung eines transzendentalen Prinzips beantwortet bzw. dieses Prinzip aus der interesselos reflektierenden ästhetischen Urteilskraft herleitet, geht Adorno mit dem Begriff der Mimesis den Weg in die Empirie. Neben die ontogenetische tritt die phylogenetische Herleitung dieses Vermögens, neben die psychoanalytische die ethnologisch-anthropologische Erklärung dafür, warum die Erfahrung des Besonderen als Besonderen auf dieses Vermögen angewiesen ist. Eine weitere Bedingung, die für die Urteilskraft angeführt wird, ist die Bildung; der "Urteilsfähige" ist der "ernsthaft Gebildete" (GS8,S.175). Damit gewinnt das empirische Moment im Begriff 'Urteilskraft' an Bedeutung, das, im Verein mit Marxens 'Produktivkraft', Hegels 'Kraft des Verstandes' überlagert.[34]

(e) Differenzierung. - Eine letzte Hervorhebung des Stellenwerts der Urteilskraft nimmt Adorno mit dem Begriff der Differenzierung vor. Urteilskraft ist ein Unterscheidungsvermögen, das Vermögen, "zu unterscheiden, ob etwas unter einer gegebenen Regel ... stehe, oder nicht".[35] Rationalität, so Adorno, "fordert die Fähigkeit des Unterscheidens" (ND,S.51). Er setzt sie in eins mit mimetischer Erfahrung:

"Differenziert ist, wer an dieser (der Sache, J.F.) und in ihrem Begriff noch das Kleinste und dem Begriff Entschlüpfende zu unterscheiden vermag; einzig Differenziertheit reicht ans Kleinste heran. In ihrem Postulat, dem des Vermögens zur Erfahrung des Objekts ... findet das mimetische Moment der Erkenntnis Zuflucht, das der Wahlverwandtschaft von Erkennendem und Erkanntem" (ND,S.53).

Erfahrung im Adornoschen Sinn ist ohne Mimesis nicht möglich, Erfahrungsverlust koinzidiert mit "erbitterter Verdrängung der Mimesis" (GS7,S.489). Die Erfahrung oder Erkenntnis des Objekts schreibt Adorno nicht dem Verstand, der Rationalität, zu, sondern der Urteilskraft, die die Übereinstimmung von Rationalität und Mimesis reguliert; 'Differenzierungsvermögen' ist dann der Kantische Begriff für die mimetische Rationalität.

(4) Ähnlichkeit und Qualität. - Ohne es zu wissen oder namhaft zu machen, bringt Adorno im Kontext des obigen Zitats eine Aristotelische, letzte Definition von Ähnlichkeit in die Diskussion:

"Gleiches zusammenzunehmen heißt notwendig, es von Ungleichem zu sondern. Das ist aber das Qualitative" (ND.S.51).

Das 'Ungleiche', 'Kleinste', 'dem Begriff Entschlüpfende' korrespondiert der Kategorie der Qualität, das 'Gleiche' der der Quantität. Auch mit dieser Zweiteilung unterscheidet Aristoteles zwischen Ähnlichkeit und Gleichheit.[36] Ähnlichkeit wird definiert nicht mehr als Gleichartigkeit, wechselseitige Bestimmung des Entgegengesetzten, Vermittlung-in-sich, nicht mehr als partielle oder wesensmäßige, sondern als qualitative, daher nicht meßbare Übereinstimmung. Benjamin - so schließt sich der Kreis - hat sie 'unsinnlich' genannt.[37] Immer aber stellt sie bei Adorno das objektive Pendant zum subjektiven Vermögen der mimetischen Rationalität, das transzendentalphilosophisch geläuterte Erbe von Magie und Metaphysik. Um der 'Sache selbst', der nicht ausschließlich (inter-)subjektiv verbürgten Wahrheit willen kann Adorno auf dieses Erbe nicht verzichten.

RESÜMEE

I. - (1) Innerhalb der als 'dunkel' eingestuften Provenienz des Mimesisbegriffs werden etymologisch zwei Hauptbedeutungen erwogen: 'Offenbarung' und 'Täuschung'. Im Rückgang auf den dionysischen Kult und die Musiktheorie Damons scheint dagegen eine Grundbedeutung des Begriffs erweisbar, die nichts mit Täuschung zu tun hat.

(2) Mit dem berühmt gewordenen Platon des 'Staates' geht dieser Bezug verloren. Mimesis wird bei ihm zur Wesensbestimmung der Kunst und unterliegt einer zweifachen Kritik ebenso im Hinblick auf ihren ontologischen Status wie auf ihre pädagogische Wirkung. (a) Als 'Nachahmung' oder 'Darstellung' der Erscheinung ist Kunst von höchst derivativer Seinsform, (b) als Darstellung leidenschaftlicher Selbstvergessenheit ein Anreiz zur Auflösung von Ichidentität. (c) Aristoteles gibt dem Mimesisbegriff eine affirmative Wendung unter der leitenden Kategorie der Möglichkeit. Mimesis heißt bei ihm Nachahmung der natura naturans und Darstellung von 'Praxis'.

(3) In die Kritische Theorie wird der Mimesisbegriff Anfang der vierziger Jahre eingeführt. Sie bezieht sich aber nicht auf seine philosophische, sondern auf seine junge biologische und psychologische Bedeutungstradition. (a) Mit dem 1938 erschienenen Buch "Le mythe et l'homme" des französischen Kulturanthropologen Caillois dürfte die ausschlaggebende terminologische Quelle gegeben sein. 'Le mimétisme' kennzeichnet ein bei Kleintieren und in archaischen Gesellschaften praktiziertes Verhalten, das als Mimikry zu verstehen ist. (b) Bei Freud entspricht ihm der Todestrieb als einer hypothetisch angenommenen Regressionsdeterminante.

(4) Bei Benjamin wird das mimetische Vermögen definiert als Fähigkeit zum Produzieren bzw. Wahrnehmen von Ähnlichkeiten.

Auch er bezieht es auf ein onto- und phylogenetisch frühes Stadium. (a) 'Unsinnlich' wird die Ähnlichkeit genannt, (aa) weil sie an das Zeitmoment des Augenblicks gebunden ist. (bb) Die 'Transformation' der archaisch praktizierten Mimesis möchte Benjamin am Bereich der Sprache erweisen. Onomatopoetologisch ist sie zu erklären als 'ganze', nicht in singulären Wörtern oder Buchstaben; sie unterliegt der Doppelstruktur von Semiotischem und Mimetischem. (cc) Proust dient mit der von ihm kultivierten Ähnlichkeit der Traumwelt als Beispiel. (b) Sucht Benjamin in seiner frühen Sprachphilosophie zur Begründung des Mimetischen oder der 'Magie' von Sprache noch die Autorität von Theologie und esoterischer Spekulation, so macht er doch (c) im Begriff der Übersetzung qua 'Empfängnis und Spontaneität zugleich' den Status der Sprache und des mimetischen Vermögens zwischen der 'bürgerlichen' und der 'mystischen' Sprachtheorie geltend, zwischen bloßer Subjektivität und schlechthinniger Objektivität. (d) Benjamins Ausführungen zu den nicht mehr göttlich verbürgten, im (künstlerischen) Subjekt verankerten Bedingungen der Realisierung von Objektivität sind aber gering und vage. Prousts dichterisches Verfahren wird als Mimikry, die Sprache als Schein der Sache selbst bloß beschrieben, nicht erklärt.

II.1. - (1) Die biologisch-anthropologische und psychologische Bedeutung des Mimesisbegriffs tritt zunächst allein unter der phylogenetischen Perspektive hervor. Sie bezieht die 'biologische Urgeschichte' mitein: die uranfängliche, subkutan weiterhin bestimmende, bis in das Physiologische hinabreichende Herausbildung des Menschen in der Verwandtschaft mit den tierischen Lebewesen. Vor der schreckhaften Natur erfüllt Mimesis zunächst einzig die Funktion von Selbsterhaltung und steht auf der Seite des Schwächeren. (a) Die minimale Distanzierungs- und Entfremdungsleistung schon der archaischen Mimesis wird dabei mit Hilfe der Kategorie des Raums begründet. 'Der Raum ist die absolute Entfremdung' als Aufspaltung der Kontinuität der Zeit und ihrer Reduktion auf den mythischen Zeit-Raum. (b) Vollzieht die 'falsche' Mimesis die Dekomposition des Subjekts, seine Reduktion auf die Abfolge punktueller Gegenwarten, so bedarf es der Rationalität als eines transzendentalen Korrektivs; Mimesis wird so eingebunden in die lebensgeschichtliche Einheit des Bewußtseins. (c) In ihrer historisch-empirischen Ausformung aber kann die Rationalität diese Forderung nicht erfüllen. Sie ist als verdinglichendes Vermögen schon auf der Stufe der archaisch-biologischen Mimesis präsent und umgekehrt deren geradlinige Fortsetzung. (d) Sie ist aber auch deren einseitige Ausdifferenzierung, denn Mimesis hat von Anfang an noch eine andere, positive Seite. Aufgrund dieses Doppelcharakters läßt sich auch terminologisch nicht scharf zwischen 'Mimesis' und 'Mimikry' unterscheiden.

(2) Die Ambivalenz in der Bewertung der Mimesis geht über auf den Todestrieb. Versöhnung und Destruktion werden durch ihn gleichermaßen ausgedrückt.

(3) Die magische hat mit der archaisch-biologischen Phase Mimesis im Sinne der körperlichen Nachahmung gemeinsam, sie organisiert sie aber auch bereits. Die Tendenz auf Ablösung vom Körperlichen vollendet sich in der 'historischen' Phase, deren Beginn in der Gestalt des Odysseus personifiziert ist und in der das 'eigentlich mimetische Verhalten' durch Arbeit ersetzt wird.

(4) In die Auslegung der Odyssee als Geschichte des menschlichen Geistes wird der Hegelsche Topos von Herrschaft und Knechtschaft vor allem anthropologisch eingebunden, die Dialektik von Herr und Knecht auf das Verhältnis von menschlichem Geist und Natur appliziert. Die Konstellation, unter der Gleichheit sich herstellt, bleibt die des Schreckens. (a) Angst ist ein entscheidendes Konstituens von Selbstbewußtsein. Sie

wird als fortschreitend irrational eingestuft durch die aus der Psychoanalyse in die Geschichtsphilosophie implantierte Verdrängungs- und Neurosenlehre. Das ästhetische Verhalten ist am Ende dieser Entwicklung die nicht einseitig ausdifferenzierte Fortsetzung der archaisch-biologischen Mimesis. (b) Als 'gehemmte Begierde' (Hegel), als Verdrängung der inneren Natur und der Mimesis wird auch die Arbeit interpretiert.

(5) Idiosynkrasien verweisen zurück auf die biologische Urgeschichte und sind der symptomatische Ausdruck der verdrängten Natur. Sie lassen sich aber nicht nur herrschaftlich, sondern im Gegenteil gerade auch herrschaftskritisch und epistemisch funktionalisieren. Nimmt Adorno den an der Vorstellung einer richtigen Gesellschaft gebildeten Bewertungsmaßstab für Idiosynkrasien zurück, so bleiben diese doch auf Reflexion als Korrektiv verwiesen. Die Behauptung eines Allgemeinheitsanspruchs speziell der künstlerischen Idiosynkrasie ist zu ihrer Begründung auf die historisch-materialistische Theorie der Vermittlung von Kunst und Gesellschaft angewiesen.

II.2. - (1) Mit der Theorie der Soziologen Hubert und Mauß faßt die "Dialektik der Aufklärung" unter dem Begriff der Mimesis bzw. der Sympathie die drei magischen Gesetze über die universale Vermittlung der Natur zusammen.

(2) Das als Mana benannte Einheitsprinzip, dem diese Natur so untersteht, wird gegenüber demjenigen der Wissenschaft qua radikalisierter Herrschaft privilegiert und läßt sich vage mit dem in der Psychologie diskutierten 'primären Narzißmus' analogisieren. Mit Mimesis ist eine je spezifische und flexible Reaktion bezeichnet.

(3) Die Privilegierung der Magie bedeutet keine Verabsolutierung, sie unterschlägt nicht deren Herrschaftscharakter und materiale Unwahrheit.

(4) Damit ist auch das geschichtliche Urteil über Mimesis als ein archaisches Verhalten gesprochen: der Eingriff durch Mimesis mißlang; was sich gleichmacht, wird nicht gleich; sie ist keine Erkenntnis, sondern Beziehungswahn.

(5) Mimesis ist allerdings notwendige Bedingung einer Erkenntnis, 'die den Gegenstand wirklich trifft'. Gegen die Distanzierungsleistung der Wissenschaft hat sie die Approximation auf ihrer Seite. Das Verhältnis von Mimesis und Rationalität ist das einer reziproken Defizienz.

(6) Die geschichtsphilosophische Herleitung dieses Verhältnisses bedient sich vor allem der psychoanalytischen Argumentation. Kunst ist Erbin der biologischen und magischen Mimesis, weil sie dem infantil-regressiven Unterbau der gewalttätig-rationalistischen Zivilisation ein Reservat bietet. Mimesis ist ein biologisch sedimentiertes und unbewußtes Leidensgedächtnis, durch ihre 'Erinnerungsspur' tradiert der Mensch das schon ursprüngliche Leiden des Sich-gleichmachen-Müssens.

(7) Die Egalisierung der Defizienz von Mimesis und Rationalität tritt unter dem Begriff einer 'vollen' Rationalität auf den Plan. Adorno konstruiert sie auch als Einheit instrumenteller und teleologischer Rationalität und will sie nicht nur für die Kunst, sondern ebenso für die Philosophie gültig wissen. Die 'volle' Rationalität soll die Flexibilitäts- und Approximationsleistung der Mimesis freigesprochen von ihrem durch die Macht der Natur gegebenen Anlaß bewahren, d.h. sie aus dem ursprünglichen Zusammenhang archaischer Abhängigkeit von Natur herauslösen und in die doppelschlächtige Leistung wissenschaft-

licher Rationalität korrektiv einbringen, insofern diese mit der Macht der Natur auch die Mimesis verdrängt.

III.1. - (1) Innerhalb der im Kontext von Magie geforderten Erkenntnisbedingungen 'Nachahmung', 'Identifikation' und 'Desintegration' kommt ersterer der größte Explikationsraum zu. Sie erlangt wie Mimesis ihren Stellenwert (a) mehr im Rekurs auf die Ethnologie als auf die Platonische Philosophie. (b) Ein zweiter, von Adorno aber nicht so sehr hervorgehobener Bezugspunkt ist die Sozialisationstheorie. (c) Unter dem rollentheoretischen Aspekt ist Nachahmung im Rahmen des Topos vom theatrum mundi und der Kategorie der Öffentlichkeit vor allem mit Kant als Konstituens von Vernunft qua versöhnter Intersubjektivität interpretierbar.

(2) Alle drei, aus Magie, Sozialisation und (Schau-)Spiel stammenden Traditionslinien des Nachahmungsbegriffs zentrieren sich bei Adorno in der bürgerlichen Anthropologie: Die Geschichte der Gattung ist Nachahmung der Natur um der Selbsterhaltung willen. Die Ratio ist Mimesis als Angleichung ans Tote, eine rudimentäre Gestalt 'echter' Mimesis qua Angleichung ans Mannigfaltig-Lebendige und Korrelat der nach außen projizierten inneren, nichtidentischen Natur. Adorno begreift Nachahmung als alternativenlose Strategie im Überlebenskampf, lokalisiert aber wohl eine Alternative in der Nachahmung selbst. Bewertungskriterium ist dann ihre mögliche Funktionalisierung für Herrschaft, die kantisch-erkenntnistheoretisch als 'Vergegenständlichung' auftritt. Als ungegenständliche setzt Adorno Nachahmung der 'echten' Mimesis gleich.

(3) In diesem Kontext hat der Mimesisbegriff auch in seiner engeren, ästhetischen Bedeutung seinen Ort unter dem Topos der Nachahmung der Natur. Die dreifache Differenzierung der Natur in (a) Unbestimmbares, (b) Ausdruck und (c) natura naturans ist

unter dem Aspekt der Nachahmung Derivat ihrer ungegenständlichen Seite. Mimesis tritt als Vermögen der Konstitution von Intersubjektivität in den Blick, der Verwandlung der Dinge in Subjekte. Auf Kants Theorie des ästhetischen Urteils und eine expressivistische Sprachtheorie verweist zuletzt Adornos Rede von der Natur als Unbestimmbarem und als Sprache. Nachahmung der natura naturans ist Kunst bei Adorno auf eine 'reflektierte' Weise: als Ähnlichkeit oder Gleichheit mit sich. (aa) Das ästhetische Modell hierfür bietet die hermetische Kunst, das philosophische Hegels 'konkrete Identität', die Adorno unter der Kategorie des Scheins zweifach, unter der Methode der bestimmten Negation und der parataktischen Darstellung, restringiert übernimmt. (bb) Die Restriktion des metaphysischen Theorems von der Nachahmung der natura naturans geschieht auch im Kantischen Sinn unter der Kategorie des Scheins; schön ist Natur in ihrer scheinbaren Teleologie. Des Verdachts des Subjektivismus erwehrt Adorno sich umgekehrt unter Berufung auf Kants Analytik des ästhetischen Urteils und knüpft deren oberste Forderung, Interesselosigkeit, an die historische Bedingung des starken Subjekts, welches der Mimesis als Gegeninstanz zur (falschen) Projektion ihr altes Recht beläßt. (cc) Von herausragender Bedeutung ist Adornos Versuch, die Hegelsche Doppelung von Beziehung auf sich und Beziehung auf anderes mit dem Instrumentarium des Historischen Materialismus zu konkretisieren im Problem der Vermittlung von Kunst und Gesellschaft. Die Auflösung dieses Problems über den Begriff der gesellschaftlichen Arbeit, den 'Stand des Materials', verläuft bei Adorno aber zirkulär, diejenige über die Produktivkraft künstlerischer Spontaneität steht in der Tradition einer obsoleten, das Subjekt 'überstrapazierenden' Genie-Ästhetik. Es bleibt Adorno nur jener Aspekt der künstlerischen Produktivkraft, der unter dem Begriff des Mimetischen das Allgemeine, Ichfremde, auf einem anthropologisch-psychologischen Fundament einholt. Kunst und Gesellschaft vermitteln sich in 'aufgehobenen' frühkindlichen, mimetischen Vorgängen.

(4) Mit 'Identifikation' wird Mimesis beschrieben im alterzentrischen, zentrifugalen Sinn. Mimesis ist ein Begriff für das Vermögen des Subjekts, sich mit dem Anderen zu identifizieren und es nach seinen 'Sinnesspuren' zu synthesieren. Sie erlangt Bedeutung als rezeptives Moment für eine als bewußte Projektion konzipierte Synthesis. Als 'primäre' verweist Identifikation dabei auf das frühkindliche Modell der Mimesis. Dem Begriff der Identifikation ist aber insgesamt psychoanalytisch kein Fundament gesichert.

(5) Wie 'Identifikation' erfüllt 'Desintegration' eine korrektive Funktion gegenüber der 'abstrakten', herrschaftlichen Subjektivität. Beansprucht sie mehr als diese Funktion, weicht ihre affirmative Bewertung einer negativen.

III.2. - (1) Der Begriff der Sympathie wird in der "Dialektik der Aufklärung" aus dem ethnologischen Kontext übernommen und entstammt aus dem an Alleinheit ausgerichteten Weltbild der Magie. Dieses Weltbild ist für den Begriff der Sympathie ursprünglich prägend auch im Rahmen der Ethik, bevor er sich im Zuge der Ausbreitung der Naturwissenschaft auf die allgemeine Menschenliebe reduziert und im 19. Jahrhundert in eine Defensivposition abgedrängt wird.

(2) Als ihr namhaftester philosophischer Repräsentant steht am Anfang des 19. Jahrhunderts Schopenhauer. Er definiert Sympathie als die in den drei Phänomenen des Mitleids, der Geschlechtsliebe und der Magie empirisch erscheinende metaphysische Identität des Willens.

(3) Adorno überläßt das Mitleid als Thema eher den 'dunklen Schriftstellern' des Bürgertums und Horkheimer, seine moralische und kognitive Funktion wird nur angedeutet.

(4) Dagegen tritt das Leiden in das an den Namen Auschwitz traumatisch gekettete Zentrum der Philosophie Adornos. (a) Indem er es als wesentlich physisches betont, versucht er, eine nietzscheanische Aristokratisierung abzuwehren, der er aber in dem Maße, in dem er es als Bedingung von Wahrheit begründen will, doch ungewollt nahekommt. (b) Die Tiefe des Leidens bestimmt den Rang der Erkenntnis unter dem gesellschaftlichen Gesetz der Verblendung, des durch die ökonomische Basis abgeschafften Individuationsprinzips.

(5) Von Adorno wegen Bedenken gegenüber sentimentalen und moralisierenden Mißverständnissen zurückhaltend vorgetragen, aber dennoch von fundamentaler Bedeutung für seine Erkenntnistheorie ist die Liebe. (a) Mit der Romantik steht Adorno in der Tradition der Intentionalität der Liebe auf das Individuierte, einer positiven Beziehung, die er, ebenso wie die auf den Anderen, mit Freud psychoanalytisch begründet. (b) Als ontogenetische Nachahmung des Humanen ist Mimesis 'Urform' von Liebe. (c) Beide erfüllen eine identitätskritische Funktion. Der Wahn, als der die Liebe seit Platon beschrieben wird, richtet sich gegen die narzißtische Ichidentität. Als Entäußerung meint die Liebe Preisgabe wie Realisation des Subjekts in einem. (d) Ebenso kritisch steht sie gegen die Tauschidentität, die bürgerliche Gesellschaft des Besitzes, der Zwecke und Dinge mit ihrem Endprodukt des autoritären Charakters. Diese Kritik wird von Adorno aber nach dem Vorbild Benjamins relativiert. Die hoffnungslose Liebe, paradigmatisch die Liebe zu den Toten, ist die 'letzte unverstümmelte, welche die Tauschgesellschaft zuläßt', insofern sie gibt, ohne Äquivalente zurückzuerwarten. (e) Liebe entwirft die Perspektive des Als-ob. Aus dem Interesse der Rettung heraus betrachtet sie die Dinge als scheinbar lebendige, aus dem umgekehrten Interesse an der Herrschafts- und Tauschkritik betrachtet sie das Lebende als scheinbar Totes im gesellschaftlichen wie organischen Sinn. Schönheit ist ein Oberbegriff dafür. Konstituiert Liebe über die mimetische Nach-

ahmung und Entäußerung Subjektivität, so über die mimetische Produktion von Ähnlichkeit Intersubjektivität. Das ethische Gebot der Sympathie mit der Kreatur erschließt sich auf diese Weise als Negativbild der Tauschgesellschaft. Die Konzeption der Rettung der Dinge, der melancholisch getragenen Erinnerung und der paradoxen Hoffnung bilden den Kern einer positiven Philosophie. (f) Als 'Spur' des Positiven hat Liebe ihren Ort auch in der ästhetisch vorgestellten Periode der deutschen Klassik und Romantik sowie in der matriarchalisch geprägten Familie. Mimesis ist in diesem Zusammenhang an die Erfahrung der Mutterliebe und Heterosexualität gebunden, wahrt die Bedeutung des Effeminierten und Weichlichen. (g) Liebe bietet so das 'Modell' und die emotionale Gewähr für die Erkenntnis, daß sie als zwecklos-kontemplative, psychologisch gesprochen als aggressionslose Projektion möglich sei.

III.3. - (1) Für jede 'Bewußtseinsphilosophie' ist mit dem 'Abgrund' zwischen Subjekt und Objekt der Wahn ein erkenntnistheoretisches Problem. (a) Als Paranoia sieht Adorno ihn in der nach dem Mechanismus der pathischen Projektion verfahrenden Wissenschaft und im 'objektiven Wahnsinn' des Faschismus am Werk. (b) Unter dem Terminus der Schizophrenie aber wird der Wahn in provokatorisch anmutenden Formulierungen gerechtfertigt in seiner identitäts- und gesellschaftskritischen Funktion. Er steht zunächst als wissenschaftlich ausgegrenzter Begriff für das Nichtidentische, das der Macht des Geistes Entzogene wie genetisch und systematisch auf ihn Bezogene, eine Bedeutung, in der er mit dem Mimesisbegriff übereinkommt; sodann als Maske und Gegenstand der Ideologiekritik; schließlich als Kategorie einer Geschichtsphilosophie ohne verbürgte positive Utopie.

(2) Adorno verteidigt den Wahn auch unter Rekurs auf die traditionelle Erkenntnistheorie. Platons Lehre vom Enthusiasmus, dem Außer-sich-Sein im göttlichen Wahn, und der Erkenntnisort der

Mythen setzen in Adornos Interpretation Mimesis in einen mit Rationalität gleichwertigen Rang zum Zweck der Erkenntnis der Idee. Mimesis zeichnet verantwortlich, um die Ichidentität aus ihrer Fixierung zu lösen.

(3) Schelling hat diese Platonische Tradition aufgegriffen und ist zudem in seiner doppelfrontigen Ausrichtung gegen Irrationalismus und (Hegelschen) Rationalismus für Adorno von Interesse. (a) Das zeigt sich gerade am Begriff der Ekstase aus seiner Spätphilosophie. Vernunft ist unfreiwilliges Außer-sich-Sein und ent-setzt sich daher von der ihr nicht gebührenden Stelle des Absoluten. In Platon und Schelling ist eine Lösung für das Dilemma der Kritischen Theorie zwischen postulierter immanenter Kritik und vorausgesetztem äußeren Standpunkt personifiziert. 'Idee' und bloße 'Daßheit' sind das mit dem Begriff nicht Identische, sie markieren die Grenze der Dialektik als Methode. (b) Als Schellingsche Konzession innerhalb des intakt bleibenden Hegelschen Vermittlungsbegriffs kann auch die These vom Vorrang des Objekts verstanden werden, die sich mit der vom Vorrang der Mimesis parallelisieren läßt. Aber Adorno kann Schellings bewußtseinsphilosophischer Begründung für den Vorrang des Seins wegen der gefürchteten exitentialontologischen Konsequenzen letztlich nicht folgen. Er setzt das Gewicht auf die Seite des Objekts allein unter dem Vorbehalt der Geschichte, der genetischen Argumentation, der Kantischen Idee. Mit seiner Lösung besetzt er tentativ eine Leerstelle, sie reicht aber hin, um die Einvernahme durch den Irrationalismus zurückzuweisen.

(4) Im Kontext der Diskussion des Wahns bei Adorno sind Übertreibung, Traumlogik und Ironie als Grundbegriffe für die Überbrückung von Subjekt und Objekt anzuführen. (a) Übertreibung ist Bedeutungspotenzierung und Verbindung (räumlich und semantisch) extremer Begriffe, der Aphorismus fällt darunter als Übertreibung durch Reduktion. Wahrheit wird intendiert in der

nicht fixierbaren Bedeutung der Sprachzeichen. (b) Bei Freud wird das Kriterium für Übertreibung und Reduktion in den Mechanismen der Traumarbeit einsehbar. Die Traum- bzw. Sprachelemente sind durch eine je individuelle Erfahrung überdeterminiert und vieldeutig. Der Traum ist für Adorno auch Anlaß, Regeln einer Logik des Individuellen aufzustellen. Auch hier steht gegen die Subsumption die Konstellation. (c) Die Regel der Wörtlichkeit und der Deutung äquilibrieren sich im Begriff der Ironie. Sie meint ein Nicht-ernst-Nehmen gerade durch das Ernst-Nehmen, das Bewußtsein der Unwahrheit des Wahren. Die Überbrückung von Subjekt und Objekt bleibt in der Schwebe. (d) Die von Adorno philosophisch intendierte individuelle Logik gleicht der psychoanalytischen Deutung wie diese wiederum der Logik des Traums, veranschlagt im Vergleich zu letzterem den Anteil des (bewußten) Subjekts aber höher unter dem Oberbegriff des Ästhetischen, um so über der aufdringlichen Nähe der Kunst zum Traum und zu psychopathologischen Zuständen die Differenzen nicht entgleiten zu lassen.

IV. - (1) Im Zusammenhang der Diskussion einer kognitiven Funktion des Leidens wird bei Adorno ein Erfahrungsbegriff thematisiert, wie er in Hegels "Phänomenologie des Geistes" vorformuliert ist und in seiner psychoanalytischen Homologie zur Explikation des Mimesisbegriffs in seiner triebtheoretischen Komponente führt. (a) Schmerz und Negativität sind als wesentlich physische Motor des dialektischen Denkens und der Wahrheit als Versöhnung von Körper und Geist. Negativität heißt bei Hegel erkenntnistheoretisch das Nicht-(substantiell-)Seiende und Unterschiedene, lebenspraktisch die Verzweiflung. (b) Er beansprucht zur Darstellung des Erfahrungsbegriffs die Form des spekulativen Satzes, der zugleich selbst Gegenstand einer Erfahrung ist. Er ist gekennzeichnet durch die Gleichsetzung zweier verschiedener Nomina, deren notwendige Umkehrung in der Sukzession, die Negation der Kopula, den selbst noch ausgedrückten Widerspruch zwischen Sagen und Meinen und schließlich durch einen bestimmten philosophischen Inhalt, der der Begründung der "Wissenschaft der Logik" bedarf.

(2) Das durch den spekulativen Satz angesprochene Verhältnis von Sagen und Meinen und das Kriterium für die immanente Fortbewegung muß Adorno unabhängig von der Hegelschen Begründung ausführen. Bei Hegel selber bietet sich der Übergang aus den zwei Stufen 'sinnliche Gewißheit' und 'unglückliches Bewußtsein' in die Psychologie an. (a) Interessant an der sinnlichen Gewißheit ist für Adorno das Moment der Empfindung in ihrer Angrenzung an Physisches. (b) Betont Hegel mit seinem über die Sprache laufenden Argument gegen die Empfindung deren Schwäche als Un(mit)teilbares, so Adorno deren Stärke als Noch-Unausgesprochenes. (c) Das Aufgehen der Empfindung in der Vernunft und damit das Ende der Denk- und Erfahrungsbewegung hat den Zustand der Versöhnung zur Voraussetzung. Denken heißt die (auch kindheitssituative) Empfindung ausdifferenzieren; darin liegt auch sein mimetisches Moment.

(3) Der Titel für das somatische Moment der Erkenntis lautet bei Adorno auf 'unglückliches Bewußtsein'. (a) Es ist, wie bei Hegel, der Titel für den an seiner Trennung vom Körper unruhig leidenden Geist. (b) Das Programm einer Homologie von Hegelscher 'Phänomenologie' und Freudscher Psychoanalyse läßt zunächst den Wunsch, gemäß seiner Konstituierung im Spannungsfeld zwischen körperlichem Bedürfnis und körperlich-sozialer Befriedigung, als Motor der (Denk-)Arbeit hervortreten. (c) Lacan gibt dieser Theorie einen 'linguistic turn', (d) aber mehr als mit ihm läßt sich eine Übereinstimmung Adornos mit Kristeva herstellen. (aa) Das Prinzip der Negativität erhält bei ihr im Trieb des Verwerfens eine biologisch-soziale Inkarnation, Freud und Lacan werden in der Abtrennung der Sprache von der (ambivalenten) Lust und damit in der Verkennung des möglichen Spiels des ästhetischen Subjekts mit seiner Identität kritisiert. (bb)

Mimesis spezifiziert sich unter dieser psychoanalytischen Sicht als 'Nahtstelle' zwischen Körper/Natur und Symbol/Gesellschaft, die Entäußerung an das Objekt als Durchbruch der partialen Libido im genital zentrierten Subjekt, als bedürfnisreguliertes Denken, das Subjekt 'Natur' als Projektionsleistung. (e) Innerhalb der Koordinaten von Sprache, Körper und Sozialem zeichnet sich auch Adornos Idee von Utopie und Wahrheit als ein paritätisches Verhältnis von Gegensätzen ab. Ästhetische Rationalität ist das die Lust zu seinem Zweck erhebende adäquate Mittel. (f) Im Vergleich zu Habermas meint Adornos Idee der Versöhnung weit mehr eine (aa) intra- denn eine intersubjektive Kommunikation. (bb) Aus Adornos Perspektive betreibt Habermas, trotz der Nähe in der Annahme der Paläosymbole, eine prinzipielle Unterbewertung der vorsprachlichen Bedürfnisinterpretation. (cc) Die entscheidende Frage ist die nach der Möglichkeit der 'Übersetzung' in Sprache. Mimesis bleibt bei Adorno der Name für das gelingende kommunikative Verhalten des Subjekts zu sich selbst; im kreativen Sprachgebrauch sucht das Subjekt sich als Nichtidentisches, sein Meinen, einzuholen. Mit dem Begriff der Konfiguration bzw. Konstellation vertritt Adorno dabei eine intentionalistische Theorie des bedeutungskonstituierenden Subjekts. (dd) Auf Mimesis als Fähigkeit der Bedürfnisinterpretation und semantischem Potential der Sinnbelehnung kann auch die Habermassche Theorie offenbar nicht verzichten; die Ästhetik würde sich insgesamt, wie bei Kant, zwischen Wahrheits- und Gefühlsästhetik einpendeln. (g) Für einen Perspektivenwechsel von der phylogenetischen Spekulation zur Ontogenese kann die Sprachtheorie Gehlens herangezogen werden, in der der als 'Aufbruchssituation' beschriebene je individuelle Spracherwerb als konstitutiv angesehen wird für den Sprachgebrauch. Bedingung der Möglichkeit von Erfahrung ist die Koinzidenz von gegenständlicher Welt und Bedürfnis in der überdeterminierten sprachlichen Benennung, im semantischen Potential (Habermas), in der unsinnlichen Ähnlichkeit (Benjamin) der Mimesis.

(4) Die Frage nach der Transformation der Mimesis in Sprache ist gattungsgeschichtlich die nach dem Ursprung der Sprache. (a) Die "Dialektik der Aufklärung" legt hier eine Entscheidung zugunsten der Ausdruckstheorie nahe, derzufolge die ersten Worte Expressionen von Empfindungen oder Gefühlen waren. Der Ausdruck wird für die präanimistische Phase beschrieben als Vermittlung zwischen dem unmittelbar vokalen und dem im Namen verobjektivierten Ausdruck. (b) Er ist für Adorno sprachphilosophisch zwischen Wortmetaphysik und -arbitrarität von Interesse, indem sich an ihm zeigen läßt, daß er sich zumindest zur Sache nicht zufällig verhält. Neben der (aa) sprachhistorischen führt Adorno eine (bb) historisch-materialistische und eine (cc) gebrochene onomatopoetologische Begründung für diese These an. Das Wort ist nie bloß Zeichen, weil es geschichtlich determiniert wird, und in der Konstellation mit anderen Worten, auf dem Umweg über die 'ganze' Sprache sich die Ähnlichkeit mit der Sache holistisch restituiert; in beiden Fällen ist das Kriterium - für die zeitgeschichtliche Dignität eines Wortes und seine konstellativ hergestellte Ähnlichkeit - ein ästhetisches.

V.1. - (1) In Adornos Erinnerung an das Wahrheitsmoment des Idealismus ist, nach Hegel und Schelling, die Reihe an Kant und dessen philosophischer Rettung der Mimesis im Begriff der Affinität.

(2) Dieser Begriff hat bei Kant einen residualen Status zwischen Empirismus und Metaphysik. Er führt ihn ein als Gegenbegriff zur subjektiv begründeten Assoziation bei Locke und Hume, fundiert ihn sogleich in der Einheit der transzendentalen Apperzeption, weiß ihm aber in der Alternative zwischen Verstand und Einbildungskraft keinen rechten Ort anzugeben. Die zweite Auflage der "Kritik der reinen Vernunft" streicht ihn mit der Depotenzierung der Einbildungskraft ganz, die Revoka-

tion mit der 'Anthropologie' steht unentschieden zwischen seiner Denknotwendigkeit und Unbegreiflichkeit.

(3) Als Vermittlungsinstanz zwischen Verstand und Sinnlichkeit ist der Begriff der Affinität über das ihm zugeordnete Erkenntnisvermögen der (a) Einbildungskraft erst von Heidegger, unter der Kategorie der (b) Wechselwirkung erst von Hegel ausgeführt worden, der von Adorno dann an die Metaphorik Kants zurückgebunden wird. (c) Das Schematismus-Kapitel thematisiert die Vermittlung unter der Perspektive der Urteilslehre. Der Status der Urteilskraft wird von Kant aber erst in der dritten 'Kritik' zu transzendentalem Rang erhoben.

(4) Die Urteilskraft reguliert als reflektierende die Vermittlung der Erkenntnisvermögen in deren wechselseitiger und als möglich vorausgesetzter Subsumption.

(5) Affinität steht in diesem Zusammenhang nicht mehr dafür ein, die 'Ungleichartigkeit' der Erkenntnispole und der Erscheinungen nach transzendentalen Gesetzen zu verhindern, sondern sie ist der hypothetisch angenommene Grund für die Möglichkeit der Verbindung der empirischen Gesetze nach einem Prinzip; sie steht hier nicht mehr im Kontext der 'allgemeinen', sondern der 'besonderen' Erfahrung.

(6) Eine hegelianisierende Kant-Interpretation fundiert von hier aus rückwirkend die "Kritik der reinen Vernunft". Unter transzendentalen wie empirischen Gesetzen bedarf die Natur der Voraussetzung ihrer Zweckmäßigkeit für das menschliche Erkenntnisvermögen. Die Vermittlung von Subjekt und Objekt, von Verstand und Sinnlichkeit ist auf den Gedanken der Affinität angewiesen, das Residuum von Metaphysik in der Transzendentalphilosophie. Er wird bestätigt nicht nur sukzessive durch den wissenschaftlichen Fortschritt, die besondere Erfahrung, son-

dern instantan in jedem ästhetischen Urteil, der Erfahrung des Besonderen.

V.2. - (1) Der Begriff der Synthesis wird kritisch gegen den Schematismus der Subsumption gebraucht. Die mit (a) Kant, (b) Hegel und (c) Marx gegebenen Definitionen Adornos terminieren (d) im Rekurs auf Platons Definition über den Begriff der Nachahmung. (e) Synthesis ist mittelbar-begriffliche Nachahmung der teleologisch gedachten Natur, Mimesis korrigiert das 'Einheitsdenken' zugunsten des Natur-Subjekts. 'Affinität' ist als Adornos 'glücklichere' Bezeichnung für Hegels synthetische Einheit aufzufassen.

(2) Die von Kant und Hegel her mögliche Zuweisung von Synthesis und Einbildungskraft bzw. Phantasie und damit auch die mögliche Begründung der Einheit der Erkenntnispole in diesem Vermögen greift Adorno nur peripher auf. Als Organon der ars inveniendi, einer wissenschaftskritisch gerichteten Logik des Individuellen aber fügt sich Phantasie in den Kantischen Rahmen 'besonderer', auf reflektierende Urteilskraft verwiesener Erfahrung.

(3) Der Begriff der Synthesis wird zunächst mit einem Begriff der Kraft verbunden, wie er in Hegels Philosophie methodische Bedeutung erlangt. (a) Als Maßstab immanenter Kritik, die 'in die Kraft des Gegners eingehen muß', verbleibt der Begriff im laxen Sprachgebrauch; (b) als Vermögen des analytischen Verstandes, die Selbstbewegung des Begriffs voranzutreiben, erhält er bei Adorno später eine Bedeutung, die mit der strikt Hegelschen kollidiert und das im Begriff 'Urteilskraft' gelegene empirische Moment expliziert; (c) als gegenständlich existierender Widerspruch findet er bei Adorno im 'Kräftespiel' des Kunstwerks Anwendung.

(4) 'Lesen' und 'Kommunikation' sind zwei andere, Benjaminsche Begriffe für die von 'Synthesis' und 'Kräftespiel'. (a) 'Kommunikation' meint als 'objektive' die Beziehung zwischen Subjekt und Objekt sowie der Objekte untereinander. (b) Das negative Urteil über 'subjektive' Kommunikation schränkt Adorno historisch, ideengeschichtlich und sprachtheoretisch ein. (c) In der zweifachen Objektivitätsrelation sind die Begriffe 'Kommunikation' und 'Affinität' kongruent.

V.3. - (1) Das Prinzip der Affinität tritt in der Erkenntistheorie das Erbe der Magie und der Metaphysik an. Es wird aus dem wissenschaftlich-mystischen Kontext der Chemie des ausgehenden 18. Jahrhunderst heraus zum Namensgeber und Konstruktionsprinzip von Goethes Roman "Die Wahlverwandtschaften". 'Wahlverwandtschaft' heißt wechselseitige Bestimmung des Entgegengesetzten, spezifisch in Benjamins Interpretation die Macht des Natürlichen über das Sittliche.

(2) Der Begriff der Ähnlichkeit zieht sich wie der der Affinität durch die gesamte Darlegung des Mimesisbegriffs bei Adorno. (a) Bisher aber viel zu wenig beachtet wird sein Status für die dialektische Schlichtung eines bis in die Antike zurückreichenden erkenntnistheoretischen Streits. Die Kategorie der Ähnlichkeit oder Affinität nimmt den Platz des Dritten ein zwischen den Extremen einer (vermittelt oder unmittelbar hergestellten) absoluten Gleichheit und einer absoluten Verschiedenheit von Subjekt und Objekt. (b) Im Kontext der Urteilstheorie steht die Lehre von der Affinität der von der adaequatio gegenüber. Ihre 'bestimmte Negation' kann zweifach vorgestellt werden: zum ersten als Überführung des partikularen Urteils in eine Pluralität von Urteilen, eine Überführung, die vom Identifikationsbegriff der Logik eine eingestandenermaßen methodisch insuffiziente Veränderung verlangt; zum zweiten als parataktische

Verfahrensweise der Kunst, die in diesem Zusammenhang mit einer Theorie der Metapher zu verbinden wäre.

(3) Beide Alternativvorschläge zur Lehre der adaequatio führen Adorno von Hegel zum Kant der dritten 'Kritik', der reflektierenden Urteilskraft zurück. (a) Sie sucht die 'Spur' des Objekts ausfindig zu machen, indem sie Zweckmäßigkeit (der Naturformen, der Urteile, der Erkenntnisvermögen) zu ihrem Prinzip erklärt. (b) Sie ist der Name für die versöhnlich der Natur sich anschmiegende Vernunft. Mit Adorno liegt es nahe, sie mimetische Rationalität zu nennen. (c) Kantianisch ist auch der Hintergrund für Adornos Bestimmung der Intelligenz als einer moralischen Kategorie. (d) Adornos Erklärungskapazität geht über die Kants zur reflektierenden Urteilskraft hinaus, wenn er mit dem Begriff der Mimesis den Weg in die Empirie, die onto- und phylogenetische Herleitung des Vermögens geht. (e) Unterscheidungs- oder Differenzierungsvermögen ist ein anderer Kantischer Begriff für den der mimetischen Rationalität.

(4) Eine letzte, Aristotelische Definition von Ähnlichkeit ist diejenige über die Kategorie der Qualität. Immer aber stellt der Begriff der Ähnlichkeit bei Adorno das objektive Pendant zur Rede vom subjektiven Vermögen. Er beinhaltet das transzendentalphilosophisch geläuterte Erbe von Magie und Metaphysik. Um der nicht ausschließlich (inter-)subjektiv verbürgten Wahrheit willen kann Adorno auf dieses Erbe nicht verzichten.

M I M E S I S

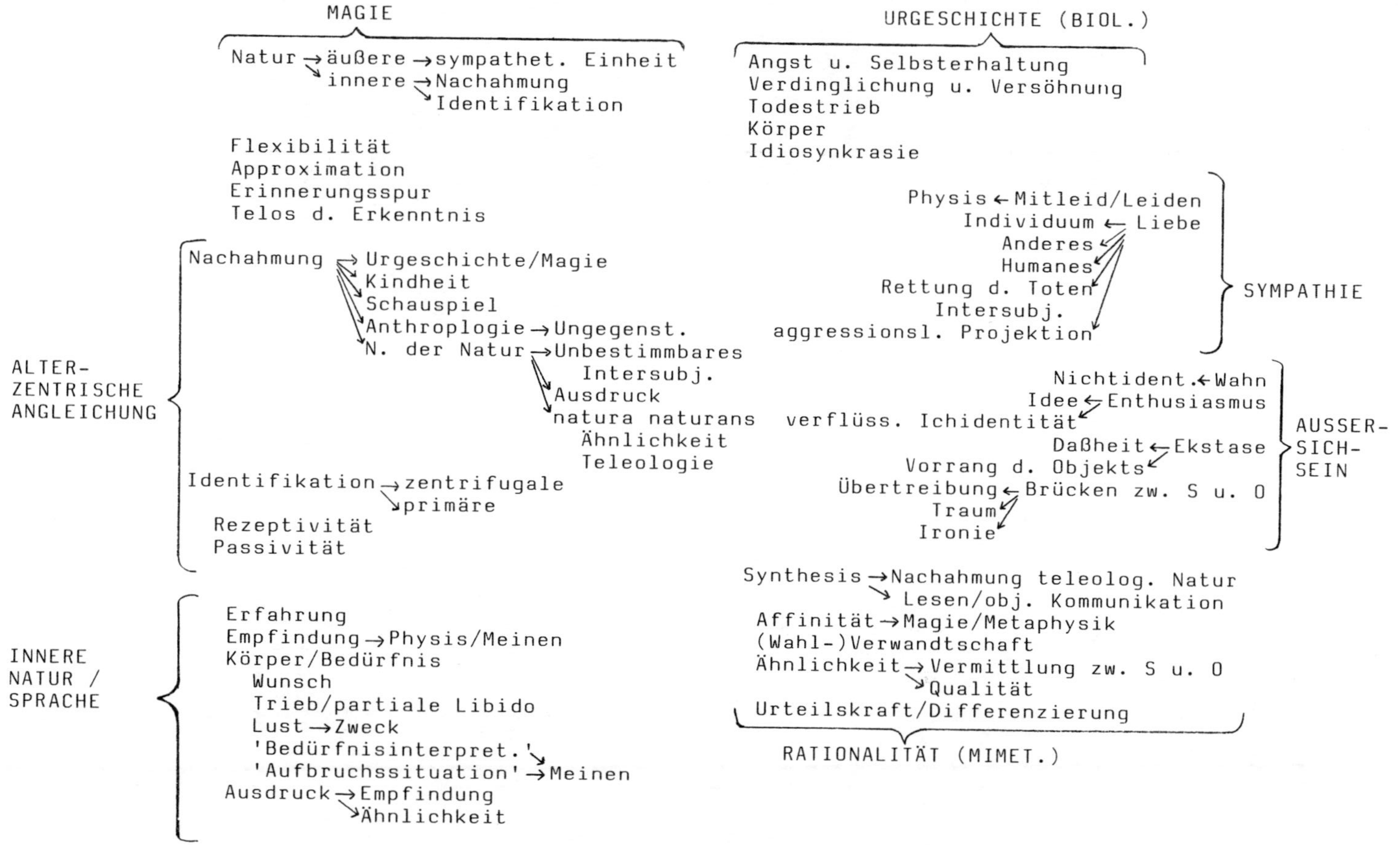

MAGIE
Natur → äußere → sympathet. Einheit
innere → Nachahmung
Identifikation
Flexibilität
Approximation
Erinnerungsspur
Telos d. Erkenntnis
URGESCHICHTE (BIOL.)
Angst u. Selbsterhaltung
Verdinglichung u. Versöhnung
Todestrieb
Körper
Idiosynkrasie
SYMPATHIE
Physis ← Mitleid/Leiden
Individuum ← Liebe
Anderes
Humanes
Rettung d. Toten
Intersubj.
aggressionsl. Projektion
ALTER-
ZENTRISCHE
ANGLEICHUNG
Nachahmung → Urgeschichte/Magie
Kindheit
Schauspiel
Anthroplogie → Ungegenst.
N. der Natur → Unbestimmbares
Intersubj.
Ausdruck
natura naturans
Ähnlichkeit
Teleologie
Identifikation → zentrifugale
primäre
Rezeptivität
Passivität
AUSSER-
SICH-
SEIN
Nichtident. ← Wahn
Idee ← Enthusiasmus
verflüss. Ichidentität
Daßheit ← Ekstase
Vorrang d. Objekts
Übertreibung ← Brücken zw. S u. O
Traum
Ironie
INNERE
NATUR /
SPRACHE
Erfahrung
Empfindung → Physis/Meinen
Körper/Bedürfnis
Wunsch
Trieb/partiale Libido
Lust → Zweck
'Bedürfnisinterpret.'
'Aufbruchssituation' → Meinen
Ausdruck → Empfindung
Ähnlichkeit
Synthesis → Nachahmung teleolog. Natur
Lesen/obj. Kommunikation
Affinität → Magie/Metaphysik
(Wahl-)Verwandtschaft
Ähnlichkeit → Vermittlung zw. S u. O
Qualität
Urteilskraft/Differenzierung
RATIONALITÄT (MIMET.)

ANMERKUNGEN

Einleitung

1 Zit. bei Tiedemann 1984, S.78: "Es liegt darin nicht weniger als die Kommunikation zwischen allem was ist, die Objektivität der Mimesis. Höchst wichtig, ausführen."

I. Begriffsgeschichte und Provenienz in der Kritischen Theorie

1 Grassi 1980, S.123.
2 ebd., S.164
3 Koller 1954, S.47
4 Ebd., S.39
5 Ebd., S.38
6 Ebd., S.13
7 Platon, Politeia 596e.
8 Ebd., 598b.
9 Ebd, 597d/e. - Zur 'hervorbringenden' Kunst des 'Werkbildners' gehört auch die Baukunst, vgl. Grassi 1980, S.129.
10 Grassi 1980, S.165; vgl. auch S.125,134f.,170.
11 Koller 1954, S.104. - Vgl. dag. Adorno: "Die Teilung nach weichlichen und kraftvollen Tonarten (war) selber bereits zu Platons Zeit kaum mehr wohl als ein Rückstand des dumpfesten Aberglaubens" (GS14,S.16)
12 Koller 1954, S.45
13 Vgl. ebd, S.17f. - Vgl. auch Gadamer 1968, S.197.
14 Koller 1954, S.57. - In der Übersetzung Schleiermachers: "damit sie nicht von der Nachahmung das Sein davontragen" (Politeia 395c). - Zu Platons Angst vor mimetischer Identitätsauflösung vgl. auch Lehmann 1977, S.56.
15 Gadamer 1968, S.198f.
16 Platon, Politeia 603a-d. - Zu Politeia 596e vgl. Baeumler 1972, S.9: "mimetischer Tausendkünstler".
17 Sizilianisch üppig gedeckte "Syrakusische Tische ... und sikelische Mannigfaltigkeit von Speisen" sind ebensowenig lobenswert wie der Umgang mit den als Hetären berühmten "korinthischen Mädchen" (Politeia 404d). - Es ist "offensichtlich, daß Platon die wichtige orgiastische Seite der Mimesis aus erzieherischen Gründen unterschlagen hat" (Koller 1954, S.48). - Vgl. auch Baeumler 1972, S.6: "Ausgedrückt werden kann vieles, es gibt aber nur eine richtige Haltung."
18 Baeumler 1972, S.48; vgl. Blumenberg 1957, S.266.
19 Blumenberg 1957, S.273.
20 Ebd., S.274f.
21 Grassi 1980, S.167.
22 Koller 1954, S.108.
23 Ebd.

24 Jay 1981, S.315.
25 Buck-Morss 1977, S.87.
26 Puder 1971, S.468.
27 Vgl. Benjamin, GS II, S.952.
28 Vgl. GS8,S.374. - In den der "Dialektik der Aufklärung" auch motivisch sehr nahe stehenden und im selben Zeitraum verfaßten Ausführungen zur Theorie des Symbols in "George und Hofmannsthal" (1942) und zum Begriff der Anpassung in "Veblens Angriff auf die Kultur" (1941) ist von der Sache der Mimesis nur in der Terminologie von 'Anähnelung', 'Nachahmung', 'Sich-Wegwerfen' die Rede (vgl.GS10,S.74, 77,80,95,230,234,237). Der 1938 publizierte Aufsatz 'Über den Fetischcharakter' kennt das "Moment des Mimischen" in der "Ekstase" der "Enthusiasten" innerhalb der Typologie der regredierten Hörer (vgl.GS14,S.42), das letzte, 1939 veröffentlichte Kapitel aus dem "Versuch über Wagner" die 'Passivität' und 'Weichheit' des Subjekts (vgl.GS13, S.143), ebenso die 1940 abgeschlossenen 'Musikalischen Warenanalysen' (vgl.GS16,S.296).
29 Caillois 1938, S.127 ('Assimilierung an die Umwelt', 'eine wahrhafte Versuchung des Raums').
30 Ebd., S.126 ('eine am Kulminationspunkt fixierte Bezauberung').
31 "La connaissance tend, on le sait, à la suppression de toutes les distinctions, à la réduction de toutes les oppositions, en sorte que son but paraît être de proposer à la sensibilité la solution idéale de son conflit avec le monde extérieur et de satisfaire ainsi, en elle, la tendance à l'abandon de la conscience et de la vie (...) Le désir de l'assimilation à l'espace, de l'identification à la matière apparaît fréquemment dans la littérature lyrique: c'est le thème panthéiste de la fusion de l'individu dans le tout (...) Des faits convergents, enfin, apparaissent dans l'art" (Caillois 1939, S.140f.).
32 Adorno, in: Zeitschrift für Sozialforschung, Jg.7, 1938, S.410.
33 Aron, in: ebd., S.414.
34 Freud, Stud. III, S.268.
35 Ebd., S.217.
36 Ebd., S.245.
37 Ebd., S.246.
38 Ebd., S.247.
39 Ebd., S.248.
40 Ebd., S.248.
41 Ebd., S.259
42 Vgl. ebd., S.253,264. - Vgl. auch Laplanche/Pontalis 1977, S.496: Der Todestrieb ist der "Trieb par excellence".
43 Freud, Stud. III, S.227
44 Ebd., S.271.
45 Ebd., S.270. In der Schwierigkeit einer Verhältnisbestimmung von Todestrieb und Lustprinzip liegt generell diejenige von Freuds Verständnis des Ausdrucks 'Trieb' in der

späten Theorie. 'Trieb' meint hier eine Tendenz "jenseits eines besonderen Triebtypus" (Laplanche/Pontalis 1977, S.501), das, "was als 'Trieb an sich', als 'Dämonisches' zu jedem 'Trieb' gehört" (Laplanche/Pontalis 1977, S.630).

46 Tiedemann/Schweppenhäuser, in: Benjamin, GS II, S.950
47 Benjamin, GS II, S.204 bzw. 210.
48 Ebd., S.211
49 Ebd., S.205.
50 Ebd.
51 Ebd.
52 Ebd., S.205f.
53 Ebd., S.211.
54 Ebd.
55 Ebd., S.206.
56 Ebd., S.207.
57 Ebd., S.211.
58 Ebd., S.206f.
59 Ebd., S.212.
60 Ebd., S.207.
61 Ebd.
62 Ebd., S.208.
63 Ebd., S.207.
64 Menninghaus 1980, S.65f.
65 Benjamin, GS II, S.208.
66 Menninghaus 1980, S.68.
67 Benjamin, GS II, S.208f.
68 Benjamin, Briefe, S.575,577.
69 Benjamin, GS II, S.209.
70 Ebd.
71 Ebd., S.1058.
72 Ebd., S.297,301.
73 Ebd., S.313f.
74 Ebd., S.314.
75 Ebd., S.956.
76 Ebd., S.205 (Hbg.v.Vf.).
77 Ebd., S.140.
78 Ebd., S.141.
79 Ebd., S.142.
80 Ebd., S.142f.
81 Menninghaus 1980, S.11.
82 Figal 1977, S.13.
83 Benjamin, GS II, S.141.
84 Ebd., S.146.
85 Ebd.
86 Menninghaus 1980, S.83.
87 Benjamin, GS II, S.148.
88 Ebd., S.149.
89 Ebd., S.150.
90 Ebd.
91 Ebd.
92 Ebd., S.152.
93 Ebd., S.153.

94 Ebd., S.151.
95 Ebd., S.153,154.
96 Ebd., S.210.
97 Ebd., S.209.
98 Ebd., S.206.
99 Ebd., S.322.
100 Ebd.
101 Ebd., S.317f.
102 Ebd., S.210.
103 Ebd., S.142.

II. ANTHROPOLOGIE (PHYLOGENESE)
2. Urgeschichte des Subjekts

1 Vgl. Puder 1971, S.468.
2 Caillois 1938, S.131.
3 Vgl. dazu Benjamins Arbeit "Ursprung des deutschen Trauerspiels" mit den Bestimmungen von Allegorie ("Geschichte als erstarrte Urlandschaft", GS I, S.358) und Schicksal (ebd., S.313); dazu die frühen Studien "Schicksal und Charakter" sowie "Trauerspiel und Tragödie".
4 Kant, K.d.r.V., A99.
5 Vgl. die Beschreibung der Anpassungsleistung des Ichs mit denselben Worten, aber negativ gewertet: GS8,S.52.
6 Vgl. DA,S.183; GS8,S.390; GS10,S.98,763.
7 Vgl. Grenz 1975, S.38ff. - Kliche behauptet dagegen als einen der 'Berührungspunkte' von Lukács und Adorno die beiderseitige Verwendung des Mimesisbegriffs als "allgemeine(r) Metapher" (1980,S.227).
8 Vgl. GS10,S.243. - Die Definition der Verdinglichung als Vergessen ist auch in einem Brief an Benjamin vom 29.2.1940 enthalten (Benjamin, GS I, S.1131), laut Jay die erste Formulierung dieses Satzes (vgl.1981, S.313). Er findet sich allerdings auch in einem 1937 beiseite gelegten Kapitel des Husserl-Buches (vgl.GS5,S.222,386).
9 Vgl. dazu Scheible 1977, S.103; Lüdke 1980, S.426; 1981, S.65f. - Ihr Doppelcharakter situiert Mimesis zwischen einer Einschätzung, wie Rohrmoser (1970, S.24ff.) sie auf der einen und Schmucker (1977, S.29) auf der anderen Seite vorgenommen hat. Sie schließt weder Herrschaft noch Versöhnung aus, ist weder allein unmittelbare Teilhabe an der Natur noch allein Entfremdung im Zeichen des Schreckens (vgl.Habermas 1982 b, S.512, Anm.111).
10 Vgl. Lüdke 1981, S.57f., im Anschluß an de La Fontaine 1977, S.3: "Mimikry, dieses Sein wie die Sache, soll für Horkheimer und Adorno Deckbegriff werden für Verdinglichung".
11 Grenz 1975, S.164.
12 Vgl. Buck-Morss 1977, S.18, Anm.162; Jay 1981, S.131f.
13 Vgl. hier Kap.III.2, Abschn.5.d.
14 Benjamin, GS I, S.176.
15 Ebd., S.175; vgl. DA,S.212.

16 Das übersieht Jay, vgl. 1981, S.136ff.
17 Schopenhauer, zit. bei: Marquard 1975, S.358 u. 367, Anm. 72; vgl. Freud, Stud. III, S.259.
18 Vgl. DA,S.18,21,22,27,28,30,32,77.
19 So - kritisch - in dem für die Aufklärung 'wesentlichen' Begriff der Nützlichkeit (vgl.Hegel, Werke 3, S.428) und - programmatisch - im Desiderat einer 'über sich selbst aufgeklärten Aufklärung' (vgl.Hegel, Werke 3, S.418).
20 Zum 'totalitären' Charakter der Aufklärung qua "Bewegung des Gedankens selbst" (DA,S.32) verweisen Horkheimer und Adorno auf das Kapitel über den 'Kampf der Aufklärung mit dem Aberglauben', in dem Hegel die 'widerstandslose Insinuation' der Aufklärung im Glauben mit der beiden "an sich" gemeinsamen "Einfachheit" des Bewußtseins erklärt. Erst "nachher" erweist sich dann die Aufklärung als der höhere "Begriff, der das einfache Wissen ist, welches sich selbst und zugleich sein Gegenteil, aber dieses in ihm als aufgehoben weiß", und der "Kampf gegen sie verrät die geschehene Ansteckung; er ist zu spät, und jedes Mittel verschlimmert nur die Krankheit ..." (Hegel, Werke 3, S.403). - Der "'Trupp', den Hegel als das Resultat der Aufklärung gezeichnet hat" (DA,S.24) ist nichts anderes als die bürgerliche Gesellschaft, in der "eine Hand die andere (wäscht)" (Hegel, Werke 3, S.416).
21 Vgl. Benjamin, GS I, S.344; Frank 1984, S.24.
22 Brief an Benjamin vom 29.2.1940, in: Benjamin, GS I, S.1130.
23 Vgl. GS16,S.276; Benjamin, GS I, S.199f.
24 Hegel, Werke 3, S.91.
25 Ebd., S.139. - Zum "Widerspruch zwischen sinnlicher Gewißheit und Begierde" vgl. auch Kimmerle 1978, S.268.
26 Hegel, Werke 3, S.148.
27 Ebd., S.149.
28 Ebd., S.152.
29 Ebd., S.149.
30 Ebd., S.150.
31 Ebd., S.153.
32 Freud kennt die Unterscheidung von Angst, Furcht und Schrecken, obwohl er, nach einer Anmerkung der Herausgeber der 'Studienausgabe', die Unterscheidung "keineswegs immer beachtet" habe (Freud, Stud. III, S.223). - Umgekehrt zu Heidegger und Freud ist der Sprachgebrauch Hegels: "einige Angst", Angst "um dieses oder jenes, ... für diesen oder jenen Augeblick" versus "absolute Furcht", Angst "um sein ganzes Wesen" (Hegel, Werke 3, S.153,155).
33 In der Beschreibung des spezifisch modernen Gegenstandes der Angst kommt Adorno der von Freud und von Heidegger herausgestellten 'Unbestimmtheit' des Gegenstandes der Angst am nähesten (vgl.bes. GS8,S.369 u. 173).
34 Er geht nicht darauf ein, "daß Freuds Ansichten über Wesen und Ursprung der Angst sich in seinen späteren Arbeiten erheblich gewandelt haben" (Freud, Stud. IX, S.359, Anm.1 d.Hg.), Angst nicht nur "eine <u>Folge</u> der Verdrängung",

sondern auch "eine ihrer Antriebskräfte" sein kann (Freud, Stud. III, S.106, editor. Vorbemerkung).
35 Baumeister/Kulenkampff 1973, S.82.
36 Hegel, Werke 3, S.153.
37 Vgl. hier Kap.III.1, Abschn.3.c.cc.
38 Riedel 1973, S.129.
39 Vgl. Benjamin, GS IV, S.90f.
40 Vgl. GS7,S.420 u. hier Kap.III.1, Abschn.3.c.cc.

2. Das Erbe der Magie

1 Hubert/Mauß 1902/3, S.62.
2 Vgl. ebd. Die beiden Autoren beziehen sich ebenso wie schon Freud in "Totem und Tabu" (vgl.Freud, Stud. IX, S.371) auf den englischen Ethnologen Frazer. - Innerhalb der von Foucault für das 16. Jahrhundert genannten vier Ähnlichkeiten überlebt die Kontiguität in der "convenientia" (vgl.1980, S.47f.).
3 Vgl. Hubert/Mauß 1902/3, S.61f.; vgl. dazu wiederum Foucault 1980, S.54: Die Sympathie wird "durch ihre Zwillingsgestalt, die Antipathie, kompensiert."
4 Vgl. hier Kap.V.2, Abschn.4.a. und Kap.V.3. - Eine Aufzeichnung Adornos aus seinem letzten Lebensjahr bestätigt dies mit der Gleichsetzung von "Objektivität der Mimesis" und "Kommunikation zwischen allem was ist" (zit. bei Tiedemann 1984, S.78).
5 Adorno übernimmt zum bekannten Ärger der sprachanalytisch geschulten Philosophie nicht die von Aristoteles und der formalen Logik vorgeschlagenen Definitionen. - Zu den Quellen der Theorie des Präanimismus und ihrer modernen ethnologischen Widerlegung vgl. Cochetti 1985, S.213ff.
6 Freud, Stud. IX, S.378
7 Laplanche/Pontalis 1977, S.321.
8 Ebd.
9 Vgl. DA,S.30,65,79; GS7,S.210,429,457; GS12,147; GS16, S.252; MM,S.301.
10 Vgl. hier Kap.II.1, Abschn.1.
11 Zum Beispiel über die Aussonderung eines eigenen Bereichs (DA,S.30; GS16,S.27), den Aspekt von Beschwörung (GS7, S.56) und Erscheinung (GS16,S.45), vor allem an der Musik (GS13,S.135; GS12,S.65f.).
12 MEW 13, S.9.
13 Vgl. Laplanche/Pontalis 1977, S.438. - Unter der Hypothese der Gleichsetzung der Stadien der libidinösen Entwicklung des Einzelnen mit denen der menschlichen Weltanschauung nach dem Prinzip der 'Allmacht der Gedanken' zieht auch Freud die Folgerung: "Nur auf einem Gebiete ist auch in unserer Kultur die 'Allmacht der Gedanken' erhalten geblieben, auf dem der Kunst (...) Mit Recht spricht man vom Zauber der Kunst und vergleicht den Künstler mit einem Zauberer" (Freud, Stud. IX, S.378). - Das extrem "unegale

Verhältnis" (MEW 13, S.640) in der Entwicklung von Kunst und materieller Produktion ist für Marx Anlaß, den Begriff des Fortschritts zu revidieren: es gibt keine Parallelität der Entwicklung. Die Revision kann noch in einem radikaleren Sinn interpretiert werden. "Alle Mythologie überwindet unb beherrscht und gestaltet die Naturkräfte in der Einbildung und durch die Einbildung: verschwindet also mit der wirklichen Herrschaft über dieselben" (MEW 13, S.641). Aus der Tatsache nun, daß eben dies nicht eingetreten ist, ließe sich umgekehrt die Folgerung ziehen, daß die Menschen Natur gar nicht 'wirklich' beherrschen. Die Problematik der Kunst führte Marx so zu dem uneingestandenen Eingeständnis, daß 'wirklicher' Fortschritt noch gar nicht stattgefunden hat. Das entspräche einem Marx, der den Fortschritt in "jenem scheußlichen heidnischen Götzen" versinnbildlicht sieht, "der den Nektar nur aus den Schädeln Erschlagener trinken wollte" (Marx/Engels, zit. bei. Schmidt 1981, S.48).

14 Freud, Stud. II, S.516.

15 Benjamin schließt an Freuds Hypothese von der Inkompatibilität von Bewußtsein und Erinnerungsspur Prousts Konzeption der mémoire involontaire an und setzt mit Baudelaire den "Chock" als moderne Freisetzung der Erinnerungsspur ein (vgl.GS I, S.612ff.).

16 Adorno, in: Zeitschrift für Sozialforschung 1938, S.410f.

17 Vgl. Habermas 1973b, S.196.

18 Vgl. Schwarz 1980, S.447ff.

19 Vgl. dazu auch Figal 1977, S.58.

20 Vgl. hier Kap.III.1, Abschn.5.c.bb.

21 Darauf hat Figal aufmerksam gemacht, vgl. 1977, S.54,175.

22 So durch die von Quantität und Qualität (vgl.GS7,S.489), selbsterhaltender Praxis und Glück (vgl.GS7,S.26,181,429, 472f.,504).

23 Michel 1980, S.70. Den "faule(n) Zauber", den Michel polemisch hinzufügt, hat Adorno nicht sich, sondern der Vorzeit und dem Okkultismus zugesprochen (vgl.GS17,S.42; MM,S.326).

24 Vgl. Habermas 1973c, S.330; Schwarz 1984, S.53.

III. ANTHROPOLOGISCH-SYSTEMATISCHE BEDEUTUNG

1. Alterzentrische Angleichung und ästhetische Bedeutung

1 Freud, Stud. IX, S.369.

2 Benjamin, GS II, S.210.

3 Vgl. Scheerer/Schönpflug 1984, S.319.

4 Vgl. Freud, Stud. III, S.227; Scheerer/Schönpflug 1984, S.333.

5 Studies in Philosophy and Social Science, hg. v. M. Horkheimer, Vol.IX/1941, S.139; vgl. auch Jay 1981, S.315.

6 Piaget bringt die Nachahmung in engen Zusammenhang mit der 'semiotischen Funktion', der Vorstellungen ausbildenden Verhaltensweise, die am Ende der 'senso-motorischen' Pe-

riode im Alter zwischen 1 1/2 und 2 Jahren auftritt (vgl.dazu und im folgenden Piaget/Inhelder 1977, S.45ff.). Die Nachahmung ist aber auch schon eine senso-motorische Vorwegnahme der Vorstellung und liegt in der Folge allen im eigentlichen Sinn semiotischen Funktionen von der 'aufgeschobenen Nachahmung' über das 'symbolische Spiel' und die 'Zeichnung' bis zu den 'inneren Bildern' zugrunde. Auch die Sprache wird in diesem Nachahmungskontext erworben. Sie überdeckt zwar schließlich den Gesamtprozeß und bringt den anderen semiotischen Funktionen gegenüber irreduzible Vorteile mit sich (vgl.ebd.,S.66f.), kann diese Funktionen aber auch nicht vollkommen ersetzen. Sie "(taugt) nicht dazu, die erlebten Bedürfnisse und Erwartungen des Ich auszudrücken. Es ist deshalb für das Kind notwendig, daß es über ein eigenes Ausdrucksmittel verfügen kann, das heißt über ein System von Zeichen, die es selbst aufgebaut hat und die es nach seinem Willen zurechtbiegen kann: Das ist das System der Symbole, die für das symbolische Spiel eigentümlich sind ..." (ebd., S.50). Auch die Bilder spielen "als zusätzliches symbolisches Hilfsmittel der Sprache" eine Rolle (ebd., S.56), als Symbole, als an das Ich assimilierte Wahrnehmungen, sind sie 'motiviert', "das heißt, obwohl sie differenzierte Zeichen sind, (weisen sie) einige Ähnlichkeit mit dem Bezeichneten auf" (ebd., S.48).

7 Vgl. Sennett 1982, S.857ff.

8 Vgl. zu diesem Zitat und im folgenden Sommer 1977, S.176ff.

9 Adorno möchte den Autor besser verstehen als er sich selbst verstand, zumal er die "Norm der Philosophie, den vom Autor subjektiv gemeinten Sinn herauszuarbeiten", für "ohnehin problematisch" hält. "Das allgemeine Wohlgefallen aber supponiert eine Zustimmung, die, ohne es sich einzugestehen, gesellschaftlichen Convenus unterliegt" (GS7, S.247). Der Kantischen Abgrenzung des sensus communis vom "gemeinen Verstande" (K.d.U.,B64) wird dabei kein argumentatives Gewicht beigelegt. - Zur Rechtfertigung des common sense vgl. MM,S.88.

10 Im Namen einer eigensinnigen kritischen Theorie der Gesellschaft hat Sommer diese Perspektive inne. - Den gewagtesten Vorstoß hat Brumlik in seiner Dissertationsschrift "Gemeinsinn und Urteilskraft" unternommen und die konstitutive Bindung der Geschmacksurteile an eine Gemeinschaft gleichberechtigter Subjekte behauptet. - Zu einer 'kommunikativen Wende' der Kantischen Ästhetik sieht sich auch Koppe herausgefordert (vgl.1981, S.74ff.). - Eine kurze Bemerkung macht auch Welmer in seinem Beitrag zur Adorno-Konferenz (vgl.1983, S.166). - Folgt man der Metaphorik des Theaters, so hat Kant die Vermittlungsfunktion der Öffentlichkeit mit Blick auf die Salons topographisch gewissermaßen eingeengt und über das hinzutretende Moment des Spiels aufrechterhalten. In der 'idealen Gesellschaft'

spielt sich der allgemeine Zweck nicht durch das Verfolgen, sondern durch das Absehen von einem bestimmten Zweck und insofern durch das Vefolgen aller möglichen Zwecke von selber ein.

11 Lypp überträgt diese Bezeichnung von der ästhetischen Interpretation der griechischen Sittlichkeit durch den jungen Hegel auf das Kunstwerk bei Adorno als Modell eben dieser Gesellschaftsform, vgl. Lypp 1972, S.155; im Anschluß an ihn auch Hörisch 1976, S.21,37,109f.,131.

12 Vgl. GS7,S.76,424; GS12,S.138,156; GS16,S.296; MM,S.302; GS10,S.95,610.

13 Zur Habermasschen Kritik dieser Ausdehnung sozialer Interaktion vgl. Honneth 1979, S.655.

14 Vgl. Lüdke 1981, S.53,55. - Wenn Grenz schreibt, als anthropologischen kritisiere Adorno den Mimesisbegriff, dann nur in dem Sinn, daß "keine Geborgenheit des Individuums in der Vorzeit" gemeint sei (Grenz 1975, S.300).

15 Nietzsche, Werke III, S.1018.

16 Kant K.d.r.V., A104f.

17 Vgl. DA,S.73f., GS7,S.169,171,243,424; GS10,S.278; GS11, S.198ff.,293. - Korrelat der Nachahmung oder Imitation ist in diesem Sinne auch die "Sinnenwelt" (GS7,S.165), die "empirische Erscheinung" (GS7,S.370), das "besondere Seiende" (GS7,S.441). - Zu Synthesis und Nachahmung vgl. hier Kap.V.2, Abschn.1.d und 1.e.- Zu 'Nachäffung' vgl. auch Kant (hier Kap. 4, Anm.23).

18 Vgl. GS7,S.113,189ff.,482. - Zenck hat auf die Korrelation von 'echter' Mimesis und - wie er etwas mißverständlich sagt - "Gegenstandslose(m)" zuerst ausführlich hingewiesen (vgl.Zenck 1977, S.121).

19 Vgl. hier Kap.II.1, Abschn.1.a.

20 Vgl. dazu auch Grenz 1975, S.214. - Weil Mensching die definitive Beziehung auf das Ungegenständliche übersieht, kommt er zu einer falschen Einschätzung der Mimesis. Er traut ihr nur die "Reproduktion des Sinnenscheins der Dinge" zu und stellt zudem die unausgewiesenen Behauptungen auf, Adorno hätte von der Mimesistheorie "später mit Grund Abstand (genommen)" und ihr in der 'Ästhetischen Theorie' eine "gegenüber dem früheren Versuch gänzlich veränderte Funktion" zugeteilt (Mensching 1984, S.32). - Von der auch für die Prähistorie behaupteten mimetischen Nachahmung aus läßt sich der Kritik begegnen, die Lindner angesichts der von Adorno auf die Kunst der Moderne bezogenen Sätze vorgetragen hat: "Moderne ist Kunst durch Mimesis ans Verhärtete und Entfremdete" (GS7,S.39); die Gebilde der Moderne "überlassen sich mimetisch der Verdinglichung, ihrem Todesprinzip" (GS7,S.201). Die Kritik argumentiert nach der ausschließenden Alternative: ist Mimesis wirklich Angleichung, so muß sie sich selbst verdinglichen und verliert damit ihre Funktion, ein Gegenprinzip zur naturbeherrschenden Rationalität auch in der Kunst zu bilden; verdinglicht sie sich nicht, so ist sie

keine wirkliche Angleichung (vgl.Lindner 1980, S.301). Aber von ihrem historischen Anfang an ist Mimesis Korrelat zum Entfremdeten, der Natur unter der Kategorie des Raums und des Schreckens und in ihrer quasi-mechanischen Anpassungsreaktion selbst nicht frei von 'Verdinglichung'. Insofern kann sie nicht Gegenprinzip zur angleichenden Instanz der Rationalität sein, sondern in ihrer Ausrichtung auf das Spezifische, 'Besondere' (vgl.hier Kap.II.2, Abschn.3 und 7). Daß sie das Fremde spezifisch wahrnimmt, zeigt sich auch in der Moderne. Deren aus der Politischen Ökonomie übernommene zentrale Kategorie der Ware wird von der Kunst zweifach rezipiert unter der Kategorie des Neuen (vgl.GS7,S.39) und des Werks (vgl. GS7,S.201). Was letztere betrifft, die "Verdinglichung des einst Lebendigen" im Kunstwerk, kann Adorno von ihr, bezogen auf die "Frühzeiten", konsequenterweise nur im Ton der Vermutung reden (GS7,S.417). - Vgl. auch hier Kap.III.3, Abschn.4.c.

21 Die Ästhetik des Aristoteles hat - wie seine Philosophie insgesamt - bei Adorno wenig Raum. Als Wirkungsästhetik findet sie keine, in ihrem humanen Gehalt eingeschränkt Anerkennung (vgl.GS7,S.301,354; GS10,S.20). Aristoteles' Philosophie insgesamt verblaßt in ihren "resignativ-einzelwissenschaftlichen Zügen" vor "Platons Enthusiasmus" (ND,S.77). Auf die Anknüpfungsmöglichkeit an den metaphysischen Naturbegriff und damit - gegen Baumeister und Kulenkampff (vgl.1973, S.82) - das Aristotelische Moment in Adornos Mimesisbegriff hat die Sekundärliteratur mehrfach hingewiesen: Zenck (1977, S.123) mit Bezug auf Henrichs Unterscheidung zwischen 'Abbildung' und 'Vervollkommnung der Natur'; Lüdke (1981, S.53f.) mit Bezug auf Baeumler. Nicht aristotelisch ist Adornos Mimesisbegriff dagegen, wie er in der Tradition als gegenständlich "mißverstanden" wurde (Hörisch 1976, S.122). Darauf weisen Puder (1971, S.469), Kliche (1980, S.234) und Lindner (1980, S.300) hin.

22 Vgl. Franke 1972, S.91f.

23 Derrida hat das in seinem Aufsatz "Economimesis" herausgearbeitet. Die Wortverbindung deutet auf die Intention, die sachliche Verbindung von 'mimesis' und 'oikonomia', generell die implizite Politik und politische Ökonomie im ästhetischen Diskurs aufzuzeigen (vgl.1975, S.57f.). Für beide Begriffe dient Aristoteles als Ausgangspunkt, kritische Bezugspunkte aber für den Begriff der Ökonomie sind Marx und Bataille. In der Derrida eigenen 'poststrukturalistischen' Überbietungsform von Metaphysikkritik, soll dabei noch der Bataillesche Gegensatz von 'allgemeiner' und 'beschränkter', mit Marx: am Tauschwert orientierter Ökonomie als Gegensatz aufgelöst werden (vgl.1975, S.58,72). Im ästhetischen Diskurs Kants tritt er auf als Gegensatz von 'freier Kunst' und 'Lohnkunst'. Derrida lenkt das Augenmerk auf marginale Stellen der "Kritik der Urteilskraft" und betrachtet es als einen pikanten Zufall,

daß Kant seine Theorie der Mimesis oder Nachahmung im Rahmen ökonomischer Begriffe entwickelt (vgl.1975, S.58). Als "Hervorbringung durch Freiheit" steht Kunst bei Kant im Gegensatz sowohl zur Produktion der Natur (beispielhaft der Bienen) als auch zu Wissenschaft und handwerklicher Arbeit. Derrida möchte das Gegenteil in allen drei Punkten zeigen. Bezüglich der Arbeit stützt er sich auf Kants 'Erinnerung' an das 'Zwangsmäßig-Mechanische' auch der freien Kunst (vgl.1975, S.63f.), bezüglich der Wissenschaft auf die 'Lust' im Forschungsprozeß (vgl.1975, S.65), bezüglich der Natur auf die wechelseitige Definition von Kunst und Natur, die diejenige des Genies bei Kant vorbereitet. Kunst ist dann Nachahmung der Natur als unabsichtlich produzierender: "L'artiste n'imite pas les choses dans la nature, ou si l'on veut dans la natura naturata, mais les actes de la natura naturans, les opérations de la physis" (1975, S.67). Personifiziert ist das produzierende Prinzip im Weltschöpfer Gott, künstlerische Mimesis identifiziert sich mit dem göttlichen Schöpfungsakt in Permanenz: "la mimesis déploie l'identification de l'acte humain à l'acte divin" (1975, S.67). Mimesis ist - bei Aristoteles wie Kant - das dem 'Gott-Menschen' Eigene, ein 'anthropologisch-theologischer' Begriff (vgl.1975, S.60,68), der zur 'Erektion' des Menschen (1975, S.60), des "onto-theologischen Humanismus" (1975, S.62) dient gegen den Arbeiter-Sklaven und das Tier. Die Mimesis der letzteren ist bloße "Nachäffung", schulgerechtes Nachmachen (vgl.1975, S.68 mit Bezug auf K.d.U. § 49). Aber auch die 'wahre' Mimesis bleibt einbezogen in den Kreislauf der Ökonomie. Obwohl der Künstler in nietzscheanischer Überfülle großzügig die 'beschränkte Ökonomie' durchbricht, also weder Lohnarbeit verrichtet noch einen externen Zweck verfolgt (vgl.1975, S.71), restituiert sich die Ökonomie im Verhältnis des Künstlers zur göttlichen Natur und ihrem sozialen Pendant im Monarchen. Das Geniale ist ein "zusätzlich Gegebenes", ein "Mehrwert", den der Künstler an die Natur-Gottheit zurückgibt (1975, S.71), paradigmatisch in der Dichtkunst, der obersten Stelle in Kants Hierarchie der Künste, über die Stimme, also jenem Phänomen, das die gesamte Geschichte abendländischer Metaphysik unter semiologischem Gesichtspunkt als theologisch zu kritisieren erlaubt (vgl. dazu Lehmann 1979, S.690; Frank 1984, S.91f.). Gott "unterhält" den Dichter im doppelten Sinn: mittels der Rede ("parole") und seines Schöpfungs-'Kapitals' (1975, S.72). Das "analogon im Gemeinwesen" hat diese(r) Unterhalt(ung) schließlich in den Pensionszahlungen, die der Dichter vom "Sonnenkönig" oder vom "Dichter-König" Friedrich dem Großen erhält (1975, S.72). Das Genie gehört also, so das ideologiekritische Resultat, in eine hierarchische Reihe mit dem weltlichen und überweltlichen Herrscher. Es verbirgt einen 'humanistischen Klassencharakter', und selbst die 'allgemeine Ökonomie' entgeht nicht dem ökonomischen Kategoriensystem. Darin steckt auch eine implizite Kritik an Bataille. Wird die Lektüre Kants mit den Augen Batailles zurückgespiegelt und Bataille mit Kant gelesen, so zeigt sich die biologistisch-physikalistische Globaltheorie Batailles als belastet durch einen irrationalistischen Geniebegriff. Die Ökonomie der 'Verausgabung', der nutzlosen 'Verschwendung' als Selbstzweck übernimmt so gesehen nicht zufällig die idealistische Terminologie. - Zur Identifikation der Mimesis mit dem göttlichen Schöpfungsakt in Permanenz gehört, was Derrida außer Acht läßt, worauf aber Blumenberg hinweist: die Verschiebung der Nachahmung "auf das fortzeugende Verhältnis von Kunst zu Kunst" (Blumenberg 1975, S.267, Anm.7). Kant privilegiert dafür den Begriff der "Nachfolge" (K.d.U., §§ 32,49). Der im Genie wirksamen natura naturans billigt Blumenberg nur eine "letzte formale Verbindlichkeit" zu, "die keinen Erklärungswert mehr hat" (Blumenberg 1957, S.267, Anm.7).

24 Hörisch 1976, S.122ff.

25 Die "sogenannte Nachahmung der Natur" beschränkt sich bei ihm auf "bloße Richtigkeit", Darstellung eines inhalts- und geistlosen 'Äußeren' (Hegel, Werke 13, S.205; vgl. auch Werke 10, S.368, § 558).

26 Benjamin, GS I, S.639. In abgewandelter Terminologie ist die Theorie künstlerischer Nachahmung der Natur auch in Benjamins Aufsatz über "Goethes Wahlverwandtschaften" gegenwärtig. Die Natur ist dort - nach der Goetheschen Unterscheidung - nicht als phänomenale "Vorbild", sondern als "Urphänomen" ideales "Urbild" der Kunst (GS I, S.148). - Zur Auseinandersetzung Benjamins mit Goethes Begriff des Urphänomens vgl. Tiedemann 1973, S.79ff; Lindner 1979, S.44f.

27 Habermas 1973c, S.324.

28 Vgl. hier Kap.III.1, Abschn.2 und Kap.IV, Abschn.3.d.bb.

29 Benjamin, GS II, S.157.

30 Vgl. Blumenberg 1981, S.236f.

31 Schelling, SW 3, S.628.

32 Benjamin, GS II, S.155.

33 Zit. bei Blumenberg 1981, S.190.

34 Kant, K.d.U., B170.

35 Der Essay "Der Artist als Statthalter" nimmt Valérys Werk als Modell dafür, "der sturen Antithese von engagierter und reiner Kunst zu Leibe zu rücken" (GS11,S.115); vgl. auch GS7,S,17,211,216,277,337,429,523.

36 In der kleinen Schrift "Musikalische Diebe, unmusikalische Richter" (1934) werden die 'Diebe' von Adorno darin verteidigt, daß es sich bei ihrem Gestohlenen "nur um Ähnliches", nicht "um Identisches" handle. "Stehlen kann man Dinge, in den bestimmten Konturen ihrer beharrenden Dinglichkeit, nicht Charakter, Duft, Timbre" (GS17,S.292).

37 Es geht um die Kontroverse, ob Ähnliches/Gleiches das Ähnliche/Gleiche oder das Unähnliche/Ungleiche erkenne,

vgl. GS5,S.147f; GS7,S.190; GS10,S.760; GS16,S.527; ND, S.151.

38 Vgl. GS10,S.633; GS11,S.531; GS12,S.51; ND,S.126,139,143, 155,161.

39 Vgl. zusammenfassend Wohlfart 1977, S.115. In seiner Interpretation fällt Adorno allerings auf den räsonierend-skeptizistischen Standpunkt Kants zurück, der das Absolute letztlich - und sei es gesellschaftlich-totalitär - positiviert.

40 Grenz 1975, S.216.

41 "Es ist eigentlich um das Sprechen und Schreiben eine närrische Sache; das rechte Gespräch ist ein bloßes Wortspiel. Der lächerliche Irrtum ist nur zu bewundern, daß die Leute meinen - sie sprächen um der Dinge willen. Gerade das Eigentümliche der Sprache, daß sie sich bloß um sich selbst bekümmert, weiß keiner" (Novalis, zit. bei Hörisch 1976, S.29). - Zu Hölderlin vgl. GS7,S.115.

42 Vgl. GS7,S.115,159; GS12,S.51; vgl. auch Michel 1980,S.69.

43 Vgl. GS7,S.142,159,160,169. - Zenck hat die Mimesis daher analytisch getrennt in 'innere' und 'äußere' Mimesis (vgl. 1977, S.123). Die Gleichsetzung der ersteren mit 'Narzißmus' (vgl.1977, S.137) wäre allerdings nur dann gerechtfertigt, wenn sie als 'schlechte', auf Endogamie fixierte Identität gemeint wäre. - Ein einziges Mal spricht Adorno die "Verpflichtung der Kunstwerke, sich selbst gleich zu werden", ihrem "rationale(n) Aspekt", dem "antimimetischen Impuls" zu (GS7,S.205). Man wird diese Stelle im Kontext mit allen anderen nicht dadurch ausbügeln können, daß man sie als Anweisung auf die Übertreibung der Rationalität interpretiert (vgl.dazu Grenz 1975, S.56), sondern sie als faux pas konstatieren müssen, zu dem Adorno sich um der 'Logik' der Kunst willen hat verleiten lassen.

44 Vgl. GS7,S.216,256,298,402; GS14,S.416; GS12,S.42; MM, S.303. - In diesem Punkt liegt Adorno jegliche Theologie fern, wie sie Scheible in seinem Aufsatz "Die Kunst im Garten Gethsemane" vor allem an den Sprachformen hervorkehrt (vgl.Scheible 1980, S.348ff.)

45 Vgl. A. Schmidt 1971, S.72,74; Habermas 1973b, S.196.

46 Vgl. hier Kap.IV, Abschn.3 und 4.

47 Vgl. Kant, K.d.U., 1. Einl., S.14 und B XXVIII.

48 Figal hat diesen Sachverhalt in der programmatischen Formel ausgedrückt: "Ontologie, die gleichzeitig Theorie der Freiheit ist" (1977, S.16), denn das Nichtidentische müsse mit Aristoteles als das 'Seiende, insofern es seiend ist', und zugleich, wegen seiner Nicht-Subsumierbarkeit, als autonom gedacht werden (vgl.1977, S.13f.).

49 Insofern Natur als utopische das Interesse der Ästhetik motiviert, relativiert sich auch die Kritik Scheibles an Adornos "Preisgabe der geschichtsphilosophischen Perspektive" (1977, S.104).

50 Kant, K.d.U., B5, B18.

51 Vgl. ebd., B26, B63f.

52 Vgl. hier Kap.III.1, Abschn.2 und 6; Kap.III.2, Abschn.5.g; Kap.IV, Abschn.3.d.bb.

53 Schmidt 1974a, S.67

54 Zur Kritik vgl. Bürger 1980, S.174ff.

55 Vgl. ebd., S.172ff.

56 Vgl. Kant, K.d.U., B176; Schelling, SW 3, S.618; dazu Jähnig 1966, Bd. II, S.141f. - Auch Hegel fordert, der Künstler müsse "seine subjektive Besonderheit und deren zufällige Partikularität zu vergessen wissen und sich seinerseits ganz in den Stoff versenken, so daß er als Subjekt nur gleichsam die Form ist für das Formieren des Inhalts, der ihn ergriffen hat" (Hegel, Werke 13, S.373).

57 Figal hat den Vorwurf der Überstrapazierung des Subjekts im Anschluß an Theunissen gegen Adorno wiederholt, indem er die Nähe von dessen Geniekonzeption zu derjenigen Schellings herausstellt und schon die systematische Alternative Adornos zwischen Unmittelbarkeitsphilosophie und Hegel (dem Unmittelbaren als Resultat der Vermittlung) mit Schellings Repräsentationsbegriff beantwortet (vgl. 1977, S.10,149, 159ff.). - Zur Anknüpfung der Adornoschen Ästhetik an diejenige Schellings vgl. auch Bubner 1980, S.119f.; Lang 1981, S.146, Anm.28.

58 Vgl. Laplanche/Pontalis 1977, S.220. - Adorno verbindet mit dem 'Zentrifugalen' das gegen "Integration" auf das "Mannigfaltige" (GS7,S.50), den "Zerfall" (GS7,S.84) und das "Flüchtige" (GS7,S.454) Gerichtete.

59 Vgl. hier Kap.V.2, Abschn.1.a; zur Zuordnung zum Begriff der Einbildungskraft vgl. hier Kap.V.2, Abschn.2.

60 Vgl. DA,S.220ff; ND,S.154,172; zur Bedeutungsgleichheit von 'narzißtischer' und 'totaler' Identifikation in der Psychologie vgl. Loch 1976, S.142.

61 Vgl. DA,S.50; GS8,S.202; GS10,S.276; GS14,S.41; ND,S.287, 380; GS11,S.263

62 Vgl. GS8,S.436; GS12,S.134; GS13,S.140; GS14,S.45; GS16, S.296; GS17,S.95; speziell zu der von Anna Freud herausgearbeiteten 'Identifikation mit dem Angreifer' vgl. GS7,S.322,460; GS8,S.18,66,168,251. - Den Zusammenhang von Ichschwäche und Regression auf irrationale Autorität hat Erich Fromm in den 1935 veröffentlichten "Studien über Autorität und Familie" im Begriff des 'sado-masochistischen Charakters' konzentriert (vgl. Jay 1981, S.159). In dem 1938 geschriebenen Aufsatz "Über den Fetischcharakter in der Musik und die Regression des Hörers" nimmt Adorno auf ihn auch explizit Bezug (vgl.GS14,S.26).

63 Vgl. Laplanche/Pontalis 1977, S.222.

64 Vgl. ebd., S.222,225f. - Das narzißtische Subjekt nennt Lacan das 'moi'. Er drückt darin ein Reflexivitäts-, wörtlich ein Spiegelverhältnis aus, in dem das Subjekt sich selbst Objekt oder Bild ist. Als 'Spiegelstadium' beschreibt er jenes Stadium der Entwicklung, in dem der Säugling seine Abhängigkeit, seine als Mangel erlebte körperliche Einheit durch Identifikation mit seinem Spie-

gelbild kompensiert, die 'imaginär' spiegelbildlich und täuschend so konstituierte Subjektivität lebenslang in den Zirkel der Reflexion gebannt wird (vgl. die Referierung bei Frank 1980, S.114ff.; 1983 S.372ff.). - In dem von Lacan bestimmten Rahmen bewegt sich auch Kristevas Gleichung von Identifizierung, thetischer Setzung und Bedeutung. Darunter fallen auch die ersten Äußerungen des Kindes (wie: der Hund macht 'wau'), die zeitlich mit der von Lacan angenommenen Grenze des Spiegelstadiums zusammenfallen. Für das Gegenprinzip, das 'Semiotische', Amorphe sind Triebtheorie und präödipale Phase die Bezugspunkte (vgl. Kristeva 1978, S.53ff.).

65 Vgl. hier Kap.II.1, Abschn.2.

66 Vgl. dazu Schmid Noerr mit Bezug auf Ricoeur: Der Begriff der Identifikation ist mehr der Name eines Problems als einer Lösung. Er muß in primäre/präödipale und sekundäre/-postödipale unterschieden werden und erstere wiederum in 'Wunsch-zu-sein-wie' und 'Wunsch-zu-haben'. Aber der 'Wunsch-zu-sein-wie' läßt sich auf die orale Triebmechanik gerade nicht zurückführen. Schmid Noerr folgert daraus mit Ricoeur, daß die Psychoanalyse den intersubjektiven Vorgang der Verdoppelung des Bewußtseins ständig voraussetzt, ohne ihm einen topischen oder ökonomischen Ort zuweisen zu können. Die Identifizierung mit einem Anderen muß zugleich als 'Verdoppelung des Selbstbewußtseins' innerhalb seiner selbst gesehen werden (vgl. Schmid Noerr 1980, S.173ff.).

67 Vgl. GS8,S.17f.; GS10,S.268; GS12,S.125,194,196; GS16, S.20,533; ND,S.32,166,213,262,353; zu Horkheimer vgl. 1972, S.13ff. (bes.S.16,19).

68 Zur affirmativen Wertung von 'Integration' vgl. im einzelnen: GS7,S.18.101.142,283,450; GS12,S.57,73,79,125,194; GS16,S.281; negativ: GS7,S.50,61,79,215,266,279,450; GS12, S.74,96,147,196; GS14,S.379; ND,S.287. - 'Desintegration' affirmativ: GS7;S.50,73f.,84,450,454f.; negativ: GS12, S.139.

69 Bei Rohrmoser mit der Absicht des politischen Rufmordes verbunden (vgl.1970, S.32f.). - Zum Verhältnis von Desintegration und Schizophrenie bei Adorno vgl. GS12, S.155,166; GS10,S.767.

70 Frank 1984, S.419.

2. Sympatie und kognitive Funktion des Leidens wie der Liebe

1 Scheler 1948, S.90f.

2 Ebd., S.104.

3 Foucault 1980, S.79.

4 Scheerer/Schönpflug 1984, S.320.

5 Kant, Werke II, S.969.

6 Kant, zit. bei: Sommer 1977, S.71.

7 Kant, Werke XII, S.466.

8 Kant, Werke II, S.966.

9 Schiller, Werke 4, S.154.
10 Ebd., S.155.
11 Ebd., S.159.
12 Scheler 1948, S.91, Anm.1.
13 Vgl. Scheerer/Schönpflug 1984, S.321f.; Marquard 1968, S.377f,: Marquard 1975, S.347, Anm.63.
14 Schopenhauer, SW 3, S.691f.
15 Vgl. GS13,S.16; GS12,S.31,174.
16 Horkheimer 1972a, S.154f. - Zur generell stärker ausgeprägten Neigung Horkheimers zu Schopenhauer vgl. A. Schmidts Nachwort zu den Jugendschriften Horkheimers, wiederabgedruckt in: 1981, S.9ff.; vgl. auch 1974b, S.138f.; Habermas 1973b, S.182. - Einen Zusammenhang von Sympathie und Ethik streift Adorno auch anläßlich Kierkegaards (vgl.GS2,S.170).
17 Vgl. Schmucker 1977, S.108ff.
18 Vgl. GS7,S.35; PT1,S.170.
19 Wörtlich heißt es bei Schopenhauer "ruchlose Denkungsart" (SW 2,S.385); vgl. auch Horkheimer 1972a, S.73.
20 Nietzsche, Werke III, S.190.
21 Kaiser 1974, S.155.
22 So Mörchen 1981, S.69.
23 Nach der Interpretation von Alfred Schmidt: "Kritisch - das wird seltener noch erkannt - ist sie (Horkheimers Theorie, J.F) jedoch auch, weil sie mit Schopenhauer unerschrocken ausspricht, daß die menschliche Gattung, selbst weiser organisiert, radikaler Endlichkeit verhaftet bliebe - ein bedürftiges Etwas im Kosmos" (1974b, S.139). Horkheimers Frühwerk scheint dagegen, gerade mit Schopenhauer, offener (vgl.A. Schmidt 1981, S.22).
24 Hegel, Werke 6, S.407.
25 Vgl. MM,S.8; ND,S.352ff.,356f.,362; zu Horkheimer vgl. Dubiel 1978, S.103.
26 Zur Kritik daran vgl. Habermas: "Adorno verfolgt eine Strategie des Überwinterns, deren Schwäche ersichtlich in ihrem defensiven Charakter liegt", und die "den Königsweg bürgerlicher Individuierung" vorschreibt (1973c, S.321); vgl. auch Dubiel 1978, S.124f.
27 Habermas 1973c, S.321.
28 Vgl. hier Kap.III.3, Abschn.1.
29 Vgl. hier Kap.IV.
30 Habermas 1973b, S.194. - Habermas' Einwand trifft erst recht im Fall Sloterdijks zu, der den Kritikanspruch der Kritischen Theorie allein unter der Legitimationsinstanz des Leidens fortführen möchte. Das "Schmerz-Apriori" (1983, S.19), das im 'Weltschmerz' gegebene apriorische Wissen von der Welt und der "lebendige Körper als Weltfühler" (ebd., S.20) sollen Kritik ermöglichen. Von Wahrheit und Falschheit ist dann nur noch in einem uneigentlichen und ungeklärten Sinn zu reden: "Kritik ist möglich, sofern der Schmerz uns sagt, was 'wahr' und 'falsch' ist" (ebd., S.20).

31 Vgl. hier Kap.III.1, Abschn.3.c.aa; Kap.IV, Abschn.4.c; Kap.V.2, Abschn.1.

32 Vgl. Horkheimer 1972a, S.148.

33 Vgl. Freud, Stud. III, S.259; vgl. auch Marquard 1975, S.358,366,367.

34 Schopenhauer, SW 3, S.696.

35 "Eine Liebe, die nicht auswählt, scheint uns einen Teil ihres eigenen Wertes einzubüßen, indem sie an dem Objekt ein Unrecht tut". Und weiter: "Es sind nicht alle Menschen liebenswert" (Freud, zit. in: GS2,S.222; GS8,S.85).

36 Vgl. hier Kap.III.1, Abschn.2.

37 Vgl. hier Kap.III.1, Abschn.4.

38 Vgl. GS10,S.626f.; PT2,S.229f.

39 Am emphatischsten liegt diese Übersetzung im idealistischen Rahmen bei Schiller vor. Die Abhandlung "Über Anmut und Würde" möchte die Wahrheit der Behauptung, daß Schönheit Freiheit in der Erscheinung sei, am Menschen veranschaulichen. Anmut ist diese "Schönheit der Gestalt unter dem Einfluß der Freiheit" (Werke 4, S.153), und sie findet man "mehr bei dem weiblichen Geschlecht" (ebd., S.184). Diejenige Schönheit, von der Schiller in Klammern anmerkt, man werde sie 'vielleicht mehr beim männlichen Geschlecht finden', meint die "allein durch Naturkräfte bestimmt(e)" "Schönheit des Baues (architektonische Schönheit)" (ebd., S.145), die dem "Urheber der Natur" Ehre macht (ebd., S.153), durch die wir "dem Schöpfer (huldigen)" (ebd., S.174). Die körperliche Schönheit des Mannes ist mit anderen Worten das "Siegel" des Göttlichen außer uns, die anmutige Schönheit der Frau das Siegel der Menschheit, des Gottes in uns (ebd., S.173,188). Nur die Anmut ist Gegenstand der Liebe (vgl.ebd., S.174,187), nicht die (erste) Natur des Mannes: "Feste Konstitutionen kommen nur durch einen Sturm in Bewegung ..." (ebd., S.174f.). Vor allem die 'falsche Würde' schreibt Schiller dem Mann auf den Leib: hier "herrscht die Natur nur desto gewalttätiger innen, indem sie außen bezwungen ist" (ebd., S.192). - Auch Hegel weist darauf hin, daß Schiller "das Lob der Frauen besonders zu seinem Gegenstand macht" (Werke 13, S.91).

40 Vgl. Grenz 1975, S.171ff.

41 Mit diesem geschichtlichen Augenblick gibt Adorno "mehr von seiner eigensten Utopie preis, als er theoretisch einzugestehen bereit wäre" (Scheible 1977, S.93).

42 Platon, Phaidros 250a, 251b.

43 In den Vorlesungen zur Ästhetik behandelt Hegel die Liebe innerhalb des Abschnitts über die romantische Kunstform. Er beschreibt sie als eine dialektische Struktur, insofern sie als "Hingebung des Subjekts an ein Individuum des anderen Geschlechts" sowohl das Gegenteil als auch die "Realisation" der Selbständigkeit ausmacht. Denn in ihr ist die "Anerkennung erst wahrhaft und total" (Hegel, Werke 14, S.182). Sie erfüllt damit den "Grundbegriff des

absoluten Geistes": "Das wahrhafte Wesen der Liebe besteht darin, das Bewußtsein seiner selbst aufzugeben, sich in einem anderen Selbst zu vergessen, doch in diesem Vergehen und Vergessen sich erst selber zu haben und zu besitzen" (ebd., S.155). Auch für Hegel ist die Liebe "besonders in weiblichen Charakteren am schönsten, denn in ihnen ist diese Hingebung, diese Aufgebung der höchste Punkt" (ebd., S.183). Andererseits hat die romantische Liebe die "Schranke" der "Zufälligkeit" an sich; sie ist "nur die persönliche Empfindung des einzelnen Subjekts", in ihr "dreht sich alles nur darum, daß dieser gerade diese, diese diesen liebt" (ebd., S.188). Hegels von Spott nicht freie Kritik am Kontingenten - "das angebetete Weib, das erst die Einzige, ein Engel war, nimmt sich ungefähr ebenso aus wie alle anderen" (ebd., S.220) - reiht sich ein in die Lehre von der Abstraktheit in der Liebe bei Schopenhauer und Kierkegaard. Indem der "geliebte Mensch eigentlich gar nicht mehr angesehen (wird)" (MM,S.98), regiert das Besitzverhältnis: "Zum Besitzverhältnis am Menschen ... gehört genau die Weisheit: Gott, es sind alles doch nur Menschen, und welcher es ist, darauf kommt es gar nicht so sehr an" (MM,S.99).

44 GS11,S.78,211; GS13,S.143.

45 Vgl. Platon, Symposion 200a-e.

46 Vgl. Kliche 1979, S.227f.

47 Benjamin, GS I, S.334.

48 Ebd., S.196.

49 Benjamin, GS IV, S.389.

50 Ebd., S.395.

51 Ebd., S.396.

52 Freud, zit. bei: Fuld 1981, S.179.

53 Laplanche/Pontalis 1977, S.512f.; Schmid Noerr 1980, S.178f. - Horkheimer hält demgegenüber, ähnlich wie Adorno, am Begriff der Trauer fest und kritisiert die ihr geltende psychoanalytische Therapie: "Tiefe Emotionen, Treue zu den Toten, ja leidenschaftliche Liebe ... werden in der Analyse zum Objekt der Therapie (...) Seit je wird der erfolgreich Analysierte zum Positivisten, er praktiziert instrumentelle Vernunft" (1972a, S.150).

54 Vgl. hier Kap.IV, Abschn.3.a.

55 Vgl. Benjamin, GS I, S.196.

56 Adorno in einem Brief vom 25.2.1935, zit. bei Mörchen 1981, S.623.

57 Vgl. im Zusammenhang von 'Synthesis' hier Kap.V.2, Abschn.1.b. Auch die Konzeption des "Lebens als Inbegriff von Tod" verweist in mehrfacher Weise auf Hegel: auf die Selbstbewegung des Begriffs als Verweilen beim Negativen, Toten (vgl.Werke 3, S.36); auf die Kategorie des Lebens als an sich seiendes Selbstbewußtsein (vgl. ebd., S.139ff.); auf die Todesbereitschaft des Herrn im Kampf mit dem Knecht (vgl.ebd.,S.148ff.). Auch Proust wird von Adorno für diese Lebenskonzeption reklamiert

(vgl.GS11,S.214; ND,S.369). Mörchen betont im Vergleich mit Heidegger den gemeinsamen Bezug zur neutestamentlichen Tradition (vgl.1981, S.624).

58 Vgl. Benjamin, GS I, S.609ff.,1131.

59 Ebd., S.200.

60 Ebd.

61 Ebd.

62 Ebd., S.185.

63 Ebd., S.196.

64 Ebd., S.184.

65 Ebd., S.197.

66 Ebd., S.196.

67 Ebd., S.185.

68 Ebd., S.178.

69 Ebd., S.200.

70 Vgl. Platon Symposion 206b ff.

71 "Denn göttlicher ist der Liebhaber als der Liebling, weil in ihm der Gott ist" (Symposion 180b); Eros ist das Liebende, nicht das Geliebte (vgl.ebd.,204c).

72 Benjamin, GS II, S.313f.

73 Benjamin, GS IV, S.370.

74 Vgl. hier Kap.III.1, Abschn.3.a.

75 Habermas 1973b, S.182. - Anders sieht das Mörchen 1981, S.232.

76 Auf diese Situierung legt Theunissen Wert in der Unterscheidung Adornos von einem nihilistischen "Totalnegativismus" (1983, S.49). Er sieht die Wirklichkeit des Positiven aber allein in einer metaphysischen und theologischen Perspektive eingelöst (vgl.ebd., S.60). Dementsprechend erfüllt der Tausch zwar die theologische Funktion der Prolepse, der Anwesenheit des Ideals in der Gegenwart (vgl.ebd., S.54), nicht aber die hoffnungslose Liebe. Theunissen übersieht das Gegenbild des Tauschs in seiner Vorbild-Funktion.

77 "Der Mann liebt das Lieben, die Frau liebt den Mann (...) Was die Romantik als Einheit postuliert, bleibt damit Erfahrung des Mannes ..." (Luhmann 1983, S.172).

78 Benjamin, GS I, S.648.

79 Vgl. Luhmann 1983, S.33,53,177f.

80 Auch dies eine "typisch romantische Paradoxie": "die Erfahrung der Steigerung des Sehens, Erlebens, Genießens durch Distanz" (Luhmann 1983, S.172). Ähnlich schreibt Schiller über die Juno Ludovisi: "Indem der weibliche Gott unsere Anbetung heischt, entzündet das göttliche Weib unsere Liebe"; man sei dadurch zugleich "ergriffen" und "in der Ferne gehalten" (Werke 4, S.239).

81 Vgl. Jay 1981, S.158; er referiert dort die "Studien über Autorität und Familie".

82 Vgl. Da,S.226,280,303; MM,S.52. - Einen anderen Zusammenhang propagiert dagegen Sloterdijk im Namen Pasolinis: "Ein Homosexueller gab das Zeichen gegen die Effeminierung der Kritik" (1983, S.24f.).

83 Vgl. Kant, K.d.r.V., B 353.
84 Vgl. hier Kap.III.1, Abschn.3.c.bb.
85 Vgl. Lang 1981, S.56.
86 Vgl. hier Kap.III.1, Abschn.4.
87 Vgl. hier Kap.V.2, Abschn.1.d. und 1.e.
88 In seinem Buch "Wesen und Formen der Sympathie" bietet Scheler im Rahmen der von ihm konzipierten Wertphänomenologie auch eine Phänomenologie der Liebe. Er macht sie dadurch mehr noch als seine Zeitgenossen Hartmann und Jaspers zum letzten Mal zu einem bedeutsamen Thema der Philosophie. Das Fundierungsverhältnis erstreckt sich dreischichtig von der Liebe über die Werterkenntnis zur wertfreien theoretischen Erkenntnis. Liebe zählt dabei nicht selbst zu den erkennenden Akten, sondern bezieht sich unmittelbar auf ein Etwas, das werthaltig ist und in diesem Bezug nicht in gesondert fühlbare und beurteilbare Werte auflösbar ist (vgl.Scheler 1948, S.159ff.). Daher ist Liebe auch als Bewegung aufzufassen, Adornos harsche Zurückweisung blendet das aus: "Wer da sagen würde, Liebe sei nur nachträgliche 'Reaktion' auf einen gefühlten Wert, der verkennt ihre <u>Bewegungs</u>natur, die bereits Platon so scharf erfaßte. Liebe ist nicht emotional bejahendes Anstarren gleichsam eines Wertes, der da vor uns steht und gegeben ist" (ebd., S.165). Hält man mit Adorno daran fest, daß Liebe trotz ihrer Unmittelbarkeit "mittelbare Elemente enthält" (GS11,S.230), und ersetzt Schelers Begriff des Wertes durch den der Wahrheit (vgl.GS10,S.415), so treten die Gemeinsamkeiten hervor. "Das Wesen einer fremden Individualität, das unbeschreiblich ist und in Begriffen nie aufgeht ('individuum ineffabile'), tritt <u>nur</u> in der Liebe ... hervor" (Scheler 1948, S.173). Liebe richtet sich auf das dem Ich Fremde, sieht auch die Natur nicht anthropomorph (vgl.ebd., S.168); Scheler wirft Hegel vor, er verfälsche die Liebe zur "idiopathischen Einsfühlung", zu einer Art der "<u>Selbst</u>liebe" (ebd., S.77). Die Kritik Schelers an der 'naturalistischen', v.a. psychoanalytischen Theorie der Liebe, daß sie dem Einfachsten ein ontologisches Prius gebe und die sprunghafte Entwicklung neuer Qualitäten übersehe (vgl. ebd., S.195), teilt auch Adorno (vgl.GS5,S.47; GS8,S.84).

3. Außer-sich-Sein und Bewußtseinsphilosophie

1 "Vielmehr bewahrt das kollektive Wahnsystem ... nach der Einsicht Ernst Simmels offenbar die Einzelnen vor der offenen Psychose" (GS8,S.439; vgl. ebenso GS10,S.767; DA,S.233; MM,S.215).
2 Vgl. MM,S.17,71,122,131,207,215,266; herausragend die beiden Aphorismen "Die Gesundheit zum Tode" (S.68ff.) und "'Wie scheint doch alles Werdende so krank'" (S.87ff.); vgl. auch DA,S.70,220,225; GS8,S.391; GS10,S.280;

GS12,S.155,157f. - In den Schriften vor den vierziger Jahren gebraucht Adorno die klinische Kategorie verallgemeinert nur einmal im Spott über "kollektive Gesundheit" (GS16,S.264).

3 Vgl. GS8,S.172. - Zum Zusammenhang von System und Wahn vgl. Freud, Stud. IX, S.363,383; zu Adorno vgl. DA,S.224; GS8,S.308; GS10,S.260,461; GS12,S.155; ND,S.31. - Die Verkehrung des Mittels, der Herrschaft, zum Zweck folgt aus der Projektion von Aggression, Relikt der tierischen Vorzeit wie Resultat gesellschaftlicher Unterdrückung; vgl. DA,S.70,221,223, 226; GS8,S.172,437.

4 Daß das "wirklich Verrückte erst im Unverrückbaren (liegt)" (DA,S.229), hat Hegel an der Figur des Don Quijote beschrieben: "Don Quijote ist ein in der Verrücktheit seiner selbst und seiner Sache völlig sicheres Gemüt, oder vielmehr ist nur dies die Verrücktheit, daß er seiner und seiner Sache so sicher ist und bleibt" (Werke 14, S.218). - Zu Kant vgl. hier Kap.9, Abschn.1.a. - Sloterdijk sieht in der "Tendenz, bei der Psychopathologie Unterschlupf zu suchen", kurzerhand eine Folge davon, daß Ideologiekritik sich als Wissenschaft statt als Satire präsentiert (1983, S.60). Das hindert ihn aber nicht, seinerseits die 'Schizo'-Formel gegen alle möglichen Kulturphänomene in Anschlag zu bringen.

5 Vgl. GS10,S.71; MM,S.87; von Haselberg 1977, S.17.

6 Vgl. Holzhey 1970, S.249ff.

7 MEW 1, S.381.

8 Vgl. GS7,S.201,382. - Auch Benjamin entdeckt im Surrealismus-Aufsatz hinter der "romantische(n) Attrappe" des Satanismus einen "Desinfektions- und Isolierungsapparat der Politik gegen jeden moralisierenden Dilettantismus" (GS II, S.304).

9 Vgl. hier Kap.IV, Abschn.3.b.

10 Platon, Phaidros 249d-250b. - Jähnig (1966, Bd.II, S.83) zitiert eine andere Übersetzungsmöglichkeit: 'sie sind außer sich'.

11 Vgl. hier Kap.II.1, Abschn.1.b. und Kap.IV, Abschn.3.d.bb.

12 Vgl. hier Kap.IV, Abschn.4.

13 Vgl. hier Kap.IV, Abschn.3.g.

14 Laplanche/Pontalis 1977, S.322.

15 Vgl. hier Kap.II.1, Abschn.2 und 6; Kap.III.1, Abschn.4; Kap.IV, Abschn.2.c und Abschn.3.

16 Schnädelbach 1983, S.73,75.

17 Vgl. hier Kap.V.2, Abschn.1.d. und Abschn 1.e.

18 Vgl. Jähnig 1966, Bd.II, S.83ff. Jähnig vertritt die These, daß die "transzendental-philosophische Konzeption der Kunst auch für Schellings späteres Denken Gültigkeit hat" (ebd., S.310).

19 Schulz 1975, S.52.

20 Vgl. ebd., S.52,123.

21 Vgl. ebd., S.79.

22 Ebd., S.320.

23 Schelling, zit. bei: Schulz 1975, S.62; ebenso bei Jähnig 1966, Bd.II, S.85.

24 Hegel, Werke 3, S.146.

25 Ebd., S.22.

26 Vgl. Frank 1984, S.353ff. Frank hat die Debatte zwischen Schelling und Hegel ausführlich in seinem Buch "Der unendliche Mangel an Sein" (Ffm.1975) aufgerollt.

27 Jähnig 1966, Bd.II, S.86. - Mit der Gleichsetzung von Nacht und Bewußtlosigkeit wird bei Hegel auch die Erinnerung eingestuft. Da sie die im "nächtliche(n)", "bewußtlose(n)" "Schacht meiner Innerlichkeit schlafenden Bilder" nur unwillkürlich hervorrufen kann, hat das Ich "zunächst noch nicht die volle Macht" über diese (Werke 10, S.260; Enz. § 453). Existenzialistisch-poetischer und Schelling noch näher die Jenaer Realphilosophie: "Diese Nacht erblickt man, wenn man dem Menschen ins Auge blickt - in eine Nacht hinein, die furchtbar wird; es hängt die Nacht der Welt hier einem entgegen" (zit. bei: Zons 1982, S.83). - Zons integriert die "Hegelsche(n) Nächte" beschwingt in eine "Spielphilosophie", macht es sich - im Gegensatz zum großen Vorbild Nietzsche - im "ewige(n) Interpretieren" mit dem Interpretandum aber allzu leicht (vgl. Zons 1982, S.79ff., bes. S.81).

28 Vgl. Mörchen 1981, S.173.

29 Dieser Verpflichtung sucht Adorno sogar im selben systematischen Zusammenhang nachzukommen, für den er Schelling als Lösung heranzieht: "Während die Immanenzphilosophie ... nur immanent ... zu sprengen wäre, ist ihre Immanenz selber die Unwahrheit. Von dieser Unwahrheit muß immanente Kritik transzendent wissen, um nur anzuheben. Dem entspricht die Hegelsche Phänomenologie insofern, als sie gleichzeitig sich passiv der Bewegung des Begriffs überläßt und aktiv diese Bewegung ausführt und dadurch den Gegenstand verändert" (GS5,S.32f.) Die in Erinnerung wohl an Revolutionstheorien hergestellte Verbindung von 'Aktivität' und 'Veränderung' verleitet Adorno hier dazu, die Entsprechung von 'Aktivität' und 'Transzendenz' derjenigen von 'Passivität' und 'Immanenz' gegenüberzustellen. Umgekehrt verhält es sich nach kantisch-idealistischer Tradition, der Adorno sich mit dem Mimesisbegriff anschließt: "Passivität steckt im Kern des Aktiven, ein sich Anbilden des Ichs ans Nicht-Ich (...) Subjektiv betrachtet ist philosophisches Denken ohne Pause mit der Forderung konfrontiert, konsequenzlogisch sich in sich zu verhalten und dennoch das in sich zu empfangen, was es nicht selber ist und was sich apriori seiner eigenen Gesetzmäßigkeit nicht unterwirft" (GS10,S.601). Das, was Denken, das Ich - seit Kant als Aktivität betont - nicht selber ist, das Transzendente, erfordert eine andere, passivische Seite der Erkenntnis. Diese abwechselnd vorgenommene Zuordnung von Passivität und Aktivität ist nicht bloß Teil des Konzepts, die großen Dichotomien idealistischer Erkenntnistheorie im

einzelnen jeweils aufzulösen, sondern weist auch darauf hin, daß der Begriff der Mimesis mit dem der passivischen Sinnlichkeit nicht schlechthin identisch ist.

30 Bubner 1973, S.163; vgl. auch Stresius 1982, S.101 (aus der Schellingschen und Platonischen Perspektive erscheint allerdings das Adorno-Zitat nicht so 'vage', wie Stresius es beklagt).

31 Schelling, SW 13, S.129.

32 Ebd., S.163.

33 Schulz 1975, S.326; vgl. auch S.64,70.

34 An dieser Stelle schlägt Adorno sich wieder auf die Seite des Hegelschen 'Geistes'. Bezeichnend aber, daß er die "Anamnesis", die auch bei Hegel in der Erinnerung bewußt werdende Vermittlung von Geist und Natur, als "Zusammenziehen des Seins" betont (GS5,S.253). Auch die "Fülle des Gegenständlichen" (GS5,S.253) ist nicht alleiniges Besitztum Hegels (vgl.MM,S.83; ND,S.80,139; PT2,S.157f.).

35 Vgl. Schmidt 1974a, S.84.

36 "Durch den Übergang zum Vorrang des Objekts wird Dialektik materialistisch" (ND,S.191).

37 Habermas (1973b, S.193f.) und Stresius (1982, S.109f.) unterscheiden je vier Bedeutungen. Weil Stresius die utopische Grundbedeutung nicht berücksichtigt, redet auch er von einem "urspüngliche(n) Potential unberührter Natur" (ebd., S.111).

38 Vgl. hier Kap.III.1, Abschn.3.c.bb; vgl. auch ND,S.56: "Die Freiheit zum Objekt, die bei Hegel auf die Entmächtigung des Subjekts hinauslief, ist erst herzustellen"; die "Ästhetische Theorie" gilt der "Utopie des Besonderen" (GS7,S.521).

39 Vgl. hier Kap.V.2, Abschn.1.e und Kap.II.1, Abschn.7.

40 Vgl. hier Kap.II.1, Abschn.6 und Kap.IV, Abschn.3.

41 Vgl. Jähnig 1966, Bd.I, S.133ff.

42 Vgl. Mörchen 1981, S.490. - Auf eine andere, nahezu wörtliche Entsprechung der Adornoschen Lehre vom Vorrang des Objekts mit der Ontologie Nicolai Hartmanns weist Alfred Schmidt hin (vgl. 1983, S.30, Anm.30). Schmidt selbst begründet den Vorrang des Objekts genetisch: in ihm reproduziere sich der "naturgeschichtliche Vorrang der Materie vor dem Bewußtsein" (ebd., S.23).

43 Schelling, zit, bei: Schulz 1975, S.320.

44 Mörchen verteidigt Heidegger gegen die Interpretation Adornos, indem er die geschichtliche Bedeutung von 'Wesen' und den Möglichkeitscharakter des Ursprünglich-Künftigen herausstreicht (vgl. Mörchen 1981, S.103,107,389). Aber auch er bestreitet nicht, daß ein 'Existenzial' wie das der Angst zur condition humaine gehört (ebd., S.74). Der prinzipielle Vorrang des Seins äußert sich bei Heidegger auch im Vorrang des 'passiven' Aspekts in der Sprache, den Adorno gegen eine instrumentalistisch konzipierte Sprache nur als Korrektiv setzt (vgl. ebd., S.571). Der Vorrang des Passiven führt in der "personalistisch klingenden

Metaphorik" von 'Anspruch' und 'Entsprechung' (ebd., S.574) auch zum Argwohn des Autoritären gegenüber Heideggers Philosophie.

45 Vgl. dazu Theunissen 1983, S.52; Schnädelbach 1983, S.73,82; vgl. auch hier Kap.III.1, Abschn.3.c.cc.

46 Auf der Adorno-Konferenz 1983 hat Schnädelbach am vehementesten in diesem Streit Stellung bezogen. Unter dem Schlagwort 'Postmoderne' ist der Irrationalismus aber generell kritischer Bezugspunkt der Konferenz, seine aktuellen Titel lauten auf Friedensbewegung, Neokonservatismus und Poststrukturalismus.

47 Baumeister/Kulenkampff 1973, S.102. - 'Romantik' hat bei Adorno durchgängig die pejorative Bedeutung von Retrospektion, von sentimentaler und idyllischer Verklärung der Vergangenheit und der Natur, verbunden mit politischer Reaktion (vgl.DA,S.60,278,305; GS7,S.11,381; GS5,S.317; GS11,S.64,636; ND,S.52,58). Sie ist "Feind" der Aufklärung (DA,S.37,56), der Reflexion (DA,S.37; GS5,S.253; GS11, S.487), der Entfremdung (GS5,S.253; GS7,S.31). Sie hat aber - nicht zuletzt im Anschluß an Benjamin - auch die positive Bedeutung des (allegorisch versinnbildlichten) Bewußtseins der Vergänglichkeit, des Ephemeren (vgl. GS7,S.111; GS11,S.81f.) und der selbst sprechenden Sprache (vgl.GS11,S.478). Am ausführlichsten hat Adorno den Widerstreit der Bedeutungen zwischen Konservatismus und sehnsüchtiger Utopie bei Eichendorff interpretiert (vgl. GS11,S.69ff.). - Romantisch geprägt ist auch die organische Metapher des Atems bei Adorno. "Ausatmen und Dissoziation" grundieren die Lyrik Eichendorffs (GS11,S.97); wie in einem "Aufatmen" sucht Kunst den "Zuspruch von der ersten Natur" (GS7,S.100); der 'Freischütz', eine "romantische Oper", "tröstet durch Aufatmen: im Ungedeckten" (GS17,S.36). Adorno findet diese Metapher sowohl bei Benjamin als auch bei Kierkegaard vorgebildet (vgl.GS2,S.144; GS11,S.571). Sie steht dort als Zäsuren und 'Intermittenzen' setzendes Formprinzip. Das Denken 'schöpft Atem' in Augenblicken, um dann neu anzusetzen und 'unerbittlich', 'unermüdlich', 'unbeirrbar' und 'insistierend' fortzufahren (vgl.GS10,S.592; GS11,S.565; GS12,S.116,121,124). Angesichts von Erfahrungen, in denen es einem 'den Atem verschlägt' (GS12,S.166), zielt Adorno darauf, "daß es endlich besser werde, daß die Menschen einmal aufatmen dürfen" (GS10,S.617). Das "versöhnende Moment am Geist" ist dasjenige, das "ausatmet" (GS11,S.488).

48 Vgl. Blumenberg 1981, S.250.

49 Vgl. hier Kap.III.1, Abschn.4; Kap.V.2, Abschn.1.

50 Vgl. GS7,S.382; GS10,S.254; GS11,S.573; GS12,S.164; ND,S.364.

51 Nietzsche, Werke III, S.472.

52 Ebd., S.216.

53 "Der Traum füllt niedergeschrieben eine halbe Seite; die Analyse ... bedarf das sechs-, acht-, zwölffache an

Schriftraum" (Freud, Stud. II, S.282).

54 Ebd., S. 284.

55 Ebd., S.286.

56 Ebd., S.295.

57 Ebd., S.305.

58 Ebd., S.348.

59 Vgl. ebd., S.297.

60 "So ist der Traum oft am tiefsinnigsten, wo er am tollsten erscheint. Zu allen Zeiten pflegten die, welche etwas zu sagen hatten und es nicht gefahrlos sagen konnten, gerne die Narrenkappe aufzusetzen" (ebd., S.429).

61 Vgl. Kristeva 1978, S.36ff.,68f.; Lehmann 1977, S.53ff. Die doppelte Frontstellung gegen Wahn und Logik exemplifiziert Kristeva an der Literatur der Moderne (vgl. ebd., S.91ff.). Während sich das identische "Subjekt in der Psychose verliert" (ebd., S.71), sprachtheoretisch ausgedrückt: die Konstituierung des Symbolischen, der signifikanten Ordnung verhindert wird (ebd., S.72), gibt die poetische Kunst den "Triebangriffen" in der Sprache als Symbolischem statt (ebd., S.59f.). Gegen Laing, Cooper, Deleuze und Guattari weist Kristeva darauf hin, daß deren "für den 'schizophrenen Strom' gegebenen Beispiele hauptsächlich der modernen Literatur entnommen sind" (ebd., S.31). - Nicht das Ästhetische in der Perspektive des Traums, sondern umgekehrt den Traum in der Perspektive des Ästhetischen zu betrachten, hat Elisabeth Lenk in ihrem Buch "Die unbewußte Gesellschaft. Über die mimetische Grundstruktur in der Literatur und im Traum" unternommen. Die Traumarbeit ist dann "gar keine Arbeit", sondern ein Spiel und "Überschuß an Ausdruck" (1983, S.14). Lenk versäumt es leider, die beiden Kategorien Spiel und Ausdruck, zu explizieren. Das hätte wohl den Status des 'Absichtslosen' (ebd., S.18) im ästhetischen Verhalten klären helfen. Kant (vgl. K.d.U., § 45) und Schelling (vgl. SW 3, S.612ff.) haben es in der Konzeption des Genies und der produzierenden Natur integriert, das Absichtslose schon vor Freud als vergessene Absicht freigelegt; Benjamin, Adorno und Horkheimer den frühgeschichtlichen Zwang zum mimetischen Verhalten nicht unterschlagen, ein Zwang, die Furcht zu bewältigen, wie ihn Diderot und Nietzsche, die Lenk zitiert, auch für das Schauspieler-Kind beschreiben (ebd., S.299,329). Lenks Intention ist es, die Traum<u>form</u> zu betrachten und die Psychologen einen an Literatur gewonnenen "Respekt" vor der "Differenz von Ausdruck und Bedeutung"zu lehren (ebd., S.13). Sie bekämpft darin einen naiven Wissenschaftstypus (vgl. ebd., S.156). Die "Grundannahme" Freuds, "daß die Traumgedanken das erste seien", weist sie mit dem Argument zurück, daß das Gedicht auch keine "Einkleidung fertiger Stimmungen" sei (ebd., S.16), der Inhalt erst durch die Form entstehe. Freud selbst weist die Analytiker jedenfalls auch darauf hin, daß das "Wesen des Traums" nicht der "latente In-

halt", sondern seine "besondere Form unseres Denkens" sei (Freud, Stud. II, S.486, Anm.1). Aber das generelle Argument zu akzeptieren, muß nicht die Einschätzung des Traums als selbstgenügsamen Zweck nachsichziehen. Die Traumarbeit als das Wesentliche herausstellen heißt, das Verhältnis von Inhalt und Form als Prozeß zu denken. Daß es sich bei diesem idealistisch-materialistischen Terminus um keine Zauberformel handelt, zeigt gerade die Theorie Kristevas. Das triebhaft 'Semiotische' und zeichensprachlich 'Symbolische' sind die "zwei Modalitäten" dessen, was sie "Prozeß der Sinngebung" nennt (Kristeva 1978, S.35). Lenk steht demgegenüber in Gefahr, das Prinzip des Ersten nicht abzuschaffen, sondern bloß auszutauschen. Das hängt mit dem entscheidenden Mangel zusammen, über keine alternative Theorie des Subjekts zu verfügen. Lenks Kritik an Horkheimer und Adorno kann nicht nur mühelos entkräftet, sondern muß auch zwingend repliziert werden. Nicht nur ist es schlicht falsch zu behaupten, die Autoren würden Subjektivität unterschlagen als "kreatürliche, universelle, fortzeugende Substanz, auf der alle 'höheren' menschlichen Errungenschaften beruhen" (Lenk 1983, S.43), sondern sie sind sich umgekehrt bewußt, daß man von dieser 'Substanz' unabhängig von 'Höherem' nur um den Preis dogmatischer Metaphysik wissen kann. Dazu gehörte auch eine freudianische Lebensphilosophie, die das "vitale Sein" (ebd., S.14), die "mimetische Substanz in uns" (ebd., S.23), den "Grund des Seins" (ebd., S.33) wörtlich nimmt und anthropologisch 'Elementares' und 'Wesenhaftes' konstatiert (ebd., S.14). In der Terminologie Kristevas: das Semiotische ist nichts "Autonomes", es kann sich des Symbolischen nicht "entledigen oder über es hinweggehen" (Kristeva 1978, S.60). Mimesis wird von Lenk aus der Nachbarschaft des Mimischen, des Schauspiels gedacht als die "Gabe, ... ein anderes als ich selbst zu werden" (ebd., S.17), "<u>außer sich</u> zu sein" (ebd., S.300). Aber dies <u>Außer</u>-sich-Sein ist auch ein Außer-<u>sich</u>-Sein. Die Popularisierung der Identitätskritik der "Dialektik der Aufklärung" verführt Lenk dazu, die "Einheit der Person" nur für ein "abendländisches Dogma" zu halten (ebd., S.18), ohne Rechenschaft darüber zu geben, wie von einem Nicht-Identischen als Subjekt noch gesprochen werden kann; eine Frage, die allen das Subjekt 'dezentrierenden' Theorien als systematische gestellt werden muß (vgl. Frank 1984, S.394), zusammen mit der geschichtlichen nach einer möglicherweise nicht nur aus ideologischen Motiven zu behauptenden 'Defizienz' des archaisch-mimetischen Denkens (vgl. Lenk 1983, S.17). Die moralisch-rigide 'Aufrichtigkeit' (ebd., S.18) durch die "Echtheit des ästhetischen Scheins" (ebd., S.327) zu substituieren ist nicht nur inkonsequent, sondern heißt auch hier, den Teufel mit dem Beelzebub auszutreiben.

62 Platon, Politeia 602c ff.

63 Kant, K.d.r.V., B784.

64 Ebd., B771.
65 Ebd., B353.
66 Der Traum ist ein "subjektives Spiel meiner Einbildungen" als "etwas Objektives" vorgestellt (Kant, K.d.r.V., B247). Der Verrückte ist "ein Träumer im Wachen" (zit. bei: Sommer 1977, S.229).
67 Dies als Spezifizierung zu Rath 1982, S.51ff.
68 Vgl. GS7,S.472; GS8,S.172,317; MM,S.165. - Das gilt auch für die 'bösen' Formen von Übertreibung wie Nationalismus (GS10,S.689), Aberglaube (GS8,S.147,162), expressiver Subjektivismus (GS11,S.503) und das Prinzip der Wiederholung bei Wagner (GS13,S.36).
69 Gillian Rose hat in dem Buch "The Melancholy Science" auf den Aspekt von Ironie bei Adorno besonderen Wert gelegt, um davon ausgehend Interpretationen anzubieten, die Konzeptionen wie 'totale Gesellschaft', 'Ende des Individuums' und 'Verdinglichung' nicht wörtlich nehmen (vgl. 1978, S.16ff.).
70 Horkheimers Stil ist unverkennbar geradliniger, weniger 'gebrochen' und neigt daher auch mehr zum Zynismus. - Eine meisterliche Überführung des formalen Prinzips der Übertreibung in ihren erheiternden Gehalt hat Oevermann für die hermeneutisch-rekonstruktive Soziologie vorgelegt (vgl. 1983, S.234ff.). - Die "Lachtraditionen des satirischen Wissens, die philosophisch im antiken Kynismus wurzeln", hat zuletzt Sloterdijk gegen die 'verbürgerlichte' Ideologiekritik wieder eingeklagt (1983, S.55)
71 Vgl. DA,S.96,136,167; GS11, S.300f.,603,604f.; GS12, S.133f.,145f.,165.
72 Vgl. hier Kap.III.1, Abschn.2.
73 Vgl. auch Sommer 1977, S.163.
74 Vgl. dazu auch den von Freud gern gebrauchten Vergleich der Kombination der Traumelemente mit der der Buchstaben (Stud. II, S.313).
75 Zur 'mimetischen Interaktion' vgl. hier Kap.III.1, Abschn.1.c. - Auch Lenk verfährt nach diesem Modell (vgl. 1983, S.17). Bei ihr ergießt sich aber ein eher sentimentaler Ton über die Episoden aus der Kindheitsgeschichte der Gattung. Der Schelm in all seinen Gestalten wird verklärt, das Schreckliche verharmlost.
76 Vgl. Arieti 1967, S.373ff.; Arieti exemplifiziert das Verhältnis von Symbol und Symbolisiertem an der 'Rose', die als poetische Metapher für 'Frau' steht.
77 Kant, zit. bei: Sommer 1977, S.229.
78 Vgl. Kant, K.d.U., B62ff.
79 Schelling, SW 3, S.506f.
80 Schelling, zit. bei: Frank 1984, S.380.
81 Vgl. Frank 1980, S.114ff.; 1984, S.367ff.; Franks wiederholte Parallelisierung von Schelling und Lacan schlägt für Schelling dann zum Positiven aus, wenn es um das Problem eines präreflexiven Cogito geht.
82 Vgl. Freud, Stud. II, S.298f.

83 Vgl. GS11, S.301,380; MM,S.184f.

IV. TRIEBTHEORIE UND SPRACHPHILOSOPHIE

1 Hegel, Werke 3, S.39.
2 Ebd., S.38.
3 Ebd., S.36.
4 Ebd., S.72.
5 Habermas 1973a, S.27.
6 Röttges 1976, S.102.
7 Vgl. DA,S.247; GS5,S.222; Benjamin, GS I, S.1131.
8 Hegel, Werke 3, S.79.
9 Vgl. dazu Röttges 1976, S.63ff. u. S.94f.
10 Vgl. im Kontext der berühmten Formulierung aus der Einleitung in die "Kritik der reinen Vernunft": "Wenn aber gleich alle unsere Erkenntnis mit der Erfahrung anhebt, so entspringt sie darum doch nicht eben alle aus der Erfahrung" (K.d.r.V., B1). Erfahrung als Resultat, nicht als Anfang der Erkenntnis ist eine Einheit von Apriorischem und Aposteriorischem (vgl. hier Kap.V.1, Abschn.2).
11 Der neue Gegenstand bietet sich dem Bewußtsein dar, "ohne zu wissen, wie ihm geschieht", "gleichsam hinter seinem Rücken" (Hegel, Werke 3, S.80).
12 Vgl. Röttges 1976, S.67f.
13 Hegel, Werke 3, S.58.
14 Vgl. Röttges 1976, S.74ff.
15 Wohlfart 1981b, S.245.
16 Wieland 1978, S.196. Unterscheidung und Nichtunterscheidung von Subjekt und Prädikat müssen, so die These Wielands, am Anfang der 'Logik' im Gegensatz zur Ebene des absoluten Unterschieds nicht in ein- und derselben Hinsicht erfolgen. Die 'Diskrepanz' zwischen inhaltlicher Nichtunterscheidung des Seins und seiner Prädikate und äußerlicher Unterscheidung im Satz reicht aus, um den Fortgang der Denkbewegung zu erzwingen (vgl. ebd., S.197,201).
17 Hegel, Werke 3, S.59.
18 Ebd., S.58.
19 Ebd., S.61.
20 Vgl. Röttges 1976, S.76ff.
21 Vgl. Hegel, Werke 3, S.57.
22 Ebd., S.49.
23 Ebd., S.58.
24 Ebd., S.60.
25 Ebd., S.59f.
26 Vgl. Wohlfart 1981b, S.243. - Zur Kategorie der Entsprechung als - in Analogie zur 'Logik' - höchsten Kategorie der Ästhetik vgl. Scheer 1982, S.73.
27 Wieland 1978, S.199.
28 Hegel, Werke 3, S.41.
29 Wohlfart 1981b, S.233.

30 Hegel, Werke 10, S.207 (Enz. § 418Z).

31 Vgl. GS5,S.160,254,288f.,298ff.; GS11,S.266.

32 Stresius verweist zu Adornos Berücksichtigung der somatischen Struktur der Erkenntnis auf den Theorie-Ansatz Merleau-Pontys (vgl. 1982, S.112, Anm.28). Eine These Merleau-Pontys, nämlich die von einer leiblichen Synthese, nimmt sporadisch auch die "Dialektik der Aufklärung" vorweg: "das eine Auge (des Polyphem, J.F.) mahnt an Nase und Mund, primitiver als die Symmetrie der Augen und Ohren, welche in der Einheit zweier zur Deckung gelangender Wahrnehmungen Identifikation, Tiefe, Gegenständlichkeit überhaupt erst bewirkt" (DA,S.81).

33 Hegel, Werke 3, S.82.

34 Ebd.

35 "Die Existenzaussage: A ist (existiert), in der ein einzelnes Dieses unmittelbar in seinem Sein festgestellt werden soll, erfordert dazu die Bestimmung dieses (einzelnen) A als (allgemeines) A, oder die Identitätsaussage: A ist A" (Kimmerle 1978, S.141). "Wie zuvor die Identität des Gegenstandes in seiner Zeitlichkeit als anwesender Gegenstand gründete, so wird nun die Zeitlichkeit des anwesenden Gegenstandes aus der Identität des Ich, aus der Zeitlichkeit des Ich, begründet. Es ist das einen Gegenstand (zeitlich) festhaltende Ich, das ihm dadurch (zeitliches) Sein verschafft (ebd., S.142). - Vgl. dazu die Unterscheidung zwischen "Form der Anschauung" und eine Synthesis voraussetzende "formale Anschauung", zu der Kant sich in einer Anmerkung des § 26 der Deduktion gedrängt sieht (K.d.r.V., B161).

36 Hegel, Werke 3, S.91

37 Ebd., S.85.

38 Ebd., S.92.

39 Ebd., S.86.

40 Vgl. Röttges 1976, S.127; dagegen Schmid Noerr 1980, S.133.

41 Hegel, Werke 10, S.280 (Enz. § 462).

42 "Wenn ein Mensch sich über etwas nicht auf die Natur und den Begriff der Sache oder wenigstens auf Gründe, die Verstandesallgemeinheit, sondern auf sein Gefühl beruft, so ist nichts anderes zu tun, als ihn stehen lassen, weil er sich dadurch der Gemeinschaft der Vernünftigkeit verweigert, sich in seine isolierte Subjektivität, die Partikularität, einschließt" (Hegel, Werke 10, S.248; Enz. § 447).

43 Vgl. zu der vom Prinzipiellen zum Zeitlichen gleitenden Argumentation: "... weil das sinnliche Diese, das gemeint wird, der Sprache, die dem Bewußtsein, dem an sich Allgemeinen angehört, unerreichbar ist. Unter dem wirklichen Versuche, es zu sagen, würde es daher vermodern; die seine Beschreibung angefangen, könnten sie nicht vollenden, sondern müßten sie anderen überlassen, welche von einem Dinge zu sprechen, das nicht ist, zuletzt selbst eingeste-

hen würden" (Hegel, Werke 3, S.91f.). Das gemeinte sinnliche Diese ist unaussagbar, weil es vergänglich ist; das Wahre ist das Unvergängliche, Allgemeine. Diesen Argumentationsschritt legt Hegel hier nahe. Dagegen spricht Wohlfart sich aus: "Die Bereitschaft zuzugeben, daß das überhaupt Unaussprechliche und Unsagbare das 'Unwahre,Unvernünftige, bloß Gemeinte' ist, ist also nicht schon die Bereitschaft zuzugeben, daß das noch Ungesagte, Unausgesprochene das Unwahre ist (Wohlfart 1981b, S.249). - Für die Kunst behauptet Hegel die Identität von Wort und Gedanke damit ihr Ende als sinnlicher Erscheinung der Idee. Für das Denken, den Geist oder die Philosophie ist - zumindest einem popularisierten Hegel zufolge - Gleiches absehbar: "Was wir als Gegenstand durch die Kunst oder das Denken so vollständig vor unserem sinnlichen oder geistigen Auge haben, daß der Gehalt erschöpft, daß alles heraus ist und nichts Dunkles und Innerliches mehr übrigbleibt, daran verschwindet das absolute Interesse (...) Der Geist arbeitet sich nur so lange in den Gegenständen herum, solange noch ein Geheimes, Nichtoffenbares darin ist" (Hegel, Werke 14, S.234).

44 Vgl. GS5,S.160; ND,S.48; gegen den subjektiven Akt des Husserlschen Meinens führt Adorno explizit Hegel ins Feld (GS5,S.96).

45 Hegel, Werke 10, S.248 (Enz. § 447Z).

46 Vgl. Schmid Noerr 1980, S.131.

47 Vgl. ebd., S.158; genauer drückt Schmid Noerr es so aus: "Die Phänomenologie des Geistes enthält keine Darstellung der Stufen der Ontogenese, sondern eine Analyse der Schemata der Erfahrung und des Handelns, nach der ein bestimmtes Muster von Ontogenese strukturiert ist. Die Theorie des Geistes ist explizite Teleologie" (ebd., S.185).

48 Hegel, Werke 3, S.82.

49 Vgl. hier Kap.II.2, Abschn.2; Kap.III.1, Abschn.4; zur 'Wunscherfüllung' vgl. hier Kap.IV, Abschn.3.b.

50 Vgl. hier Kap.V.3.

51 Diese Bestimmung harmoniert mit derjenigen, "individuelles Bewußtsein" sei "stets fast, und mit Grund, das unglückliche", denn ihm wohnten die "Widersprüche zwischen dem Begriff und dem Besonderen" inne (ND,S.53). In der "Rolle" sieht Adorno die "jüngste objektive Gestalt unglücklichen Bewußtseins", denn auch sie ist widersprüchlich als die "von Autonomie verordnete Heteronomie" definiert (ND,S.275).

52 Hegel, Werke 3, S.163.

53 Ebd., S.164; vgl. auch S.495: das unglückliche Bewußtsein ist nur "Schmerz des Geistes".

54 Ebd., S.174; vgl. auch Schmid Noerr 1980, S.31.

55 Hegel, Werke 3, S.175; vgl. auch S.392,495; vgl. auch Schmid Noerr 1980, S.177. - "Der unendliche Schmerz dieser Aufopferung der eigensten Subjektivität, Leiden und Tod" erhalten bei Hegel in der 'romantischen', auf die griechi-

sche Klassik folgenden Kunstform "ihre eigentliche Notwendigkeit" (Hegel, Werke 14, S.134).

56 Schmid Noerr hat in seinem Buch "Sinnlichkeit und Herrschaft. Zur Konzeptualisierung der inneren Natur bei Hegel und Freud" dieses in Frankreich von Ricoeur und Goux entwickelte Programm aufgegriffen und insofern fortgesetzt, als er - in Umkehrung Ricoeurs - den impliziten Verweis der Hegelschen Teleologie des Bewußtseins auf die empirische Existenzweise und damit auf das Unbewußte als genetischem Ausgangspunkt zu demonstrieren sucht (vgl. ebd., S.153,161,176ff.,185).

57 Vgl. ebd., S.197; vgl. auch Frank 1984, S.385.

58 Freud, Stud. II, S.539ff.

59 Die Nahrung kann dem Kind nur "durch fremde Hilfeleistung" gegeben werden (Freud, Stud. II, S.539), die Befriedigung des organischen Bedürfnisses ist in eine 'Interaktionssituation' eingefaßt und mit 'Sinn' belegt (vgl. Schmid Noerr 1980, S.197; mit Bezug auf Lorenzer).

60 Vgl. Frank 1984, S.381.

61 In der deutschen Übersetzung wird "manque-à-être" als "Seinsverfehlung" (Kristeva 1978, S.136) oder in Anlehnung an Heidegger als "zu wesender Mangel" (Frank 1980, S.119) wiedergegeben.

62 Lacan unterscheidet zwischen körperlichem Bedürfnis ("besoin"), sprachlich artikuliertem Verlangen ("demande") und unbewußtem Wunsch qua Begehren ("désir"). Das 'Verlangen' sagt den "Sinn, den die anderen (z.B. die vorangegangene Generation von Sprechern) ihm verliehen hat, und nicht das, was das Kind hat sagen wollen" (Frank 1984, S.383), "es meint, aber es ist nicht die Sache. (Man will Brot und bekommt Steine)" (ebd., S.386). Die Sprache "hat dem Wunsch-Ich einen Stachel der Sehnsucht eingetrieben, der das vorsprachliche Bedürfnis fortan als Begierde existieren macht" (ebd., S.390).

63 "Entweder nämlich ist das wahre Subjekt absolut irreflexiv, dann ist nicht zu sehen, warum von ihm als von einem Subjekt überhaupt gesprochen werden kann; oder aber ihm kommt tatsächlich eine mit der Wendung 's'être' problematisch zuerkannte Vertrautheit mit sich zu, über die Lacan nichts sagt" (Frank 1984, S.394). Frank greift allerdings etwas zu kurz, wenn er die sich materialistisch nennende These Lacans, das Subjekt identifiziere sich immer über ein objektartiges Bild, "nicht weit entfernt" von derjenigen Adornos über den Vorrang des Objekts sein läßt. Wohl ist richtig, daß "vom Subjekt Objekt nicht einmal als Idee wegzudenken (ist)" (ND,S.182), aber das Bewußtsein ist für Adorno nur ein genetisch, nicht systematisch Zweites. Die These vom Vorrang des Objekts will den Herrschaftsanspruch des Subjekts 'einschränken' (ND,S.182), nicht ihn fundamental unterminieren.

64 Lehmann 1979, S.668; vgl. auch 1984, S.393.

65 Kristeva 1978, S.116.

66 Vgl. ebd., S.35.
67 Ebd., S.35.
68 Ebd., S.118; vgl. auch S.53f.
69 Ebd., S.128.
70 Vgl. ebd., S.128,152.
71 Ebd., S.153.
72 Ebd., S.155.
73 Vgl. ebd., S.158f. Die Musik ist bei Kristeva ein "nichtverbale(s) Zeichensystem", das "ausschließlich auf dem Semiotischen (aufbaut)" (ebd., S.35).
74 Ebd., S.151.
75 Ebd., S.160.
76 Vgl. Lehmann 1979, S.675. - Den Zusammenhang von "neue(n) Formen der ästhetichen Synthesis in der modernen Kunst" und "neue(en) Formen der psychischen und der sozialen 'Synthesis'" diskutiert auch Wellmer und verbindet ihn mit dem Vorwurf, daß Adorno die zweite Form von Synthesis unterschlagen, daß er der modernen Gesellschaft nicht dasselbe wie der modernen Kunst zugestanden habe (Wellmer 1983, S.157). Wellmer plädiert gewissermaßen für eine Demokratisierung des produktionsästhetischen Geniegedankens unter Rekurs auf die Wirkungsästhetik Kants (vgl. ebd., S.166). Auch in dem Aufsatz "Zur Dialektik von Moderne und Postmoderne" erinnert er an Kants Rede von den Erkenntnisvermögen. Ihre Erweiterung ist Wirkung und Bedingung zugleich des ästhetischen Verstehens (vgl. Wellmer 1985, S.65). Wellmer begibt sich in diesem Aufsatz auch in eine große Nähe zu psychoanalytischen Denkmustern. Die "explosiven Energien, die sonst nur im Traum, im Witz und in der Psychose sich bemerkbar machen können", werden in der "ästhetischen Synthesis zugleich freigesetzt und den Subjekten verfügbar gemacht" (ebd., S.66). In der 'Demokratisierung' sieht Wellmer dann auch "Ansätze einer Philosophie der Postmoderne" in Adornos Ästhetik (ebd., S.103). In der möglichen rezeptiven Verallgemeinerung dessen, was bei Adorno der künstlerischen Produktion vorbehalten ist, realisiert sich eine - mit Habermas - 'kommunikativ verflüssigte' Ichidentität (ebd., S.104).
77 Der anschließende Satz, daß die "Partialtriebe, sofern sie nicht genital sich erfüllten, etwas Vergebliches behalten, als gehörten sie einem Stadium an, das Lust noch nicht kennt" (GS10,S.537), muß zusammen mit dem Satz gelesen werden: "Natur kennt nicht eigentlich Genuß: sie bringt es nicht weiter als zur Stillung des Bedürfnisses. Alle Lust ist gesellschaftlich ... Sie stammt aus der Entfremdung" (DA,S.127). "Lust ist eine späte Errungenschaft, kaum älter als das Bewußtsein" (MM,S.112f.). Psychoanalytisch gesprochen erfordert Lust die Trennung vom Gegenstand der Bedürfnisbefriedigung, wie sie in der analen Phase eingeleitet und in der genitalen stabilisiert wird.
78 Habermas 1973b, S.188; vgl. auch S.183.
79 Vgl. hier Kap.III.1, Abschn.2. - Eine Befriedigung des

'Stofftriebs', der 'Sensualität', der 'Begierde' als Bedingung der Wahrnehmung des 'Fremden' fordert schon Schiller in der 'Ästhetischen Erziehung'. Im ideologiekritischen Vokabular konfrontiert er mimetische "Weichheit gegen andere" mit "Härte" und "Kaltsinnigkeit", auch wenn die geforderte Einheit von mimetischer Perzeptionsform und "Strenge gegen sich selbst" zu dieser Konfrontation wiederum undurchdacht quersteht (Werke 4, S.130f., Anm.).

80 Vgl. Kristeva 1978, S.66ff.,155.

81 Ebd., S.160.

82 Ebd., S.144.

83 Ebd., S.171. Neurobiologische Triebtheorien, die den Trieb als ursprüngliche Eigenschaft des Protoplasmas oder die Gene als Quelle der Triebe betonen, relativiert Kristeva daher aufgrund der fehlenden Berücksichtigung des Gesellschaftlichen (ebd., S.171ff.).

84 Vgl. MM,S.158; ND,S.397.

85 "Die Wahrheit ist ein aus Ideen gebildetes intentionsloses Sein. Das ihr gemäße Verhalten ist demnach nicht ein Meinen im Erkennen, sondern ein in sie Eingehen und Verschwinden. Die Wahrheit ist der Tod der Intention" (Benjamin, GS I, S.216).

86 Kant, zit. bei: Jauß 1983, S.107. Jauß greift in diesem Aufsatz die Begriffsgeschichte von 'Moderne' wieder auf und sieht deren Beginn nunmehr "schon in der Mitte des 18. Jahrhunderts" (ebd., S.99). Es ergeben sich von hier aus einige Analogien zwischen Rousseau und Adorno (vgl. ebd., S.100ff.).

87 Vgl. kritisch dazu Habermas 1973b, S.195ff.; Habermas bemerkt aber auch die "sexual-utopische(n) Züge" bei Adorno (ebd., S.183).

88 Vgl. Schelling SW 3, S.612ff.

89 Habermas 1973b, S.194f.; vgl. auch 1982b, S.523.

90 Vgl. ND,S.190; Grenz 1975, S.209f.

91 "Und wenn ich nur eines noch Ihnen nennen darf, wofür ich aufs tiefste dankbar bin, dann ist es dies: daß ein Schriftsteller meiner Art, der die tiefste Einsamkeit und die prinzipielle Unmöglichkeit, das, was er denkt und sagt, je einzufügen, nun plötzlich sich voll und real in eine bestehende und gute Kollektivität eingefügt sieht, ohne daß er sich darum 'einfügen' müßte; daß einer, der im Widerstand gegen den Markt einen seiner gründenden Impulse hat, zu guter letzt gerade das findet, was er am strengsten sich hat versagen müssen und wonach deshalb seine Sehnsucht aufs tiefste geht (weil nämlich hier die einzige verbindliche Bestätigung der Aufhebung des Einsamseins liegt): daß er seine Produkte tauschen kann; das ist eine Erfahrung, die ich überhaupt nicht übertreiben kann" (Brief an Horkheimer vom 6.7.1937, zit. bei: Schmid Noerr 1984, S.4f.). - Diese Briefstelle bestärkt auch Theunissens Interpretation einer proleptischen Eschatologie und einer angenommenen Verwandtschaft von Tausch und Austausch

bei Adorno (vgl. 1983, S.54).

92 Vgl. Habermas 1973a, S.278,295; 1973c, S.290; 1982a, S.344f.; vgl. auch die skeptischen Anmerkungen Lehmanns (1984; S.396).

93 Vgl. Habermas 1973a, S.293; 1973c, S.286ff. - Der Privatismus der vorsprachlichen Symbolorganisation äußert sich z.B. darin, daß dasselbe Objekt von verschiedenen kleinen Kindern je verschieden (durch verschiedene Gegenstände z.B.) symbolisiert werden kann. Kategorisierungen der Objektwelt werden nicht auf der abstrakten Grundlage der Identität von Eigenschaften gebildet. Daher auf dieser Stufe auch die Bildung sogenannter Primärklassen, die in Anlehnung an Freuds 'Primärprozeß' Einheit zwischen Objekten herstellen, insofern diesen ein Teil gemeinsam ist. Phylogenetisch korrespondiert dem die Äquivalenz von Teil und Ganzem.

94 Vgl. Werner 1978, S.19f. - So wie das neurotische Verhalten "paläosymbolisch gesteuert" (Habermas 1973c, S.289), ein "Einbruch der älteren Kommunikationsform in die Sprache" ist (ebd., S.288), so wird die "innere Natur in dem Maße kommunikativ verflüssigt und transparent gemacht, wie Bedürfnisse über ästhetische Ausdrucksformen ... aus ihrer paläosymbolischen Vorsprachlichkeit erlöst werden können " (Habermas 1982a, S.88; vgl. auch 1973c, S.290).

95 Sommer 1977, S.165. Sommer weist darauf hin, daß Adorno im Anschluß an Freud Utopie nach dem Energieerhaltungssatz denkt (vgl. ebd., S.220). Den polemischen Vorwurf an Habermas, er ereifere sich in einem sprachtheoretischen Okkasionalismus, der die Sprache hypertroph an die Stelle eines Leib und Seele vermittelnden Gottes setze, aber auch gegen Adorno anzubringen, unterläßt Sommer, denn ihn verdächtigt er nicht, eine metaphorische Rede wörtlich zu nehmen (vgl. ebd., S.162ff.)

96 Habermas 1973c, S.284.

97 Wellmer 1983, S.150; vgl. ebenso 1985, S.97.

98 Aus soziologischer Sicht macht Brunkhorst Andeutungen dazu, wie Mimesis die Instanz der Vermittlung zwischen Natur und Gesellschaft sein könnte. Im Interesse, Adorno "für eine immanente Kritik der Systemtheorie fruchtbar zu machen" (1983, S.321), setzt Brunkhorst Mimesis analog zu dem, was die Systemtheorie als 'symbiotischen Mechanismus' definiert. Wie dieser als konsumtive Bedürfnisbefriedigung und physische Gewalt die 'entsprachlichten Stabilisierungsmedien' Geld und Macht, so schließt Mimesis die 'sprachlich vermittelten Integrationsmedien' wie Wahrheit, Recht und Liebe an das organische Substrat an. Das bedeutet für eine Theorie der kommunikativen Vernunft: Mimesis vermittelt den "zwanglose(n) Zwang des besseren Arguments" (ebd., S.324). Brunkhorsts Hinweis auf Marcuses Konzeptualisierung der Sexualität als eines solchen symbiotischen Mechanismus' (vgl. ebd., S.324) fügt sich in das hier für Adorno Dargelegte. In der Zurückweisung der Bedeutung von

Mimesis als paläosymbolisches Frühstadium, als Nachahmung signifikanter Gesten (vgl. ebd. S.321f.), ist Brunkhorst aber nur so weit zuzustimmen, als er Mimesis nicht "als ein bloßes Vorstadium der kommunikativen Vernunft, vielmehr (als) deren notwendige Ergänzung" verstanden wissen will (ebd., S.323). Der mimetische Anschluß von Liebe an das organische Substrat wäre bei Adorno durch die systematische Verwandschaft von Mimesis und Liebe am leichtesten auszuführen (vgl. hier Kap.III.2, Abschn.5). Luhmann selbst weist in "Liebe als Passion" innerhalb des 'Kommunikationssystems' Liebe, das auf der Kenntnis von Symbolen, Floskeln und Gesten beruht, der Sexualität die Funktion der "Mitsymbolisierung des Körperbezugs" zu, ausgehend davon, daß "kein Kommunikationssystem ganz davon abstrahieren (kann), daß Menschen leiblich beteiligt sind" (1983, S.31). Die "nichtsprachliche Kommunikation der körperlichen Berührung bietet" dann "einen wichtigen nichtlogischen Interpretationshorizont für sprachliche Mitteilungen; sie bietet die Möglichkeit eines Unterlaufens und Ergänzens der Sprache ..." (ebd., S.33), gehört, mit Habermas, zur Metakommunikation des reflexiven Sprachgebrauchs.

99 Wellmer kritisiert Adornos Kritik der diskursiven Vernunft als "insgeheim" intentionalistisch, insofern bei diesem sich ein Subjekt "einer Welt von Objekten entgegen-setzt" (1985, S.77). Aber auch seine Kritik an Manfred Franks "hermeneutischem Anarchismus", der die Bedeutung der Zeichen an ihre jeweils spezifische Interpretation bindet (ebd., S.83), ist auf Adorno zu übertragen, denn auch die Konfiguration läßt die Bedeutung der Sprachzeichen aus ihrem Zusammenhang mit allen anderen hervorgehen, sucht sie zu verschieben und versieht sie daher mit einem 'Index unkontrollierbarer Andersheit'. Auch Wellmer hält daran fest, daß der "poetische, der literarische, der rhetorische, der 'konfigurative' Gebrauch der Sprache ... das Nicht-Sagbare sagbar, ... das 'Nicht-Identische' der Erfahrung mitteilbar" macht (ebd., S.89), aber er setzt den Akzent auf den "Index der Allgemeinheit": "Die neue Verwendung eines Wortes indiziert eine neue Verwendungweise", eine, mit Wittgenstein, neue Regel und daher eine neue Bedeutung (ebd., S.83). Diese Akzentuierung fügt sich in Wittgensteins Hinweis auf die 'Offenheit' sprachlicher Bedeutungen, darauf, daß die "Grammatik unserer Sprache uns in der Regel eine vielfältige Verwendungsweise von Worten zeigt, ohne daß wir dabei immer auf eine 'grundlegende', 'eigentliche' oder 'primäre' Bedeutung von Worten stoßen würden (...) Man könnte geradezu sagen, daß im Leben des sprachlichen Sinns eine mimetische Kraft am Werke ist, durch welche das Nicht-Identische am Wirklichen ... als ein Nicht-Identisches an den sprachlichen Bedeutungen sich reflektiert" (ebd., S.85). Die Sprache selbst ist unter dieser Perspektive immer schon durch eine Ver-

flüssigung ausgezeichnet, die Adorno nur von der individuellen Konfiguration und von Äquivokationen erwartet. Trotzdem bleibt für Wellmer vor der konfigurativ gebrauchten Sprache das Problem, das Adorno über die Evidenztheorie der Wahrheit löst: angeben zu müssen, was jeweils gemeint sei. Durch den Eintritt des Privaten in die öffentliche Kommunikation ist die Allgemeinheit nur indiziert, über ein Kriterium für eine neue Verwendungsweise und Bedeutung nicht zu verfügen.

100 Habermas 1982a, S.88, - Auch Scheler sieht im übrigen die "Mision" der Kunst darin, dem Erleben zur Sprache zu verhelfen und damit die mögliche Selbstwahrnehmung aller zu erweitern (vgl. 1948, S.273).

101 Habermas 1982a, S.345. - Insofern geht auch der Seitenhieb Sloterdijks ins Leere: "wo die Fähigkeit zur Vernunft nicht in sensibler Selbstbesinnung gründet, wird keine noch so solide kommunikationstheoretische Argumentation sie herbeireden" (1983, S.20).

102 Habermas 1973c, S.343.

103 Ebd., S.329.

104 Ebd., S.330.

105 Ebd., S.327.

106 Vgl. ebd., S.319,323; eines der Bedürfnisse, die Kunst befriedigt, ist das "nach einem mimetischen Umgang mit der Natur, der äußeren ebenso wie der des eigenen Leibes" (ebd., S.318). - Benjamins Definition der Erfahrung der Aura lautet: "Die Aura einer Erscheinung erfahren heißt, sie mit dem Vermögen belehnen, den Blick aufzuschlagen". In einer Anmerkung setzt Benjamin hinzu: "Diese Belehnung ist ein Quellpunkt der Poesie" (GS I, S.646f.).

107 Vgl. hier Kap.III.1, Abschn.3.a und Kap.III.2, Abschn.5.e.

108 Vgl. Habermas 1973c, S.329,330,332,339,343.

109 Während in Diskursen universale Geltungsansprüche geprüft werden, gilt die Kritik von Wertstandards, für die die ästhetische Kritik das Vorbild abgibt, nur lokal eingegrenzt (vgl. Habermas 1982b, S.70f.).

110 Vgl. hier Kap.III.1, Abschn.1.c.

111 Eine sprach- und bedürfnistheoretische Wiederaufnahme systematischer Ästhetik hat zuerst Koppe vorgeführt. Auch für ihn ist Kants "Kritik der Urteilskraft" die "große, klassische Alternative" zwischen Wahrheits- und Gefühlsästhetik, die er mit dem Ansatz einer "bedürfnisartikulierenden" oder "endeetischen Rede" reformuliert (1981, S.77). Das "teleologische Sinnbedürfnis" ist dementsprechend das "menschliche Elementarbedürfnis, das die 'Kritik der Urteilskraft' ... zum Thema hat" (ebd., S.84). - Auf eine Schwäche dieses Ansatzes macht Wellmer aufmerksam, insofern das Kunstwerk in Analogie zu einem speziellen Typus von Redehandlung, dem der 'Wahrhaftigkeit', gedeutet wird. Wellmer besteht dagegen darauf, daß Wahrheit und Wahrhaftigkkeit sich dem Kunstwerk nur "metaphorisch" zusprechen lassen, und dies wiederum "können wir nur da-

durch erklären, daß das Kunstwerk als symbolisches Gebilde mit einem ästhetischen Geltungsanspruch zugleich Gegenstand einer Erfahrung ist, in der die drei Wahrheitsdimensionen unmetaphorisch miteinander verschränkt sind" (1983, S.165; vgl. Koppe 1981, S.78). Die Frage bleibt aber dann: Wodurch eignet sich ein Gegenstand zu einer solchen Erfahrung? Genauer: Wodurch ist sein ästhetischer Geltungsanspruch definiert? Erstreckt er sich auch auf die Natur? "Stimmigkeit" (vgl. Wellmer 1983, S.160ff.) wäre für sie sicher kein ausreichendes Definiens. Wellmer würde sich wohl Koppes Umkehrung der Kantischen Priorität des Naturschönen vor dem Kunstschönen anschließen (vgl. Koppe 1981, S.90ff.). Kant aber mit einer Wahrheitsästhetik zu verbinden, hält auch er für möglich. Aus dem erweiternden Spiel der Erkenntnisvermögen wird dann der Wahrheitsgehalt der Kunstwerke als "Inbegriff ihrer potentiellen wahrheits-relevanten Wirkungen oder ihr wahrheitserschließendes Potential" (Wellmer 1983, S.161; vgl. auch S.166). - In der "Theorie der kommunikativen Handelns" begibt Habermas sich selbst in eine Kantische Position, wenn er die ästhetische "Kritik" als "evaluative Äußerung" zwischen bloß privatem Gefühl und normativer Verbindlichkeit einordnet (vgl. 1982b, S.36).

112 Ulrich Schwarz hat dies in seinem Aufsatz "W. Benjamin: Mimesis und Erfahrung" zur Lösung des 'Grundproblems' der Philosophie Benjamins, einer in der Theorie der Sprache fundierten Theorie der (mimetischen) Erfahrung, vorgeschlagen.

113 Gehlen 1972, S.240.

114 Ebd., S.211.

115 Ebd., S.345.

116 Vgl. hier Kap.III.3, Abschn.4.b.

117 Schwarz spricht von einer "zwanglosen Einheit von Gegenstandsbezug und Ausdruck" (1984, S.52), von einer "gelingenden Vermittlung" (ebd., S.54) und "gewaltlosen Belehnung" (ebd., S.74). Da das magische Weltbild nach Benjamin durch 'Zwang' bestimmt ist, und die Sprache die Kräfte der Magie 'liquidiert' hat, ist sie nach Schwarz auch vom Zwang befreit (vgl. ebd., S.53f.). Benjamin hat dies aber mehr als Möglichkeit angedeutet und postulativ vorgetragen. Wird in einem zweiten Schritt die Zwanglosigkeit mit Gehlens 'Aufbruchssituation' interpretiert, so darf sie nicht über den Subjektivismus hinwegtäuschen. In der Sprache erscheinen mimetisch die Gesichtszüge - so ist zu betonen - "des Sprechenden" (ebd., S.51). Benjamin aber geht es um objektive Ähnlichkeit (vgl. hier Kap.1, Abschn4.b.). Auf dünnem Boden steht schließlich bei Schwarz die Theorie der Rettung semantischer Potentiale als historische Kritik. Der Übergang vom ontogenetischen Ursprung des mimetischen Vermögens auf die Geschichtsphilosophie müßte klar als bloße Analogisierung ausgesprochen werden. Die "Sprache des Ursprungs" könnte der Historiker

im Gehlenschen Sinn nur "lesen" (ebd., S.73), wenn er legitimer Statthalter des Gesamtsubjekts wäre.

118 Benjamin, GS II, S.210.

119 Vgl. die Aufzählung der wichtigsten Theorien über den Ursprung der Sprache bei Arieti 1967, S.95f. - Die 'Erfahrung des Ungewohnten' verhandelt Gehlen in "Urmensch und Spätkultur" unter dem Titel "Unbestimmte Verpflichtungen". In einer Phase, die der Magie und dem Animismus vorhergeht, reagiert der von der Instinktdetermination entbundene Primitive auf die "unbestimmte Verpflichtung" eines außerordentlichen Ereignisses mit dem "'Bedürfnis, etwas zu tun'", dem "ein Bestandteil der Furcht selten fehlen wird" (Gehlen 1975, S.137). Eine der von Gehlen angeführten Reaktionsformen ist die Bennenung (ebd., S.142). - Die Engführung von Ethnologie, Psychoanalyse und Sprachphilosophie wird von Cochetti in seiner Dissertation "Mythos und 'Dialektik der Aufklärung'" ihrer Souveränität entkleidet, indem er die empirische Haltbarkeit ihrer Tatsachenbehauptungen mit Hilfe der neueren Forschung überprüft. Zur genaueren Auseinandersetzung mit der Hypothese vom Ursprung der Sprache bietet diese Arbeit detailliert ausgebreitetes Material.

120 Habermas 1973c, S.328, mit Verweis auf D. Ploog, Kommunikation in Affengesellschaften und deren Bedeutung für die Verständigungsweise des Menschen, in: Gadamer/Vogler (Hg.), Neue Anthropologie, Bd.2, Stuttgart 1972, S.141f. - Fingerzeige und Gesten sind die phylogenetisch ersten symbolischen Veräußerlichungen, Bewegungen, die von anderen verstanden werden können. Ihnen folgt die Vokalisierung. Sie alle drücken eine affektive Disposition aus und zeigen einem anderen menschlichen Wesen an, daß eine Handlung ausgeführt werden muß. Mit letzterem nimmt Arieti Bezug auf A.S. Diamond, The History and Origin of Language, London 1959. Die ersten Worte sind diesem zufolge imperativische Verben gewesen, mit denen der Primitive Hilfe zum Überstehen der Schwierigkeiten in der Natur erhalten wollte (vgl. Arieti 1967, S.93f.). - Auf der Ebene der Verbalsprache selbst gilt, daß ihre Frühzustände "aktionsbezogener, gestusnäher, in höherem Grade mimisch gestützt gewesen sein müssen" (Gehlen 1975, S.223).

121 Vgl. hier Kap.III.3, Abschn.1.b und 4.b.

122 Vgl. GS7,S.84,102,169,381,387,479,512; GS12,S.47,85,162; ND,S.353; zu Schopenhauer vgl. Scheler 1948, S.58; vgl. auch hier Kap.III.2, Abschn.4.

123 Freud, Stud. IX, S.347; vgl. auch Gehlen 1975, S.145; Arieti 1967, S.103.

124 Schmid Noerr (1984, S.2) zitiert aus einem Brief Adornos an Horkheimer vom 21.8.1941: "Unsere Sachen werden immer mehr solche Gesten aus Begriffen werden müssen und immer weniger Theorien herkömmlichen Sinns." - Auf ganz andere, äußerliche Weise betrachtet Kant den Ausdruck als tertium comparationis zwischen Kunst und Sprache (vgl. Scheer

1974, S.243).

V. ERKENNTNISTHEORIE

1. Der Begriff der Affinität bei Kant

1 Vgl. hier Kap.III.1, Abschn.3.c.cc und Kap.III.3,Abschn.3.
2 "Die Aufklärung selber aber ... ist ebensowenig über sich selbst aufgeklärt" (Hegel, Werke 3, S.418).
3 Vgl. Hier Kap.III.1, Abschn.3.c.aa.
4 Kant, K.d.r.V., A113.
5 Ebd., A112.
6 Ebd., B127.
7 Vgl. Holzhey 1970, S.202; Kambartel 1976, S.99f.
8 Kant, K.d.r.V., B142.
9 Ebd.
10 Ebd., A110.
11 Zur Problematik des Verhältnisses von analytischer und synthetischer Einheit in der Deduktion A vgl. Röttges 1981, S.132ff.
12 Kant, K.d.r.V., A.114. - Natur ist also "Objekt" der Erfahrung allein 'um willen' der transzendentalen Apperzeption (A114), der Erfahrung selber. Vgl. zur Identität von 'Natur' und 'Erfahrung' Holzhey 1970, S.255ff.
13 Kant, K.d.r.V., A113.
14 Ebd., A122f.
15 Vgl. Röttges 1981, S.137.
16 Kant, K.d.r.V., A125.
17 Ebd.
18 Kant, Werke XII, S.479.
19 Sommer 1977, S.66.
20 Auch Beck und Hamann sind dieser Frage nachgegangen, vgl. Wohlfart 1981a, S.319, Anm.33.
21 Auch Hegel bezieht den Begriff der Verwandtschaft und spezifischer der Wahlverwandtschaft innerhalb des Maß-Kapitels der "Wissenschaft der Logik" aus der Chemie. Namentlich erwähnt er eine 1803 französisch, 1811 deutsch erschienene Abhandlung von Berthollet und das "Lehrbuch der Chemie" des schwedischen Chemikers Berzelius (vgl. Hegel, Werke 5, S.420ff.).
22 Auch Bartuschat geht auf diese Konsequenz im Zusammenhang der Affinität kurz ein (vgl. 1972, S.34f.).
23 Kant, K.d.r.V., A132.
24 Ebd., A138.
25 Nach Schopenhauer ist es "als höchst dunkel berühmt, weil kein Mensch je hat daraus klug werden können" (zit. bei Curtius 1914, S.338).
26 Kant, K.d.r.V., B169.
27 Vgl. Curtius 1914, S.363f.
28 Kant, K.d.r.V., A69. - Vgl. Röttges 1981, S.145.
29 Röttges 1981, S.141. Röttges geht es um den Nachweis der Dialektik von 'Bedeutung' und 'Gebrauch' der Kategorien als Voraussetzung der Analytik. "Genau diese im Zentrum

der Deduktion stehende Untrennbarkeit von Bedeutung und Gebrauch der Kategorien wird aber durch die Einführung der Urteilskraft aufgehoben" (1981,S.145).

30 Bartuschat 1972, S.36.

31 Kant, K.d.U., 1. Einl., S.25.

32 Ebd., S.21.

33 Ebd., S.15. Das 'Enthaltensein' der zweiten Einleitung (B XXVI) gehört in den Bedeutungskreis von Subsumption (vgl. K.d.r.V., B176).

34 Kant, K.d.U., B XXVI.

35 Kulenkampff 1978, S.50; Kant, K.d.U., B XL.

36 Insofern kann auch die 'Lust' nicht mehr mit der 'Erreichung der Absicht', einen logischen Zusammenhang von empirischen Naturgesetzen zu entdecken, verbunden werden. Während der Lust im wissenschaftlichen Forschungsprozeß eine entdeckte Zweckmäßigkeit, der Erfolg der reflektierenden Urteilskraft also in bestimmten Fällen zugrundeliegt, verhält es sich im ästhetischen Urteil, wie Kulenkampff meint, geradezu umgekehrt: "stets dann, wenn sich bei der Wahrnehmung eines Gegenstandes Lust einstellt, kann er eben deshalb und insofern als zweckmäßig bezeichnet werden" (Kulenkampff 1978, S.52). Kulenkampff übersieht allerdings, daß der Lust auch im ästhetischen Urteil, so wenig sie Resultat der Verifikation einer Hypothese ist, die Beurteilung 'vorhergeht' bzw. 'zum Grunde liegt', worauf Kant im zentralen § 9 der 'Analytik des Schönen' gerade die "Aufmerksamkeit" lenkt . - Der Unterschied zwischen wissenschaftlicher und ästhetischer Lust wird auch aus Kants Thematisierung des Lachens im § 54 der "Kritik der Urteilskraft" eklatant. Denn sie steht vor der Frage: "wie kann eine getäuschte Erwartung vergnügen?" und antwortet: für den Verstand ist sie "gewiß nicht erfreulich", wohl aber für den "Körper und dessen Wechselwirkung auf das Gemüt" (B225). "Musik und Stoff zum Lachen", witzig-geistreiche Erzählungen sind für Kant zwei vorzügliche "Arten des Spiels mit ästhetischen Ideen, ... die bloß durch ihren Wechsel ... lebhaft vergnügen können" und einer "Bewegung der Eingeweide (korrespondieren)" (B224). Der Verstand gibt keine "Ursache" (B225) zum Lachen, er betreibt höchstens die "Abfertigung" des witzig Erzählenden zum "Lügner oder Dummkopf" (B227), und es ist nicht der Wissenschaftler, der über eine enttäuschte Erwartung, den Mißerfolg der reflektierenden Urteilskraft in bestimmten Fällen lacht, sondern der Ästhet.

37 Kant, K.d.U., B146.

38 Ebd., 1. Einl., S.18,22.

39 'Heuristik' kommt vom griechischen 'heurískein': finden, erfinden. In der lateinischen Übersetzung 'ars inveniendi' ist sie in der Metaphysik von Wolff abgehandelt und mit dem Begriff der Ähnlichkeit und des Witzes (ingenium) verbunden worden. Um in der Natur Unbekanntes auf Bekanntes zurückzuführen, muß man eine Ähhnlichkeit entdecken,

und der Witz (ingenium) ist subjektive Bedingung dafür. Er wird von Wolff definiert als die Leichtigkeit, Ähnlichkeiten wahrzunehmen, und als Entdeckungsorgan des Neuen (vgl. Baeumler 1923, S.146ff., 179).

40 Kant, K.d.U., Einl., S.21.f.

41 Ebd., S.31.

42 Ebd., B XXXIVf.

43 Kroner 1961, S.248. - Vgl. auch Adorno mit Bezug auf Schelling: "Wenn man den Kantischen Gedanken der Deduktion der reinen Verstandesbegriffe ... schwer nimmt ..., bedeutet das, daß man eigentlich auch den ganzen Inhalt der Erkenntnis seiner vollen Konkretion nach aus einem obersten Punkt her deduzieren können muß" (PT2,S.13; vgl.ND,S.29).

44 Kroner 1961, S.246,250.

45 Wohlfart 1981a, S.313ff.

46 Vgl. ebd., S.320; 1981b, S.24.

47 Vgl. Bartuschat 1972, S.26.

2. Zum Begriff der Synthesis bei Adorno

1 Curtius 1914, S.338ff.

2 Vgl. im Zusammenhang mit Kant GS5,S.18; ND,S.151,243.

3 Vgl. DA,S.101ff.; GS5,S.18,27,38,298,330; GS12,S.85; GS14,S.18; GS16,S.513,525; ND,S.23,34,265. - Eine Ausnahme formuuliert der letzte Absatz des Schönberg-Teils in der "Philosophie der neuen Musik": "Darin, für das Niegewesene immer wieder Schemata des Bekannten zu entwerfen, liegt der ganze Ernst der künstlerischen Technik" (GS12,S.126). Ebenso sind - nach einer Stelle in der 'Ästhetischen Theorie' - Kunstwerke "Schemata von Erfahrung" (GS7,S.427).

4 Vgl. bes. DA,S.213. - Sommers Zuordnung der Synthesis zum 'bloßen Überleben' und 'Grauen der Gegenwart' deckt nur diese eine Seite des Begriffs (vgl. Sommer 1977, S.19).

5 So der Titel der Arbeit von Martin Zenck. Seine Ausführungen zum Synthesisbegriff fallen aber überraschend gering aus.

6 Kant, K.d.r.V., B130f. - Vgl. zu dieser Zirkel-Vermeidungs-Definition Röttges 1981, S.101.

7 Kant, K.d.r.V., A100.

8 Kant, Werke XII, S.485.

9 Hegel, Werke 5, S.100.

10 Hegel, Werke 10, § 451, S.257; vgl. auch S.261,266,268.

11 Vgl. GS7,S.209,233,252,454; GS8,S.393; ND,S.156f.,279.

12 Hegel sieht die 'Aufhebung' von Sein und Nichts in der "gedoppelte(n) Bestimmung" des Werdens qua "Entstehen und Vergehen" (Hegel, Werke 5, S.112). - Zur Gültigkeit der Methode der bestimmten Negation für den Übergang von Sein und Nichts zum Werden vgl. Röttges 1976, S.198ff. - Wolfgang Wieland macht von der Aussagenlogik her "Bemerkungen zum Anfang der Logik" und beschreibt einen dort wie gene-

rell methodisch praktizierten "Gegensatz von semantischer Betrachtung einerseits und pragmatischer Betrachtung andererseits" als motiviert von "der Suche nach dem Begriff, der das selbst ist, was er intendiert" (1978, S.199).

13 Hegel, Werke 5, S.94. - Zu Kant vgl. die "allgemeine Anmerkung" zu den Synthesis-Formen (K.d.r.V., A99). - Zur Beziehung von Synthesis und Zeit bei Adorno vgl. GS12,S.192; GS16,S.628f.,632; ND,S.249.

14 Vgl. Schmidt 1974a, S.114; Habermas 1973a, S.36ff.

15 "'Arbeit' geht auf das germanische 'arba' = Knecht zurück" (Riedel 1973, S.126).

16 Kant, K.d.r.V., B93.

17 Wellmer ist zuzustimmen, insofern er Synthesis beschreibt als eine, "die jenseits der rationalen Synthesis des Begriffs angesiedelt ist" und Rationalität mit Verdinglichung gleichsetzt. Er redet von Synthesis allerdings im uneigentlichen Sinn, weil er sie auf das Kunstwerk beschränkt; "ästhetische Synthesis" gilt ihm nicht für die Philosophie (Wellmer 1982, S.332). - Den Aspekt der begrifflich-mimetischen Nachahmung hat Schnädelbach an Adorno, als einem "Platoniker des Nichtidentischen" (1983, S.73), völlig außer acht gelassen.

18 Vgl. GS14,S.18; GS17,S.104.

19 Vgl. GS7,S.221,263,278,455; ND,S.158.

20 GS17,S.147; ND,S.62; PT2,S.60,119.

21 Kant unterscheidet Einbildungskraft und Phantasie im Modus der Unwillkürlichkeit. "Die Einbildungskraft, so fern sie auch unwillkürlich Einbildungen hervorbringt, heißt Phantasie" (Werke XII, S.466). Einbildungskraft ist so der umfassendere Begriff. Aber Kant hält diese Unterscheidung nicht immer streng durch (vgl. Werke XII, S.484f.).

22 Vgl. GS16,S.263,269,272,282.

23 Vgl. hier Kap.V.1, Abschn.4. - Im Gegensatz zu Wolff, der den Witz als subjektive Bedingung der ars inveniendi und des Entdeckens von Ähnlichkeiten definiert, privilegiert die Ästhetik der Schweizer (Bodmer, Breitinger) die Einbildungskraft bzw. Phantasie in diesem Vermögen (vgl. Baeumler 1923, S.150; zu Bacon vgl. S.147,162,170ff.). - Man kann die auf das Individuelle gerichtete ars inveniendi als eine "Art künstlerischer Ratio" bezeichnen. Aber auf dem Hintergrund der wissenschaftstheoretischen Überlegungen von Bacon, Wolff, Leibniz und Kant ist es verfehlt, sie aus dem konstellativen Verfahren des (musikalischen) Kunstwerks für Adorno herzuleiten (vgl. Lang 1981, S.68). Insofern relativiert sich auch die Behauptung, daß Kunst schon in den Frühschriften Adornos "das eigentliche Paradigma heute noch möglicher Wahrheit" sei (Lang 1981, S.65). Die ars inveniendi steht historisch in einem ebenso engen Zusammenhang mit der Ästhetik wie der Logik.

24 Vgl. GS5,S.253,327; GS8,S.295,315ff.,356,587; GS10,S.198, 231,232,254,255,259,260,266; GS11,S.284,455; GS12,S.14,33; GS13,S.145; GS17,S.105,204;ND,S.29,36,62.

25 Bonß 1983, S.204,218.
26 Vgl. Jay 1982, S.67ff.
27 Vgl. GS5,S.322,327; GS8,S.444; GS10,S.489; GS17,S.203.
28 Adorno richtet das auch gegen eine psychoanalytische und künstlerische Auffassung der Phantasie als einem "billige(n) Vermögen, dem Dasein zu entfliehen, indem sie ein Nichtseiendes setzt, als ob es existierte" (GS7,S.258). Das 'gesetzte Nichtdaseiende' muß als bloß 'Zusammenphantasiertes' (vgl.GS7,S.127) und als existent Behauptetes von der Konstellation unterschieden werden (vgl. auch GS7,S.36).
29 GS10,S.251; GS11,S.570.
30 Vgl. GS5,S.58; GS7,S.38,86; GS8, S.295,229,258; GS14, S.409,416; ND,S.166; vgl. auch Jay 1981, S.151.
31 Hegel, Werke 3, S.36. - Röttges zieht diese Stelle heran als Beleg für Hegels "endgültige Stellung zum Idealismus". Gegenüber einer 'idealistischen' Vorstellung von Dialektik, die die Verstandesbestimmtheit lediglich als abstrakte Vorstufe der Vernunft und 'Vermittlung' als 'Mediation' ansieht, gibt Röttges die Zuordnung von Verstand und 'Bestimmtheit' und damit dessen Bedeutung für den Hegelschen Methodenbegriff zu bedenken sowie den "Begriff des Geistes als den zentralen methodologischen Begriff, der ... die Vorstellungen von einem 'positiven' Verstand einerseits und einer 'dialektischen' Vernunft andererseits zerstört" (Röttges 1976, S.51f.).
32 Hegel, Werke 3, S.107f.
33 Kimmerle 1978, S.171.
34 Hegel, Werke 3, S.113 passim.
35 Ebd., S.116f.
36 Ebd., S.117,135.
37 Benjamin, GS I, S.212.
38 Vgl. GS17,S.67,143,199.
39 Vgl. Blumenberg 1981.
40 Im Kontext von 'Deutung' und 'Konstellation' bezieht Adorno das 'Lesen' aus Benjamins "Ursprung des deutschen Trauerspiels" (vgl.GS1,S.334f.). Der "Doppelsinn des Wortes Lesen als seiner profanen und auch magischen Bedeutung" eröffnet sich Benjamin in seiner "Lehre vom Ähnlichen" auch aus der Zweiseitigkeit der Sprache als 'magisch-mimetischer' und 'semiotisch-mitteilender' (GS II, S.209). Auch dient sie ihm als Beispiel für das Konzept der 'profanen Erleuchtung' im Surrealismus (vgl. GS II, S.307,958). - In seiner frühen Sprachtheorie spricht Benjamin von Magie qua Unmittelbarkeit der Mitteilung auch in der Sprache der Dinge. Adorno kritisiert diese theologisch autorisierte Spekulation als "extrem objektivistische und insofern universalistische Sprachmetaphysik" (GS7,S.305). Die Dinge "können sich nur durch eine mehr oder minder stoffliche Gemeinschaft einander mitteilen. Diese Gemeinschaft ist unmittelbar und unendlich wie die jeder sprachlichen Mitteilung; sie ist magisch (denn es

gibt auch Magie der Materie)" (GS II, S.147). - Adornos Kritik an Kommunikation als bloßer Mitteilung (vgl.GS5,S.339; GS7,S.171,251; MM,S.128) im Gegensatz zum Ausdruck (vgl.GS7,S.353; GS8,S.581; MM,S.99,128,187) nimmt schon in den ebenfalls in den frühen dreißiger Jahren verfaßten "Thesen über die Sprache des Philosophen" als Kritik der 'idealistischen' Unterscheidung von Form und Inhalt diejenige Benjamins an der "bürgerlichen Ansicht der Sprache ..., daß das Wort zur Sache sich zufällig verhalte" (GS II, S.150) auf (vgl.GS1,S.366f.). Stärker als bei Benjamin aber wird die 'bürgerliche Sprachtheorie' historisch-materialistisch in ihrer Beziehung auf die Ware (vgl.GS7,S.115), den Markt (vgl.DA,S.34; GS16,S.538), den Kommerz (vgl.MM,S.128), Verdinglichung (vgl.GS7,S.292, 476), Kulturindustrie (GS16,S.538), Massenkommunikation (vgl.GS7,S.367) und Ideologie (vgl.GS7,S.353) gesehen. Spezifisch für Adorno ist auch das Aufgreifen des Begriffs des Hermetischen aus der Nachkriegsliteratur für die Kunst generell, aber auch für die Philosohphie Hegels und seine eigene (vgl. GS5,S.343; GS7,S.115; GS8,S.581).

41 Habermas 1982b, S.523. - Zur Verwandtschaft von (ökonomischem) Tausch und (kommunikativem) Austausch in bezug auf Versöhnung vgl. auch Theunissen 1983, S.54. - Auch für Schnädelbach ist der durch Wittgenstein, Ryle u.a. bewußt gemachte Paradigmenwechsel ein theoriegeschichtliches Faktum, das zur Kritik der Adornoschen Philosophie nötige (vgl. 1983, S.69).

42 Habermas 1973b, S.197.

43 Vgl. DA,S.247f.; MM,S.179f. - Vom Scheitern des Gesprächs als Form der Aufklärung vor Macht, Tradition und Vorurteil ist mehr noch Sloterdijk motiviert (vgl. 1983, S.44ff.).

44 Frank 1980, S.133.

3. Mimetische Rationalität

1 Thomas Mann, zit. in: Goethe, Werke 6, Anmerkungen, S.702.

2 Vgl. hier Kap.V.1, Abschn.3.a und 3.b.

3 Goethe, Werke 6, S.272f.

4 Ebd., Anmerkungen, S.701.

5 Ebd., S.273.

6 Ebd., S.275; zu Bergmann vgl. Anmerkungen S.700.

7 Benjamin, GS I, S.138f.

8 Ebd., S.187f.

9 Ebd., S.150.

10 Ebd., S.176.

11 Freud, Stud. II, S.317.

12 Vgl. hier Kap.V.2, Abschn.1.

13 Vgl. hier Kap.II.1, Abschn.1.b; Kap.III.1, Abschn.4.

14 Vgl. Zenck 1977, S.107f.

15 Vgl. Hier Kap.IV, Abschn.4.b.cc.

16 Vgl. hier Kap.V.2, Abschn.4.a und 4.c.

17 Vgl. Grenz 1975, S.215; vgl. auch hier Kap.4, Abschn.3.c.aa.
18 Vgl. dagegen Lang 1981, S.74.
19 Vgl. hier Kap.IV, Abschn.1.b.
20 Vgl. hier Kap.IV, Abschn.2 und 3.
21 Vgl. hier Kap.III.1, Abschn.4.
22 Schnädelbach 1983, S.81,86.
23 Wellmer 1985, S.85.
24 Aristoteles, Met. 1018a.
25 Kant, K.d.U., B255.
26 Vgl. hier Kap.III.3, Abschn.4.a und 4.b; vgl. auch Arieti 1967, S.372ff.; Scheer 1982, S.76,82.
27 Kant, K.d.U., B169.
28 Vgl. hier Kap.III.1, Abschn.3.c.cc; Kap.V.1, Abschn.6.
29 Vgl. hier Kap.II.2, Abschn.7; Kap.IV, Abschn3.e.
30 Vgl. hier Kap.II.1, Abschn.1.b; Kap.V.1, Abschn.4.
31 Vgl. Baumeister/Kulenkampff 1973, S.104.
32 Kant, K.d.U., B169; vgl. Kulenkampff 1978, S.23.
33 Vgl. hier Kap.II.1, Abschn.5.
34 Vgl. hier Kap.III.1, Abschn.2.c.cc; Kap.V.2, Abschn.3 und 4.c.
35 Kant, K.d.U., B171.
36 Vgl. Aristoteles, Met. 1021a, 1018a.
37 Vgl. hier Kap.I, Abschn.4.a.bb.

Literarturverzeichnis

Adorno, Theodor W.: Gesammelte Schriften 1. Philosophische Frühschriften. Frankfurt am Main 1973. (GS1)

- Gesammelte Schriften 2. Kierkegaard. Konstruktion des Ästhetischen. Frankfurt am Main 1979. (GS2)

- Gesammelte Schriften 5. Zur Metakritik der Erkenntnistheorie. Drei Studien zu Hegel. Frankfurt am Main 1975. (1.Aufl.1970). (GS5)

- Gesammelte Schriften 7. Ästhetische Theorie. Frankfurt am Main 1972 (1.Aufl.1970). (GS7)

- Gesammelte Schriften 8. Soziologische Schriften I. Frankfurt am Main 1972. (GS8)

- Gesammelte Schriften 10. Kulturkritik und Gesellschaft I/II. Frankfurt am Main 1977. (GS10)

- Gesammelte Schriften 11. Noten zur Literatur. Frankfurt am Main 1984 (1.Aufl.1974). (GS11)

- Gesammelte Schriften 12. Philosophie der neuen Musik. Frankfurt am Main 1976. (GS12)

- Gesammelte Schriften 13. Die musikalischen Monographien. Frankfurt am Main 1977 (1.Aufl.1971) (GS13)

- Gesammelte Schriften 14. Dissonanzen. Einleitung in die Musiksoziologie. Frankfurt am Main 1973. (GS14)

- Gesammelte Schriften 16. Musikalische Schriften I-III. Frankfurt am Main 1978. (GS16)

- Gesammelte Schriften 17. Musikalische Schriften IV. Frankfurt am Main 1982 (GS17)

- Minima Moralia. Reflexionen aus dem beschädigten Leben. Frankfurt am Main 1979 (1.Aufl.1951). (MM)

- Negative Dialektik. Frankfurt am Main 1970 (1.Aufl.1966). (ND)

- Jargon der Eigentlichkeit. Zur deutschen Ideologie. Frankfurt am Main 1971 (1.Aufl.1964). (JE)

- Philosophische Terminologie 1. Hg.v.Rudolf zur Lippe. Frankfurt am Main 1973. (PT1)

- Philosophische Terminologie 2. Hg.v.Rudolf zur Lippe. Frankfurt am Main 1974. (PT2)

- Buchbesprechung von: Roger Caillois, La Mante religieuse. In: Zeitschrift für Sozialforschung. Hg.v.Max Horkheimer. Jg.7. 1938, S.410f.

Arieti, Silvano: The Intrapsychic Self. Feeling, Cognition, and Creativity in Health and Mental Illness. New York 1967.

Aristoteles: Metaphysik, Übersetzung v. Hermann Bonitz. Hg.v. Horst Seidl. Hamburg 1982. (Met.)

Aron, Raymond: Sammelbesprechung. In: Zeitschrift für Sozialforschung. Hg.v. Max Horkheimer. Jg.7. 1938, S.412ff.

Baeumler, Alfred: Kants Kritik der Urteilskraft. Ihre Geschichte und Systematik. Halle 1923.

- Ästhetik. München 1972.

Bartuschat, Wolfgang: Zum systematischen Ort von Kants Kritik der Urteilskraft. Frankfurt am Main 1972.

Baumeister, Thomas/Kulenkampff, Jens: Geschichtsphilosophie und philosophische Ästhetik. Zu Adornos "Ästhetischer Theorie". In: Neue Hefte für Philosophie. H.5. 1973, S.74ff.

Benjamin, Walter: Gesammelte Schriften I. Hg.v. Rolf Tiedemann und Hermann Schweppenhäuser. Frankfurt am Main 1978. (1.Aufl.1974). (GS I)

- Gesammelte Schriften II. Hg.v. Rolf Tiedemann und Hermann Schweppenhäuser. Frankfurt am Main 1977. (GS II)

- Gesammelte Schriften IV. Hg.v. Tillmann Rexroth. Frankfurt am Main 1972. (GS IV)

- Briefe. Hg.v. Gershom Scholem u. Theodor W. Adorno. Frankfurt am Main 1978 (1.Aufl. 1966).

Blumenberg, Hans: Nachahmung der Natur. Zur Vorgeschichte der Idee des schöpferischen Menschen. In: Studium Generale. Jg. 10. H. 5. 1957, S. 266ff.

- Die Lesbarkeit der Welt. Frankfurt am Main 1981.

Bonß, Wolfgang: Empirie und Dechiffrierung von Wirklichkeit. Zur Methodologie bei Adorno. In: Adorno-Konferenz 1983. Hg.v. Ludwig von Friedeburg u. Jürgen Habermas. Frankfurt am Main 1983, S.201ff.

Brunkhorst, Hauke: Mehr als eine Flaschenpost. Kritische Theorie und Sozialwissenschaften. In: Adorno-Konferenz 1983. Hg.v. Ludwig von Friedeburg u. Jürgen Habermas. Frankfurt am Main 1983. S.314ff.

Bubner, Rüdiger: Was ist Kritische Theorie? In: Hermeneutik und Ideologiekritik. Frankfurt am Main 1973 (1.Aufl.1971), S.160ff.

- Kann Theorie ästhetisch werden? Zum Hauptmotiv der Philosophie Adornos. In: Materialien zur ästhetischen Theorie Th.W. Adornos. Hg.v. Burkhardt Lindner u. W.Martin Lüdke. Frankfurt am Main 1980, S.108ff.

Buck-Morss, Susan: The Origin of Negative Dialectics. Theodor W. Adorno, Walter Benjamin and the Frankfurt Institute. Hassocks, Sussex 1977.

Bürger, Peter: Das Vermittlungsproblem in der Kunstsoziologie Adornos. In: Materialien zur ästhetischen Theorie Th. W. Adornos. Hg.v. Burkhardt Lindner u. W. Martin Lüdke. Frankfurt am Main 1980, S.169ff.

Caillois, Roger: Le mythe et l'homme. Paris 1938.

Cochetti, Stefano: Mythos und "Dialektik der Aufklärung". Königstein/Ts. 1985.

Curtius, Ernst Robert: Das Schematismuskapitel in der Kritik der reinen Vernunft. In: Kant-Studien 19. 1914, S.338ff.

Derrida, Jacques: Economimesis. In: Mimesis des Articulations Flammavion 1975, S.57ff.

Dubiel, Helmut: Wissenschaftsorganisation und politische Erfahrung. Studien zur frühen Kritischen Theorie. Frankfurt am Main 1978.

Figal, Günter: Theodor W. Adorno. Das Naturschöne als spekulative Gedankenfigur. Bonn 1977.

Fontaine, Michael de la: Der Begriff der künstlerischen Erfahrung bei Theodor W. Adorno. Frankfurt am Main 1977.

Foucault, Michel: Die Ordnung der Dinge. Frankfurt am Main 1980 (1.Aufl.1971).

Frank, Manfred: Das Sagbare und das Unsagbare, Studien zur neuesten französischen Hermeneutik und Texttheorie. Frankfurt am Main 1980.

- Was ist Neostrukturalismus? Frankfurt am Main 1984.

Franke, Ursula: Kunst als Erkenntnis. Die Rolle der Sinnlichkeit in der Ästhetik des Alexander Gottlieb Baumgarten. Wiesbaden 1972.

Freud, Sigmund: Studienausgabe II. Die Traumdeutung. Frankfurt am Main 1972. (Stud.II)

- Studienausgabe III. Psychologie des Unbewußten. Frankfurt am Main 1975. (Stud.III)

- Studienausgabe IX. Fragen der Gesellschaft. Ursprünge der Religion. Frankfurt am Main 1974. (Stud.IX)

Fuld, Werner: Walter Benjamin. Zwischen den Stühlen. Frankfurt am Main 1981 (1.Aufl.1979).

Gadamer, Hans-Georg: Platos dialektische Ethik und andere Studien zur Platonischen Philosophie. Hamburg 1968.

Gehlen, Arnold: Der Mensch. Seine Natur und seine Stellung in der Welt. Wiesbaden 1972.

- Urmensch und Spätkultur. Wiesbaden 1975.

Goethe, Johann Wolfgang von: Werke. Hamburger Ausgabe Bd. 6. München 1981. (Werke 6)

Grassi, Ernesto: Die Theorie des Schönen in der Antike. Köln 1980 (1.Aufl.1962).

Grenz, Friedemann: Adornos Philosophie in Grundbegriffen. Auflösung einiger Deutungsprobleme. Frankfurt am Main 1975 (1.Aufl.1974).

Habermas, Jürgen: Erkenntnis und Interesse. Frankfurt am Main 1973. (1973a)

- Philosophisch-politische Profile. Frankfurt am Main 1973 (1.Auflage 1971). (1973b)

- Kultur und Kritik. Verstreute Aufsätze. Frankfurt am Main 1973. (1973c)

- Zur Rekonstruktion des Historischen Materialismus. Frankfurt am Main 1982 (1.Aufl. 1976). (1982a)

- Theorie des kommunikativen Handelns. Bd. 1: Handlungsrationalität und gesellschaftliche Rationalisierung. Frankfurt am Main 1982 (1.Aufl.1981). (1982b)

Haselberg, Peter von: Wiesengrund-Adorno. In: Theodor W. Adorno. Text+Kritik Sonderband. München 1977, S.7ff.

Hegel, Georg Wilhelm Friedrich: Werke 3. Phänomenologie des Geistes. Frankfurt am Main 1974 (1.Aufl.1970). (Werke 3)

- Werke 5. Wissenschaft der Logik I. Frankfurt am Main 1974 (1.Aufl.1969). (Werke 5)

- Werke 6. Wissenschaft der Logik II. Frankfurt am Main 1975 (1.Aufl.1969). (Werke 6)

- Werke 10. Enzyklopädie der philosophischen Wissenschaften III. Frankfurt am Main 1974 (1.Aufl.1970). (Werke 10)

- Werke 13. Vorlesungen über die Ästhetik I. Frankfurt am Main 1975 (1.Aufl.1970). (Werke 13)

- Werke 14. Vorlesungen über Ästhetik II. Frankfurt am Main 1973 (1.Aufl.1970). (Werke 14)

Holzhey, Helmut: Kants Erfahrungsbegriff. Quellengeschichtliche und bedeutungsanalytische Untersuchungen. Basel 1970.

Honneth, Axel: Adorno und Habermas. In: Merkur. H. 7. 1979, S.648ff.

Hörisch, Jochen: Die fröhliche Wissenschaft der Poesie. Der Universalitätsanspruch von Dichtung in der frühromantischen Poetologie. Frankfurt am Main 1976.

Horkheimer, Max: Studies in Philosophy and Social Science (Hg.). Vol. IX 1941.

- Sozialphilosophische Studien. Frankfurt am Main 1972. (1972a)

- Gesellschaft im Übergang. Frankfurt am Main 1972 (1972b)

Horkheimer, Max / Adorno, Theodor W.: Dialektik der Aufklärung. Amsterdam 1968. (DA)

Hubert, Henri / Mauß, Marcel: Théorie générale de la magie. In: L'année sociologique 1902-1903.

Jähnig, Dieter: Schelling. Die Kunst in der Philosophie. 1. Band: Schellings Begründung von Natur und Geschichte. 2.Band: Die Wahrheitsfunktion der Kunst. Pfullingen 1966.

Jauß, Hans Robert: Der literarische Prozeß des Modernismus von Rousseau bis Adorno. In: Adorno-Konferenz 1983. Hg.v. Ludwig von Friedeburg u. Jürgen Habermas. Frankfurt am Main 1983, S.95ff.

Jay, Martin: Dialektische Phantasie. Die Geschichte der Frankfurter Schule und des Instituts für Sozialforschung 1923-1950. Frankfurt am Main 1981. (1.Aufl.1976).

Kaiser, Gerhard: Benjamin. Adorno. Zwei Studien. Frankfurt am Main 1974.

Kambartel, Friedrich: Erfahrung und Struktur. Bausteine zu einer Kritik des Empiriums und Formalismus. Frankfurt am Main 1976 (1.Aufl.1968).

Kant, Immanuel: Werkausgabe Band II. Vorkritische Schriften bis 1768. Hg.v. Wilhelm Weischedel. Frankfurt am Main 1977. (Werke II)

- Werkausgabe Band III. Kritik der reinen Vernunft 1. Hg.v. Wilhelm Weischedel. Frankfurt am Main 1977. (K.d.r.V.)

- Werkausgabe Band IV. Kritik der reinen Vernunft 2. Hg.v. Wilhelm Weischadel. Frankfurt am Main 1977. (K.d.r.V.)

- Werkausgabe Band X. Kritik der Urteilskraft. Hg.v. Wilhelm Weischedel. Frankfurt am Main 1977. (K.d.U.)

- Werkausgabe Band XII. Schriften zur Anthropologie, Geschichtsphilosophie, Politik und Pädagogik. Hg.v. Wilhelm Weischedel. Frankfurt am Main 1977. (Werke XII)

Kimmerle, Gerd: Sein und Selbst. Untersuchung zur kategorialen Einheit von Vernunft und Geist in Hegels "Phänomenologie des Geistes". Bonn 1978.

Kliche, Dieter: Kunst gegen Verdinglichung. Berührungspunkte im Gegensatz von Adorno und Lukács. In: Materialien zur ästhetischen Theorie Th. W.Adornos. Hg.v. Burkhardt Lindner u. W.Martin Lüdke. Frankfurt am Main 1980, S.219ff.

Koller, Heinz: Die Mimesis in der Antike. Nachahmung, Darstellung, Ausdruck. Bern 1954.

Koppe, Franz: Kunst und Bedürfnis. Ein Ansatz zur sprachkritischen Wiederaufnahme systematischer Ästhetik. In: Kolloquium Kunst und Philosophie 1. Ästhetische Erfahrung. Hg.v. Willi Oelmüller. Paderborn 1981, S.74ff.

Kristeva, Julia: Die Revolution der poetischen Sprache. Frankfurt am Main 1978.

Kroner, Richard: Von Kant bis Hegel. Tübingen 1961.

Kulenkampff, Jens: Kants Logik des ästhetischen Urteils. Frankfurt am Main 1978.

Lang, Peter Christian: Hermeneutik - Ideologiekritik - Ästhetik. Über Gadamer und Adorno sowie Fragen einer aktuellen Ästhetik. Königstein/Ts. 1981.

Laplanche, J. / Pontalis, J.-B.: Das Vokabular der Psychoanalyse. Frankfurt am Main 1977 (1.Aufl.1972).

Lehmann, Hans-Thies: Beiträge zu einer materialistischen Theorie der Literatur (Hg.). Frankfurt am Main 1977.

- Das Subjekt als Schrift. Hinweise zur französischen Texttheorie. In: Merkur. H.7. 1979, S.665ff.

- Nach Adorno. In: Merkur. H. 4. 1984, S. 391ff.

Lenk, Elisabeth: Die unbewußte Gesellschaft. Über die mimetische Grundstruktur in der Literatur und im Traum. München 1983.

Lindner, Burkhardt: "Natur-Geschichte" - Geschichtsphilosophie und Welterfahrung in Benjamins Schriften. In: Walter Benjamin. Text+Kritik 31/32. München 1979, S.41ff.

- "Il faut être absolument moderne". Adornos Ästhetik: ihr Konstruktionsprinzip und ihre Historizität. In: Materialien zur ästhetischen Theorie Th.W.Adornos. Hg.v. ders. u. W. Martin Lüdke. Frankfurt am Main 1980, S.261ff.

Loch. W.: Art "Identifikation". In: Historisches Wörterbuch der Philosophie. Hg.v. Joachim Ritter u.a. Bd. 4: I-K. Basel 1976, S.141ff.

Lüdke, W. Martin: Zur 'Logik des Zerfalls'. Ein Versuch, mit Hilfe der 'gezähmten Wildsau von Ernsttal' die Lektüre der Ästhetischen Theorie zu erleichtern. In: Materialien zur Ästhetischen Theorie Th.W. Adornos. Hg.v. Burkhardt Lindner u. ders. Frankfurt am Main 1980, S.415ff.

- Anmerkungen zu einer "Logik des Zerfalls": Adorno-Beckett. Frankfurt am Main 1981.

Luhmann, Niklas: Liebe als Passion. Zur Codierung von Intimität. Frankfurt am Main 1983 (1.Aufl. 1982).

Lypp, Bernhard; Ästhetischer Absolutismus und politische Vernunft. Zum Widerstreit von Relexion und Sittlichkeit im deutschen Idealismus. Frankfurt am Main 1972.

Marquard, Odo: Zur Bedeutung der Theorie des Unbewußten für eine Theorie der nicht mehr schönen Kunst. In: Die nicht mehr schönen Künste. Poetik und Hermeneutik III. Hg.v. Hans Robert Jauß. München 1968, S.375ff.

- Über einige Beziehungen zwischen Ästhetik und Therapeutik in der Philosophie des neunzehnten Jahrhunderts. In: Materialien zu Schellings philosophischen Anfängen. Hg.v. Manfred Frank und Gerhard Kurz. Frankfurt am Main 1975, S.341ff.

Marx, Karl / Engels, Friedrich: Werke 1. Berlin 1976. (MEW 1)

- Werke 13. Berlin 1978. (MEW 13)

Menninghaus, Winfried: Walter Benjamins Theorie der Sprachmagie. Frankfurt am Main 1980.

Mensching, Günther: Zu den historischen Voraussetzungen der "Dialektik der Aufklärung". In: Hamburger Adorno-Symposion. Hg.v. Michael Löbig u. Gerhard Schweppenhäuser. Lüneburg 1984, S.25ff.

Michel, Karl Markus: Versuch, die "Ästhetische Theorie" zu verstehen. In: Materialien zur ästhetischen Theorie Th.W. Adornos. Hg.v. Burkhardt Lindner u. W.Martin Lüdke. Frankfurt am Main 1980, S.41ff.

Mörchen, Hermann: Adorno und Heidegger. Untersuchung einer philosophischen Kommunikationsverweigerung. Stuttgart 1981.

Nietzsche, Friedrich: Werke III. Hg.v Karl Schlechta. Frankfurt am Main 1972. (Werke III)

Oevermann, Ulrich: Zur Sache. Die Bedeutung von Adornos methodologischem Selbstverständnis für die Begründung einer materialen soziologischen Strukturanalyse. In: Adorno-Konferenz 1983. Hg.v. Ludwig von Friedeburg u. Jürgen Habermas. Frankfurt am Main 1983, S.234ff.

Piaget, Jean / Inhelder, Bärbel: Die Psychologie des Kindes. Frankfurt am Main 1977.

Platon: Sämtliche Werke. In der Übersetzung von Friedrich Schleiermacher. Hamburg 1957ff.

Puder, Martin: Zur 'Ästhetischen Theorie' Adornos. In: Die neue Rundschau. Nr. 82. 1971, S.465ff.

Rath, Norbert: Dialektik des Scheins - Materialien zum Scheinbegriff Adornos. In: Kolloquium Kunst und Philosophie 2. Ästhetischer Schein. Hg.v. Willi Oelmüller. Paderborn 1982, S.51ff.

Riedel, Manfred: Art. "Arbeit". In: Handbuch philosophischer Grundbegriffe. Bd. 1: Das Absolute - Denken. Hg. v. Hermann Krings u.a. München 1973. S. 125ff.

Rohrmoser, Günter: Das Elend der kritischen Theorie. Freiburg 1970.

Rose, Gillian: The Melancholy Science. An Introduction to the Thought of Theodor W. Adorno. London 1978.

Röttges, Heinz: Der Begriff der Methode in der Philosophie Hegels. Meisenheim am Glan 1976.

- Dialektik als Grund der Kritik. Königstein/Ts. 1981.

Sennett, Richard: Die Tyrannei der Intimität. In: Merkur. H. 9. 1982, S.857ff.

Sloterdijk, Peter: Kritik der zynischen Vernunft. 2 Bände. Frankfurt am Main 1983.

Sommer, Manfred: Die Selbsterhaltung der Vernunft. Stuttgart-Bad Cannstatt 1977.

Scheer, Brigitte: Zum Sprachcharakter von Kunstwerken. In: Sprache und Begriff. Festschrift für Bruno Liebrucks. Meisenheim am Glan 1974, S.234ff.

- Hegels Auffassung von der Sprache im Licht seiner Philosophie der Kunst. In: Dimensionen der Sprache in der Philosophie des Deutschen Idealismus. Hg. v. dies. u. Günter Wohlfart. Würzburg 1982, S.67ff.

Scheerer, E. / Schönpflug, U.: Art. "Nachahmung". In: Historisches Wörterbuch der Philosophie. Hg.v. Joachim Ritter u.a. Bd.6: Mo - O. Basel 1984, S.319ff.

Scheible, Hartmut: Geschichte im Stillstand. Zur Ästhetischen Theorie Theodor W. Adornos. In: Theodor W. Adorno. Text+Kritik Sonderband. München 1977, S.92ff.

- Kunst im Garten Gethsemane. Ästhetik zwischen Konstruktion und Theologie. In: Materialien zur ästhetischen Theorie Th.W.Adornos. Hg.v. Burkhardt Lindner u. W. Martin Lüdke. Frankfurt am Main 1980. S.348ff.

Scheler, Max: Wesen und Formen der Sympathie. Frankfurt am Main 1948 (1.Aufl. 1923).

Schelling, Friedrich Wilhelm Joseph: Sämtliche Werke. Bd.3. Hg.v. K.F.A. Schelling. Stuttgart 1658. (SW 3)

- Sämtliche Werke. Bd.13 (Bd. 3 d. zweiten Abt.). Hg.v. K.F.A. Schelling. Stuttgart 1858. (SW 13)

Schiller, Friedrich: Werke 4. Schriften. Frankfurt am Main 1966. (Werke 4)

Schmid Noerr, Gunzelin: Sinnlichkeit und Herrschaft. Zur Konzeptualisierung der inneren Natur bei Hegel und Freud. Königstein/Ts. 1980.

- Flaschenpost. Die Emigration Max Horkheimers und seines Kreises im Spiegel seines Briefwechsels. Manuskript 1984.

Schmidt, Alfred: Der Begriff der Natur in der Lehre von Marx. Überarbeitete und ergänzte Neuausgabe. Frankfurt am Main 1974. (1. Aufl. 1962). (1974a)

- Zur Idee der Kritischen Theorie. Elemente der Philosophie Max Haorkheimers. München 1974. (1974b)

- Kritische Theorie-Humanismus-Aufklärung. Philosophische Arbeiten 1969-1979. Stuttgart 1981.

- Begriff des Materialismus bei Adorno. In: Adorno-Konferenz 1983. Hg.v. Ludwig von Friedeburg u. Jürgen Habermas. Frankfurt am Main 1983, S.14ff.

Schmucker, Joseph F.: Adorno. Logik des Zerfalls. Stuttgart-Bad Cannstatt 1977.

Schnädelbach, Herbert: Dialektik als Vernunftkritik. Zur Konstruktion des Rationalen bei Adorno. In: Adorno-Konferenz 1983. Hg.v. Ludwig von Friedeburg u. Jürgen Habermas. Frankfurt am Main 1983, S.66ff.

Schopenhauer, Arthur: Sämtliche Werke, Zweiter Band. Nach der ersten, von Julius Frauenstädt besorgten Gesamtausgabe, neu bearbeitet und herausgegeben von Arthur Hübscher. Wiesbaden 1966. (SW 2)

- Sämtliche Werke. Dritter Band. Wiesbaden 1966. (SW 3)

Schulz, Walter: Die Vollendung des Deutschen Idealismus in der Spätphilosophie Schellings. Pfullingen 1975 (1.Aufl.1955).

Schwarz, Ullrich: Entfesselung der Produktivkräfte und ästhetische Utopie. Zu Adornos geschichtsphilosophischer Fundierung der ästhetischen Theorie. In: Materialien zur ästhetischen Theorie Th.W.Adornos. Hg.v. Burkhardt Lindner u. W.Martin Lüdke. Frankfurt am Main 1980, S.447ff.

- W.Benjamin: Mimesis und Erfahrung. In: Grundprobleme der großen Philosophen. Philosophie der Gegenwart VI. Hg. v. Josef Speck. Göttingen 1984, S.43ff.

Stresius, Lothar: Theodor W. Adornos negative Dialektik. Eine kritische Rekonstruktion. Frankfurt am Main 1982.

Tiedemann, Rolf: Studien zur Philosophie Walter Benjamins. Frankfurt am Main 1973.

- Begriff Bild Name. Über Adornos Utopie von Erkenntnis. In: Hamburger Adorno-Symposion. Hg.v. Michael Löbig u. Gerhard Schweppenhäuser, Lüneburg 1984, S.67ff.

Tiedemann, Rolf / Schweppenhäuser, Hermann: Anmerkungen der Herausgeber zu Benjamins Gesammelten Schriften II. Frankfurt am Main 1977, S.815ff.

Theunissen, Michael: Negativität bei Adorno. In: Adorno-Konferenz 1983. Hg.v. Ludwig von Friedeburg u. Jürgen Habermas. Frankfurt am Main 1983, S.41ff.

Wellmer, Albrecht: Argumente für und gegen die Verwendung des Begriffs ästhetischer Schein. Diskussionsprotokoll. In: Kolloquium Kunst und Philosophie 2. Ästhetischer Schein. Hg.v. Willi Oelmüller. Paderborn 1982, S.318ff.

- Wahrheit, Schein, Versöhnung. Adornos ästhetische Rettung der Modernität. In: Adorno-Konferenz 1983. Hg.v. Ludwig von Friedeburg u. Jürgen Habermas. Frankfurt am Main 1983, S.138ff.

- Zur Dialektik von Moderne und Postmoderne. Vernunftkritik nach Adorno. Frankfurt am Main 1985.

Werner, Reinold: Einleitung zu Julia Kristeva. Die Revolution der poetischen Sprache. Frankfurt am Main 1978, S.7ff.

Wieland, Wolfgang: Bemerkungen zum Anfang von Hegels Logik. In: Seminar: Dialektik in der Philosophie Hegels. Hg.v. Rolf-Peter Horstmann. Frankfurt am Main 1978, S.194ff.

Wohlfart, Günter: Anmerkungen zur ästhetischen Theorie Adornos. In: Zeitschrift für Ästhetik und Allgemeine Kunstwissenschaft. Hg.v. Heinrich Lützeler. Bd. 22/1. Bonn 1977, S.110ff.

- Zum Problem der transzendentalen Affinität in der Philosophie Kants. In: 5. Internationaler Kant-Kongreß. Bonn 1981. (1981a)

- Der spekulative Satz. Bemerkungen zum Begriff der Spekulation bei Hegel. Berlin 1981. (1981b)

Zenck, Martin: Kunst als begriffslose Erkenntnis. München 1977.

Zons, Raimar Stefan: Hegelsche Nächte. Eine Spielphilosophie. In: Kolloquium Kunst und Philosophie 2. Ästhetischer Schein. Hg. v. Willi Oelmüller. Paderborn 1982, S. 79ff.

Inhaltsverzeichnis